# 三重学

朴恵淑 編著

風媒社

# 三重学　目次

序章

# 「三重学」が目指すもの

三重大学人文学部・地域イノベーション学研究科教授／
三重大学地域ECOシステム研究センター長
朴 恵淑

二〇一六年五月の「伊勢志摩サミット」及び「桑名ジュニアサミット」（四月）の開催によって、三重県の知名度は国内だけでなく、世界へ広く知られることとなりました。この好機を活かし、三重県の悠久の歴史、多様な自然環境や風土、社会、文化について知り、次世代へ繋げ、発展させることが求められています。

三重大学地域ECOシステム研究センターは、三重大学の人文社会科学、自然科学、工学、医学分野の研究者はもちろんのこと、アジア・太平洋地域の韓国、中国、モンゴル、極東ロシア、タイ、インドネシア、アメリカの大学などの研究者との国際共同研究を通じて、学問横断的総合研究をおこなっています。同時に、地域に根ざし、世界へ通用するグローバル人材育成のための持続可能な開発のための教育（ESD）の展開やユネスコスクール活動、行政や企業、NPOとの連携による三重県の課題解決に向けた政策提言をおこなうシンクタンク的役割など、さまざまな活動をしています。

三重に学ぶ「三重学」の確立は、本研究センターの大命題でもありますが、「伊勢志摩サミット」開催のような時代の流れを汲み、産官学民の連携による持続可能な三重創りのため、「三重学」を出版することとなりました。本書は、次の八つのテーマで構成されています。

第1章は、伊勢志摩サミットと桑名ジュニアサミット、ポストサミットと三重について、サミット開催という千載一週の機会を活かした三重県の発展的展望、次世代を担う若者からの政策提言の実現、及び地域に根ざし、世界へ通用するグローバル人材の育成、知名度及び経済効果を活かした観光産業など、三重県の産業振興のあり方について論じています。

第2章は、三重の多様な自然環境について、気候・水環境、地形、伊勢湾再生、伊勢湾最大の干潟である松名瀬干潟の三重県初となるラムサール条約への登録に向けた活動、地球温暖化の影響とパリ協定書を踏まえた環境政策、南海トラフによる巨大地震の被害が懸念される三重の防災など、自然環境と生態系や人間との関係について論じています。

第3章は、三重の歴史と文化について、伊勢神宮と斎宮、熊野古道、関宿、伊賀忍者、海女文化をテーマに、日本の歴史と共に生きる三重県について考えます。ユネスコ世界遺産の熊野古道、世界的に関心の高い忍者研究、歴史的建造物との共存を図っている関宿のユニバーサルデザインを考慮したまちづくり、日本と韓国にだけ現存する素潜りの漁業をおこなう海女文化について論じています。

第4章は、三重の産業について、エネルギー、製造業、地場産業、林業、ミキモト真珠、松阪牛などを題材に、三重ブランドについて考えます。石油・石炭の化石燃料による火力発電からバイオマスの再生可能エネルギーによるエネルギー供給、自動車産業や半導体産業などの製造業、万古焼など地場産業の育成、日本初の国際認証取得の林業、世界のブランドとしての真珠及び松阪牛について論じています。

第5章は、三重の交通・情報について、三重の玄関口としての津なぎさまちのさらなる発展、ローカル線の名松線の復活や四日市あすなろう鉄道、二十一世紀の日本と激変するリニア中央新幹線の開通に伴う亀山駅の可能性と役割、三重テレビの情報産業の戦略について論じています。

第6章は、三重の健康・福祉・女性活躍について、世界一の長寿国で超高齢社会の日本や三重県の地域医療のあり方、三重県初の世界保健機関（ＷＨＯ）健康都市に加盟している亀山のＱＯＬ（クオリティ・オブ・ライフ）、東海地域唯一の女性市長のリーダーシップによるSUZUKA女性会議、三重県男女共同参画センター「フレンテみえ」の取り組みについて論じています。

第7章は、四日市公害から学ぶ「四日市学」について、日本の高度経済を支えた四日市コンビナートからの大気汚染物質に伴う四日市ぜんそくによる住民への健康被害や生態系破壊に代表される四日市公害の教訓を活かす「四日市学」、環境を誇りにする持続可能なまち四日市、四日市公害訴訟判決五十年を過ぎてから開館できた四日市公害と環境未来館の役割、新興国や発展途上国との国際環境協力について論じています。

第8章は、三重の持続可能な開発のための教育（ESD）について、日本初となる市全域の大手スーパーや店でのレジ袋ないない運動による市民の環境意識改革の生活カエル伊勢3R運動と、電気自動車による低炭素社会伊勢モデルの成功事例、三重県のユネスコスクール活動とESD、三重県初の産官学民の連携による亀山市の亀山市民大学キラリの成功事例、三十年以上続く名張市と韓国京畿道（県）の学校間の絵の交流会及び二〇一〇年以降韓国水原市で開催されている日韓青少年交流事業への積極的関わりなどについて論じています。

本書は、多岐にわたるテーマを網羅していることから、産官学民の各界から四十二の執筆者（機関）が関わっています。本書が、三重県について学ぶ、三重県を発展させるための有効なツールとなり、また、地域の強みを活かし、弱みを補う「地域学」として役立つことを切実に願っています。

本書の企画、まとめるにあたって助言をいただいた、風媒社編集部の林桂吾氏に心から感謝の念を表します。

二〇一七年三月　三重県の産官学民のプラットホーム「三重大学地域ECOシステム研究センター」にて

# 第1章

# 未来につなぐ伊勢志摩サミット

# 1 伊勢志摩サミットのレガシー（資産）を生かす

三重県知事
鈴木英敬

## 1 はじめに

二〇一六年五月二十六日、二十七日に開催された伊勢志摩サミットは、天気予報を覆す奇跡的な好天の下、無事故かつ大きな成果を挙げて成功裏に閉幕した。これは、地域や団体等で活躍されている三重県民の皆様をはじめ、県内外の企業・団体、警備・消防・医療関係者等、サミットに関わったすべての方のおかげと、心から感謝申し上げる。

伊勢志摩サミットでは、世界の平和、安全及び繁栄を確保するための主要な課題の解決に向け、自由、民主主義、基本的人権の尊重、法の支配といった普遍的価値に立脚したG7が結束して取り組むことが合意され、「G7伊勢志摩経済イニシアティブ」を含む「G7伊勢志摩首脳宣言」が取りまとめられた。また、成果文書として、質の高いインフラ投資の推進のためG7伊勢志摩原則、国際保健のためのG7伊勢志摩ビジョン、女性の能力開花のためのG7行動指針等が発出された。

三重県にとっても、首脳宣言をはじめ、サミットで合意された成果文書のいくつかに「伊勢志摩」という名前が冠されたことは、「伊勢志摩」、さらには三重県の知名度を飛躍的に高めるものであり、大きな意味がある。また、首脳宣言には、感染症対策や女性の活躍支援、エネルギー・環境問題への対応等が盛り込まれ、こうした課題に対する国

図１　首脳の記念撮影（志摩観光ホテル　ザ　ベイスイート屋上庭園）

際的な取り組みの進展が、地域社会の抱える問題の解決に向けた大きな推進力となることが期待される。

さて、今回の伊勢志摩サミットを振り返ると、「県民の皆様の大活躍」「安全な開催」「G７首脳による伊勢神宮訪問」「情報発信」の四つの点から、大成功につながったと考えている。

## 2　県民の皆様の大活躍

大成功につながった一点目は、「県民の皆様の大活躍」である。サミットに関わった県民の皆様に広くご活躍いただいた。県民の皆様のおもてなしは、首脳や配偶者からも感銘を受けたとの言葉をいただいたと聞いている。ある首脳は「おもてなしが日本の特徴だと知っていたが、それを証明するおもてなしであった」とおっしゃっていたそうである。国際メディアセンターのダイニングや三重情報館でも、国内外の方々から高い評価をいただいた。

伊勢志摩サミットの開催にあたって三重県を訪れる方々に県民の歓迎の意を表現するとともに、一人でも多くの県民が来訪者歓迎に関わることによりサミットに向

図２　おもてなし大作戦キックオフイベント（志摩市阿児ふるさと公園）

けた機運醸成や参加意識の向上を図るため、全市町で取り組んだ「おもてなし大作戦」については、二〇一六年二月十四日におこなわれたキックオフイベントを皮切りにサミット開催直前の同年五月下旬までの間で、六万人を超える方々が「クリーンアップ作戦」に参加いただくとともに、十一万本以上の花を飾った「花いっぱい作戦」で歓迎いただいた。

また、十歳代から八十歳代まで幅広い年齢層から千人を超える応募があった外国語案内ボランティアについては、当初二百名の定員を三百名へと増やし採用をおこなった。外国語案内ボランティアとして採用された多くの方には語学力を発揮していただき、国際メディアセンター（三重県営サンアリーナ）や県内主要駅等に設置された十一カ所のインフォメーションセンター等で海外の報道関係者に対し移動・滞在・観光等の情報提供をおこなっていただいた。

二〇一五年八月から募集した協賛、応援、寄附については、協賛と応援を合わせて一〇四二件と千件を超える申し込みをいただくとともに、五億二五六五万五二八二円と五億円を超える寄附をいただいた。

さらに、沿道など随所で多くの県民の皆様に気持ちのこもったお出迎えをしていただいた。

これらオール三重での取り組みを通じて、県民の皆様の底力を改めて感じた。

とくに、次世代を担う若者の活躍は、非常に感動的であった。ジュニア・サミット（本書第1章2節を参照）参加者をはじめ、配偶者プログラムで昼食を提供した相可高校生、植樹や伊勢音頭等で交流した小学生や園児、外国語案内ボランティアとして活躍した高校生等、県内全域で多くの若者たちに様々な形で関わっていただいた。ある高校生は「三重の良さを再発見でき、海外で学びたいという自分の目標もはっきりした」と述べていた。サミットに関わった若者が経験したことや味わった達成感は、彼らが未来を選択する際に貴重な材料になっていくと思う。こうした関わりを通じて、次世代を担う人材育成のきっかけにつながったことは、今回のサミットの資産（レガシー）の一つであり、三重県の財産といえる。

図３　外国語案内ボランティア（国際メディアセンター）

## 3　安全な開催

大成功につながった二点目は、サミットが安全に開催されたことである。全国の警察関係者が過去最大規模の二万三〇〇〇人体制で警備に臨み、海上保安庁や自衛隊等との多くの連携があったからこそ、逮捕者もゼロという結果を得ることができ、日本の警察力を世界に示すことができたのではないかと思う。

当県でも、各国首脳、政府関係者、メディア関係者等が安全で円滑に移動できるよう、県管理道路の整備や景観整備等の各種インフラ整備をおこない、また、会議の円滑な実施や地域の安全の確保に向けて、二〇一六年一月二十七日には伊勢志摩サミット開催時の対象地域及び対象施設周辺地域の上空における小型無人機（ドローン）の飛行の禁止に関する条例（規制期間同年三月二十七日〜同年五月二十八日）を全国初で施行した。さらに、警備等も含めたサミット開催に関する情報を住民の皆様に提供し、サミット開催に対する理解の促進と住民の皆様が抱える不安を解消するため、警察や海上保安庁、地元四市町（伊勢市、鳥羽市、志摩市、南伊勢町）等と連携し、住民懇話会を三回の時期に分けて延べ二十回開催する等、万全の対策を講じた。

図４　警察による訓練

図５　交通総量抑制を呼びかけるポスター

安全・安心に万全を期すため、県民の皆様や事業者の方々にさまざまな面でご不便やご負担をおかけしたが、皆様の協力なくして、サミットの安全・安心な開催は到底あり得なかった。開催当日は首脳の車列実施等における交通規制をはじめ県内外での交通規制や鉄道・バス・定期船の運休、学校の休校等の対応を取らざるを得なかったが、乗用車利用の自粛、通勤時等における公共交通機関利用や事業用車両の運行調整等多大なご協力をいただいた。

加えて、三重県警察本部が中心となって、行政、公共交通機関等の四十一機関が連携を強化し、テロ対策に向けた意識の向上や警備体制の強化等を図ったテロ対策パートナーシップは、官民で協力してテロ等を未然に防止するというこれまでにない試みであり、今回のサミットのレガシーとして、今後の取り組みにつなげていきたい。

図６　Ｇ７首脳による伊勢神宮訪問

## 4　G7首脳による伊勢神宮訪問

大成功につながった三点目は、私たちも切望していたＧ７首脳による伊勢神宮訪問が実現したことである。

二〇一五年六月五日のエルマウ・サミット出発前の羽田空港で安倍首相は「日本の美しい自然、豊かな文化、伝統を世界のリーダーたちに肌で感じてもらえる、味わっていただける場所にしたい」と発言し、伊勢神宮について、「Ｇ７のリーダーたちに訪れていただき、伊勢神宮の壮厳で凛とした空気を共有できればよい」と述べていたが、伊勢神宮の訪問については、すべての参加国の首脳が参加する形で実現した。古来より伊勢神宮は人種や宗派、世代を越えて、多様な価値観を寛容に受け入れ、「平和への祈り」をささげる場である。Ｇ7首脳が伊勢神宮のある三重の地に集い、世界平和の確立に向けたメッセージを発信したことは、歴史に残る画期的な出来事である。

伊勢神宮訪問では、安倍首相は宇治橋前で各国首脳を一人ひとりお迎えし、最後にオバマ大統領を伴って二人で宇治橋を渡った。その後、横一列で和やかに談笑しながら歩いた。そして、御正宮の前で歴史的な記念撮影をした。これは非常に感動的な情景であった。その後、参集殿に戻ってきた首脳たちは、それぞれの思いを記帳した。オバマ大統領は「幾世にもわたり、癒しと安寧をもたらしてきた神聖なこの地を訪れることができ、非常に光栄に思います。世界中の人々が平和に、理解しあって共生できるようお祈りいたします」と記帳された。伊勢神宮が「平和への祈り」「自然と人との共生」「他者や多様性への寛容や調和」「日本の伝統文化の継続性を示す」などの場であることを各国首脳に感じていただいた。メルケル独首相は、「日本の源泉を見た。シンゾウありがとう」と述べたと聞いている。ほかのG7首脳も期間中、何度も安倍首相に対し、伊勢神宮訪問に対する賛辞と感謝の意を述べていたそうである。

図7　安倍首相の議長国会見

安倍首相は、議長記者会見において「神宮は五穀豊穣を祈り、平和を祈り、人々の幸せを祈りながら二千年もの悠久の歴史を紡いできました。今日の平和と繁栄は、そうした人々の祈りの上に築かれたものであります。その神宮から、今年のG7サミットはスタートいたしました」と述べており、世界のトップがその場に勢揃いした姿そのものが、世界平和への強力なメッセージになったと考えている。その後のオバマ大統領の広島への訪問と合わせ、それらは日本の、世界の歴史において「前向きな未来志向」という共通点を持つ大変意義深い神宮訪問になったのではないかと思う。

この訪問により、伊勢神宮が「平和」「調和（自然と人との共生）」「融和（他者や多様性への寛容）」「日本（和）の伝統文化の継続性」を象徴する場、つまり「和の聖地」であることを内外に示す契機となった。

## 5　情報発信

四点目は、伊勢志摩サミット開催という千載一遇のチャンスを捉え、三重の魅力を存分に国内外に情報発信できたことである。全力で三重県の情報発信に努めてきた結果、当初の予想を超える成果があったと感じている。

食材や調度品について、外務省に対して、国の公式行事等への県産食材等の採用提案をおこなうとともに、外務省への要望後は、ホテル・旅館のほか、国際メディアセンターのダイニング等で活用されるよう、提案活動をおこなった。一品でも多く使っていただけるよう外務省等に働きかけを続けた結果、首脳や配偶者のランチやディナーには、伊勢えび、松阪牛、伊賀牛等の三重県産の食材を生かした料理が提供され、首脳の食事の際の乾杯はすべて三重県の酒蔵から提供された地酒でおこなわれた等、三重県の食の魅力を最大限にアピールすることができた。首脳の食事の乾杯に使用された日本酒については、問い合わせが殺到し、一日で一年分の注文があり、完売状態となっている。首脳会議・配偶者プログラム・国際メディアセンターにおいて、県内二十六市町から少なくとも二六九品目の県産食材等（食材・加工品・日本酒）が活用された。とくに、国際メディアセンターで国内外の報道関係者に提供された食事においても、一五六種類のメニューのうち、一五二種類で三重県産の食材が使われ、ほぼすべてのメニューに三重県の食材が使用された。その他、県産品についても、乾杯で使用された萬古焼、首脳会議で用いられた尾鷲ヒノキの会議用テーブル等、少なくとも四十二品目が活用された。

図８　首脳会議ワーキング・ディナー（写真提供：外務省）

また、国際メディアセンターに開設した三重情報館では、「伝統と革新～〝和〟

の精神～」の基本コンセプトに基づき、三重の歴史、多様で豊かな文化、自然、食、産業等における「伝統と革新」を「和の精神」という切り口で捉え、六十三のコンテンツの展示、大型スクリーンでの日本人の心のふるさと三重が育んできた精神性を表した映像の上映、県内企業の高い技術力が生んだ製品の展示、伝統工芸の実演や体験、海女の講話、忍者ショー等をおこなうとともに、伊勢茶や餅菓子を振る舞う等、「静と動」の織り成す三重の多様な魅力を総合的に発信した。三重情報館には、五日間で延べ一万二〇〇〇人を超える報道関係者の方に来場いただき、大変好評を博した。

図9　海外著名人が訪県した海外プレスツアー

さらに、伊勢志摩サミット開催を三重の魅力を国内外に発信する絶好の機会と捉え、プレスツアーを実施し海外のメディアに三重県を取材する機会を提供するとともに、世界的な発信力のあるメディアを活用した広告掲載等もおこなった。

プレスツアーについては、伊勢志摩サミット三重県民会議主催分や外務省主催分を含めて、二十二回実施し、延べ三十六カ国（地域）の報道機関に参加していただいた。プレスツアーを実施した結果、同行した業者より首都圏を中心に三重県の魚介類が販売されるイベントが開催され、またプレスツアーをきっかけに香港へ県産品が輸出されるなどの成果が得られた。プレスツアーに参加したある海外記者は「自然、文化、歴史などの日本の魅力が凝縮された場所」と述べており、私たち自身もそれを感じるきっかけとなった。

その他、首都圏での駐日外交団、海外メディア等を対象としたセミナーとレセプションの開催、日本記者クラブ、日本外国特派員協会及び関西記者クラブでの会見やニューヨーク経済セミナーでのプレゼンテーション等のあらゆる機会を通じて、三重県が世界に誇る美しい自然、豊かな文化・伝統・食、先端技術等、三重の魅力を世界へ存分に発信することができた。

## 6　おわりに

今回の伊勢志摩サミットは間違いなく大成功であり、国内外からも評価されるものであったと思う。繰り返しになるが、県民の皆様のご協力なくしてはあり得なかったことである。「感動した」「涙がとまらない」「成功は日本と三重県民の誇り」「改めて三重県の良さを感じる」「日本の、日本人の素晴らしさを感じる」「これから○○に挑戦したい」というサミットを契機とした意欲を語る言葉など、多くの県民の皆様からの声をいただいた。

このようなサミットを契機とした取り組みを通じて、多くの県民の皆様が自分たちのふるさとの魅力に改めて気づき、愛着や誇りを持てたことが、サミットの最大のレガシーといえる。

このことは地域住民が地域をより良くしていこうという動機づけとなり、地域住民がサミットの成果を地域の発展のために生かそうとする行動や、地域をより良くしようとする行動へとつながる。そのことにより、地域の活力・魅力が高まり、観光やビジネスなどのさまざまな分野で三重が世界から選ばれるようになり、それが次世代の希望につながっていくという「正のスパイラル」が生まれ、地域が自立的かつ持続的に発展する契機となる。

サミットの資産を三重の未来に生かすため、ポストサミットの取り組みを進めている。

サミット開催に向けても、県民の皆様に参画していただきオール三重で取り組んできたため、ポストサミットにおいても、なるべく県民の皆様に参加していただき、県民の皆様でサミットのレガシーを共有し、発展させていくような取り組みにしていきたいと考えている。

三重県におけるポストサミットとは、次世代に残すサミットの資産、すなわちサミットの「レガシー」を、三重の未来に生かすこととしている。本県では、伊勢志摩サミットのレガシーを、「①知名度等の向上、②会議自体の成果、③地域の総合力の向上」の三つに整理し、サミットのレガシーを最大限に生かし、持続的に発展する三重の未来へと

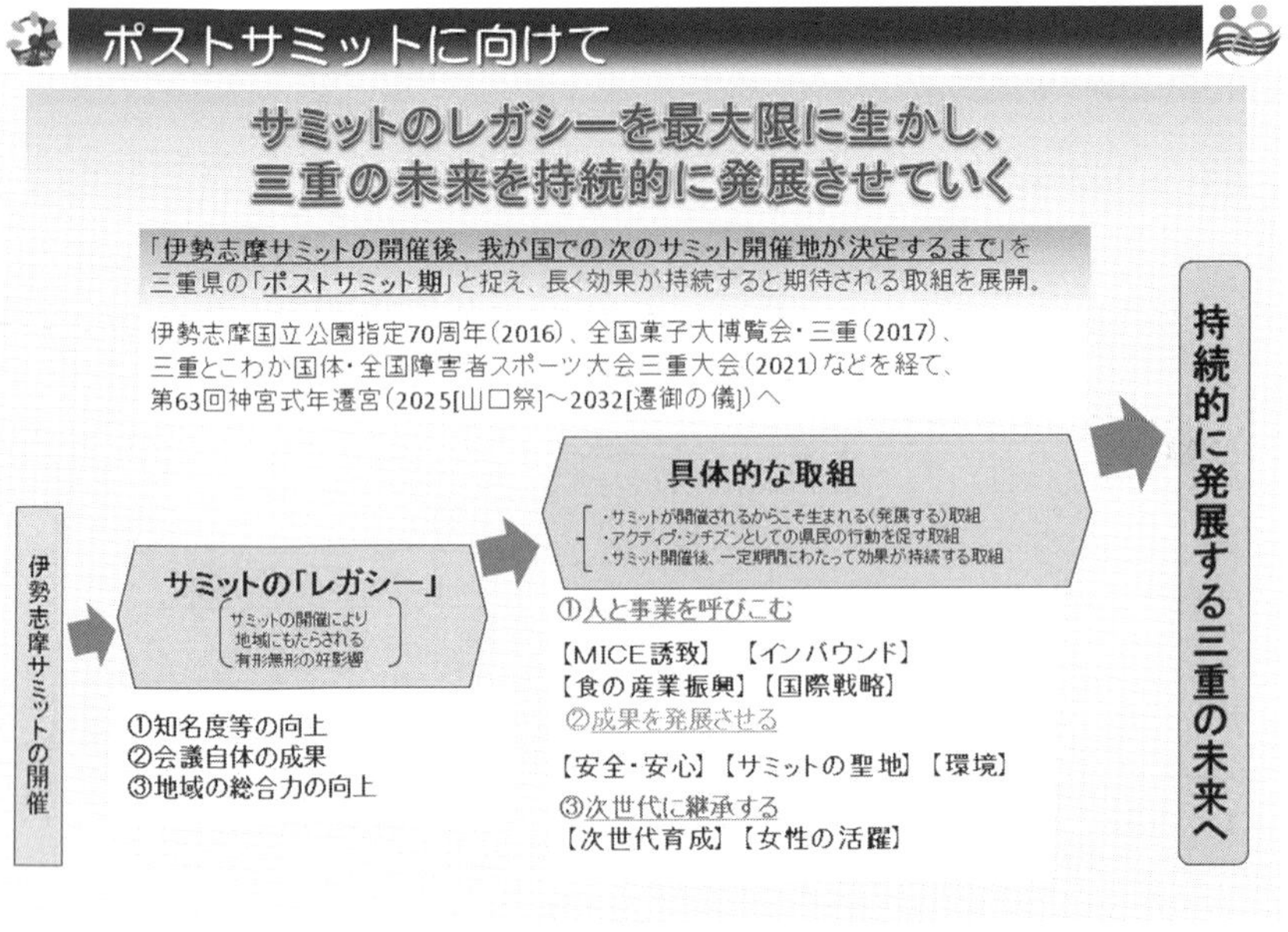
ポストサミットに向けて
サミットのレガシーを最大限に生かし、
三重の未来を持続的に発展させていく
「伊勢志摩サミットの開催後、我が国での次のサミット開催地が決定するまで」を
三重県の「ポストサミット期」と捉え、長く効果が持続すると期待される取組を展開。
伊勢志摩国立公園指定70周年(2016)、全国菓子大博覧会・三重(2017)、
三重とこわか国体・全国障害者スポーツ大会三重大会(2021)などを経て、
第63回神宮式年遷宮(2025[山口祭]～2032[遷御の儀])へ
伊勢志摩サミットの開催
サミットの「レガシー」
サミットの開催により
地域にもたらされる
有形無形の好影響
①知名度等の向上
②会議自体の成果
③地域の総合力の向上
具体的な取組
・サミットが開催されるからこそ生まれる(発展する)取組
・アクティブ・シチズンとしての県民の行動を促す取組
・サミット開催後、一定期間にわたって効果が持続する取組
①人と事業を呼びこむ
【MICE誘致】【インバウンド】
【食の産業振興】【国際戦略】
②成果を発展させる
【安全・安心】【サミットの聖地】【環境】
③次世代に継承する
【次世代育成】【女性の活躍】
持続的に発展する三重の未来へ

図10　ポストサミットに向けて

繋げていくことを本県のポストサミットの基本的な考え方とし、サミット開催後、我が国での次のサミット開催地が決定するまでを、本県のポストサミットの期間と捉え、長く効果が持続すると期待されるさまざまな取り組みを展開していく。そして、同じく国内外からの注目を集める「第六十三回神宮式年遷宮」に向けて、繋げていきたいと考えている。

具体的には、先に述べた三つのレガシーに対応し、①「人と事業を呼び込む」、②「成果を発展させる」、③「次世代に継承する」という三つの観点から事業を実施していく。

①「人と事業を呼びこむ」事業として、海外MICEの誘致、ゴルフツーリズム等のインバウンド、知名度の向上を生かしたPR等による「食」の産業振興、グローバルな創業・第二創業の促進や外資系企業誘致の推進、等に取り組み、②「成果を発展させる」事業として、安全・安心なまちづくりの推進、県産農林水産物に関する各種サミット開催等による三重の「サミットの聖地」化(「『サミット』といえば三重県」のイメージ確立)、ジュニア・サミットの討議テーマである「環境」に関する国際

会議の開催、等に取り組み、③「次世代に継承する」事業として、県内高校生や県内外の大学生・留学生による意見交換や交流の促進、女性の活躍の機運醸成につなげる公開フォーラムの開催、等に取り組んでいく。

しかし、サミットの開催は、あくまでチャンスに過ぎない。キッシンジャー元国務長官も言うように「チャンスは貯金できない」のである。まさに今、このチャンスを活かしていくことが必要となる。県はもとより、県民の皆様一人ひとりが、このチャンスを掴もうとする思いを持ち、そのための行動を起こし、サミットのレガシーを次世代に継承していく必要がある。そのことにより初めて、中長期的な視点からも伊勢志摩サミットは大成功だったと、後世においで永く語り継がれることになると思う。

サミットを経て、今、三重県は新たなステージに立ったところである。引き続き、三重県民の皆様のご支援とご協力をお願いしたい。

# 2 世界に開かれたまちへ
## ――ジュニア・サミットを終えて

桑名市長
伊藤徳宇

桑名市では、伊勢志摩サミットの関連事業としてジュニア・サミットが開かれた。桑名市に滞在していた二〇一六年四月二十二日から二十六日までの期間を無事に終えることができた。世界的にもテロが心配される中、安全に開催できたことは市民の皆様をはじめ、企業やボランティア団体等の皆様のご支援、ご協力の賜物と大変感謝している。

ここではあらためてジュニア・サミットを振り返り、その成果を記したい。

## 1 ジュニア・サミット招致まで

桑名市での受け入れ体制

私が桑名市長に就任した際に「七つのビジョン」を示した。その一つに「世界に向けて開かれたまち」というビジョンがあり、国際化に向けたまちづくりを進めていくことを市民の皆様とお約束した。

このような中で、二〇一五年六月五日、安倍総理から日本が議長国を務める二〇一六年の主要国首脳会議が三重県志摩市で開催されることが発表された。この発表を受け、桑名を世界に発信できる絶好の機会と考え、市議会六月定例会で「ジュニア・サミット等の誘致も選択肢の一つである」と、誘致に向けての考えを示した。

その後、本市を含めて県内の八市が開催に向けての意欲を示す中、最終的に二〇一五年十月二十七日、岸田外務大臣から桑名市を主会場としてジュニア・サミットを開催することが発表された。

そこで、本市として、しっかりとした〝おもてなし〟をする体制を整える必要があることから、二〇一五年十一月九日付で、本市の行政組織における市長公室の部局の中にジュニアサミット推進課を設置し、課長以下三名体制でスタートさせた。同年十二月十七日には課長以下十三名体制へ一気に増員し、開催機運を醸成するとともに、スピード感を持って、最高の〝おもてなし〟をするよう指示をした。さらに、二〇一五年十一月二十五日には、全庁をあげてジュニア・サミット関連の事業に取り組むべく、関係部局の部長や課長をメンバーとした「庁内プロジェクトチーム」も発足し、万全の体制を確立した。

## ジュニア・サミット桑名市民会議の設立

市の組織づくりを進めると同時に、オール桑名での〝おもてなし〟をしてこその成功であることから、二〇一五年十二月十八日、市内の産業・経済関係分野、観光関係分野等の団体や市民を構成員とする「ジュニア・サミット桑名市民会議」（以下「市民会議」という）を設立した。ここでは、ジュニア・サミット開催による効果を一過性のものとせず、市民一人ひとりが積極的に関わり、全市的な取り組みとすることを決定した。市民会議は公民連携による地域主体の歓迎や交流行事を実践し、国内外での本市の認知度を向上させ、誘客を促進することを目的とした。

市民会議では、おもてなし部会、交流部会、発信部会、運営部会、危機管理部会、協賛部会、支援部会の七つの部会を設置し、総会及び役員会、各部会の会議等を合計三十一回開催し、受け入れに向けての準備をおこなった。各部会では、市民団体や民間の企業のアイデア、人脈、技術力を活かし、スピード感を持った議論をおこない、実行することができた。

## 2　「おもてなし」大成功だったジュニア・サミット

ジュニア・サミットは、主要国首脳会議における各国の青少年間の国際交流を促進し、国際社会のかかえる課題について討議をおこない、意識を高めることを目的とするものである。今回の開催場所は、三重県桑名市（ナガシマリゾート）を主会場とし、三重県内各地や東京での視察等をおこない、二〇一六年四月二十二日から同月二十八日まで実施した。参加者は、G7各国男女二名ずつの合計二十八名で、日本代表は三重県出身の高校生四名が参加した。討議の内容は、メインテーマ「次世代につなぐ地球～環境と持続可能な社会」に、サブテーマ「環境保護と経済成長の共生」、「より良い社会とより良い世界に向けて」とされた。

ジュニア・サミット参加者によってまとめられた成果文書には、開催地〝桑名〟の名をコミュニケにつけたいとの参加者からの提案もあり「桑名ジュニア・コミュニケ」と名づけられた。

このコミュニケは二〇一六年四月二十七日、ジュニア・サミット参加者の代表である本市出身の上堀内陸王さんから総理官邸で安倍総理に手渡された。世界に向けて〝桑名〟の名を発信することができた意味は、非常に大きいと感じている。本市にとっては、このような国際会議を開催できたことは貴重な経験と実績となった（図1）。

図1　安倍晋三内閣総理大臣にジュニア・サミットの成果文書「桑名ジュニア・コミュニケ」を手渡す上堀内陸王さん（三重県桑名市出身）（総理官邸、2016年4月27日）

「KUWANA　NIGHT」

今回のジュニア・サミットは、あくまで主催は外務省であり、伊勢志摩サミット三重県民会議が共催という立場になり、本市としてどのような関わりができるのか模索しながら進めていた。その中では、本市が主催者となる二〇一六年四月二十三日に開催した「KUWANA NIGHT」は、桑名の魅力を伝える絶好の機会であった。本市の国指定重要無形文化財で〝桑名の本物の伝統文化〟石取祭の祭車行事を見学・体験する事業を計画し、最高の〝おもてなし〟をするために最も力を注いだ。

数百人の石取祭保存会の関係者の皆様の大変なお力添えのもと、桑名の石取祭の祭車十三台を国道一号線の伊勢大橋を曳いて渡り、揖斐川、長良川を越えることになった。しかも、道中では、国土交通省木曽川下流河川事務所や独立行政法人水資源機構長良川河口堰管理事務所等の異例の配慮もいただき、長良川河口堰を石取祭の祭車が渡るという前代未聞のこととなった。

図２　ジュニア・サミット参加者が日本の中高生に太鼓や鉦の叩き方を教えてもらい体験している様子。（KUWANA NIGHT、2016 年４月 23 日）

ジュニア・サミットのスケジュール上の制約もある中で、安全かつ無事に祭車を曳くことができるのか、交通渋滞による事故を誘発しないか等、当日まで私自身心配が尽きることはなかった。

しかし、交通渋滞等について市民や近隣住民の方々からのお叱りは一件もなく、無事終えることができた。このことも市民等の皆様の格別の御理解、御協力のおかげと大変感謝している。

当日は小雨の降る中、会場となったなばなの里駐車場に、石取祭保存会の関係者や見物客など総勢二千人もの方が集まるなか、石取祭の祭車十三台が整列し、石取祭保存会の関係者たちがジュニア・サミット参加者を鉦や太鼓を打ち鳴らして、お出迎えした。

お揃いの石取祭の半纏を着た参加者は、日本の同世代の中高生から鉦や太鼓の打ち鳴らし方を教えてもらい、肩を組んで「コラサー」と掛け声をかけあい、〝日本一やかましい祭〟と称される祭の雰囲気を満喫し、非常に興奮し、感激していた（図2）。

このことは後に、総理表敬の際に安倍総理から「桑名市では、石取祭に参加をし、半纏を着て和太鼓をたたくなど、日本の伝統や文化にも親しんでいただいた」と感想を頂戴した。私も素晴らしい〝おもてなし〟ができ、大変意義深い取組であったと感じた。

夕食はバイキング形式でおこなわれ、参加者には全国的にも産地として有名な桑名産のハマグリや筍のバーベキューなどが振る舞われた。その後、なばなの里の〝日本一のイルミネーション〟とベゴニアガーデンの見学をした。なばなの里内では、今回のジュニア・サミットにちなんで、ビオラ等の花で七カ国の国旗を描いた〝花壇のおもてなし〟に参加者は一様にとても感激して写真を撮るなど、非常に満足している様子であった。

## 3　市民会議での取組とジュニア・サミットの成果と今後

「二〇一六年ジュニア・サミットin三重」が、本市を主会場として開催されることを記念して、四月二十二日から二十四日までの期間、ホテル花水木コンベンションホールで本市独自のエキシビション企画を実施した。

会場内には、桑名が東海道の宿場町で栄えたことを知っていただくためにと、本市を題材とした浮世絵の中に自分が入ったように画像が合成されるクロマキーシステムという技術を使って、大人から子どもまで楽しみながら桑名を学んでいただけるコーナーを設置した。また、NTN株式会社がサポートする工学院大学のソーラーカーを展示した。このソーラーカーは、二〇一四年に秋田県で開催された「ワールド・グリーン・チャレンジ」で優勝したもので、来場者の多くがボランティアで参加していた工学院大学の学生たちの説明に熱心に耳を傾け、写真を撮っている様子が見られた。

そのほか、市内の企業等四社の環境取組を紹介する企業ブースが設られ、子どもたちが楽しみながら学べるような体験型の展示コーナーがつくられた。

また、今回の伊勢志摩サミットについては、オール三重で盛り上げるという取組であったので、四月二十三日のイベントステージでは、県内七校の工業高校から合計十チームが参加して、トーナメント方式でのアメリカンロボットフットボール競技大会を実施した。この競技大会の開会式、途中休憩、閉会式の際には、ご当地映画「クハナ！」に登場するキッズバンドが演奏を披露し、会場を盛り上げた。

四月二十四日には、本市独自で国際交流事業「ジュニア・サミットinくわな二〇一六」を実施した。三重大学人文学部の朴恵淑教授が全体コーディネーターを務め、四十名の市内及び近郊に在住の高校生と三重大学の留学生二十八名が、桑名に関わるⅠ水環境Ⅱ食Ⅲ文化Ⅳ観光産業Ⅴ国際化の五つのテーマに分かれ、身振り手振りを交えながらも、一生懸命英語で討議をしている姿が印象的であった。参加者の皆さんが、討議した内容をまとめた「桑名ジュニア・サミットユース宣言」は、最終的に、本市に提出いただいた。この宣言文については、これからの次世代を担う高校生が考えたもので、私自身もその意味の重さを十分認識し、今後の市の施策に活かしていきたいと考えている。

## 成果と今後の事業について

市民会議の結成から約四カ月の間を改めて振り返ってみると、実に四十九企画のイベントを実施し、約一万四〇〇人の市民等のご参加をいただいた。

また、ジュニア・サミット開催までの総事業費三五八四万八千円は、全額地元企業からの寄附金や全国からのふるさと納税等によって賄うことができた。あわせて、各種のイベントに際して、企業から御協賛いただいた物品等で金額に換算できるものだけで一〇六四万一千円相当の御協力をいただいた。

この他にも、ジュニア・サミットについてPRをしたテレビ、新聞、ネットニュースを通じてのパブリシティ効果（広告換算値）は、実に一億八四八五万円もの効果があった。

本市にとって、ジュニア・サミットという前例のない事業を実施していく中で、今までにない苦労もあったが、このように本当に大勢の市民や団体、企業の皆様の御支援、御協力のおかげで成功裏に終えることができた。これだけ多くのメディアにも取り上げられ、桑名を世界に向けて発信することができたことは、まさに〝オール桑名〟で成し遂げた事業であり、その成果であったと私も改めて思うところである（図3）。

図3　桑名市での成果発表後　安倍総理夫人、鈴木知事、伊藤市長とジュニア・サミット参加者が記念撮影をする様子（２段目中央が安倍昭恵総理夫人、安倍総理夫人の向かって、左隣が鈴木英敬三重県知事、右隣が伊藤徳宇桑名市長　2016 年４月 26 日）

また、伊勢志摩サミットにおいても、首脳陣のランチで桑名産のハマグリや海苔が、配偶者プログラムでも市内の事業所のシフォンケーキが提供された。国際メディアセンター内の三重情報館においても桑名の日本酒が振る舞われ、それぞれ大変好評であった。このことは、桑名に身近にある食材が、実は世界にも発信できる魅力を備えているということに他ならない。

市民の方にとって、今回のジュニア・サミットは、この桑名を再認識し、自分たちの街の歴史、伝統、文化、魅力の素晴らしさに改めて気づき、誇りを感じさせる絶好の機会になったのではないか。これを機に、改めて市民一人ひとりに桑名のファンになっていただきたいと思う。

ジュニア・サミット開催にあたっては、通訳ボランティアを募集し、応募してくださった方々にさまざまな案内役をお願いした。市ではこうした通訳ボランティアの皆さんとの関わりを一過性でなく今後の国際化へとつなげていくことが大切であると考えた。そこで、通訳ボランティアとして活躍いただいた方を対象に、二〇一六年七月二日の市民会議解散の際に、今後の本市の国際化のために協力いただける方を募り、「桑名市国際観光通訳ボランティア連絡会」を結成することができた。このボランティア連絡会を組織化できたことは、本市にとって貴重なレガシーとなった。

ジュニア・サミットの通訳ボランティアとしてご応募いただけただけで大変貴重なことであったのに、その皆さんが、今後の本市の国際観光の役に立ちたいと、市の施策に呼応するように、我々行政と連携して、次のステップに進もうとしている。皆さんにはポストジュニア・サミット事業である国際的な観光事業でしっかり活躍いただきたいと考えている。

その他、国際会議を開催した経験と実績を糧に、国際観光などのインバウンド事業、MICE誘致をはじめ、地域の活性化を推し進めたい。市民の皆さんが再認識した誇りを次の世代に確実に継承していくことが、ジュニア・サミットを招致した最も重要な意義である。そのための事業展開に私自身が先頭に立って取り組んでいきたい。

# 3 サミットがもたらした経済効果と観光産業

株式会社百五総合研究所代表取締役社長
荒木康行

## 1 三重県における観光の現状

国における観光産業の位置づけ

現在、我が国では「観光」を重要な成長産業と位置づけ、国を挙げて観光立国に向けた施策を展開している。とりわけ、経済成長が著しいアジア圏の旅行需要の拡大や二〇二〇年の東京オリンピック・パラリンピック競技大会開催に向けて国際的に注目が集まる中、外国人旅行者の誘致、いわゆるインバウンド需要の取り込みが国の成長戦略や地方創生の重点施策となっている。

観光産業が国の成長戦略、地方創生の重点施策に位置づけられ、期待される所以は、観光産業の特長にある。第一に、観光産業（インバウンド）は、国外から人が訪れ、国内でサービスや商品を消費してもらうことで、外貨の獲得につながる「外貨獲得型産業」である。二〇一五年の訪日外国人旅行者は一九七四万人となり、三年連続で過去最高を更新した。同年の訪日外国人旅行者による日本国内での観光消費額は三兆四七七一億円となり、前年を大きく上回る七一・五％の増加となった。このような状況から、二〇一五年の国際収支における旅行収支は一兆九〇五億円と改善し、一九六二年以来五十三年ぶりに黒字化した。

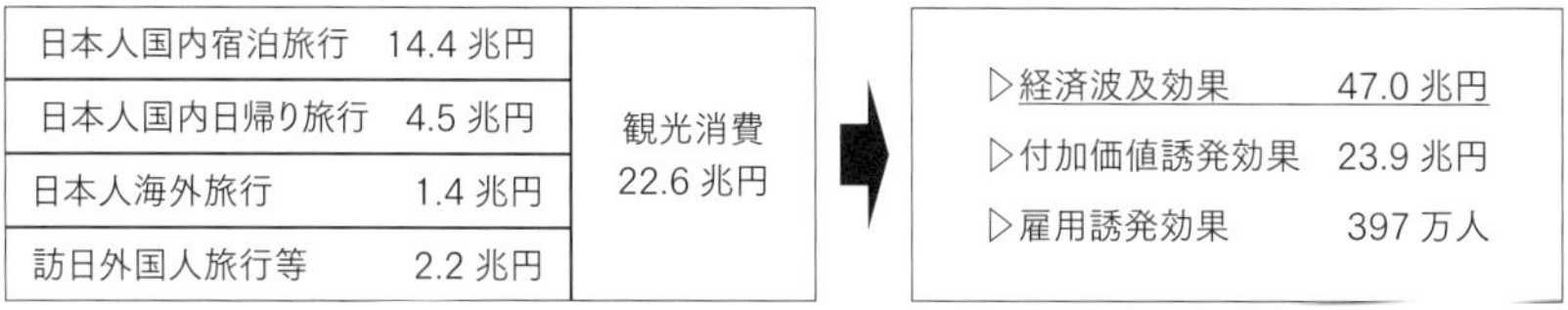

日本人国内宿泊旅行　14.4 兆円
日本人国内日帰り旅行　4.5 兆円
日本人海外旅行　1.4 兆円
訪日外国人旅行等　2.2 兆円
観光消費
22.6 兆円
▷経済波及効果　47.0 兆円
▷付加価値誘発効果　23.9 兆円
▷雇用誘発効果　397 万人

図1　旅行消費がもたらす経済波及効果の推計観光庁（出典：「旅行・観光産業の経済効果に関する調査研究」「平成 28 年版観光白書」）

少子高齢化や人口減少の進展で、内需の広がりが期待できない我が国にとって、輸出型産業と同様に外需を取り込む観光産業の振興は不可欠といえる。

第二に、観光産業は、運輸業、宿泊業、飲食業、旅行業、小売業など幅広い産業に関連する裾野が広い産業であり、経済波及効果が広く行きわたる。

二〇一四年の旅行消費額（旅行中に、または旅行のために消費した支出額の合計）は二二・六兆円、それがもたらす済波及効果は四七・〇兆円となり、二倍以上の金額にのぼる。また、雇用誘発効果も大きく、先述の旅行消費額の場合、四百万人弱の雇用を生むと推計される。

第三に、観光の取り組みが地域の問題解決や地域振興策と融合する点にある。現在、地方では定住人口が減少し、交流人口の拡大による活性化が必要とされている。その際、観光的視点から地域の魅力を再認識し、問題を洗い出し課題を克服することが観光振興だけでなく、地域の住環境の維持・改善、牽いては地域づくり、まちづくりにつながる。近年、急伸している地域主導の観光メニューづくり「着地型観光」（地域住民が主体となって観光資源を発掘、プログラム化し、旅行商品としてマーケットへ発信・集客をおこなう観光事業の取り組み）のプロセス自体がまちづくりの手法となる。

### 県内産業における観光の位置づけ

お伊勢参りに代表されるように伊勢志摩地域を中心に古くから国内有数の観光地として知られる三重県では、観光産業は主要な産業の一つとして捉えられてきた。三重県における観光産業が、県内経済に及ぼす効果も大きい。

二〇一四年の三重県における旅行消費額は四六五七億円である。その経済波及効果は、六四

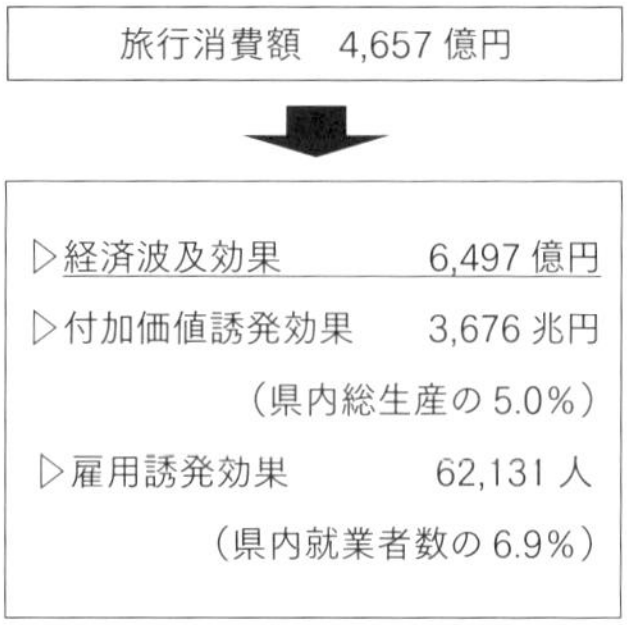


図2　三重県の旅行消費がもたらす経済波及効果の推計（出典：「三重県観光振興基本計画年次報告書」）

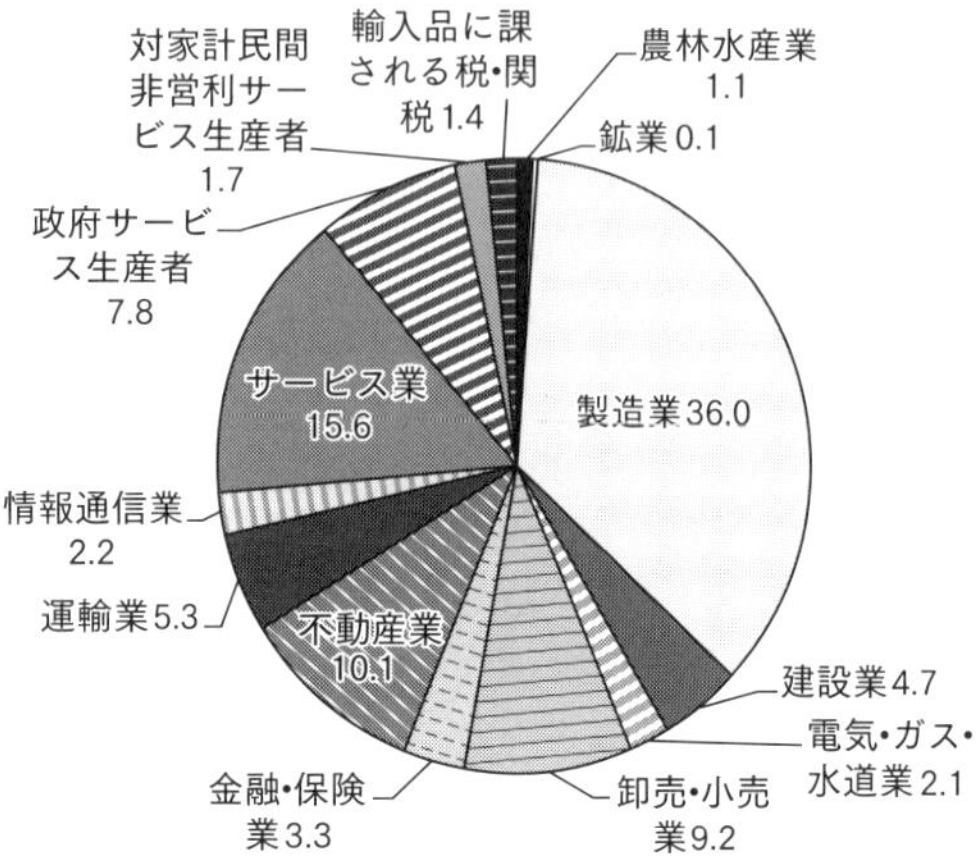


図3　経済活動別県内総生産（構成比）（出典：三重県戦略企画部統計課「平成 26 年度三重県民経済計算結果（速報）」）

九七億円、うち付加価値額は、三六七六億円にのぼると推計される。

付加価値額が県内総生産に占める割合は五・〇%となり、これは県内における運輸業や建設業とほぼ同程度の経済規模があることを示している。また、雇用誘発効果は六万二千人となり、県内就業者数の約七%を占めていると推計される。

## 三重県の観光の現状

三重県における二〇一五年の観光入込客数（以下、入込客数と記載）は、三九二一万人となり、前年比二・五%の増加となった。現行の推計方法となった二〇〇五年以降、入込客数は総じて増加傾向にあり、二〇一五年は過去最高であった二〇一三年（四〇八〇万人）に次ぐ入込客数となった。

三重県の入込客数は、これまで総じて伊勢神宮の参拝者数の増減に連動する傾向が見られた。とくに神宮式年遷宮が執りおこなわれる年は、参拝者数が急増し、あわせて周辺地域の観光・レジャー施設の入込客数や宿泊者数も増加することで、県全体の入込客数を底上げしてきた。同時に、道路などのインフラ整備や観光・宿泊施設における設備投資や大規模なイベントの開催などがおこなわれた。これは、二十年ごとにおこなわれる遷宮にあわせて「二十年サイクル」ともよばれ、地域経済の発展に寄与してきた。

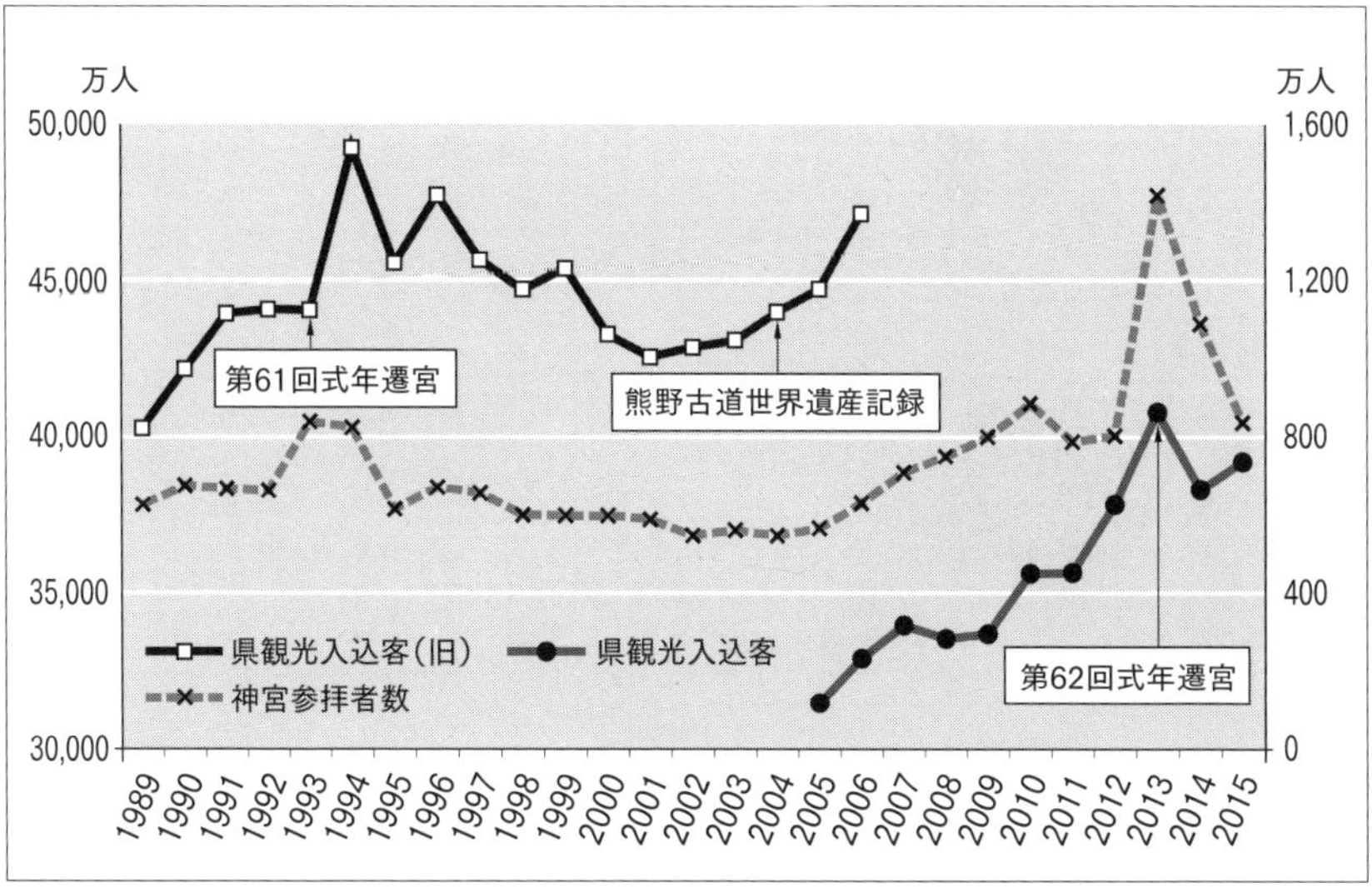


図4　三重県の観光入込客数と神宮参拝者数の推移（出典：三重県雇用経済部観光局「観光レクリエーション入込客数推計書」）

一方で、観光の地域間競争が激化する中で、伊勢神宮の存在が来訪者を安定、大量に招き、さらに遷宮ごとに大きく増加する恵まれた環境に甘んじて、観光客を受け入れる地域側の自助努力を怠ってきた面も否めない。

しかし、前回の遷宮（二〇一三年）では、遷宮後の誘客を見据えて、神宮の意義や遷宮の営みなど神宮への理解を深め、関心を高めてもらうことを目指した情報発信や、伊勢志摩地域への来訪が少ない首都圏に向けた広報強化が進められた。

その他、県内には、ナガシマリゾートや鈴鹿サーキットなど家族で楽しめるレジャー施設や、モクモク手作りファーム、松阪農業公園ベルファームなど食と自然を楽しみながら学ぶことができる体験型の農業公園など魅力ある施設も多くある。これらの施設では、定期的にアトラクションの入れ替えや新たなイベントを企画し来場者を飽きさせない取り組みで、安定した集客を誇っている。また、近年は「海女文化」や「忍者」など地域の歴史的・文化的資源を掘り起こし、新たな価値を加えたサービスとして提供することで人気を博している。

なお、入込客数を五地域別にみると、北勢地域が四六・四％と最も高く、次いで伊勢志摩地域が二三・八％、中南勢地域が一六・一％の順となっており、伊賀地域、東紀州地域は一割未満となっている。

施設別にみると、ナガシマリゾート（一五一五万人）が最も多く、次いで伊勢神宮（内宮と外宮の合算）（八三八万人）、おかげ横丁（五二四万人）の順となっている。

上位三施設の合計入込客数で県全体の七割以上を占めていることから、これらの施設の入込客の動向が県全体の入込客数に大きな影響を与えている。

また、近年は外国人旅行者が大幅に増加している。

主要施設における二〇一五年の外国人来訪者数をみると、伊勢神宮では九万七九七〇人となり前年比四六・九％の増加、ミキモト真珠島では二万八八七〇人となり前年比五〇・七％の増加、伊賀流忍者博物館では約二万三八〇五人となり前年比三一・九％の増加となるなど、いずれの施設も前年を大きく上回った。

また、宿泊旅行統計によると、二〇一五年の三重県の外国人延べ宿泊者数は、三九万一七四〇人となった。前年と比較すると、一一九・四％増の二倍以上の伸びとなり、伸び率では静岡県に次ぐ全国二位となっている。

しかし、外国人延べ宿泊者数の全国順位でみると三重県は二十三位で

| | 施設名 | 入込客数（万人） |
|---|---|---|
| 1 | ナガシマリゾート | 1,515 |
| 2 | 伊勢神宮（内宮・外宮合算） | 838 |
| 3 | おかげ横丁 | 524 |
| 4 | 鈴鹿サーキット | 208 |
| 5 | 鳥羽市旅館街 | 188 |
| 6 | 湯の山温泉 | 179 |
| 7 | 二見興玉神社 | 172 |
| 8 | 椿大神社 | 145 |
| 9 | 多度大社 | 144 |
| 10 | 志摩スペイン村 | 128 |

図5　三重県における観光入込客数上位 10 施設（出典：三重県雇用経済部観光局「観光レクリエーション入込客数推計書」）

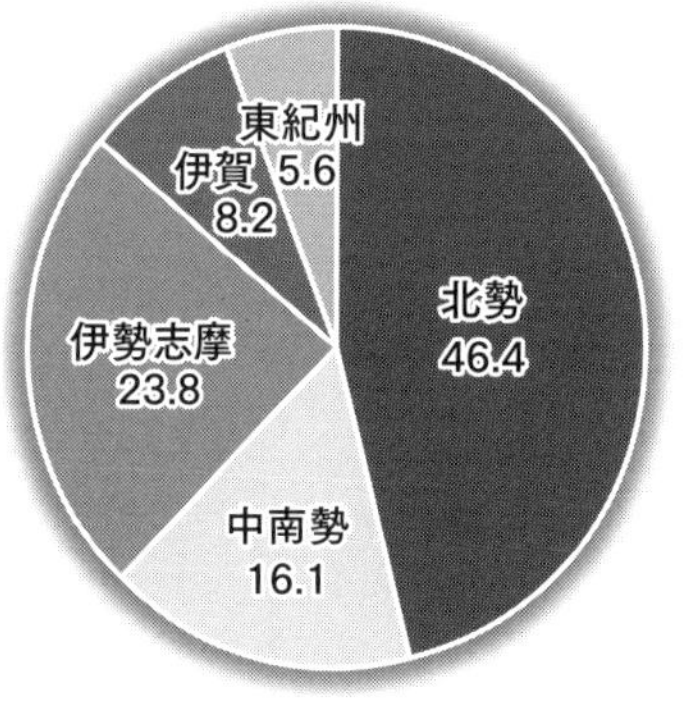


図6　地域別観光入込客の割合（出典：三重県雇用経済部観光局「観光レクリエーション入込客数推計書」）

あり、近隣県の岐阜県や滋賀県、和歌山県などにおいて、国内宿泊者数も含めた延べ宿泊者数で三重県を下回るが、外国人延べ宿泊者数では三重県を上回る。また、全国の国内宿泊者数も含めた延べ宿泊者数に占める外国人の割合が一三・〇％であるのに対し、三重県は四・一％と低く、全国二十八位となっている。要因としては、東京―京都・大阪を結ぶゴールデンルートからやや外れた立地要因に加え、先述のように、三重県は安定した国内観光客の来訪があるために、外国人旅行者の積極的な誘客に向けた取り組みが他地域より遅れた面があると考えられる。

三重県の外国人延べ宿泊者数を国別にみると、中国が四四・八％と最も高く、次いで台湾が一七・九％、韓国が一三・五％と、アジア圏からの来訪が大半となっている。二〇一四年までは、台湾からの来訪者が最も多かったが、二〇一五年は中国が大幅に増加した。要因としては、伊勢志摩サミットの開催決定のPR効果、セントレアの中国便新規就航に伴う中国人ツアーの増加のほか、全国的な外国人旅行者の増加により都市部での宿泊施設が不足し、三重県内での宿泊が増加したことなどがあげられる。

## 2　伊勢志摩サミット開催の三重県への影響

二〇一六年五月二十六日、二十七日に「先進国首脳会議（通称・伊勢志摩サミット）」が賢島で開催された。それに伴い、世界中から訪れる要人や関係者、記者団の安心・安全はもとより、利便性・快適性を向上させるさまざまな取り組みや情報発信・PR活動が展開されたことで、三重県におけるインバウンド受け入れ体制や基盤づくりは一定の進展がみられた。

まず、伊勢志摩地域の知名度が向上した。サミットの名称が地域名を冠した「伊勢志摩サミット」となり、開催決定後はさまざまなメディアを通じて伊勢志摩地域が紹介されたことで、国内外での知名度が一気に向上した。開催地の賢島や特定の施設だけでなく、周辺地域の露出も多かったため、伊勢志摩地域一帯が広く知られる機会となった。

三重県では、これら伊勢志摩サミットのパブリシティ効果について約三〇九八億円（二〇一五年六月～二〇一六年六月の期間、二〇一六年九月発表）と試算している。

また、サミットで首脳ら要人のランチやディナーの席で用いられた酒や料理の食材など、注目を集めた県内の「食」の認知度は格段に向上し、開催後に大きく販売を伸ばすケースも見られ、サミット効果が表れている。

次に、遅れていた公共交通機関のインバウンド対応の進展である。県内の主要公共交通機関である近鉄では、駅ナンバリングの導入や、主要駅における案内サインや行先表示装置等の多言語対応の拡充などのほか、乗車券や商品の購入にクレジットカードや銀聯カード（主要駅）の取り扱いを開始した。三重交通では、停留所や主要バスターミナルの時刻表・路線図等の看板の多言語化や、ＩＣカード「emica」の導入、主要値を結ぶ高速バスの新路線の開設などを実施した。

図７　駅ナンバリング導入（上）
行先表示装置等の多言語化（下）

個人の外国人旅行者にとって、公共交通機関は最も重要な移動手段である。公共交通の利用方法や目的地までの経路情報の明確化、またクレジットカード等の利用可能な駅・停留所の拡大は、日本を訪れる外国人旅行者からニーズの高い事柄であり、これらの整備・改善が県内周遊の拡大につながっていくことが期待される。

三つ目に宿泊・飲食施設等のインバウンド対応の拡充である。既存宿泊施設の中には、耐震工事を始め、和室から和洋室への改装、Wi-Fi環境の整備、クレジットの決済対応など、外国人旅行者の利便性・快適性を向上させるための取り組みや環境整備が進められた。これらは、サミット開催前後だけでなく、今後に期待される外国人旅行者の増加を見込んだものである。

また、サミット開催と時期を同じくして、世界的な高級リゾートホテルのアマンリゾーツが、リゾートホテルとして日本で初めて開業した「AMANEMU」や、国内外で高級フランス料理店を展開するひらまつのホテル事業初出店となる「THE HIRAMATSU HOTELS & RESORTS」など、高級リゾートホテルが相次いで開業した。これらの開業によって、伊勢志摩地域は高級リゾート地としての一面を強化することになり、同地域への来訪者の層の広がりが期待できる。

四つ目に住民の地元に対する自信や意識の変化である。伊勢志摩地域が、日本の美しい自然や豊かな文化を象徴する場所としてサミット開催地に選ばれ、メディアを通して国内外に発信されたことは、地域住民にとって地元が持つ魅力・価値を再認識する機会となり、自信や誇りにつながったと思われる。

これらを通じて、サミット開催後には、外国人旅行者の増加、MICEの件数増加等が期待されることから、開催後五年間の経済効果は一一一〇億円（二〇一五年十二月発表：株式会社百五経済研究所〔現・百五総合研究所〕試算）にのぼると試算される。

一方で、この金額の実現には、情報発信の強化、外国人旅行者の受け入れ環境整備、地域や関係事業者のもてなしの強化などを積み上げていくことが不可欠である。サミットの開催は、知名度の向上などさまざまな誘客効果をもたらしたが、それだけで持続的に観光客が訪れる地域になるわけではない。今後も継続した取り組みが不可欠である。

## 3　今後に向けて

最後に、今後に向けた三重県の観光振興について提案したい。

## 伊勢志摩地域の魅力向上・情報発信の強化

観光地間の競争が激化する中で、伊勢志摩地域の魅力・価値を一層高め、来訪者に選ばれる地域となるための取組みが必要である。

そのためには、第一に、特定の観光地や地域資源に過度に頼り過ぎない観光地づくりを目指すことが必要である。県内には多くの優れた地域資源がある。まず、それらを掘り起こすとともに、地域外からの意見も求め、価値を再認識することが重要である。その上で、それらの点（地域資源）を地域の歴史や風土に由来した形でストーリー性をもたせ線としてつなげることによって、地域全体を面的に周遊してもらう仕組みづくりをおこなっていくことが有効であると考える。

近年、観光の目的として「そこでしか経験できないことや味わえないこと」が求められている。三重県には、倭姫の時代から神宮に供える神饌のアワビを獲る海女の営みや、内宮のご祭神である天照大御神の母である伊弉冊尊を葬ったとされる花の窟など伊勢神宮を中心とした歴史や文化が豊富にある。それらは三重県独自のものであり、大きな魅力となる。また、点在している地域資源をストーリー化して結び付けていくためには、積極的に広域連携を推進していくことも重要である。

第二に、継続した情報発信、商品づくりが必要である。

サミット開催前には、さまざまなメディアで放送されていた伊勢志摩地域の情報番組も、開催後は大幅に減少している。メディアでの継続的な情報発信を促すための仕掛けづくり、仕組みづくりが必要である。

ただし、情報発信を担うのはメディアだけではない。とくに、現代においてはＳＮＳの情報が非常に重要性を増しており、旅行者が訪問先の情報収集に利用することも多い。このことから、地域住民自らが発信者となって、地域住民しか知らない絶景や、美味しい飲食店、ここでしかできない体験など、地元の優れたモノやコトについて、ＳＮＳ

を活用して積極的に発信していく仕組みづくりが求められる。

さらに、サミット開催地に採択されたことは、伊勢志摩地域が日本の文化や美しさを表現している場所であること、安心・安全な地域であることが裏づけられたともいえる。このサミット開催地としての価値を最大限に活用した情報発信、ならびに旅行商品づくりが重要である。

第三に地産地消の推進である。伊勢エビ・アワビに代表される海の幸や松阪牛など、三重県が誇る豊富な「食」を求めに三重県を訪れる観光客は多く、「食」は三重県の最も重要な観光資源の一つである。

一方で、これらの食を支える農林水産業の衰退が懸念されている。農林水産業の衰退は、観光業はもとより、地域全体の衰退につながりかねないことから、地域全体での地産地消の取り組みや、後継者の育成支援等を通じて、第一次産業の振興を図っていくことが急務である。

インバウンドの促進

伊勢志摩サミット開催で、インバウンドの受け入れ態勢の拡充が進み、外国人旅行者が増加している。しかし、先述のとおり、三重県の外国人旅行者の数は、周辺地域と比較しても少ない。全国的な外国人旅行者の増加から、都市部の宿泊施設が不足し、三重県での宿泊につながっていることを考慮すると、三重県を目的とした来訪はさらに少ないと考えられる。

今後は、外国人旅行者を伊勢志摩地域における主要なターゲット層として、積極的に誘客していくことが必要である。

そのためには、まずターゲットを選定することが重要となる。ターゲットとする国・地域や旅行形態によって、風習や文化、ニーズが異なるため、とるべき対策は異なる。

また、受け入れ態勢の一層の拡充が必要である。個々の施設のみならず、道路や公共交通機関における案内板や観光マップ・パンフレットの多言語化、Wi-Fi環境の整備、観光案内所の拡充など、地域全体で底上げしていくことが不可欠である。

さらに、三重県での滞在時間を延ばす工夫が求められる。現状では、夜休むためだけに三重県の宿泊施設を利用しているケースが少なくないとみられる。三重県への立寄り機会を活かして、三重県内を周遊してもらうことで、施設への入館や体験、飲食や土産購入などを通じて、お金を落としてもらう仕掛けづくりが求められる。

次に、MICEの誘致である。MICEの開催にあたっては、受け入れ環境や設備、立地の面において大都市が優位な面は否めない。一方で、文化体験・産業体験などを組み合わせたツアーとして誘致を図ったり、海の文化や自然環境、公害などテーマを絞った誘致に特化したりするなど、三重県の独自性を打ち出すことによって、誘致の可能性は高まると考えられる。

最後に、地域住民のおもてなしの向上である。訪問地の印象は、現地の食事や景観、交通の利便性なども重要な要素だが、地域住民と交わした会話や、困った際の手助けなど地域住民との触れ合い、行き届いた清掃や手入れされた花壇、街並みの様子など、「地域住民によるおもてなし」によるところが非常に大きいと考える。地道なことだが、日々の暮らしを美しくし、来訪者を温かく迎えることが、来訪者の増加やリピーターにつながっていく。

三重県では、第二十七回全国菓子大博覧会（二〇一七年開催）や「平成三十年度全国高等学校総合体育大会」（二〇一八年度開催）、「第七十六回国民体育大会（みえ国体）」（二〇二一年開催）、など、大規模なイベントの開催が続き、多くの人が三重県を訪れる。その人々の三重県での滞在が、快適、かつ安全で、心地よいものにすることで、継続的な三重県への来訪につなげていくことが重要である。

第2章

# 多彩な自然環境と私たちの暮らし

# 4 三重の気候・地形・水環境

三重大学教育学部教授
宮岡邦任

## 1 三重県の地形の概要

三重県は南北に長く、多様な自然環境が存在する。気候条件に代表されるように、北勢地域と東紀州地域、伊勢湾や太平洋に沿った沿岸地域と伊賀地域のような内陸部でも気候条件に大きな地域的差異がみられる。このような気候条件の差異は、それぞれの地域の水環境や地形条件にも強い影響を及ぼしている。本節では、三重県にみられる多様な自然環境について、とくに気候、地形、水環境に焦点をあてて紹介する。

三重県の地形の特徴は、県の最北にあたる桑名市やいなべ市から亀山市にかけての北勢地域と中勢地域の津市付近では、南北に地形が分布している（図1）。すなわち、東部の伊勢湾に面して広がる伊勢平野、その西側に台地や丘陵地、西端に鈴鹿山脈、布引山地といった配列である。鈴鹿山脈や布引山地からは、木曽三川ほど規模は大きくないが、員弁川、朝明川、三滝川、鈴鹿川、安濃川、雲出川といった河川が伊勢湾に注いでいる。これらの河川の中には、上流部に扇状地を形成しているものや沿岸部に三角州を形成しているものもあり、かつて土砂の流出量はかなりの量であったことが想像できる。鈴鹿川支流の内部川には県内の扇状地の中では最大規模の内部川扇状地が形成されており、四日市市水沢地区では扇央部の乏水地域を中心に大規模な茶の栽培がおこなわれている。また、雲出川の河口付

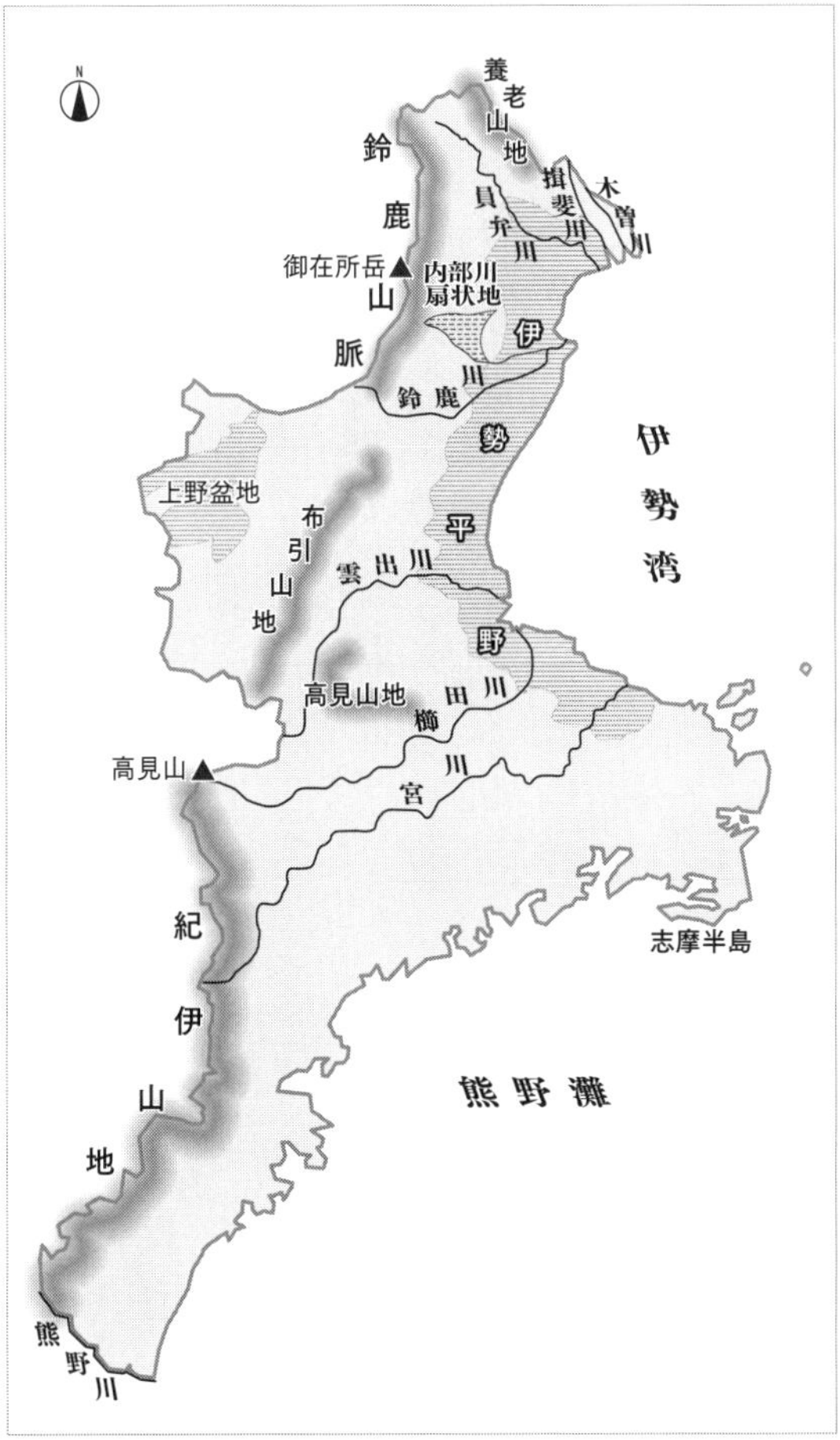

図1　三重県の地形

近には、日本でも有数の典型的な形状を呈している三角州が広がっている。

志摩半島では、半島を貫く脊髄のように比較的標高の低い山地が東西に分布している。半島北部には中勢地域から連続する平野が伊勢市付近まで広がっている。志摩半島へは、櫛田川や宮川といった県内では流域規模の大きい河川が流れており、これらの河川からの土砂供給によって、平野が発達している。一方、伊勢市二見地区付近から東部、南部にかけては、山地が海岸付近まで迫っており、地形の景観は大きく変化する。鳥羽市から志摩市、南伊勢町にかけての海岸は入り江の多いリアス海岸となっており、地形を活かした漁港が点在しており、真珠、牡蠣をはじめとした養殖も活発におこなわれている。リアス海岸は紀北町を経て尾鷲市付近まで続いている。リアス海岸の特徴である海岸付近までせまる山地から海域に流出する栄養分の豊富な陸水は豊かな漁業資源の維持には欠かせないものである。平地の少ないこの地域では、山裾の海岸にへばりつくように、限られた平地に住宅地が集中している。このような状況は、近い将来、南海トラフ地震の発生が考えられるこの地域において、津波の被害を受けることが懸念される。

熊野市から紀宝町にかけて、海岸線は一転して直線的な様相となる。七里御浜とよばれる海岸は、日本の渚百選、日本の白砂青松百選、二十一世紀に残したい日本の自然百選に選定されている。紀北町付近から紀北町にかけての東紀州地域は、降水量の多いことで知られており、河川の侵食作用による土砂の下流への流入も相当量であることが考えられる。しかし、この地域に広大な平野や扇状地が発達していない。これは、沖合の海底地形に理由があり、海岸から急激に南海トラフに向けて海底地形が深くなるため、海岸付近まで流されてきた土砂が、堆積しづらい環境にあることによる。

ここまで、三重県の地形について海岸に沿ってみてきたが、伊勢平野から布引山脈を越えて伊賀地方に入ると、地形条件は一転する。伊賀地域は周辺を山地で囲まれた盆地状の地形を呈しており、伊賀市は木津川、名張市は名張川が盆地の中央部を流れる。市街地は段丘化した台地上に形成されているが、とくに木津川は洪水災害履歴を持っている河川であり、今後も洪水対策を講じていく必要がある河川である。

## 2 三重県の気候条件

三重県の自然環境の最大の特徴として、東紀州地域の豪雨が挙げられる。この地域は四国南部、九州宮崎地方と並んで日本有数の多降雨地域であり、年間六〇〇〇㎜の降水量を記録したこともある。また、志摩半島は、日本有数の日照時間を誇る地域である。北部に目を移すと、中勢、北勢地域では、年間降水量は東京とほぼ同様の一五〇〇㎜前後であるものの、北勢地域では数年に一度、冬季に五〇㎝前後の積雪を記録する地域がみられ、中勢地域でも、降雪量はさほどではないものの、冬季になると鈴鹿おろしとよばれる北西からの強い寒風を受ける。一般的には「三重県は温暖」というイメージが強くあり、近年では地球温暖化の影響を受けている現象もみられはじめている。ここでは、

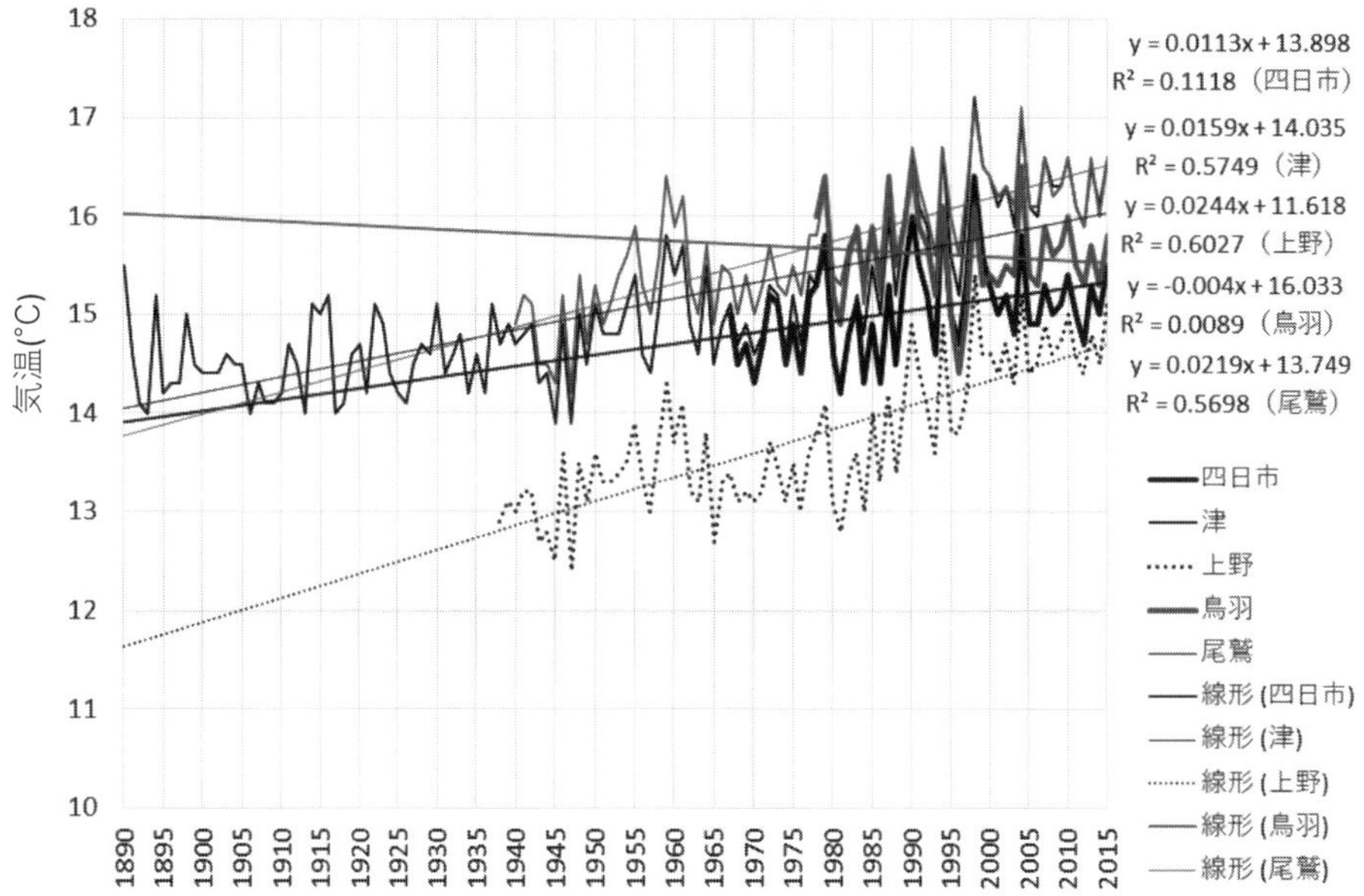


図２　気温の経年変化

三重県の気候の現状について、過去数十年の変化をみながら確認していくことにする。

三重県全域を概観することを念頭に置いて、気象庁のデータを用い四日市、津、上野、鳥羽、尾鷲の各都市の気候の特色をみてみる。まず、過去から現在までの気温の変化を図２に示す。各都市とも、一九八〇年代からの気温上昇が激しくなっており、その傾向が一九九〇年代半ばからさらに激しくなっていることがわかる。津市や上野の気温上昇は一九八〇年代から顕著になっており、このような変化は、たとえば近年の都市化に伴う都市部での気温の上昇など、いくつか考えられる。

県内では最も長期間にわたって観測がおこなわれている津の気温の経年変化をみると、一九八〇年頃までは、気温は上昇しているものの、非常に緩やかであることがわかる。一方、一九八〇年以降は、それまでの上昇傾向とは異なり、急激な気温の上昇に転じている。この頃から尾鷲の年平均気温とほぼ同じ年が散見されはじめ、二〇〇〇年以降になるとほぼ完全に毎年尾鷲と同じ気温になっている。開発があまりおこなわれていない尾鷲に対し、津では県庁所在地ということもあり、一九八〇年代以降の経済の活性化に伴う宅地開発などの

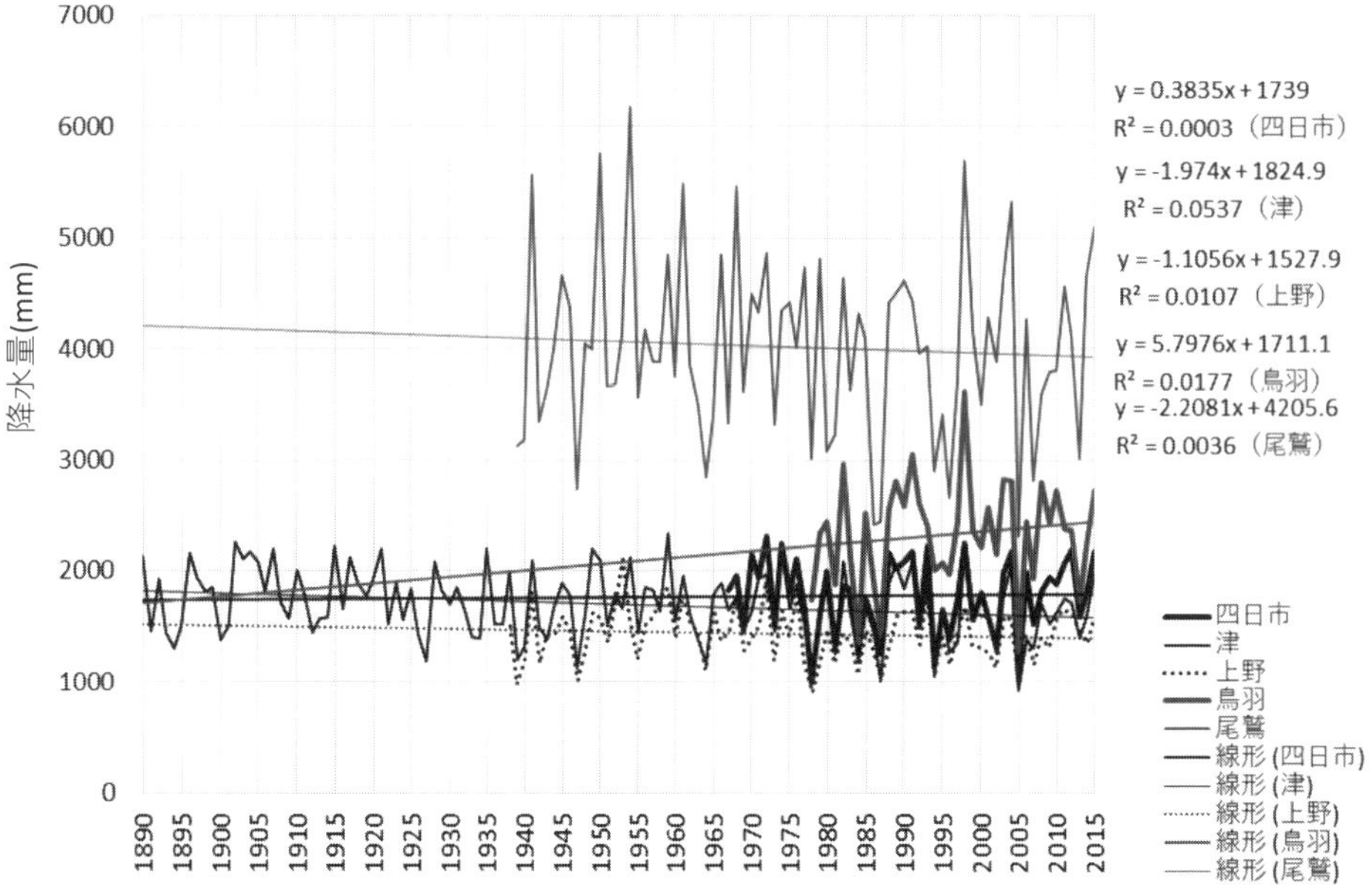


図３　降水量の経年変化

影響が、平均気温の上昇という形で自然環境に影響を及ぼしていることがわかる。

内陸に位置する上野の気温上昇は、五都市の中では最も激しく、一九四〇年前半から二〇一五年までの約七十五年間に約二℃の上昇を示している。とくに一九八〇年代以降の上昇率は大きく、一九九〇年代後半からは、四日市の平均気温に近づいていることがわかる。気温の上昇については、日最高気温の上昇率が日最低気温の上昇率よりも高い都市は、四日市、津、鳥羽となっており、逆に日最低気温の上昇率が高いのは上野と尾鷲となっている。四日市や津といった都市部では、都市化によるヒートアイランド化が進んでいることを示していると考えられる。鳥羽や尾鷲も沿岸部ということでは同じ条件であるが、四日市や津と比較すると相対的には都市化が進んでいないことや、太平洋に面していたり、伊勢湾の湾口部に近いことから、黒潮の影響や風の吹き方に地域的な特徴が存在するなど、何らかの要因があると考えることができる。

鳥羽の平均気温は、他の四都市の平均気温が上昇しているのに対し、一九九〇年代半ばから徐々に低下している。このような現象は、あくまでも推測ではあるが、内陸部において

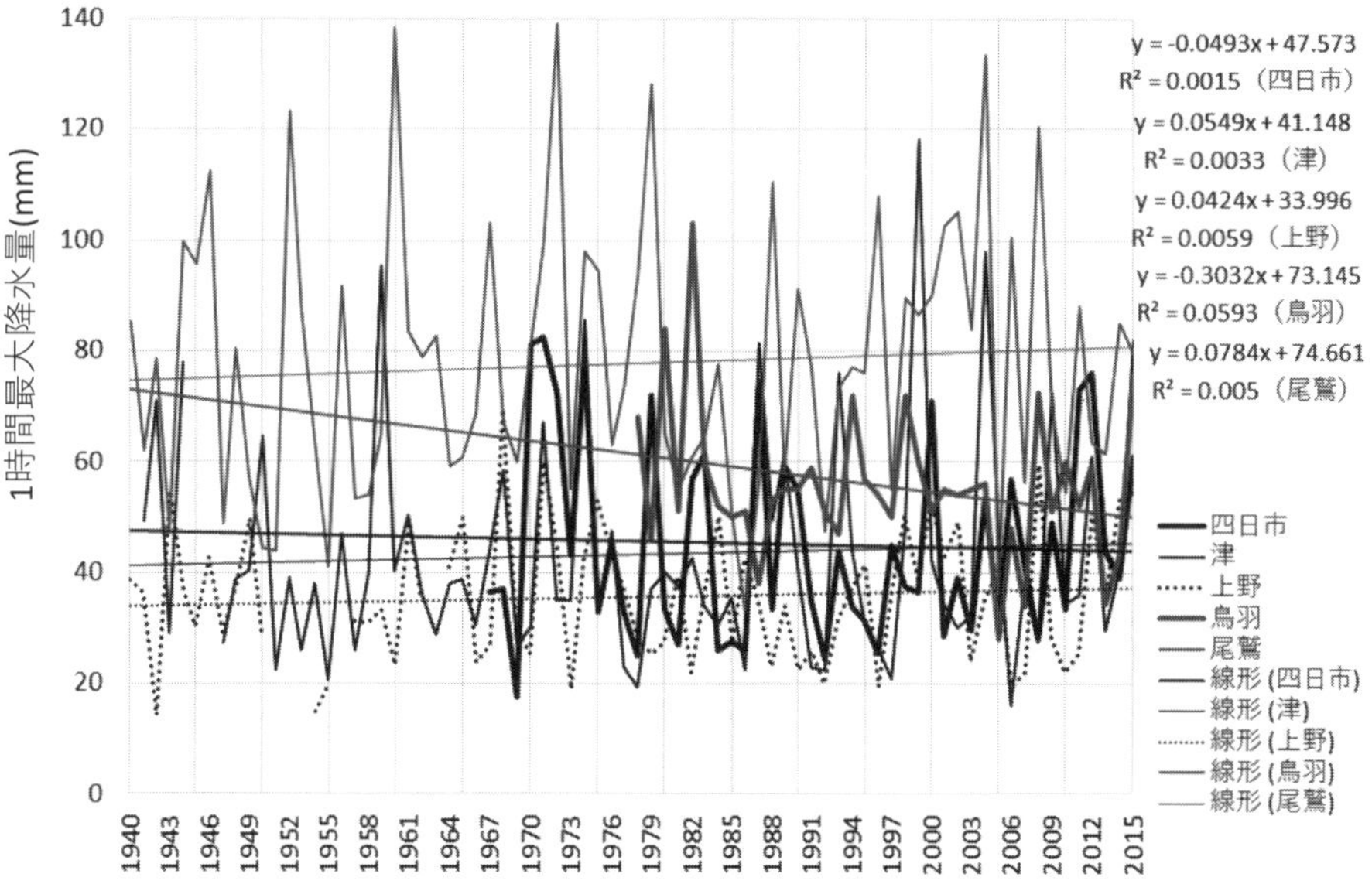


図４　各都市の１時間最大降水量の経年変化

都市化が進み、ヒートアイランド現象のような状況が形成されることで、都市化した地域に局所的に低圧部ができ、そこに向かって海上から海風が吹くことで、相対的に気温の上昇に対して抑制効果が生じた可能性もある。

次に、年降水量の変化についてみてみる。図3は、気温の経年変化と同様の地点における降水量の経年変化を示したものである。三重県内の降水量の経年変化については、各都市とも寄与率は低く気温の経年変化ほどには明瞭な傾向をみいだすことはできず、年々変動が大きいことがわかる。津、上野、尾鷲では、降水量は減少傾向にあるのに対し、四日市、鳥羽では増加傾向にある。年降水量は、四日市、津、上野の三都市では、平均するとほぼ一二〇〇㎜から二〇〇〇㎜の間で推移しており、南部に行くほど相対的には降水量は増加する傾向にある。図4は各地点における一時間最大降水量の経年変化を示したものである。各地点とも寄与率は高くないものの、鳥羽を除いた各都市では増加の傾向にある。年降水量では減少傾向であった津、上野、尾鷲では、一時間最大降水量は増加傾向にあり、短時間で集中的に雨が降る傾向がとくに強くなってきている傾向を示している。

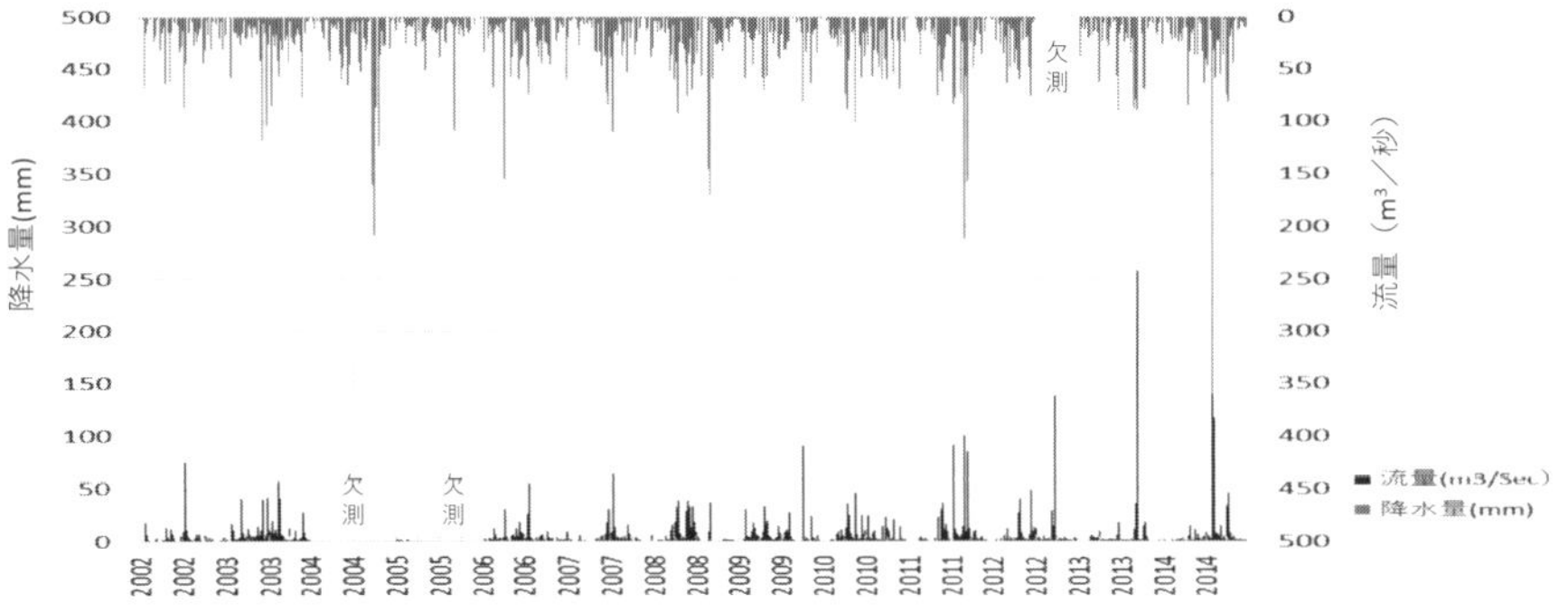

図５　鈴鹿川（亀山）の流量（グラフ上）と降水量（亀山）（同下）の経年変化

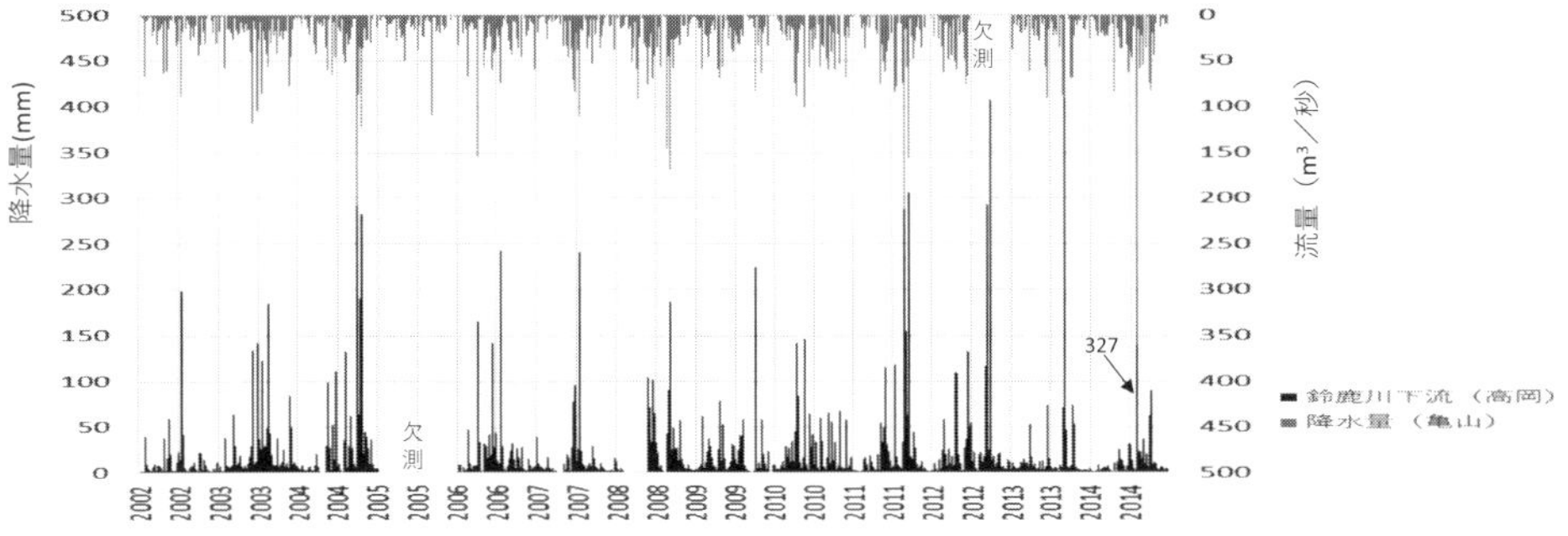

図６　鈴鹿川（高岡）の流量（グラフ上）と降水量（亀山）（同下）の経年変化

## 3　降水量と河川流量

図3で示した各地点の降水量の経年変化から、北勢、中勢、伊賀、伊勢志摩、東紀州のそれぞれの地域で降水量に地域的差異があることが示された。とくに、県北部と南部では降水量に大きな違いがあり、このような降水量の地域的差異は、それぞれの地方を流れる河川の流量にも大きく関係していることが考えられる。そこで、河川流量については国土交通省の水文水質データベース、降水量は気象庁と国土交通省水文水質データベースのデータを用い、北部地域の代表として鈴鹿川（図5、図6）を取り上げ、流量の観測点を上流と下流の二地点に取り、上流部に位置する亀山の降水量との関係について示した。また、南部地域の代表として宮川（図7、図8）を取り上げ、宮川は降水量の観測点を上流と下流の二地点に取り、下流に位置する岩出観測点における河川流量との関係について示した。

鈴鹿川では、多量の降水があった時の河川流量への

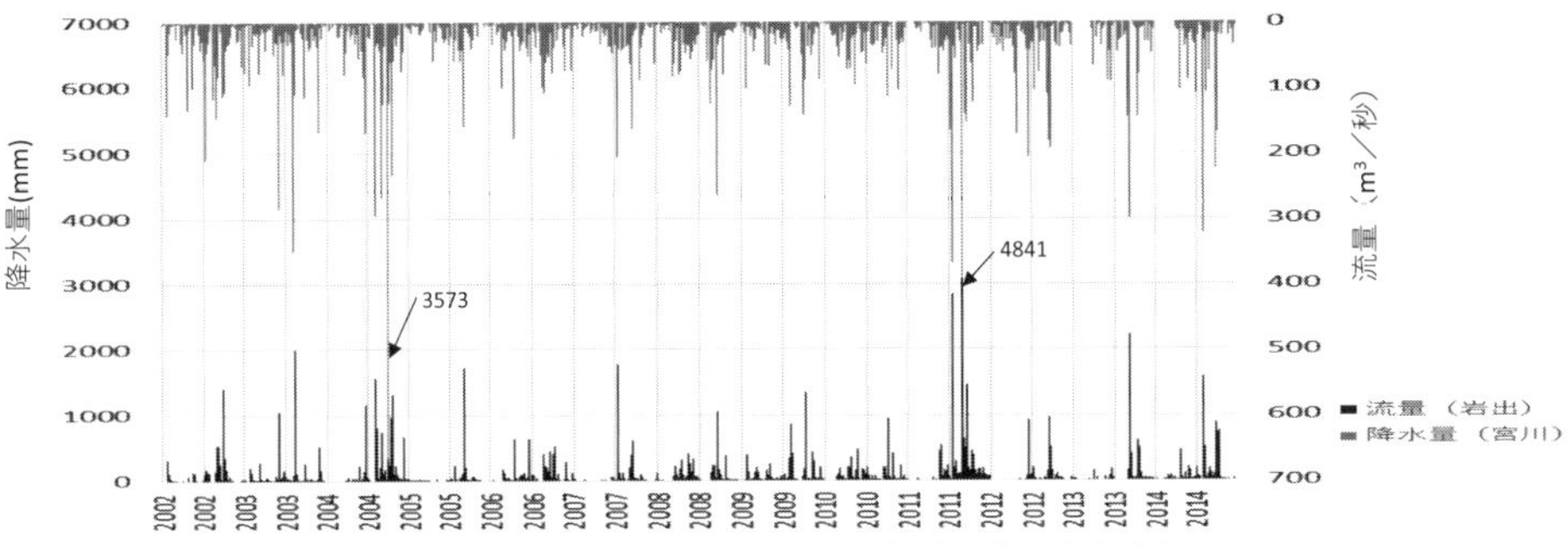


図7　宮川（岩出）の流量（グラフ上）と降水量（宮川）（同下）の経年変化

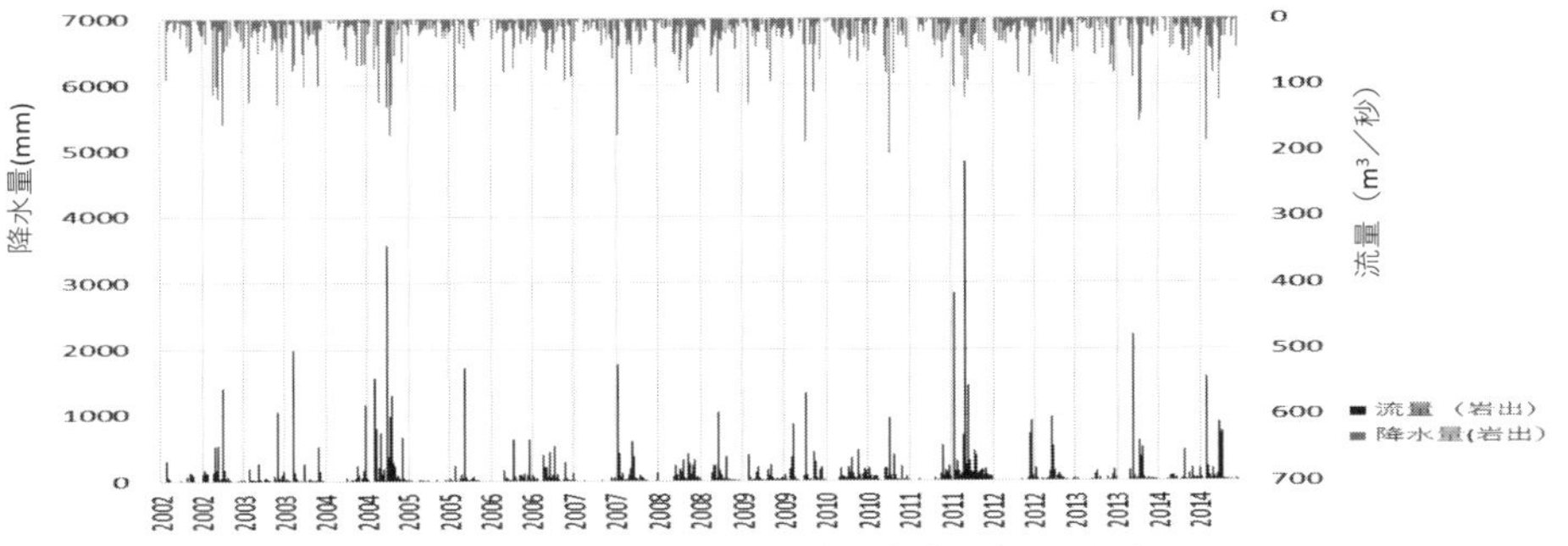


図8　宮川（岩出）の流量（グラフ上）と降水量（岩出）（同下）の経年変化

反応が、非常に良い時とそうでない時が存在することがわかる。反応が良い時は、鈴鹿川本流付近での降水が比較的多かった時であり、反応が悪い時は、支流の流域での降水量が相対的に多い時であると推定される。また、当然のことながら下流に位置する図6のほうが、相対的に流量は多くなっている。これは、図5で示した亀山観測点から図6の高岡観測点に至るまでの区間における、複数の支流の合流や地下水の河床からの湧出による増加である。二〇〇二年からの降雨時の河川流量の経年変化をみてみると、降水量としてはほぼ同じであっても、近年の方が流量は多い傾向がある。この傾向は、上流に位置する亀山で顕著にみられる。下流の高岡では、複数の河川の合流があることで、鈴鹿川本流自体の降雨と流出の関係がはっきりと表れにくいことに対し、亀山では上流域での河川の合流が限定的であり、この地域の開発がおこなわれたことにより、降雨後の河川への流出が短時間に集中するようになったことが原因と考えられる。

次に宮川についてみてみると、鈴鹿川と比較して流域規模が大きく、降水量も多いため、河川流量も非常に多くなっている。降水量については図7に示した宮川観測点の降水量に反応する形で河川流量のピークも現れており、図8に示した河川流量観測点と同じ位置にある岩出降水量観測所の降雨の状況との反応はあまり良くない。河川流量の経年変化をみると、上流に大規模ダムがあり洪水調節を行っていることも関係している可能性があるが、鈴鹿川でみられたような年を追うごとに河川流量の増加がみられるということはない。岩出河川流量観測所より上流の流域において、大規模な開発がおこなわれていないことを示している。

## 4 まとめ

本章で示した気候データや河川流量データから、三重県における自然環境は地球温暖化の影響を少なからず受けている状況にある。また、流域の開発により、降雨後に河川に流入する水が短時間で到達し、その量も多くなっている状況がみられることが示された。一時間最大降水量についても、徐々に増加する傾向がある中、多様な自然環境を持つ三重県においてそれぞれの地域特性を確実に把握した上で、自然災害から身を守る防災・減災対策に結びつけていくことを考える必要がある。

文献・資料


三重大学地理学会『三重県の地理』三重県郷土資料刊行会、一九七五年、三三九ページ
気象庁・過去の気象データ：http://www.data.jma.go.jp/obd/stats/etrn/index.php（二〇一六年十二月二十八日閲覧）
国土交通省・水文水質データベース：http://www1.river.go.jp/（二〇一七年一月五日閲覧）

# 5 伊勢湾の再生のために

三重県環境生活部大気・水環境課

## 1 伊勢湾の恵みと水質改善

伊勢湾および伊勢湾に流れ込む河川の集水域となっている圏域は「伊勢湾流域圏」と称され、濃尾平野や伊勢平野など、豊富な土地・水資源に恵まれるとともに、交通網の発達により製造業をはじめとしたさまざまな産業が集積し、太平洋ベルト地帯の一角をなす都市圏が形成されてきた。

また、伊勢湾は木曽三川や数多くの一級、二級河川などを通じて豊かな山の恵みを受け、良好な漁場として豊富な海の幸を供給する一方、海上交通の場、海水浴場等の憩いの場としても利用されてきた。

しかし、湾口部が狭く外海との海水交換が少ないという特性を持つ伊勢湾は、高度成長期を迎えた頃から沿岸部に立地した工場群や河川を経由して有機物や栄養塩類の窒素・りんなどの汚濁物質が多量に流入し水質汚濁が進んでいった。

その結果、昭和三十年代には四日市港周辺に立地する工場からの排水が原因で魚に異臭が生じたり、赤潮や青潮が発生するなど、水質の悪化にともなって水産業にも大きな被害をもたらした。

このような背景のもと、国は一九七〇年（昭和四十五）に水質汚濁防止法を制定して工場・事業場の排水に対する

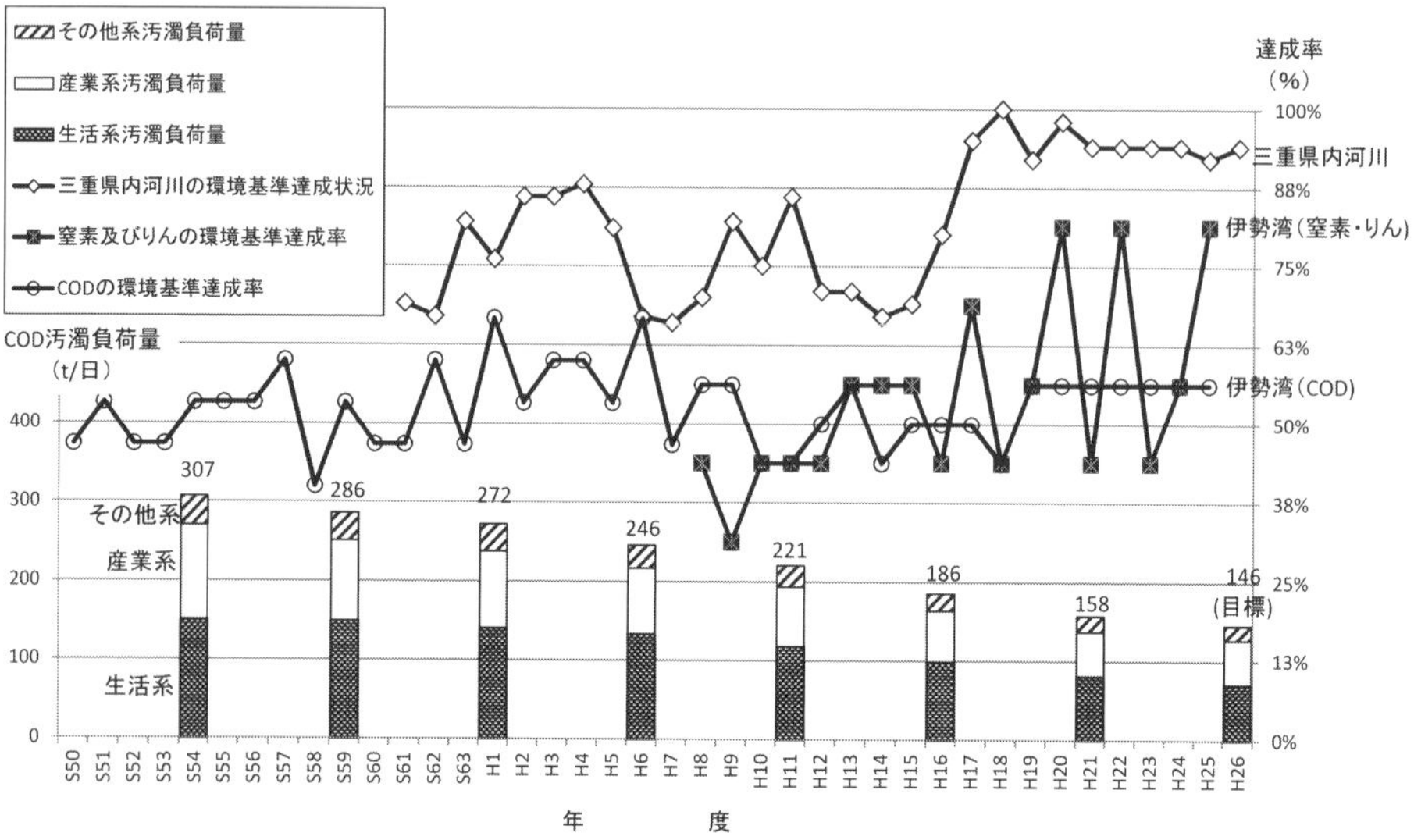


図１　伊勢湾に流入する汚濁負荷量と水質の変化

規制をおこない、三重県も条例により四日市港に流入するCOD（化学的酸素要求量）の総量を規制するという全国に先駆けた公害への取組をおこなった。

さらに、国は、一九七九年（昭和五十四）に伊勢湾等の閉鎖性海域に対して水質総量削減制度を導入してCODに対する規制をおこない、一九九九年度（平成十一）には栄養塩類の対策として窒素とりんを対象に加え、段階的に汚濁物質を削減する取組を進めた。

これらの対策の結果、伊勢湾に流入する汚濁負荷量は漸減し、制度が始まった一九七九年と比較すると二〇一四年度（平成二十六）にはほぼ半減するまでに至っている（図１）。

## 2　伊勢湾の再生と行政の推進体制

一九九八年（平成十）三月に国が策定した「新・全国総合開発計画　二十一世紀の国土のグランドデザイン」においては、「国土構造形成の流れを太平洋ベルト地帯への一軸集中から東京一極集中へとつながってきたこれまでの方向から明確に転換する必要がある」としたうえで、今後、「過密にともなう大都市の諸問題の解決を図るとともに、熟度の高い都市的な文化と生活様式の創造、美しい都市景観の形成、産業構造の転換を進め、さらに、残された自然の保全と周辺地域の劣化した自然の回復を図ることを通じて、より魅力的な空間として再生する」ことを方向性として掲げた。

また、三重県は一九九七年（平成九）六月に「三重県環境基本計画」を策定し、総合的・重点的な課題として「伊勢湾の再生～美しく豊かな伊勢湾～」を取り上げ、同年十一月に策定した「新しい総合計画 三重のくにづくり宣言」においても広域的な視点から伊勢湾の環境を再生する流域圏づくりを提唱した。

そして、具体的な取り組みを始めるにあたり、一九九九年度（平成十一）から二カ年で「伊勢湾再生ビジョン策定調査」をおこない、二十年後、五十年後を見据えた長期的な視点で、「次世代への健全な伊勢湾の継承」を基本理念とし、①水質、底質が良好に保全されていること、②生態系の多様性が維持、確保されていること、③伊勢湾の環境保全と創造に人間が積極的にかかわりを持っていること、をあるべき姿として捉え、二〇〇一年（平成十三）三月に検討結果の公表をおこなうとともに、県の総合計画や環境基本計画においても同調査の方針に沿って取組の進捗管理をおこなってきた。

さらに、伊勢湾の再生に向けては、広域的な連携が必要であることから、関係行政機関で構成する「伊勢湾総合対策協議会」において「伊勢湾の総合的な利用と保全に係る指針」のとりまとめをおこない、二〇〇〇年（平成十二）八月に、東海三県一市知事市長会議において三重県の提案により、「健全で活力ある伊勢湾を次世代に継承する」という考え方のもと、それぞれが自立的、自発的な取組を進めていくことを合意した。

一方、国の内閣府内閣官房都市再生本部が、閉鎖性海域の水環境問題を解決していくことを目的として、二〇〇一年（平成十三）十二月に第三次都市再生プロジェクトに「海の再生」を位置づけたことを踏まえ、二〇〇六年（平成十八）二月に伊勢湾流域圏の国の関係機関、三県一市等により「伊勢湾再生推進会議」が設立された。推進会議では「伊勢湾の環境基準の達成を目指し、多様な生物が生息・生育する、人々が海と楽しく安全にふれあえる、美しく健全で活力ある伊勢湾の再生」を目標に掲げ、総合的な伊勢湾再生への取組と地域活性化の醸成を重点に置く「伊勢湾再生行動計画」を二〇〇七年（平成十九）三月に策定した。そして、この行動計画を推進するための取組として、地域の方々と連携した「伊勢湾流域圏一斉モニタリング」等により環境活動の促進を図るとともに、関係機関が独自におこなう負荷量の削減、海域における環境改善、多様な主体による協働・連携等について、三年ごとに中間評価によりフォローアップをおこなっている。

## 3　生活排水対策

水質汚濁防止法等に基づく排水規制や総量削減により工場・事業場等の排水対策は進んだが、一方で、汚濁原因の約半分を占める生活排水に対しても対策の必要性が高まっていった。

三重県では、環境週間（月間）や環境衛生週間を中心とした集中的な啓発事業や、水質チェックウーマン制度などの多角的なソフト対策を講じるほか、一九八八年（昭和六十三）十二月に策定した「生活排水処理施設の整備に係る基本方針」に基づき、施設整備に係る事業計画の策定をおこなった。

また、国は一九九〇年（平成二）に水質汚濁防止法を一部改正し、生活排水に対する国民、市町村、県及び国の責務を定めるとともに、生活排水対策を推進するため特に対策が必要な流域を知事が「生活排水対策重点地域」として指定できる制度を設けた。三重県は、一九九一年（平成三）三月に勢田川流域（旧御薗村に係る流域を除く）を対象に最初の指定をおこない、伊勢市では推進計画に基づく生活排水処理施設の整備や生活排水対策に係る啓発等に取り組んだ。その後、流域単位だけではなく、市町村等の単位で効果的に対策が講じられるよう、地域全体を指定する手法も加え、志摩地域、四日市市など五地域を重点地域として指定し、それぞれの地域に合わせた生活排水対策を進めた。

一方、生活排水処理施設の整備に関して、三重県は一九九二年度（平成四）に、下水道の整備を計画的に推進するためのマスタープラン「全県下下水道化構想」を策定し、さらに一九九六年度（平成八）にはこれを見直して、下水

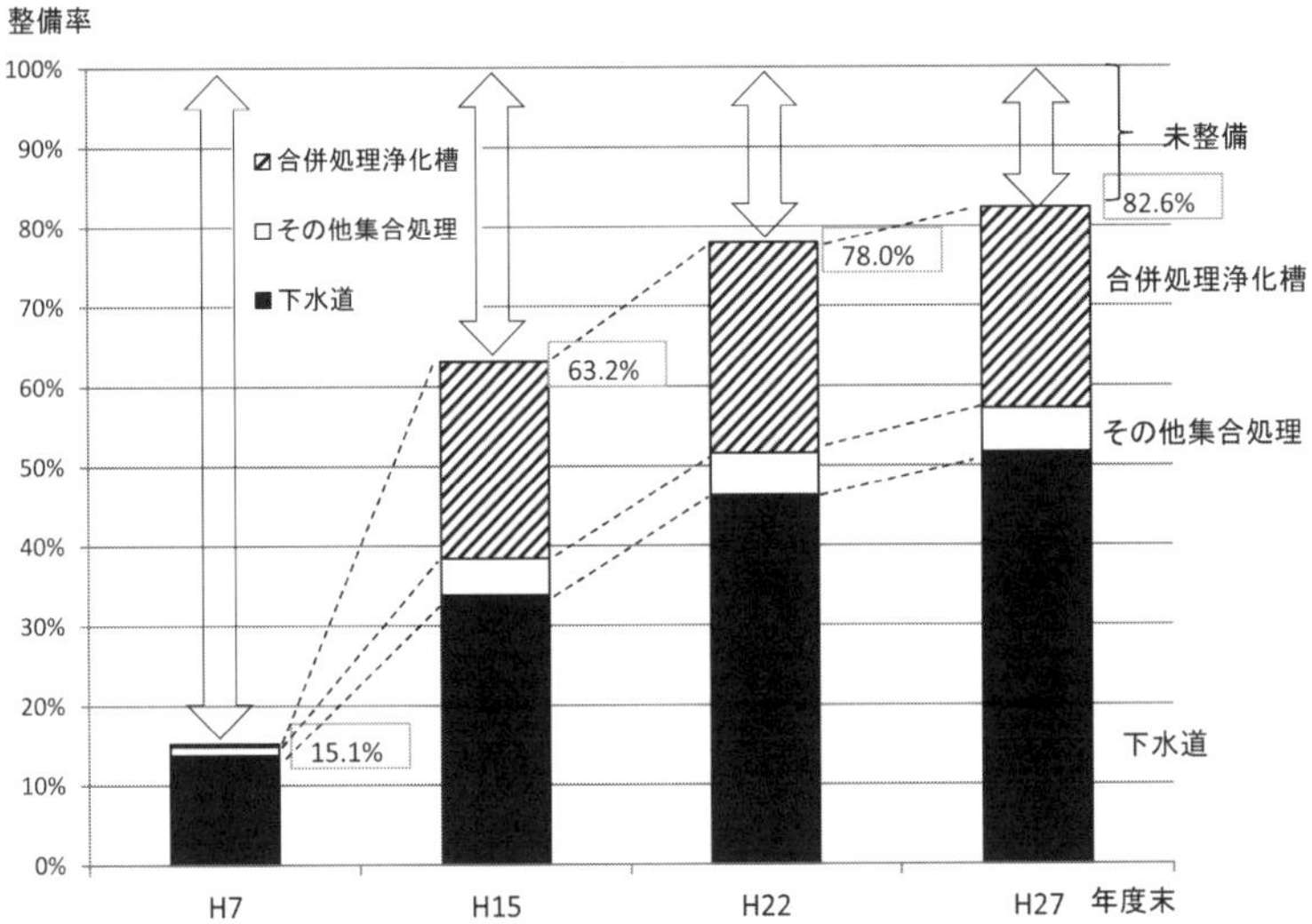

図２　生活排水処理施設の整備率

道とともに、農業・漁業集落排水処理施設、合併処理浄化槽等の各種整備手法を適切に選択し、それぞれの地域特性に応じて、生活排水処理施設の整備を計画的かつ効率的に進めることを目的とした「三重県生活排水処理施設整備計画（アクションプログラム）」をとりまとめ、積極的に整備の推進を図ることとした。

　このアクションプログラムでは、一九九五年度（平成七）を基準年度とし、目標年度を二〇一〇年度（平成二十二）として、生活排水処理率を七〇％程度に向上させ、快適でうるおいのある清らかな水環境を県民共有の財産として守り、次世代に引き継いでいくことを目標に掲げた。計画の推進にあたっては、施設整備の促進、県民の理解と協力等の四つの基本方針を掲げ、各施策を進めた。その結果、生活排水処理施設の整備率は、基準年度の一九九五年度（平成七）末における二九・六％から二〇〇三年度（平成十五）末には六三・二％に達するまで向上した。

　アクションプログラムは、その後、累次の見直しをおこない、二〇一六年（平成二十八）六月に三期目となる計画を策定した。直近の二〇一四年度（平成二十六）末時点での生活排水処理施設整備率は、八二・六％と第二期の計画に定めた目標を達成している状況であるが、全国平均の整備率（八九・九％）と比較するとなお隔たりがあることから、引き続き、計画に基づいて施設整備を進めていくことにしている（図2）。

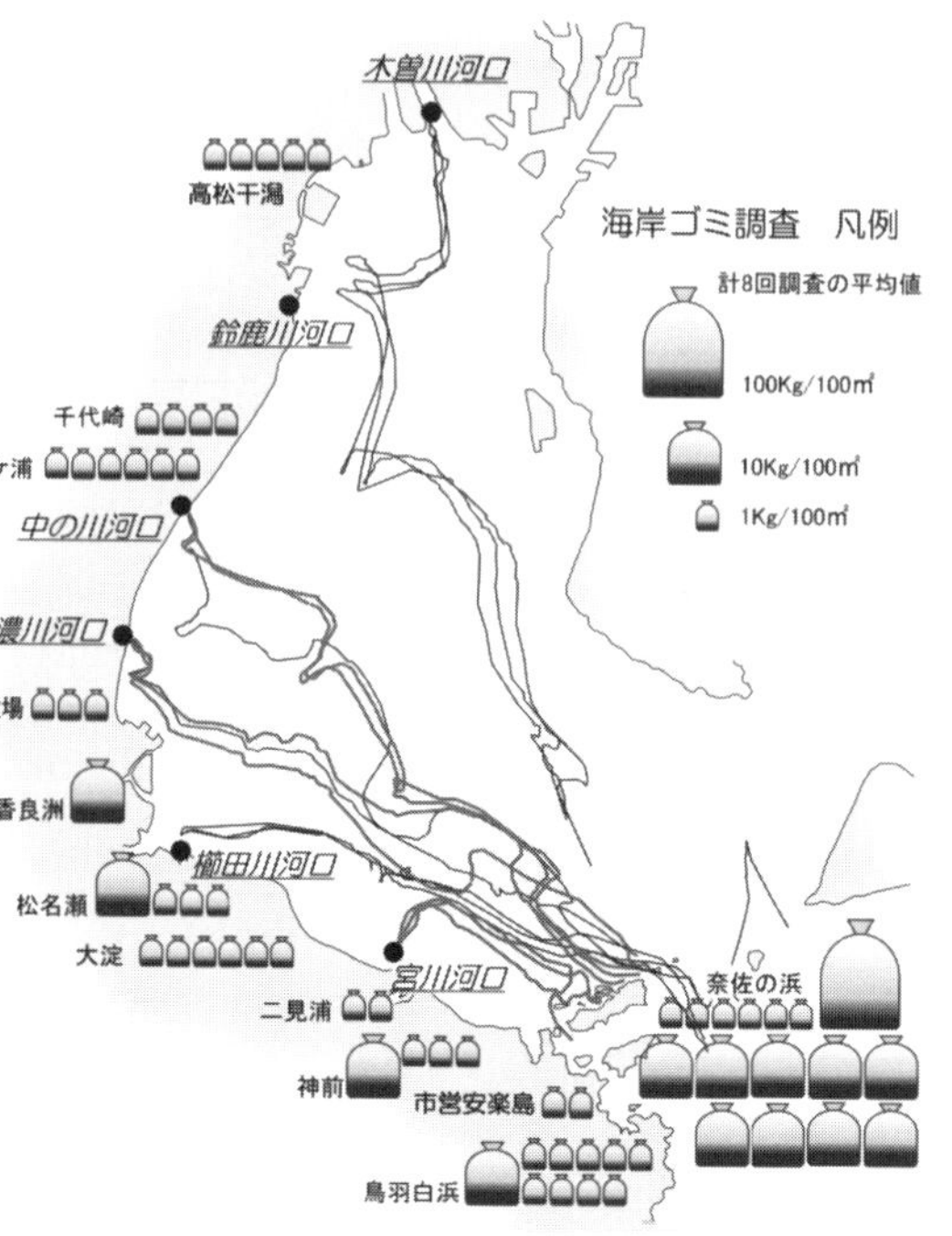


● 発信器付漂流ボトルの漂流・漂着経路
（放流直後(平成20年1月7日)～1月12日12:00までの経路）
出典：漂流・漂着ゴミに係る国内削減モデル調査　地域検討会（三重県）報告書

● 海岸ゴミ調査結果
（平成21年11月～2月、平成22年4月、6月、8月、10月の各月1回調査）
出典：三重県海岸漂着物実態調査（平成21年11月～平成22年10月）

図3　伊勢湾の海岸に漂着するごみ

## 4　海岸漂着物対策

先に触れたように、伊勢湾（三河湾を含む）は湾口部が狭い閉鎖性の海域で、流域面積は一万八一三五㎢と広く、一千万人を超える人口を抱えており、この流域全体から河川等を経由して流下した流木や生活ごみなどが集積し、生態系も含めた環境や景観の悪化、海岸機能の低下、漁業への被害などの影響が現れている（図3）。

特に台風や豪雨の後には漁港等に大量の流木やごみが打ち寄せられ、また海面を漂って、漁業や海運に影響を与える事態となっていた。また、流れついたごみの処理は、地元の方々や市町村にとって大きな負担であり、災害復旧など臨時的に対応されるものの、大きな課題になっていた。

このような問題の解決に向け、二〇〇七年度（平成十九）から環境省は、鳥羽市桃取町（答志島）を含む全国七県十一海岸をモデル地域とした漂流・漂着ごみに係る国内削減方策モデル調査を実施し、地域の実情に応じた調査の企画、効果的な手法の検討等をおこなった。

この検討の一環として実施した漂着ごみの実態調査では、伊勢湾沿岸は熊野灘に比べ約五倍のごみが漂着し、特に湾口に位置する鳥羽市、志摩市では熊野灘の十四倍にも達していることや、潮流や風などの影響により、ごみが特定の地域に集中して漂着している状況も明らかとなった。

国は、二〇〇九年（平成二十一）に「美しく豊かな自然を保護するための海岸における良好な景観及び環境の保全に係る海岸漂着物等の処理等の推進に関する法律（海岸漂着物処理推進法）」を制定し、関係者の役割の明確化など、対策を講じるための枠組みを構築した。三重県ではモデル調査の検討を踏まえ、良好な景観及び環境の保全に特に支障が生じ重点的に対策を講ずることが必要とされる区域として、伊勢湾内の区域および志摩市沿岸部までの海岸線を重点区域とし、そのうち鳥羽市から志摩市大王崎（離島含む）を最重点区域に指定して、集中した対策を講じていくこととした。

また、海岸漂着物の処理や発生抑制対策に対して国の支援制度が設けられたことで、三重県においても、県および市町等が実施する計画的な漂着・漂流ごみの回収や発生抑制に向けての啓発活動の取組がいっそう活性化した。

さらに三重県は、東海三県一市の協力のもと、二〇〇八年度（平成二十）から河川や海岸等の清掃活動に取り組む有志やNPO団体等に呼びかけて「伊勢湾　森・川・海のクリーンアップ大作戦」を展開し、それぞれの活動が、山から川、海へのつながりを意識した活動として拡大していけるよう取り組んでいる。

一方で、二〇一一年（平成二十三）に東紀州を中心に大きな被害をもたらした紀伊半島大水害の際には、答志島の奈佐の浜も大量の流木やごみで埋め尽くされ、地元の方々に大きな負担が生じたこと等が契機になり、海岸漂着物問

表１　環境活動の取組の事例

●22世紀奈佐の浜プロジェクトの取組

東海３県１市の各地で海岸清掃等の活動に取り組んでいる活動団体の方々が、伊勢湾の海岸漂着物が多く集まり大変な被害を受けている答志島の現状を知り、2012年に「22世紀奈佐の浜プロジェクト」を立ち上げ、「奈佐の浜に　伊勢湾に　豊かな海を取り戻そう」のスローガンのもと、年に１度、答志島奈佐の浜に集結して清掃活動を実施するほか、各地でエクスカーションを開催し、森から海の連携による海岸漂着物の削減の活動を展開している。

●アクア松阪の取組

松阪市が、2012年３月に策定した「松阪市環境基本計画」に掲げる「うるおいある豊かな環境につつまれるまち　まつさか」を目指して、2014年７月に、行政、教育機関、団体・事業者等が主体的に考え行動する「アクア松阪創造協議会」を設立し、将来の松阪市の望ましい環境を創造するために、水辺環境の創造（水質検査、清掃活動、浄化槽管理の徹底）、環境学習の推進（環境学習活動の実施、指導者の養成）、豊かな環境の魅力発信（情報発信）の３つの視点でさまざまな取組をおこなっている。

●新雲出川物語推進委員会の取組

雲出川流域の山川海のネットワーク構築を目的として、2008年９月に農林水産関係団体、市民団体、企業で委員会を組織し、雲出川の上流から下流に至る広い地域で、植栽活動、エコウオーク、漁業体験等の活動を実施するとともに、写真展の開催などにより地域の活性化に取り組んでいる。

題の解決に向けて伊勢湾流域圏全体で連係して取り組んでいくことを三重県から東海三県一市知事市長会議に提案し、賛同を得た。これを契機として三県一市で組織する「海岸漂着物対策検討会」を立ち上げ、海岸清掃や未然防止対策などに取り組むとともに、活動団体の皆さんとの連携を強化しているところである。

## 5　伊勢湾を次世代に引き継ぐ

ここまで、水質汚濁対策、生活排水対策、海岸漂着物対策と、伊勢湾への環境負荷の削減に関する三重県の環境行政としての取組について紹介してきた。また、藻場・干潟の再生や、森林整備などの側面からも、伊勢湾の再生に向けた取組を進めている。

このような中で、伊勢湾の環境を改善していくため、さまざまな主体が立ち上がり、清掃活動や学習、自然環境の保全など、地域の環境を未来へつなげていく取組が生まれている（表

1)。三重県でも「三重県環境学習情報センター」を環境学習の拠点として、イベントや出前講座、環境学習指導者養成講座等の研修事業等を実施し、環境教育・学習の推進に取り組んでいる。

このような環境創造の取組は、「社会の問題を知っているというだけでなく、未来の世代、今生きている人々、環境などと自身とのつながりに気づき、問題解決のための具体的に行動できる人を増やしていく」ESD（Education for Sustainable Development）の概念と共通するため、その活動を通して、持続可能な社会を支える担い手が育ち、伊勢湾の再生に向けた取り組みがさらに前に進むよう、働きかけていきたいと考えている。

伊勢湾の再生に向けた諸問題を解決していくためには、行政機関だけではなく、多様な主体の連携した行動が重要である。ひとりでも多くの皆さんが、伊勢湾をきれいにするために、美しい自然を次世代に残していくために行動してほしいと考える。今後も、伊勢湾の再生に向け、伊勢湾流域圏での取り組みを進めていきたい。

謝辞　本稿の執筆にあたり、ご精読のうえ有用なご助言をいただきました元三重県環境森林部総括室長落合厚仁氏に深謝致します。

参考文献

「第8次水質総量削減の在り方について（答申）」中央環境審議会、二〇一五年十二月
「生活排水処理施設整備計画」（生活排水処理アクションプログラム）、三重県、一九九七年三月、二〇〇六年三月、二〇一六年六月
漂流・漂着ゴミに係る国内削減方策モデル調査地域検討会（三重県）報告書（二〇〇九年三月　平成十九・二〇年度環境省委託業務）
「三重県環境白書（各年）」

# 6 松名瀬干潟と生物多様性保全活動

梅村学園 三重中学校・高等学校
小西伴尚

二〇一六年（平成二十八）十月三十日、晴天のもと、三重県松阪市松名瀬干潟でアクア・ソーシャル・フェスin松名瀬二〇一六（地域ECOシステム研究センターと環境ISO学生委員会主催で海岸清掃と干潟の生物多様性学習をおこなった企画）が開催された。集まった二百二十名ほどの参加者に、三重大学の朴恵淑教授より「伊勢湾最大の干潟として、生物多様性の宝庫である松名瀬を、自然と人間の良好で持続可能な地域創りのモデル地域として、三重県初のラムサール条約登録を目指し…（略）」という想いの詰まった発表があった。これを聞いて、私が関わったこの十年いろいろなことがあったなあと、しみじみと思い返している。

図１　アクア・ソーシャル・フェス in 松名瀬 2016の開会式の様子

## 1 松名瀬干潟とは

三重県松阪市にある松名瀬干潟は、総延長約八十七㎞の櫛田川河口に広がる約七十haの干潟[1]である。干潟の典型といわれる三つの干潟、つまり、川の河口付近にできる「河口干潟」、河口から少し離れた海に直接面したところにできる「前浜干潟」、狭い開口部で河口と海につながった沼地の「潟湖干潟」のすべてがそろっている。

このように三つすべてがそろっているところは珍しく、大阪市立自然史博物館は干潟の典型としてモデル化をおこない、地形模式図をつくっているほどである。(2) また、環境省より重要湿地五〇〇に指定されている。

ちなみに干潟とは、潮が引いたら陸地になり、潮が満ちたら海になるところで、陸地から土砂が運ばれる河口近くに多く存在する。ここには、川により土砂が流れ着くだけではなく、生物が生育するのに必要なリンや窒素などの栄養塩をはじめ、有機物も流れ込む。つまり、物質を海の沖まで直接運ぶのではなく、砂や泥として干潟に堆積することにより、海まで運ばれるスピードを緩和しているのである。干潟では、多くの小型の藻類が栄養塩や有機物を栄養分として用い、それを貝類等が食べ、また、その貝類等の一部を海鳥が食べ、陸地に戻すといった循環が成り立っている。このように干潟は、環境の激しい変化を緩めることができること、干潟の浄化能力が高いことが知られている。現在の小学校・中学校・高等学校の教科書でも干潟のこのような特性が扱われているなど、近年注目されている。

図2　松名瀬干潟（国土交通省中部地方整備局提供）

図3　松名瀬干潟の三つの干潟

図４　松名瀬干潟の生物
左：ハマボウ
右：ハクセンシオマネキ

そのように注目される干潟であるが、日本の干潟は、戦後に約四割が埋め立てられ、伊勢湾では干潟全体の六一％（千七百八十六ヘクタール）が消失した[3]。とくに、伊勢湾の奥部には大きな河川が集中し、それぞれの河口部にはかつて広大な干潟が存在していたが、名古屋市を中心とした都市部の港湾開発の農地造成でいずれも大規模な埋め立て等の激しい改変がおこなわれてきた。都市部から離れた松名瀬干潟は、奇跡的に残された干潟といえる。

松名瀬干潟は、数少ない残された干潟であることから、絶滅が危惧される生き物や、三つの干潟といった多様な環境に応じて、多くの生き物が生息・生育している。二〇〇八年度（平成二十年度）櫛田川河川水辺の国勢調査業務[4]では、櫛田川河口部～松名瀬漁港付近に生息・生育する干潟生物（底生動物・植物）では、底生動物が二百八種類、植物では二百八十三種類が記録されている。河口干潟では、ホソウミニナ・ウミニナ（準絶滅危惧種）・イソシジミ・ケフサイソガニ類が多くみられ、三重県指定希少野生動植物種に指定されているハクセンシオマネキ（絶滅危惧Ⅱ類）もみられている。前浜干潟では、アサリ・シオフキ・アラムシロガイ・ホソウミニナ・ウミニナ（準絶滅危惧種）が多くみられ、潟湖干潟では、フトヘナタリ（準絶滅危惧種）・ヘナタリ（準絶滅危惧種）・ウミニナ（準絶滅危惧種）・ホソウミニナ・カワザンショウガイ類・アシハラガニが多くみられる。植物に関しては、ハイビスカスの仲間であるハマボウ・ハマサジ（準絶滅危惧種）・フクド（準絶滅危惧種）・ハマボウフウ・アイアシ・ヨシ・ハマゴウ・ハマヒルガオ・コウボウムギ・コウボウシバなど、平野部とは異なる植物が多く記録されている。底生動物に関しては、二〇〇七年（平成十九）に環境省自然環境局生物多様性センターより報告された、浅海域生態系調査[5]（干潟調査）の中で、伊勢湾内の調査地点の中で最も多くの種類が記録されている。

地元の三重中学校高等学校科学技術部の調査では、ウミニナ類・ヘナタリ類を中心に六年前から、毎月一度、大潮の時に三つの干潟の調査を継続して続けている。その中で、図5に示したものは、三つの干潟ごとに五十cm四方を五カ所調査し、表層のウミニナ類・ヘナタリ類の個体数について平均したものである。まず、五十cm四方の中に、五十個体を超える個体が観察されることがあった。絶滅危惧が危惧される生物であったとしても、環境が整っていれば、

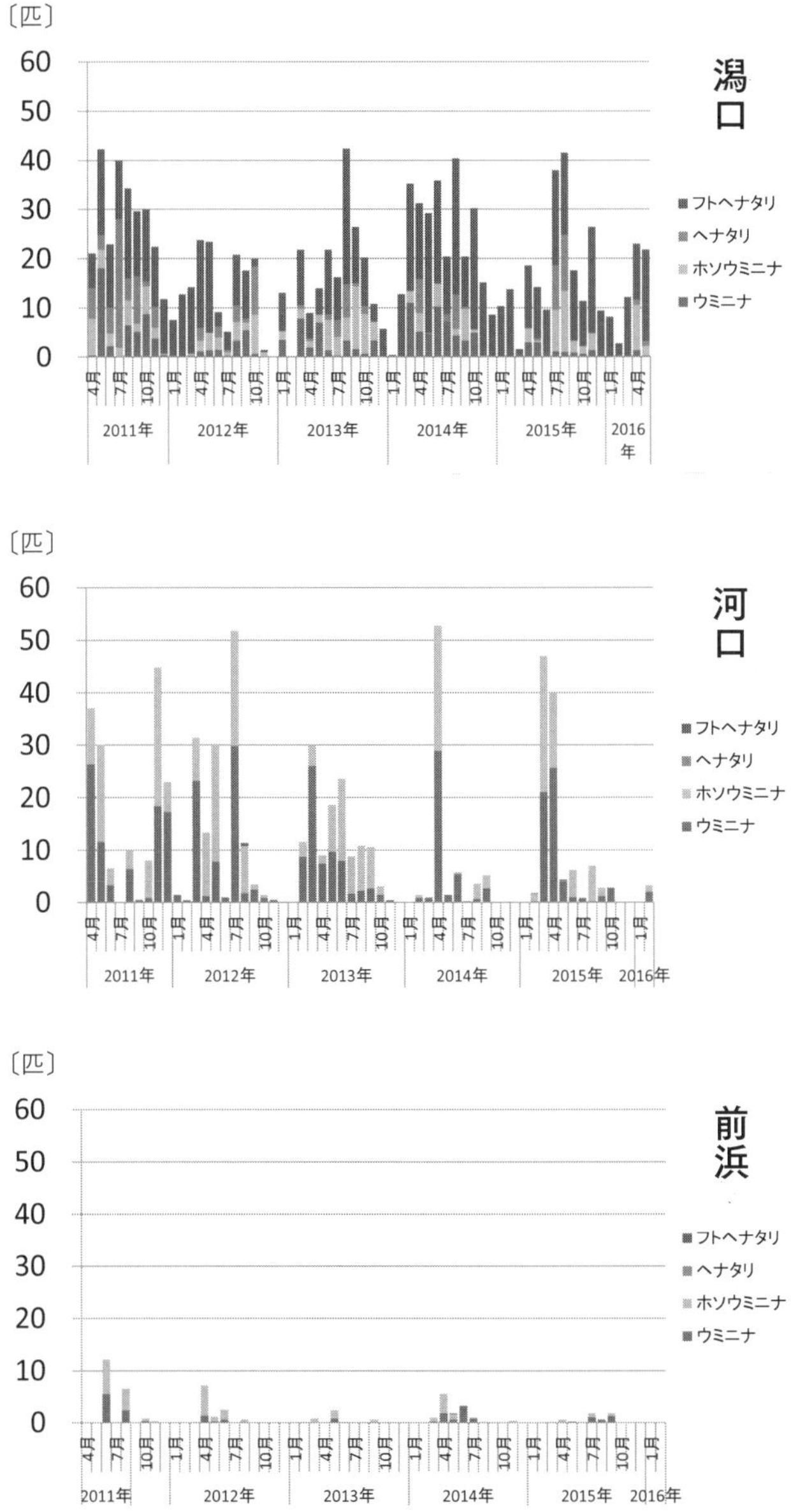


図5　三つの干潟のウミニナ類・ヘナタリ類

このように多く生育していることがわかった。また、潟湖干潟では、フトヘナタリが夏に多く確認され、冬に四種類とも減ることが示された。四種類が数年生育することと、確認されている個体が何年も経過している大きな個体であることから、近隣の他の地点に移動していることがわかった。後に、冬季の間は、潟湖の中の別の場所で多く確認されている。また、河口干潟では、ウミニナとホソウミニナが確認されるが、前浜干潟では、ウミニナとホソウミニナがわずかながらに確認されるが、全体に個体数が少ないことがわかった。この結果から、環境により個体数が変化することがわかった。また、三重中学校高等学校科学技術部では、昆虫に関しても調査しており、一年間で一カ月に一度、任意採集とライトトラップをおこなった結果、十一目二百八十五種類記録している。

このように、生物が多様に生息・生育する環境であるため、県内外から多くの研究者が訪れて調査・研究がおこなわれている。また、漁業者はアサリなどの貝漁や黒海苔の養殖の場として利用してきたが、市民にとっては、アサリを中心とした潮干狩りの場として、あるいは松阪市唯一の海水浴場として認識されており、自然が残されている貴重な環境があることはほとんど知られていない。

## 2　松名瀬干潟の利用の歴史

二〇一〇年（平成二十二）に、松阪・松名瀬海岸再発見プロジェクトの一環として、三重大学三重大学生物資源学部の生徒だった押田幸一朗氏が卒業論文[6]の中で、松名瀬の歴史についてまとめている。

記録としては、大化の改新ごろにさかのぼる。奈良朝の大宝年間七〇一年大化の改新によって所領を失った多氏の一族が大和国十市郡飽富郷（現奈良県磯城郡田原本町多）から来住、黒部浜を開いて塩業と漁業を始め、七一一年（和銅四）四町九反の水田を開拓したという。成立当時の黒部地区は黒田郷と呼ばれ、開拓から約千年続く塩業が始められ、江戸時代までの発展の礎となる。その後、明治中期になると松名瀬地区二十一町三反に東黒部地区約二十町と合

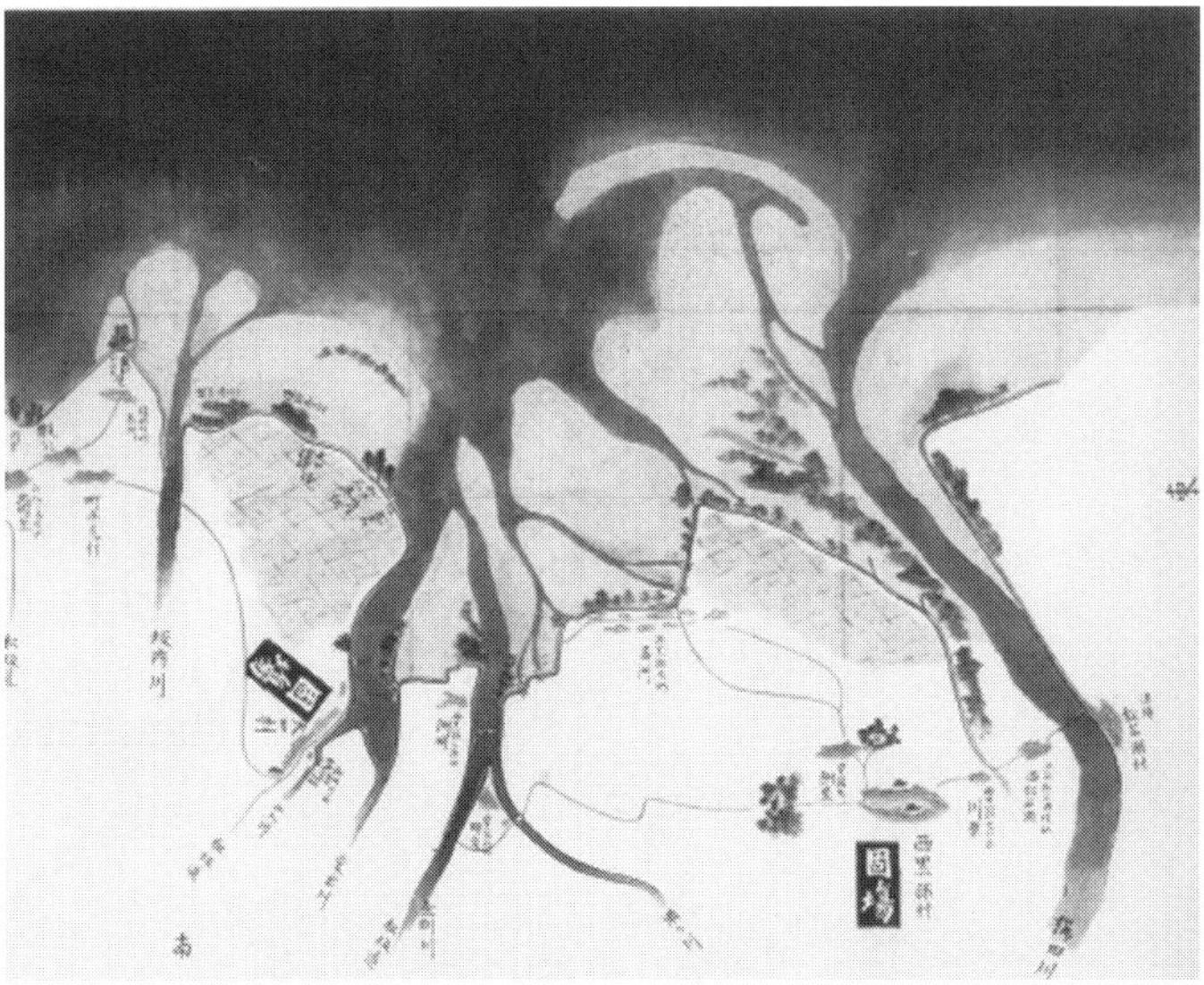

図6　江戸時代の松名瀬干潟周辺地図（出典：安岡親毅『勢陽五鈴遺響』1833年）

わせて四十一町あまりを経営するに至るほど盛んで、大変裕福な地区であった。しかしながら、一九一〇年（明治四十三）に塩田整理法が施行され、松名瀬の塩業が姿を消すことになった。塩業が廃止された後は生活に困窮する者も多かったようで、塩業廃止時の就業者が約千人でなおかつ塩田跡でのイグサ栽培の失敗の後に水田化したが収量が上がらず、松名瀬の住民は困惑する。その後、櫛田川の砂利採取が正業として始められ、副業として養蚕を奨励したとあるように、貧窮する生活の改善に努めた。猟師浦の海苔養殖成功に続き、松名瀬は大正中期に漁業組合が区画漁業権を得て海苔養殖を始める。大正十五年の大口築港完成から徐々に普及が始まる。

明治末期から大正時代に海苔養殖が開始されると往昔の輝きを取り戻して昭和中期に最盛期を迎える。昭和三十年代後半から黒部地区の海苔養殖の技術が発展し、昭和四十年代には漁業の最盛期を迎えた。しかし、皮肉にもさらに発展した技術により海苔養殖が機械化されたことが、黒部地区の海苔養殖衰退につながってしまう。

その要因は二つで、一つ目の要因としてこの機械自体が非常に高価であることから、いくら仕事が楽になろうとも簡単には手を出せない物であった点が挙げられる。松阪漁協の大橋組合長によると、大型の機械になると機材だけで五千万円、維持管理費用を合わせると七千万円から八千万円かかるために、機械化の波についていけない者が出始めた。二つ目の要因は機械化によって海苔の大量生産が可能になったことで海苔の値がくずれた点である。これが海苔養殖を衰退させてしまった直接の原因であったのではないかと考えられる。海苔の値下がりは機械化していない者にとって大きな打撃であった。機械は、仕事が楽になるという理由で導入されたが、いつしか機械がないと仕事にならないようになってしまったのである。

それでは海苔養殖をやめた人たちは何をして生計を立てていたのかというと、初期費用がかからないアサリ漁を選んだ。大橋さんによれば、昭和末頃からアサリ漁をする人が増加し始め、現在、松阪漁協の中で、アサリ漁を営んでいる漁師の人数の割合が最も多くなっている。

## 3　ボランティア団体の変遷そして環境教育・生徒の成長

一九九七年、当時、吹井ノ浦（東黒部沖）に計画された津松阪港計画の人工島建設に反対するために、木原寿代氏が一人で松名瀬干潟ウォッチングという環境保全ボランティア団体を立ち上げた。のちに計画が白紙になった後も、交友と干潟の植生の周知活動として生き物観察をおこなっていた。その後、二〇〇八年（平成二十）に名古屋大学でおこなわれた第二回中部ＥＳＤ拠点フォーラムをきっかけに、規模の大きなボランティア団体となっている。そのいきさつは、松名瀬干潟を保全したいと考えている「松名瀬干潟ウォッチング」のボランティア、漁業者や県民に海のことを知ってもらうためにみえのうみ事業をおこなっていた「三重県水産資源室」のスタッフ、漁業権や市民活動を研究したいと考えていた「三重大学」の教員、環境教育の場として松名瀬干潟を活用したいと考えている「三重中学校」の教員といった、三重から参加していた各団体が集まり、お互いに協力し合うことで、発展した活動ができると考え、二〇〇九年（平成二十一）に「松阪・松名瀬海岸再発見プロジェクト」を立ち上げた。その後、日本財団の助成を得て松名瀬干潟の調査研究と市民講座をおこなうこととなった。調査研究としては、①どのような調査研究がなされてき

図７　松名瀬沖の人工島構想図

図８　ボランティア活動を開始した木原寿代さん

たか、②松名瀬海岸の歴史、③松名瀬海岸の生態、④藻場・干潟が持つ多面的機能の四点を考えた。また、そこで得た知見を市民に還元すべく、市民講座としては、①海岸（干潟）の機能に関する啓発、②海岸の生き物を知ろう、③漁業権の機能と役割を知ろう、④味わって知る海の恵み、⑤松阪と海の関わり、をおこなった。しかしながら、市民講座は、なかなか人を集めることができず、ほとんどの場合、関係者のみの参加にとどまった。そこから、将来に向けて誰にでも知ってほしいと考え、おもに義務教育である小中学校の教育の場で扱うことに路線変更した。

その活動としては、会長を務めていた筆者が教員であることを活かし、授業のカリキュラムを作成し、勤務校である三重中学校で、二〇〇九年（平成二十一）十月に中学三年生全員を対象におこなった。この「海の調査」というカリキュラムは、三重大学生物資源学部海洋生態学研究室木村妙子准教授、三重県水産資源室の竹内泰介主査、松阪漁業協同組合大橋純郎組合長、松阪・松名瀬海岸再発見プロジェクト木原寿代事務局長を講師に招き、「塩性湿地の生物たち」「前浜干潟の生物とその役割」「漁業者の目から見た松名瀬海岸」「海岸の植物の観察」という授業をおこない、その事前・事後の準備を三重中学校の教員が授業内でおこなった。ここでは、干潟という一つの題材に対して多様なものの見方を生徒に知ってもらいたいと考え、複数の立場の違った講師（大学の研究者は自然科学的に、県の研究者は漁業者へのサポートとしての研究者の立場として、漁協の組合長は生活の生業とする立場より、ボランティアは自然保護の立場として）をたて、講師以外にも、干潟に対して大変想いを強く持たれていた小藪助次右衛門松名瀬町自治会長や小川祐治西黒部公民館長、県や市の環境課の方々、国土交通省の方々にも参加してもらった。その参加者から生徒に話をしてもらう機会もつくり、生徒は体験だけではなく、交流ができるようにした。また、近年、大きな問題になっている、漂着ゴミをみんなで回収し、分別し処分をおこなった。この授業は、次年度より中学校一年生対象として毎年継続して実施しており、二〇一六年（平成二十八）現在、累計千人以上の生徒が受講している。このカリキュラムが、本書第2章の5で扱っている、アクア松阪の環境教育活動のおおもとになっている。

また、三重中学校では、クラブ活動としてもおこなっている。おもな活動は三つの干潟ごとの毎月の生物相調査とアサリの生育調査、夏季休暇中の集中調査である。海の継続的な研究を開始したのは、三重大学木村准教授と関係ができたことがきっかけである。また、木村准教授がおこなっている環境省のモニタリングサイト一〇〇〇調査が、中学生や高校生でもできる調査で、私立の中学校・高等学校の教員は移動がなく、継続的に調査を指揮できることから、依頼を受け始まった。環境省のモニタリングサイト一〇〇〇調査は、年一回の調査だったが、生徒たちがいろいろな季節に松名瀬海岸に訪れた際に、毎回異なる生物を見つけたことから、毎月調査することとなった。

この中では、「生徒ができることは生徒がする」をモットーに、実験の計画、準備、後輩の指導など、生徒ができることは自分たちですることとし、外部講師のコーディネートや実験器具の予算の確保、安全確保、大型機器類の運搬などを教員がおこなっている。年を重ねるごとに、生徒に任せる部分が増えており、主体的な取り組みになってきている。先輩が後輩に研究を教えるといった研究の文化の継承もできるようになってきた。

「教員は待つ」ことを大切にしている。部員の質問にすぐ答えや指示を出すわけではない。子どもたちで考えさせたり、調べさせたりする。例えば、調査地に準備ミスで道具を忘れたなどの場合、すぐに顧問が車でとりに行くわけではないので、活動ができない日もあった。このようなときは今後どうすればよいか生徒同士で考えさせ、その結果、

図９　日本科学未来館で招待発表する生徒

図10　松阪子ども会連合会の観察会をおこなう生徒

チェックリストをつくることになった。以降は同様なことは起こらなくなった。そのほか、「外部と関わる」ことを大切にしている。専門的な指導を受けるべく、その分野の第一人者に指導を受けるのである。これにより幅広い知識を得るとともに、科学者を身近に感じ、考え方や人となりが学べる。

また、外部企画の学会や講習会や発表会などに積極的に参加し、見聞を広げている。例えば、二〇一一年度（平成二十三年度）に、中高生の科学部振興プログラムの好事例六本に選ばれ、日本科学未来館で発表する機会を得た。それにより、意識ある他学校の部員と交流したり、専門家からアドバイスを得たりして、より意識と理解が深まった。

最近では、「生徒が講師をする」ことも大切にしている。地元の小学生、子ども会、市民団体に対して生徒が計画運営して観察会を実施することで、自分たちの研究の内容を発表したり、干潟に特有な生物に親しんでもらったりする機会をつくっている。これによって生徒に責任感が生まれ、あやふやな知識を正し、自分たちで学習し、わかりやすく相手に伝えるためには何をすればよいのか考えるようになった。その結果、学校での授業の取り組みと、クラブ活動の成果が評価され、二〇一四年（平成二十六）に第三回みえ環境大賞を受賞した。

生徒たちをはじめ教員である私自身が、このような活動を通して得た一番大きなものは、「人と人とのつながり」である。この原稿でも多くの方々の名前が出てきたことからもわかるように、多数の「思い」のある方々と関わることができた。このほかにも松名瀬を対象とするボランティアの方々ともつながることができたのも収穫であった。また、三重大学の朴恵淑教授との出会いが大きかった。産官学民の連携による町屋海岸再生プロジェクトをおこない、町屋海岸モデルを成功させた経験のある先生が、松名瀬海岸を持続可能な社会のモデルにすべく関わってくださった。松阪市は二〇一三年に閉学した三重中京大学の影響で、大学生がおらず、活気が少なくなってきている。そんな中、朴教授をはじめとした産官学民が連携し、今まで個別で活動してきた活動がつながり、朴教授を代表としたアクア松阪（美しい水環境を未来につなぐまち創造協議会）が設立され、冒頭でも述べたとおり、現在、この貴重な松名瀬干潟をラムサール条約に三重県の中で初登録すべく動きだしている。

注

（1）財団法人日本自然保護協会『干潟の図鑑』ポプラ社、二〇〇七年
（2）大阪市立自然史博物館・大阪自然史センター『干潟を考える 干潟を遊ぶ』東海大学出版会、二〇〇八年
（3）三重県「伊勢湾再生ビジョン中間報告資料編」二〇〇〇年、二九六ページ
（4）株式会社建設環境研究所「平成二十年度櫛田川河川の水辺の国勢調査業務報告書」、二〇〇九年
（5）環境省自然環境局生物多様性センター「第七回自然環境保全基礎調査 浅海域生態系調査（干潟調査）報告書」、二〇〇七年
（6）押田幸一朗「松名瀬干潟を含む黒部地区の歴史を踏まえた海と人との関わりの考察」三重大学生物資源学部資源循環学科卒業論文、二〇一〇年

column

# ラムサール条約

三重大学人文学部・地域イノベーション学研究科教授
三重大学地域 ECO システム研究センター長
朴 恵淑

湿原、沼沢地、干潟などの湿地は多様な生物を育んできた。とくに水鳥の生息地として、非常に重要である。湿地のなかには国境を跨いで存在するものもあり、水鳥の多くは国境に関係なく渡りをすることから、保全のためには国際的な取り組みが求められる。

1971 年 2 月 2 日、イランのラムサールで開催された湿地及び水鳥の保全のための国際会議で「ラムサール条約」が採択された（1975 年 12 月 21 日発効）。これは、水鳥の生息地として国際的に重要な湿地及びそこに生息・生育する動植物の保全を促し、湿地の適正（賢明）な利用（Wise Use）を進めることを目的としたものである。この条約は、持続可能な利用（Sustainable Use）の概念を取り入れたもので、多国間の環境条約の中でも先駆的な存在であった。現在は、水鳥の生息地のみならず、人工の湿地や地下水系、浅海域なども含む幅広い対象の湿地を対象として、その保全及び適正な利用を図るための根拠となっている。

湿地とは、天然なのか人工なのか、永続的なものなのか一時的なものなのかを問わず、更には水が滞っているか流れているか、淡水であるか汽水であるか鹹水（塩水）であるかを問わず、沼沢地、湿原、泥炭地または水域をいい、低潮時における水深が 6 m を超えない海域を含むものをいう。

2015 年 6 月現在、ラムサール条約の締約国数は 168 カ国、登録湿地数 2,208 カ所、登録湿地の総面積は 210,734,269ha である。日本の登録湿地は、1980 年 6 月に「釧路湿原」を登録して以降、環境省が中心となり「日本の重要湿地 500」のリストを作成、専門家による検討を経て候補地を選定し自治体などとの調整をおこなった。その結果、2015 年の日本の条約湿地数は 50 カ所である。

多様なタイプの湿地を登録するとの方針のもと、サンゴ礁・浅海域（慶良間諸島海域）、地下水系（秋吉台地下水系）、アカウミガメの産卵地（屋久島永田浜）、人工の遊水地（渡良瀬遊水池）など幅広い形態の湿地を条約湿地に指定している。中部地域は、石川県の片野鴨池（1993 年 6 月 10 日登録）、富山県の弥陀ヶ原 ( 立山 )（2012 年 7 月 3 日登録）と大日平（2012 年 7 月 3 日登録）、福井県の三方五湖（2005 年 11 月 8 日登録）と中池見湿地（2012 年 7 月 3 日登録）、愛知県の藤前干潟（2002 年 11 月 18 日登録）と東海丘陵湧水湿地群（2012 年 7 月 3 日登録）が登録されている。長野県、岐阜県、三重県の登録地はまだない。

釧路湿原（日本初のラムサール条約登録湿地、1980 年 6 月）2007 年 6 月 12 日撮影

# 7 地球温暖化と向き合う――三重県の取り組み

三重県環境生活部次長
中川和也
三重県環境生活部地球温暖化対策課
太田 覚

## 1 三重県における地球温暖化対策

三重県域からの温室効果ガス排出量

二〇一三年度における三重県域の温室効果ガスの総排出量（森林吸収量を含む）は、二七一五六千 t-$CO_2$ で、一九九〇年度比二・九％増となっている。そのうち、二酸化炭素排出量は二六四〇三千 t-$CO_2$ であり、全国の排出量の約二％を占めている。

部門別にみると、産業部門の割合が五四・三％となっており、全国の産業部門の割合（三三％）より高くなっている。この背景には、県の北中部に四日市コンビナートなどに代表される大規模な製造業が多く立地していることなどがある。

三重県地球温暖化対策実行計画

一九九七年に京都で開催された気候変動枠組条約第三回締約国会議（COP3）での京都議定書の採択を受け、国では一九九八年に地球温暖化対策の推進に関する法律を制定した。県ではこの法律の趣旨を踏まえ、県民総参加により

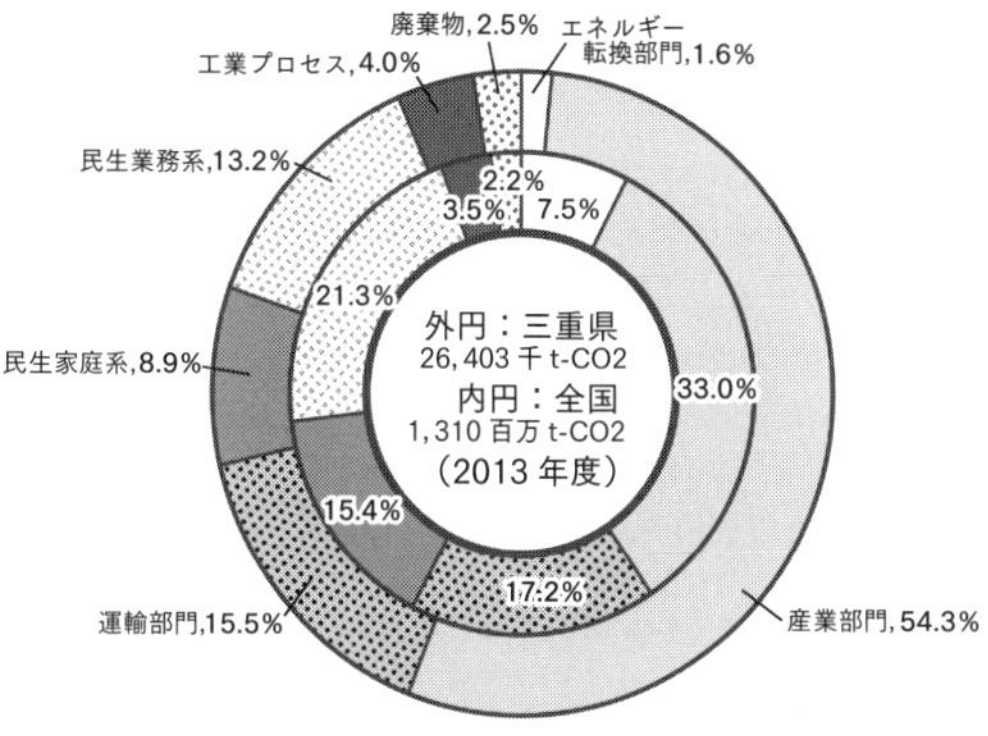


図１　三重県（全国）の二酸化炭素排出量の部門別構成比

地球温暖化対策に取り組むため、一九九九年度に「三重県地球温暖化対策推進計画（チャレンジ6）」を策定し、温室効果ガスの排出量を二〇一〇年度までに一九九〇年度比で六％削減することを目標に取り組みを進めた。

その後、この計画の目標年度を迎えるにあたり県民・事業者アンケートを実施したところ、地球温暖化問題への意識は高いものの、具体的な行動には必ずしも結びついていないことが明らかとなった。このため、地球温暖化防止への具体的な行動に向けて、県民、事業者と将来像や目標を共有しながら広く低炭素社会の実現に向けた施策を展開していくことが大切であるとして、二〇二〇年度を目標とする「三重県地球温暖化対策実行計画～低炭素社会の実現に向けて～」を二〇一二年三月に策定した。

この計画を検討していた当時は、国では地球温暖化対策基本法の制定を目指しており、二〇二〇年度の温室効果ガス削減目標を「二五％削減」（一九九〇年度比）することを国内外に表明し、国内での削減率を二五％、二〇％、一五％とする三つのケース（削減が不足する分は国外クレジット等での補完を想定）で検討が進められていた。

この地球温暖化対策基本法の制定が足踏みする中、三つの削減ケースの中で最も現実的と考えられた国内一五％削減ケースを想定し、その場合に県内でどれくらいの削減が進むかを試算したうえで、県独自の施策による部門ごとの削減努力を加味し、県計画での削減目標を設定した。

結果的には、県の削減目標は、「二〇二〇年度（平成三十二）における排出量を一九九〇年度比で一〇％削減する」というものになり、国の目標である「二五％削減」との差異を説明することに当時は非常に苦慮した。これは、県の削減目標は、部門ごとで見ると国の削減目標を上回るものであったものの、削減率を大きく掲げていた民生部門の全

【計画の削減目標】

二〇二〇年度における三重県の温室効果ガス排出量を

一九九〇年度比で一〇％削減します

（二〇〇五年度比で二〇％削減します）＊森林吸収量二％を含みます

低炭素社会の実現を目指すため、以下の3つの視点に基づき、県民・事業者との協創による取組を推進します。

【基本的視点1：意識から行動へ】

県民や事業者の意識の高まりを、新たな行動へとつなげるために、自主的な温室効果ガス削減行動を促進させる仕組みづくりを行います。

【基本的視点2：様々な主体の連携】

地域の取組を支援し、様々な主体が連携する取組を促進することで、地域に豊かさをもたらす低炭素社会を目指します。

【基本的視点3：資源の有効活用】

化石燃料の使用削減、再生可能エネルギーの導入に取り組み、生活の中で出来る限り資源やエネルギーの無駄遣いをなくし、環境への負荷を低減する仕組みづくりを行います。

排出量に占める割合は、国に比べて県では低いため、削減率に差異が生じたものだった。

また、計画の検討段階では、県域の約三分の二の面積を占める森林による二酸化炭素の吸収効果も期待されたが、森林吸収量に比べ、化石燃料の使用による二酸化炭素の排出量は圧倒的に多いことから、森林による二酸化炭素の吸収量は、目標で二％にすることとした。

この計画により、県民の皆さんや事業者とともに、暮らしや事業活動における温室効果ガス排出削減に取り組むとともに、気候変動影響への適応や電気自動車等を活用した市町等との連携事業などにも取り組むこととなった。

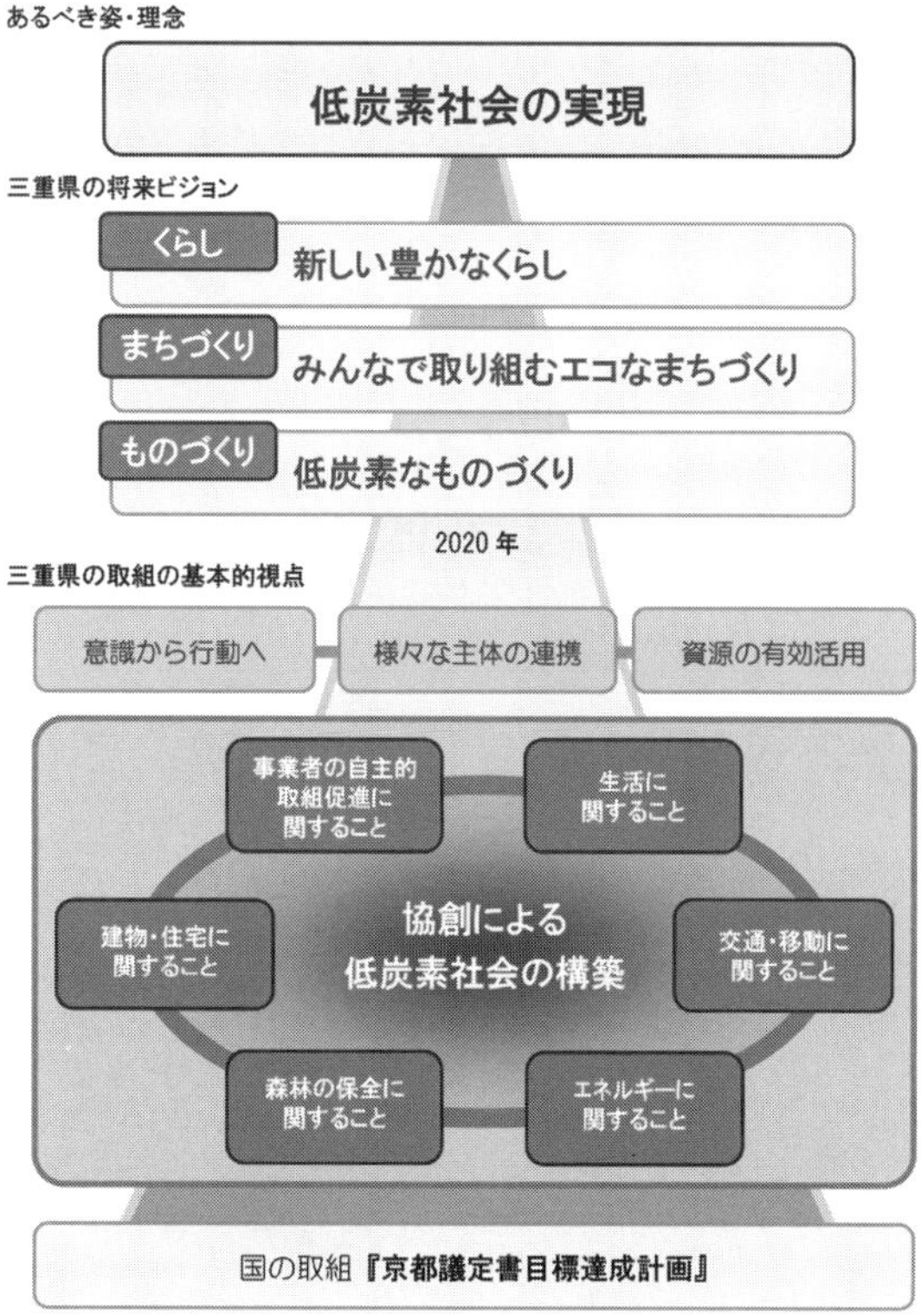

図２　目指す将来像

また、二〇一三年十二月には、県、事業者及び県民の責務を明らかにするとともに、地球温暖化対策の推進に関する事項を定めることにより、事業者及び県民の自主的かつ積極的な地球温暖化対策の推進を図ることを目的とした三重県地球温暖化対策推進条例を制定した。

なお、こうした計画や条例は、三重県環境審議会の皆様方のご協力を得て、さまざまな議論の後に定められたことをここに記しておく。

## 2　地球温暖化による気候変動の影響

気候変動の影響が生じている昨今では、温室効果ガスの排出の抑制等をおこなう「緩和」だけではなく、すでに現れている影響や中長期的に避けられない影響に対して「適応」を進めることも求められている。

気候変動の影響は幅広く多様であることから、国では関係府省庁においておこなわれた検討結果を踏まえつつ、政府全体として気候変動の影響への適応策を計画的かつ総合的に進めるため、目指すべき社会の姿等の基本的な方針と、基本的な進め方、分野別施策の基本的方向、基盤的施策及び国際的施策を定めた、政府として初の気候変動の影響への適応計画を二〇一五年十一月二十七日に閣議決定した。

県内では、平均気温の上昇や、真夏日、熱帯夜が増加する傾向があり、冬日が大幅に減少しつつある。また、すでに、コメの品質の低下、黒ノリ養殖期間の変化、生物の分布域の変化などの影響が現れている。

こうした気候の変化とその影響について紹介するため、二〇一四年十月に小冊子「三重県気候変動適応レポート2

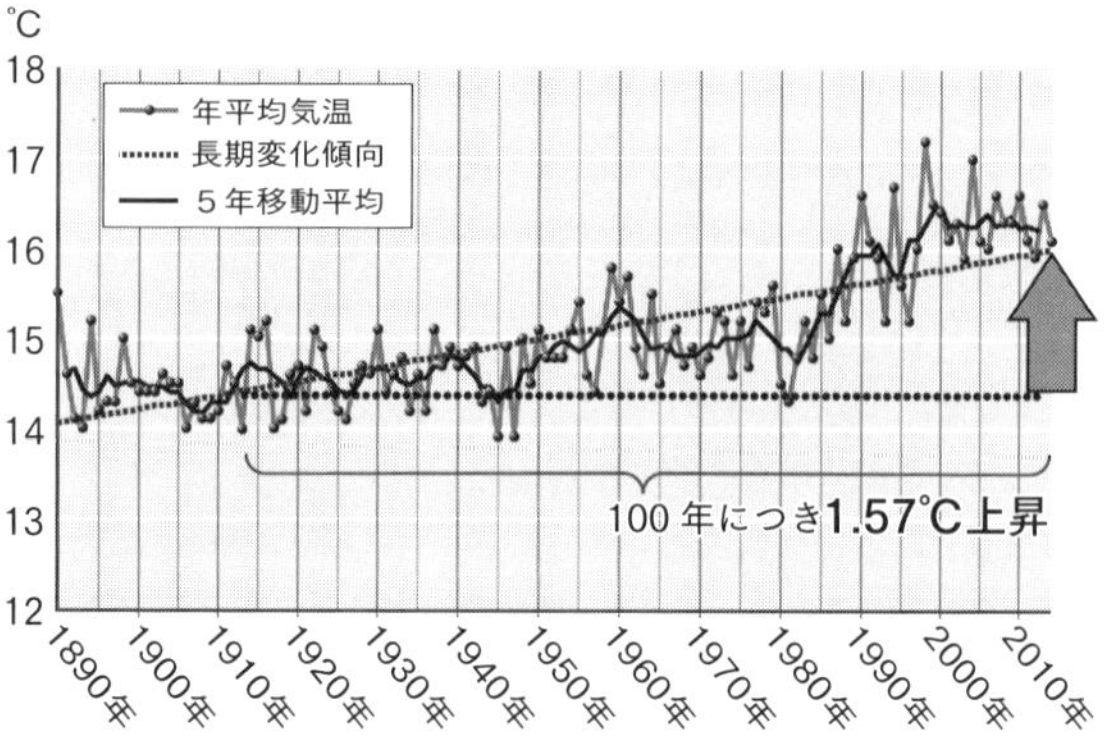


図3　津における年平均気温の変化

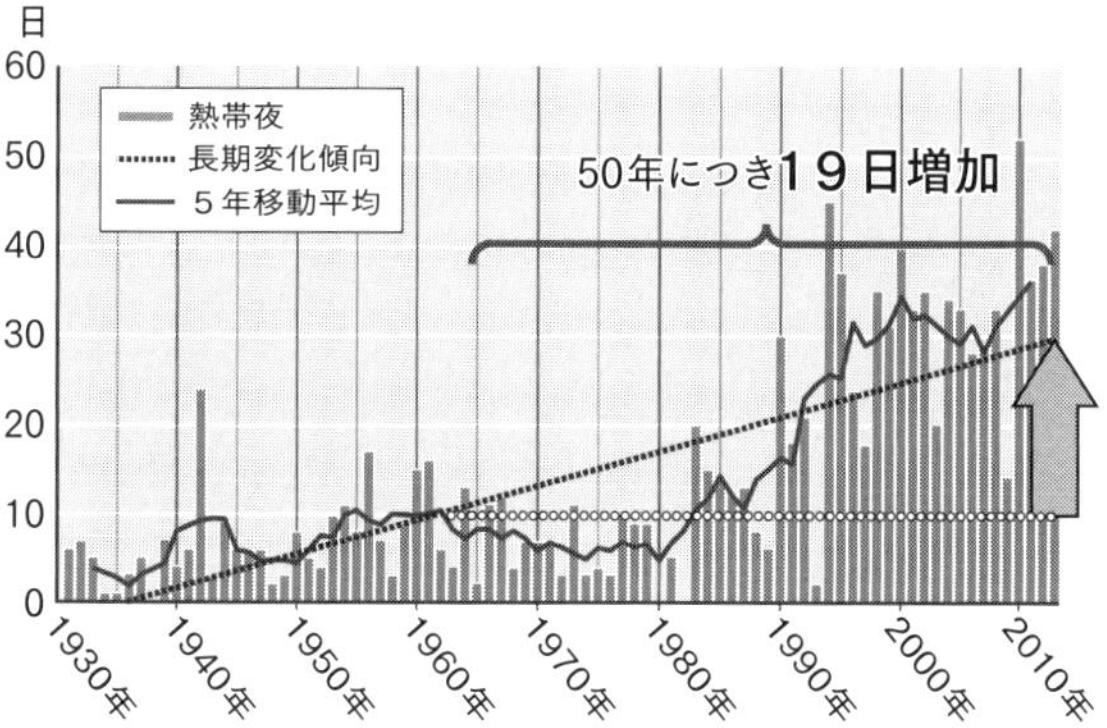


図4　津における熱帯夜の年間日数

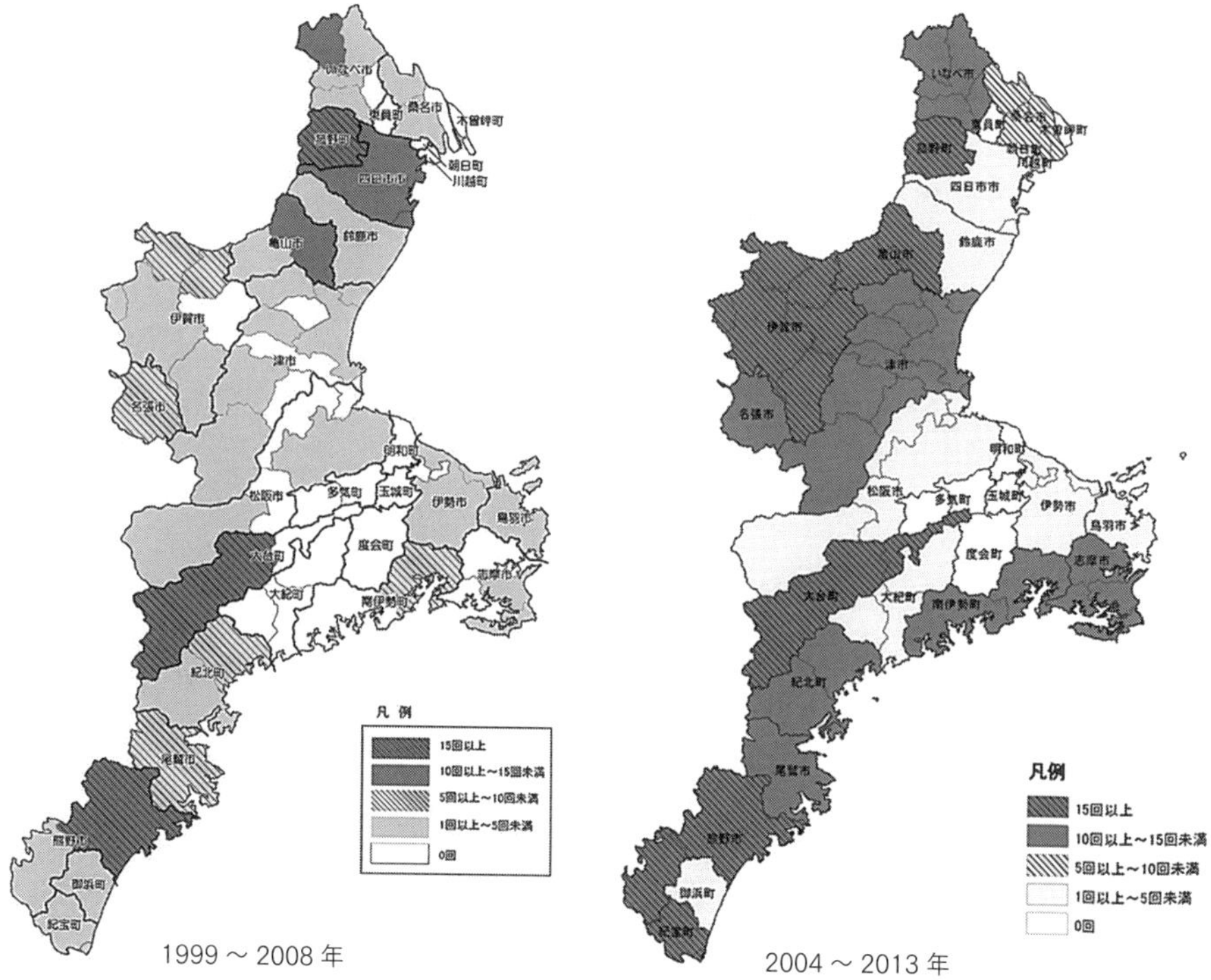


図5　三重県内の土砂災害の状況

０１４」を作成した。

また、将来は、気温の上昇や降水量の変化などの気候変化により、土砂災害などの災害リスクの増大、ウンシュウミカンの栽培適地の変化や熱中症搬送者数の増加など、さまざまな面で影響が生じると予測されている。

こうした温暖化による将来の影響予測の情報を提供するため、県内における温暖化の現在の状況と、将来予測される影響を中心にとりまとめ、報告書「三重県の気候変動影響と適応のあり方について」を二〇一六年三月に作成した。

今後は、出前講座やホームページなどで、気候変動の影響に関して情報提供していくとともに、三重県における適応策の検討を進めていくこととしている。

（三重県ＨＰ「気候変動と適応」http://www.pref.mie.lg.jp/common/01/ci500005156.htm）

図５　環境省補助事業によるＥＶ導入

図６　環境省支援事業によるFM放送

## 3　事業者や市町等と連携した地球温暖化対策の取り組み

地域と共に創る電気自動車等を活用した低炭素社会モデル事業

二〇一二年三月の三重県地球温暖化対策実行計画の策定を受け、二酸化炭素の排出が少ない移動手段である電気自動車等を切り口とした、地域での低炭素な取組を県のモデル事業として二〇一二年度からスタートさせた。ガソリン車を電気自動車に変更した場合、二酸化炭素の排出量を約三分の一まで減らすことができる。

この取組を県内の市町に呼びかけ、全国的な観光地である伊勢市を舞台に、電気自動車等を活用したまちづくりに取り組んで行くこととなった。

電気自動車等を活用したまちづくりを進めるために設立された「電気自動車等を活用した伊勢市低炭素社会創造協議会」（会長：朴恵淑）では、電気自動車等を地域や観光等で活用する取組を実施することとなり、商工会議所や観光協会等の地域の団体はもちろんのこと、大学、自動車関連企業、充電器関連企業、観光事業者等の賛同を得て、最終的には三十九の団体に協力をいただくこととなった。

モデル事業を実施した四年間では、地域の個人や企業など、非常に多くの方々に電気自動車等を試乗いただくとともに、電気自動車等による観光モニターツアーやエコスタンプラリーなどの企画を次々と打ち出していくことができた。

電気自動車等の導入としては、伊勢市の「ええやんか！マイバッグ（レジ袋有料化）検討会」からの寄付金と国土交通省の補助金を活用して導入した一人乗りＥＶ

「コムス」四台、ＮＴＮ株式会社から貸与いただいた「超小型モビリティＮＴＮ」五台を協議会に導入したほか、国土交通省の補助金等を活用した三重交通株式会社の大型電気バスの導入や伊勢郵便局の「ミニキャブミーブ」二台の導入、環境省補助事業を活用した伊勢商工会議所会員企業の「e-NV200」の導入などがあった。また、旅荘「海の蝶」でのＥＶシェアリング、タイムズカーレンタル伊勢店による「コムス」の貸出などを実施することができた。

他にも環境省の支援事業を活用した三重エフエム放送株式会社との連携事業の実施により、ＦＭ放送を通じた情報発信を半年以上にわたって継続して実施した。

こうして、協議会の行動計画「おかげさまＡｃｔｉｏｎ！～住むひとも、来たひとも～」の短期目標をほぼ達成し、県のモデル事業を無事終えることができ、市町と連携して取り組んだ事業として、ひとつの成功事例となった。

図７「みえエコ通勤デー」始まる

ここまで来られたのも、協議会の参画者や一緒にイベントなどをおこなっていただいた地域の方々等のご協力があったからであり、ここに厚くお礼申し上げる。

今後は、モデル事業の成果を踏まえ、他の市町とも連携し、電気自動車等の活用や家庭・事業者の省エネルギーの促進などの低炭素社会づくりの取組を県内に広げていくこととしたい。

### みえエコ通勤デー

二〇一四年度に実施した事業者アンケートでは、企業が実施している地球温暖化防止の取組の中で、「マイカー通勤の削減取組」が最も低い状況であった。このため、マイカー通勤者がバスを利用した際にバスの運賃が割引となる制度を検討し、「みえエコ通勤デー」の取組を公益社団法人三重県バス協会と連携して、二〇一五年九月三十日から開始した。この取組は、毎週水曜日の「みえエコ通勤デー」に、マイカー通勤者が「みえエコ通勤パス（エコパ）」を持って路線バスで通勤すると、バス運賃が半額となるというものである。

また、三重県警から呼びかけのあった、伊勢志摩サミット期間中（二〇一六年（平成二十八）五月二十五日から二十八日）の「公共交通機関の利用」「マイカー利用の自粛」を促進するため、「みえエコ通勤デー」を特別実施し、この期間は水曜でなくとも、「エコパ」所有者のバス運賃を半額とした。

エコ通勤により、マイカー通勤からバス通勤に切り替えると、二酸化炭素の排出量を大幅に削減できる。

この「みえエコ通勤デー」の取組は、伊勢市での低炭素社会モデル事業で電気バスを導入した三重交通株式会社と地球温暖化防止の取組の連携ができていたため、実施できたと感じている。

今後は、マイカー通勤者を抱える多くの企業と連携し、「みえエコ通勤デー」への参加者を増やしていくこととしたい。

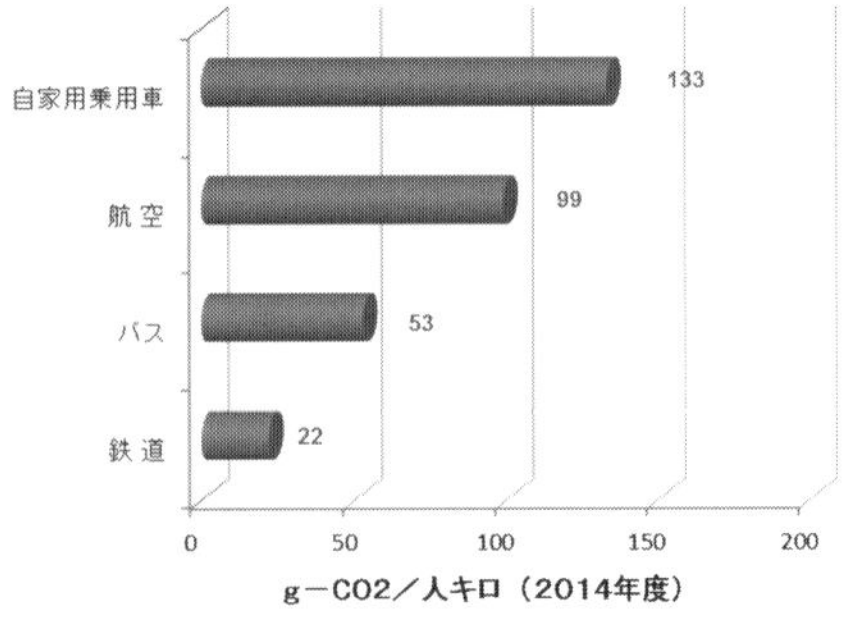

図８　輸送量当たりの二酸化炭素の排出量（旅客）

## 4　むすびとして

県として取り組むべき地球温暖化対策は、温室効果ガスの排出事業者として自らの事業活動に伴う二酸化炭素等の排出量の削減に率先して取り組むことはもちろん、県域の温室効果ガス排出量を削減するため、県民のみなさんや事業者の方々、市町等の方々の協力を得て、皆様方に地球温暖化防止の意識を持っていただき、具体的な行動に移っていただくことができるような普及啓発を行っていくことである。

そのためには、今後も、地球温暖化に関する情報の提供を積極的に行っていくとともに、電気自動車を切り口とした低炭素社会モデル事業で行ったような、具体的にみなさんに取り組んでいただくことができる温暖化対策を示すことが重要である。

column
# COP21とパリ協定書

三重大学人文学部・地域イノベーション学研究科教授
三重大学地域ECOシステム研究センター長
朴 恵淑

2015年11月30日～12月12日にかけて、国連気候変動枠組条約第21回締約国会議（パリ会議COP21）が開催された。1997年12月に採択された京都議定書以来の地球温暖化防止のための国際合意に向けた重要な会議であったが、最終的には法的拘束力をもつパリ協定書（Paris Agreement）が採択された。議長国のフランスをはじめ主要国の外交努力の成果であるが、政府や自治体、企業、市民が、低炭素・脱炭素に向けた行動を支持した結果でもある。

パリ会議は、150カ国を超える首脳が初日に参集するという政治的モメンタムの高まりの中でスタートした。フランスのファビウス外務大臣が議長をつとめ、閣僚級のパリ委員会を立ち上げ、常に透明性と信頼性、各国の公平な参加機会を確保しつつ歴史的な合意に至ったのである。予定より1日延長されるほど困難な会議であったが、パリ協定書の採択の瞬間には、オランドフランス大統領や潘基文国連事務総長も同席する中、会議場は総立ちで、長い間拍手に包まれた。

COP21本会議場（パリ協定書採択の瞬間；2015年12月12日）

「パリ協定書」の重要な意義として、次の5つが挙げられる。①地球の平均気温上昇を2℃未満のみならず、1.5℃に向けて努力する長期目標を決め、今世紀末までに世界全体の人為的な排出と吸収を均衡させ、ほぼゼロ排出にさせる中期目標を明確に設定したこと、②各国の目標や行動を5年ごとに提出・見直しをおこない、長期目標に向けて後退することなく引き上げていくサイクルを法的拘束力のある仕組みにしたこと、③先進国は発展途上国へ支援資金を提供すること、④排出削減のみならず、適応、損失と被害、技術移転、能力構築、資金供与などについて先進国の責任や役割及び途上国の役割についても適切に盛り込んだ包括的な協定となっていること、⑤各国の行動は、国別約束（Nationally Determined Contributions〔NDCs〕）のもと、2020年までに正式に提出すること、各国は政策措置を実施することが義務づけられるとともに、国別約束の目標や行動の情報の透明性を確保し、その進捗を5年ごとに評価する仕組みも義務づけられた。

これまでの国連会議に比べてバリ会議では特記すべき変化があった。通常、国連の会議には、政府関係者や国連機関の関係者が主な役割を担い、若者や地方自治体の関係者は政府代表団の一員にならなければ、オブザーバーとしての参加に限られていたが、今回は若者・女性・地方自治体へ期待が例年になく大きくクローズアップされた。

このような変化は、2016年4月の桑名ジュニアサミット及び5月のG7首脳会議（伊勢志摩サミット）の舞台となった三重県、地域に根ざし、世界へ通用するグローバル人材を育成する三重大学や三重県の教育機関においても、次世代を担う若者の考えや行動を世界に発信し、行政の政策立案に反映できる好機ともなった。このムーブメントが環境立国日本創りや地球環境を守る原動力となる。

「パリ協定書」は、2016年11月4日に発効した。環境と経済のバランスからなる持続可能社会、温室効果ガス排出ゼロ社会、脱炭素社会を目指す世界の動きに、桑名ジュニアサミット及び伊勢志摩サミットのレガシーを未来へ活かす三重県の動きにも拍車がかかっている。

8

# 南海トラフ巨大地震に備える防災

三重大学工学部准教授
川口 淳

## 1 地震国日本

二〇一一年三月十一日に発生した東北地方太平洋沖地震による東日本大震災屋および、二〇一六年四月十四日〜十六日に発生した熊本地震の被害は、あらためて我々に「地震国日本」を印象づけた。内閣府の調査によると、二〇〇〇年から十年間に世界で発生したマグニチュード六・〇以上の地震は千三十六回で、そのうち日本の領海内で発生したものは二百十二回、率にして二〇・五%である。日本の領土が世界の南極大陸を除く全陸地に占める割合がわずか〇・二五%であることを鑑みると、我が国は地震多発国家であることは自明である。すなわち我々日本人は地震などの自然災害に向き合い、寄り添い、この地に住むことのリスクとベネフィット両方を納得したうえで、極めて巧みに歴史を刻んできたのである。

## 2 地震対策を考える基礎となるふたつの震災

東日本大震災(以下東日本と呼ぶ)は地震および津波による被害に加え、原子力発電所の事故が重なった未曾有で未経験の複合災害である。しかしながら、被害の特徴を一九九五年阪神・淡路大震災（以下阪神と呼ぶ）と比較するとさまざまな事実が浮かび上がる。たとえば、地震の規模は東日本がマグニチュード九であるのに対し阪神は七・三、人的被害は、東日本がおよそ二万人であるのに対し阪神は六千四百人、その主な原因は、東日本では九割以上が溺死であるのに対し、阪神では八割以上が圧死・損壊死である。また、震度六を越える強い揺れに見舞われた範囲は、東日本は青森県から茨城県までの数百キロの沿岸部に及ぶのに対し、阪神はおおむね半径二十㎞に限局している。東日本は、海溝型巨大地震であり、阪神は都市直下の活断層型地震であるので、その被害の様相が異なるのは当然であるが、注目すべきは阪神における建物の倒壊や家具の転倒などによる被害の数の多さに対し、東日本では同じような揺れの大きさであったのにもかかわらず、揺れによる被害が圧倒的に少ないことである。これは、建物および建物内の耐震対策の実施率と相関する。阪神地区は、過去百年以内に大きな地震の経験がなく、耐震対策意識が低かったのに対し、東日本は、一九七八年に宮城県沖地震（マグニチュード七・四、最大震度五、死者二十八名、負傷者一万名、建物の全半壊七千四百棟）の経験があり、意識が高かったと推察される。

## 3　南海トラフ地震の想定

国は、東日本の後に専門調査会を設置し、東日本大震災の教訓と今後の地震対策の方向性についてとりまとめた。それによると、東日本大震災は特に津波については、国の「想定を越えた」自然現象であったため、対策が不十分であり被害が拡大したとして、今後はこのような「想定外」をなくすような工夫が必要だとしている。

これまで国の地震・津波の想定は、原則的に過去に起こったことをベースに地震・津波のモデルを作成し、被害を推計するという手法をとってきた。これは災害対策として妥当であるし、住民に対して「過去の教訓を活かす」という意味で説得力を持っている。問題は過去とはどこまでの過去か？　である。東日本までは、おおむね四百年程度の災害の記録を元に被害想定が策定されてきた。災害の記録が比較的明確に残されていて、しかもその間何度も繰り返し発生していることが確認されており、そのうちの最大規模の地震・津波を目安に想定がつくられ、それに対する対策は皆が納得して進められてきた。これに対し、東日本のような数千年に一度しか発生しない極めてまれな地震・津波は想定されていなかったため、我々はそれを「起こらないこと」あるいは「起こったことがないこと」と勘違いをしていたのではないだろうか？　もちろん災害対策は目標値を設定して実施することが大切であるが、目標をクリアできる計画や対策が出来たことで「よし」としてしまい、それ以上のこと、いわゆる「想定外」についてのイメージや対策がなかったために被害が拡大し、思考停止したことが問題だといわれている。

そこで国は、この地域で理論的に発生の可能性がある最大の地震として、「南海トラフを震源とする巨大地震」を「最大クラスの地震」と設定し、地震・津波災害の想定を策定した。それを受けて三重県では、静岡県、愛知県および名古屋市と歩調をそろえ、国が示した南海トラフの震源モデルをもとに、より詳細な地盤のデータと地形のデータを使った想定を策定し、二〇一四年三月に公表している。それは国の想定と同様、発生確率は極めて小さいが理論上は起こりうる地震であるいわゆる「南海トラフ巨大地震」を「理論上最大クラス」として、さらに過去におこったことがある地震をベースにしたものを「過去最大クラス」として、そのハザード（地震・津波規模）とリスク（被害想定）を示した。この想定の特徴は、東日本大震災の教訓である想定外をなくすための極めて高いレベルの想定が設定されたことと、発生確率が異なる災害レベルに応じた対策の目標を複数示したところにある。

## 4　南海トラフ地震による三重県の被害の特徴

前述の二〇一四年三月に三重県が公表した被害想定結果を紹介する。まずは「過去最大クラス」からであるが、想定震度は七、全壊・焼失家屋はおよそ七万棟、火災は六十件程度、死者数三万四千名程度となっている。それに対し、

「理論上最大クラス」では、震度七、全壊・焼失家屋はおよそ二十四万八千棟、火災は四百件程度、死者はおよそ五万三千名程度となっており、いずれも「過去最大クラス」より大幅に増大する。

その他の被害としては、上水道は「過去最大」「理論上最大」ともに直後はほぼ一〇〇％の断水率で、一カ月後には断水率でおよそ三〇％程度まで復旧すると想定されている。電気については、両クラスとも直後にほぼ九〇％の停電率だったものが、七日後には、ほぼ〇％になる。ただし、これは電源からの電気は停止しないという想定であるため、発電所の停止が起こると、大幅に長引く可能性もある。また、固定電話や携帯電話もほぼ電気と同じような傾向である。

輸送などに関しては、県内高速道路はほぼ、地震後も通行可能な状況であるが、海岸に近い主要国道などは通行不能な箇所が多く発生する見込みである。また、鉄道も海岸近くを走る路線については、数カ月から数年の運行停止が発生する可能性が見込まれている。

避難者については、直後よりもむしろ一週間後のほうが増加する傾向にあり、「過去最大クラス」で最大四万八千人、「理論上最大」で九十七万三千人となっている。また、帰宅困難者が十五万六千人程度発生することも想定されている。

## 5　成功する地震・津波対策とは？

国や県が示した南海トラフ地震の被害想定は、非常に大きな被害が見積もられており、その数字だけを見るとその目標をクリアする対策は困難なように思える。しかしながら、災害は必ずしも最大の想定のレベルのみで発生するわけではないので、私たちは今できるベストの対策を検討し優先順位をつけてそれを積み上げておくことが大切である。

前述のように「防災計画」では、被害想定を対策目標と設定して、その目標をクリアする対策が必要だと誤解されるが、そうではなく目標をきちんと設定し、できる限り被害を小さくするための対策を優先順位をつけ実施することが重要である。

さて、三重県に住み働くものとして求められる防災対策はどのようなものであろうか？　具体的な対策は、三重県が示している「三重県新地震・津波行動計画」などに記載されているので参考にされたい。ここでは対策をする上で大切にしなければいけないマインドを何点か述べておく。

一つめは「生きる力」を育むことである。「生きる力」とは、自身がおかれている「状況を把握」し、困難を克服するために自身が「できることを考え」、そのうちの「ベストを選択し実行する」能力である。あたりまえのように思えるこの力が現代を生きる私たちから失われている。この「生きる力」を育むためには、「何をやらなくてはいけないのか？」を問うことではなく、「何のためにやるのか？」を問うことが大切である。たとえば教育現場では「地震が起きたら机の下に隠れる」と教えるのではなく、「地震が起きたら何が怖いか？」を考えることを教えることが大切である。

二つめは防災に関する「価値の共有」である。現代社会は「多様な価値」を重んじる社会で、教育現場などでもそれが実践されている。しかしながら、災害対応に多様な価値は不必要で、身をまもるための行動の方針は共有されるべきである。たとえば、学校における防災訓練で教師とこどもは「一緒に」机の下に隠れるべきだし、自宅では保護者とこどもは緊急地震速報のチャイムを聞いたら「一緒に」身をまもる行動をとるべきである。また、地域では津波警報を聞いたら「地域みんなで」避難行動をとるべきで、そういう行動規範を行政、教師、保護者、こどもの間できちんと共有しなければならない。これができないといつまで経っても「逃げ遅れ」や「道連れ被災」を防ぐことができない。東日本大震災の時の岩手県釜石市鵜住居地区のいわゆる「釜石の奇跡」（学校現場では「釜石のできごと」と言われることも多い）はまさに、こども、教師、保護者、地域さらには行政の価値が一致していたからこそ成し遂げられた理想的な避難行動で、これと同じことがお住まいの地域で出来るかどうかを考えてもらいたい。

三つめは「マニュアル主義からの脱却」である。行政などでは防災計画を実効性のあるものにするために「災害対応マニュアル」なるものがつくられる。マニュアルを作成すること自体はいいことであるが、マニュアルをどのようにつくり、運用するかでマニュアルの成否が決まる。悪いマニュアルは、地方自治体などが専門業者（専門家）に委託し、マニュアルを策定するケースによく見られる。これは、策定のプロセスにマニュアルを運用する当事者が参加せず、できあがりの成果だけを受けとっている例である。こうなるとマニュアルに書かれていること以外の対応はできないと言ってよい。災害は想定どおりにはいかず、すべての対応行動を網羅的にマニュアルに記載することは困難なので、想定外の出来事に対する対応が後手に回りがちになる。さらに悪いことにこういったマニュアルが運用されている現場では、自身がとった行動の責任をマニュアルのせいにしたり、自分以外の誰か、たとえば上司のせいにしたりする人を育ててしまっているケースが多い。一方、良いマニュアルは、それを運用する当事者が専門家と一緒になってマニュアルを作るプロセスを共有することによってつくられる。そのような策定プロセスで「想定外」の出来事に対応する能力が参加者すべてに培われるからである。

最後に大切なことは災害に備えることを「文化」にすることである。よく知られたことであるが、岩手県には「津波てんでんこ」という言葉があり、津波避難の大切さを百年以上にわたって語り継いでいる。その価値を地域全体で共有していたからこそ「釜石の奇跡」が起こったのである。百年から百五十年の間隔で地震・津波被害にあってきた三重県にもこのような文化が求められている。三重県の行政施策としてこれを「防災の日常化」とよんでいる。地震や津波あるいは台風による被害がどこかで発生した直後は「防災・減災キャンペーン」は実施されることが多いが、キャンペーンで文化はつくられない。文化となる取り組みは、価値を共有しながら長い時間継続することが求められ、私たちはいまそのスタートを切る時にきている。三重県教育委員会ではこどもたちと先生の徹底した「生きる力」を育む防災教育をさまざまな方法でスタートさせている。次の南海トラフ地震まで後何年猶予があるかわからないが、数十年後にはこの継続した取り組みが地域の文化になることを期待している。

# 三重県の防災関連情報を百年後に繋ぐ
## ——みえ防災・減災アーカイブの取り組み

三重県・三重大学 みえ防災・減災センター特任助教
水木千春

三重県・三重大学 みえ防災・減災センターは、防災および減災についての社会理解を促進するため、デジタルアーカイブ「みえ防災・減災アーカイブ」を作成し、二〇一五年（平成二十七）四月二十八日に公開した（図1）。みえ防災・減災アーカイブでは、過去の災害に関する情報の記録を現在と次世代の人びとのために遺し、伝えるだけでなく、現代や将来の防災や減災に関係する情報や資料についても三重県内から広く収集し、公開している。

アーカイブとは記録や資料などの情報を収集し、保存するという意味で使われる言葉であるが、デジタルアーカイブは図書館のように〝紙の媒体〟でそれらの情報を保存するのではなく、電子ファイル化したデータを保存し、インターネット上で公開している。そうすることで、過去の災害での体験について聞き取りをおこなったインタビュー映像のように、体験された方の声で伝えることができるうえ、三重県内のどこにいてもインターネット環境が整ってい

図1 「みえ防災・減災アーカイブ」トップ画面一部
[みえ防災・減災アーカイブ http://midori.midimic.jp/（2016年9月14日)]

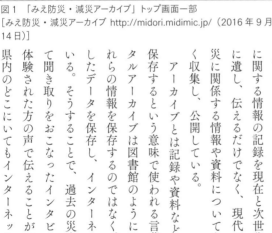

る場所であれば、すぐに閲覧ができることも利点といえる。また今のデジタル技術をもってすれば、百年後もしくはさらに後世の人たちがそれらの情報に触れることも可能である。

本アーカイブでは映像・音声・写真等の多様なコンテンツをデータベース化しており、おもな内容については、次のようなものがある。

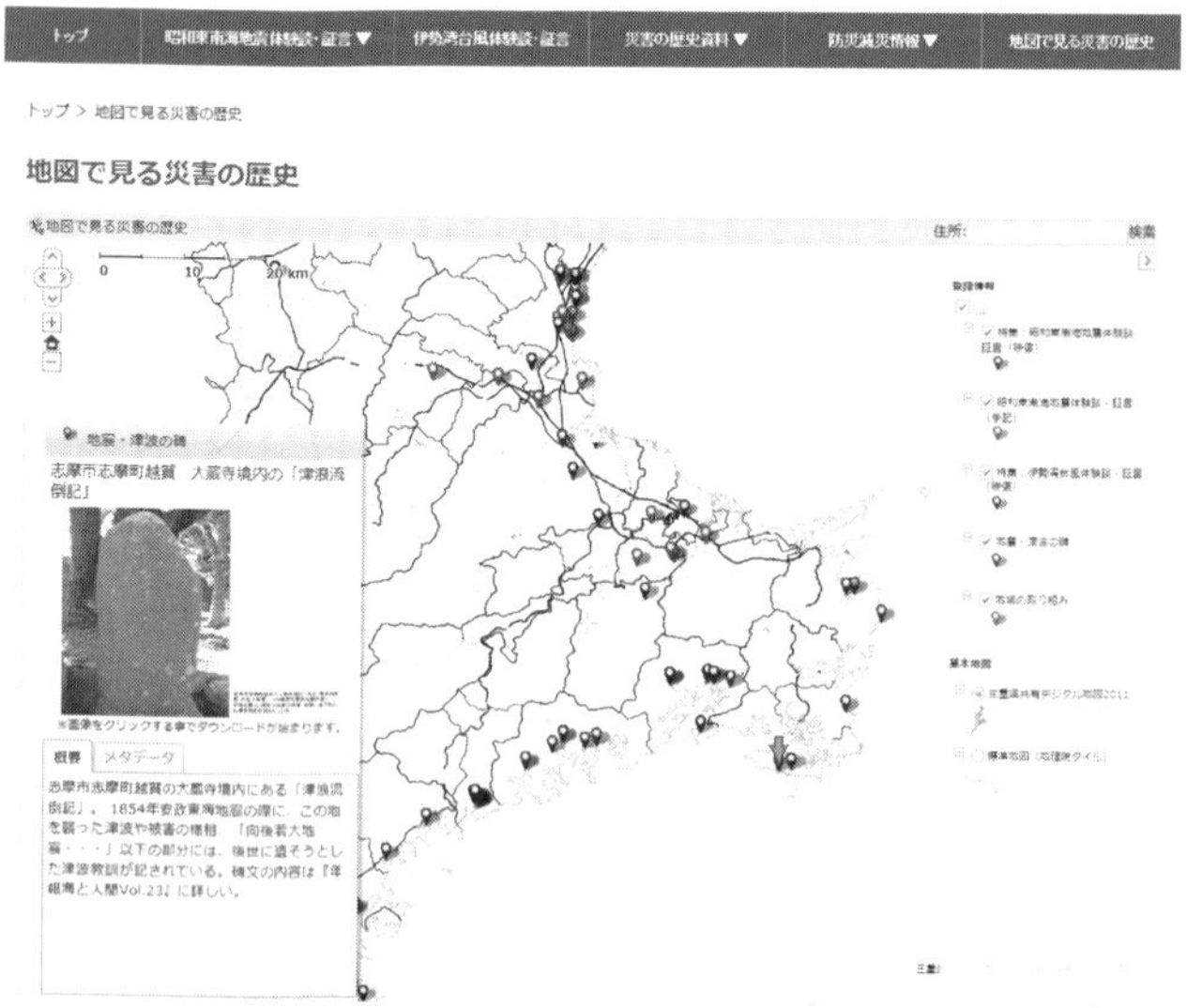


図２　志摩町にプロットされた「地震・津波の碑」をクリックした例
[みえ防災・減災アーカイブ " 地図で見る災害の歴史 " http://midori.midimic.jp/map_saigainorekisi（2016 年 9 月 14 日）]

①昭和東南海地震の体験談・証言の映像
②伊勢湾台風の体験談・証言の映像
③津波到達地点や被害の様子等を示す「津波の碑」の情報
④市史、町史、郷土史等における災害に関する記載
⑤地域の取り組み
⑥市町の防災情報

二〇一四年度は、一九四四年（昭和十九）の東南海地震発生から七十年という節目であったことから、昭和東南海地震に特化して情報を収集し、アーカイブで公開した。二〇一五年度は伊勢湾台風、二〇一六年度は紀伊半島大水害といった風水害の情報を中心に収集している。

またデータを閲覧する方法の一つとして、「地図で見る災害の歴史」のページでは、三重県の地図上に落としたデータの種類別に色分けされたアイコンをクリックすれば、その土地に関連したさまざまな情報を手早く探し出し、閲覧することができる（図２）。

今後もコンテンツの充実化を図っていくとともに、本アーカイブを地域の防災活動や子どもたちへの防災教育の現場で使ってもらうなど、あらゆる年代に活用してもらえるようなテーマを持ったコンテンツの公開方法等についても検討していく必要がある。

デジタルアーカイブで過去の災害や地域の防災に関連する情報に触れ、地域と災害との関わりを実感してもらう。三重県で暮らす人びとの防災の日常化に繋がるひとつのきっかけとして、また三重県で実際に過去に起きた災害に関する貴重な情報が次世代へと引き継がれるひとつの方法として、世代を超えた取り組みである「みえ防災・減災アーカイブ」は存在する。

第3章

# 歴史と文化を読む

# 9 伊勢神宮と斎宮

斎宮歴史博物館課長
榎村寛之

## 1 伊勢神宮の成立の諸説

伊勢神宮とは何か。その答えは極めて難しい。伊勢神宮が現在の形になるまでは複雑な歴史的経緯があり、さらにどのように定義するかによって、その意味付けが大きく異なってくるからである。

その中で、伊勢神宮という「定点」が完成したといえるのは律令体制下であろう。その時の伊勢神宮の特徴は、次のようにまとめられよう。

①天皇を守護する神、「天照大神」が祭られている。神話の中ではこの神はすべての神より格が高く、祈年祭（国家主導でおこなわれる全国的な農業予祝祭）の祝詞では、日本全土をその支配下とする神とされていた。『日本書紀』の中で「天照大神」という言葉が決定的な役割を果たしたのは、天武天皇元年の壬申の乱の際、天武が「天照大神」を遙拝した、というものである。

②天照大神の子孫、つまり「皇御孫尊（すめみまのみこと）」である天皇しかこの神社は祀れない、という認識が支配層に共有されていた。「皇御孫尊」は天皇が祭祀をおこなう時の呼称とされる。皇御孫命は、天皇の祭祀的支配権を象徴する呼称、つまり天皇が神に等しいとする意識を表すもので、伊勢神宮はその象徴であった。そのため「私幣禁

断」、つまり天皇以外の者の祈願の禁止が厳格に守られていた。
③天皇の代理として斎王が置かれていた。斎王は天皇一代に一人、未婚の皇族女性が神宮に仕えるという制度である。それは「皇御孫之尊を天地日月と共に堅磐に平けく安く御座坐しめむと」(『延喜式』に見られる斎王奉入時の祝詞の一部)、つまり天神の子孫である天皇の治世の長さを神に祈願する者として置かれた名代であり、天皇が政治をする期間を保証する者として伊勢斎宮にあった。

これらの特質は、天皇に権力が集中し、祭祀権者としても卓越した地位を獲得していた天武~持統朝の王権意識を基盤としている。

『日本書紀』では、垂仁天皇二十六年に倭姫命が大和から伊勢な天照大神を移した記事が見られるが、近年の『日本書紀』の文体研究や暦の研究により、垂仁天皇紀自体が八世紀に入ってから、『日本書紀』成立の最終段階で書かれたものと判断されるようになっている[1]。また『古事記』には伊勢神宮の成立記事は見られない。そして考古学的には律令制下のような伊勢神宮の存在を実証できるものはない、とする説も有力である[2]。その意味で、七世紀後半の画期的意義は疑いない。

しかしながら、律令制成立以前の、いわば伊勢神宮の前身施設については諸説対立している。大和の勢力が武力的にも東国に卓越した支配圏を及ぼすようになる五世紀に伊勢地域の重視が始まるとする説を始め、古墳時代の成立と関わる三世紀、律令制度に直接つながる王権の形成が開始される六世紀、壬申の乱を経て伊勢地域が特に重視されるようになった七世紀末などである。また、内宮の性格についても、ヤマトから遷されたのか、地域の有力神を昇格させたのかについて議論があり、決着を見ていない。伊勢神宮やヤマト王権をどのようなものと見るか、により説が分かれるのである。いずれにせよ、その段階を越えて、律令国家形成とともに伊勢神宮がその祭祀の頂点と位置づけられたことは間違いない[3]。

## 2　伊勢神宮の形成

平安時代初期の延暦二十三年（八〇四）神祇官に提出された『皇大神宮儀式帳』『止由気宮儀式帳』は、伊勢神宮の最古の活動レポートのような公文書である。[4] これによると、律令制下の伊勢神宮は、主に事務・行政を司る大神宮司と、祭祀を司る祢宜以下の祠官によって運営されていた。大神宮司は中臣（のちに大中臣）氏で、中央に由来する氏族、祢宜以下は神主を名乗る氏（後に内宮は荒木田氏、外宮は度会氏となる）をはじめとした地域氏族である。

『皇大神宮儀式帳』の文脈には二つのレトリックを見ることができる。一つは、伊勢神宮や伊勢地域に関わる伝承がすべて「倭姫内親王」に由来する、というものである。そこでは、『日本書紀』が―つまり国家が―規定した伊勢神宮垂仁朝成立説から外れないよう注意を働かせつつ、内宮の祭祀に関係する氏族が伊勢神宮の創始から運営に携わっていたこと、伊勢神宮の神戸もまたその段階までさかのぼる由緒があること、そして神宮の摂社末社のほとんどもこの時期に置かれたこと、などが主張される。

今一つは、現実におこなわれている伊勢神宮の行政に関わる重要事項、つまり遷宮と神宮領として認められている神郡の支配体制は伝承の枠に入れない、というものである。遷宮についてはその起源を明記せず、現在の実態を詳細に報告し、神郡の形成は七世紀中期の孝徳朝、つまり大化の改新以降の形成過程を重視する。そこでは祭祀氏族の由来との関わりはほぼ語られない。

つまり伊勢神宮は、伝承と現実という二つのより所―それは垂仁朝の創始伝説と天武朝の体制確立という『日本書紀』の論理と対応する―に基づいた体制の正当性を主張しているのである。

しかし現実には、伊勢神宮のあり方は、八世紀を通じて大きく変動していたと見られる。『続日本紀』文武天皇二年十二月乙卯（二十九日）条には、「多気大神宮を度会郡に移す」という記事が見られる。「多気大神宮」の理解については、大神宮司説、大神宮寺説、外宮説、内宮説と諸説あるが、少なくともこの時期まで伊勢神宮を構成する重要な機関が未だ安定していなかったことは間違いない。

そして神宮について未解決の根本的な問題は内宮と外宮との関係である。外宮は内宮の御饌神、つまり食事を捧げる神で『止由気宮儀式帳』では雄略朝に丹波から迎えられたとされる。しかし現実の立地は内宮より外宮の方が海に近く、交通の要衝たり得る地域を押さえており、外宮の祢宜氏族度会氏は荒木田氏より古いとする指摘もある。外宮がただの食事を司る神ならば、なぜ内宮と同等の扱いを受け、後述するように斎王まで参詣しなければならないのか、内宮が古いのか、外宮が古いのか。これも議論が続いている。[5]

## 3　伊勢神宮と斎王制度の整備

平安時代以降の伊勢神宮の祭祀体制は、九月神嘗祭、六月・十二月の月次祭を「三節祭」として最も高く位置づけ、斎王が参加する祭としている。そして四月と九月には内宮のみで神衣祭が、二月には両宮で全国でもおこなわれる祭祀である祈年祭がおこなわれる。これらが神宮祭祀の根幹である。しかし八世紀の神宮祭祀は未だ流動的だったようで、神衣祭に合わせて斎王が都を旅立ったかのような史料もある。

八世紀の流動性を示唆するさらに重要な事項として、伊勢大神宮寺の設置と整理があげられる。[6]八世紀後半まで伊勢神宮には神宮寺があり、特に称徳朝には、斎王も置かれず、伊勢神宮は神仏一体となった体制で運営されていた可能性が高い。しかし光仁朝の宝亀三年（七七二）に神宮寺は度会郡から飯高郡に移され、その後所在不明となり、神宮では神仏分離が徹底された。古代社会で一般的な、奈良時代末期にはじまる神仏一体化とはまったく逆の歴史を辿っている。そのため、具体的な仏教と神宮祭祀との関わりは不明なままなのである。

八世紀の流動性は、斎王についても見ることができる。斎王は、天皇即位の後に選定され、天皇の交替によって帰京する存在であり[7]、その形に当てはまる最古の例は、天武朝の大来皇女である。しかし続く持統朝には斎王は置かれず、八世紀前半の文武・元明・元正朝にかけてもかなり不安定で、制度として安定するのは、元正朝二人目の斎王となった皇太子首親王の娘の井上王が、首が聖武天皇として即位した後に、井上内親王として伊勢神宮に送られた（これ自体がイレギュラーである）神亀四年（七二七）以降である。井上が斎王であった時期には斎王に仕える官司である斎宮寮の定員と官位相当が定められ、その組織が大幅に拡大され、斎宮の経済基盤も神宮神戸への依存から各国からの庸調を利用する体制に改変される。つまり斎宮は国家財政の中で運営されるようになる。井上斎王の体制が後の斎王制度の規範となったことは間違いないだろう。それは彼女が聖武の皇太子段階で斎王となり、即位の後に伊勢に送られた、つまり聖武の正統性を保証する斎王だったから、ということができよう。

斎宮の遺跡、斎宮跡において、宮殿的施設に相応しい遺物が確実に出てくるのは八世紀の前半以降である。重要文化財に指定されている朱彩（赤彩）土馬、羊形硯、蹄脚硯、三彩陶器、美濃国で造られたと見られる大型の須恵器などがそれにあたる[8]。また斎宮跡の西部で、南北の方位を意識した柱列が見られるようになるのもこの頃と考えられている。斎宮跡については、章を変えて詳説しよう。

## 4 斎宮遺跡の発見と国史跡斎宮跡

「斎宮（さいくう・いつきのみや）」とは、神に仕える清廉な状態を維持するため世間から離れる宮殿、という程度の意味である。斎宮の遺跡は多気郡明和町、現在でいえば伊勢市と松阪市の中間に所在する。伊勢神宮の外宮から十一キロメートル程度離れた立地で、「斎宮」「斎王」などの地名が残る。

斎宮についての情報は『延喜斎宮式』を除いては極めて断片的で、『源氏物語』や『伊勢物語』などの研究の一環として論究されることが多かった。また、現地には、江戸時代以来「斎（西）王の森」と呼ばれた森があり、これが斎宮の中心だとする幕末の国学者、御巫清直の説[9]がほぼ定説となっており、斎宮の遺跡は、近鉄斎宮駅あたりから、そのほぼ北にある斎王の森周辺と見るのが「常識」だった。

ところが先述した八世紀前半の斎宮の遺跡は、それよりおよそ一キロメートル西、現在の斎宮歴史博物館の南方で発見された。そして発掘調査の進展とともに、斎宮の遺跡は予想より極端に広いということがわかってきた。遺跡分布の範囲を確認する調査が終わり、一九七九年に斎宮の遺跡が「国史跡斎宮跡」に指定された時、その範囲は、東西二キロメートル、南北七〇〇メートル、一三七ヘクタールと定められた。

しかしながら史跡西部に展開する奈良時代の斎宮では、未だに中心部分が確認されていない。そして八世紀後半の称徳天皇の時代と推定される遺構や遺物はほとんど発見されず、断絶期と見られている。この断絶期を経て、斎宮跡の中心は東側に移動する。

一九八〇年代後半には、発掘調査の成果として、土師器の形式変化を軸にした編年案が提言され、遺構の時期判断がある程度可能になってきた。そして同時期には、史跡東方で、幅十五メートルの広大な直線道路で構成された区画「方格地割」の存在が指摘されるようになった。この区画はおおむね百二十メートル四方で、東西七列、南北四列まで確認され、東西約一キロメートル、南北約五〇〇メートルに及ぶと推定された。そして土器編年との対照により、造成時期は奈良時代末期から平安時代初期と判断された。これは驚くべき発見であった。[10]

この時代の歴史書『続日本紀』には次の二つの斎宮関係資料がみえる。

宝亀二年（七七二）年十一月十八日　鍛冶正気太王を遣し斎宮を伊勢國に造らしむ

延暦四年（七八五）四月二十三日　従五位上紀朝臣作良を造斎宮長官となす

この短い記事のいずれかが、発見された大工事の記録だったのである。この二つの記事は十四年しか間が空いていないが、重大な懸隔がある。前者は奈良時代末期の光仁朝、後者は桓武朝、前者は平城京の時代、後者は長岡京、更に平安京と遷都した時代である。斎宮の企画のモデルプランはどの都城に拠ったのかが大きな検討課題となった。そして平面プランの詳細な計測と、長岡京時代の土器が方格地割造成工事に関わる遺構で発見されたことにより、二〇〇五年頃には、後者であることがほぼ確実となった。

伊勢神宮で『儀式帳』がつくられたのと同じ桓武天皇の時代に、斎宮では巨大な区画がつくられた、それは伊勢神宮の運営を計画的におこなう改革が進められていたころ、斎宮では斎王の代が替わっても継続されるハードシステムが立ち上げられたということなのである。

奈良時代の後半、井上内親王と光仁天皇の娘、酒人内親王が光仁朝の斎王になり、さらに酒人と桓武天皇の娘、朝原内親王が桓武朝最初の斎王になった。彼女らは聖武天皇の娘、孫、曾孫である。光仁天皇は天武天皇の子孫だったそれ以前の天皇と血統が異なり、天智天皇の孫であるが、天皇の血統が変わっても、斎王は聖武系統が受け継ぐという方針だったと見られている。しかし井上内親王は斎王退任後、光仁天皇の皇后となり、夫を呪詛した罪で謎の死を遂げる。状況が許せば女帝にもなりえて、しかも元斎王で伊勢神宮と関係が深いという彼女の経歴は、それだけで政治的動乱の導火線になりかねず、以後、彼女のような政治と深く関わる斎王は見られなくなる。朝原内親王は理由なく桓武朝の途中で解任され、異母妹の布勢内親王が斎王となる。それからは聖武天皇に由来するという血筋ではなく、斎王の出自に関係なく維持されていく広大な斎宮の区画そのものが、斎王の権威を象徴するようになる。

これらの変化は、斎宮を介して伊勢神宮をより強力に国家的支配の下に置こうとしたものと考えられるのである。

## 5 『延喜式』にみる斎宮

斎宮についての条項や、斎王の定義は律令にはない。斎宮は奈良時代には随時出された施行細則（式）で運用されていたと見られるが、それらを集大成した『延喜式』の「斎宮式」は、斎宮の根幹的な規定となり、その内容は斎王の選定から帰京までに及んだ。その中で儀礼・財政・人員等の詳細な規定が記録されている。(11)

まず天皇は、即位すれば斎王を選ばなければならない、斎王は未婚の内親王、該当者がいなければ女王から選ぶ、というのが第一条である。以下、自宅での潔斎、宮中での初斎院、平安京郊外の野宮へと場所を移しての足かけ三年に及ぶ隔離期間の規定が続く。斎王の回りには主に官人身分の女性たちが仕えていたが、伊勢への出発直前になると、斎王に仕える「斎宮寮」の人事が発令される。こうして斎宮は、国家的機関としての体裁を整える。

秋九月、伊勢神宮の神嘗祭に合わせて斎王は都を旅立つ。伊勢にまで送り届ける勅使、長奉送使（監送使）の一行も合わせて、膨大な人々の伊勢への移動が始まる。旅立ちの日、斎王は大極殿で天皇と対面する。天皇は儀礼用の座でその権威を顕す高御座ではなく、平座で斎王を迎える。衣装も平安初期に定められた中国風の礼服ではなく、白装束で出迎える。祭祀に臨む装いであり、斎王に、ひいては神宮に対する敬意を表したものと考えられる。『延喜斎宮式』には記されないが、天皇はこの時、斎王の額に黄楊の小櫛を挿し「みやこのかたにおもむきたまふな」と声を掛ける。『源氏物語』や『栄華物語』に「別れのお櫛」として記される儀式で、斎王は特別な存在とされていたのである。[12]

斎王の伊勢への旅「群行」は五泊六日を要する。近江国の勢多、甲賀、垂水、伊勢の鈴鹿、壱志の五ヶ所に仮の宮、頓宮が設けられた。

伊勢での斎王の務めは、神宮の三節祭に、内宮・外宮それぞれに参詣することであった。六月・九月・十二月の十五日に度会郡の離宮に移行し、十六日には外宮、十七日には内宮に詣で、拝礼して太玉串を捧げる。榊の枝にコウゾの繊維を付けたもので、神の依り代とする説がある。斎王は祭の前月の晦日に禊をおこない、神宮に赴く準備に入る。五月と十二月には近隣の川で、八月には尾野湊と呼ばれる海での禊である。尾野湊は現在の明和町大淀と見られており、南勢地域の海上交通の要衝であった。[13] なお、尾野湊の禊は宮廷に準じて斎宮のみでおこなわれる十一月新嘗祭の前月晦日にもおこなわれている。新嘗祭は本来、宮廷での重要祭祀であった。

斎宮の日常を差配するために置かれた斎宮寮は、個々に独立した十二の機関のまとめ役となっていた。舎人、膳部、蔵部、殿部、炊部、水部、女部（采女、采部）、薬部、掃部、酒部、馬部、門部の十二の司である。奈良時代には斎宮内や神郡である多気郡・度会郡の神社に関係する主神司も斎宮寮の下に位置づけられていたが、平安時代初期に宮廷の神祇官に直属するように改変された。それぞれの機関が専門的部局として斎王や斎宮の活動を維持するために動いており、その形は宮廷や皇后・皇太子を補佐する機関にも似て、独立した家政機関となっている。

寮の長官である斎宮頭は従五位相当で、伊勢守と同等の位置づけである。司の官人は総計二十六人、非常勤的な職員である番上を合わせると一二七人と規定されており、国府に比べてもはるかに数が多い。また、斎宮の重要な特色としては、女官の数が多いことがあげられる。『延喜斎宮式』によると、斎宮では月料と呼ばれる給与を受けている女性のうち女官と見られるのは命婦一人、乳母三人、女孺三十九人で四十三人を数える。そして雑色など全ての職員を合わせると、男女五二〇人の人々が斎宮で働いていたのである。さらに斎宮が神郡内に保有する供田と呼ばれる私有田を賃租したり、斎宮の門衛として労役を務める人々もいた。

そして秋になると、斎宮の財政を支えるため、東は常陸国（茨城県）から西は京に至る各地より、調庸の一部が各地から斎宮に運ばれていた。調の納税はおよそ十一月末を納期とされていた。その頃の斎宮には全国の人々と彼らがもたらす情報が集まっていた。

このように斎宮は、地域にあって国家祭祀に重要な役割を果たすとともに、人と物の一大集積地として機能していた。それが「竹のみやこ（伊勢国多気郡にある都のような所）」と呼ばれたゆえんでもある。その暮らしの中では都と変わらない年中行事がおこなわれ、発掘調査でみつかる遺物からも、緑釉陶器や輸入陶磁器など、都と遜色のない高級品を使った暮らしがうかがえる。ただ一つの相違は、忌詞である。忌詞は仏教と死や穢れに関する言葉を言い換えるという規定で、八世紀末期、神宮で神仏分離が明確になった時期に始められたものらしい。それは仏を「中子」、寺を「瓦葺」などと言い換える内七言、死ぬを「なおる」、血を「あせ」などと言い換える外七言など十六種類に及んでいた。

斎王は天皇の譲位・崩御のほか、肉親の不幸など喪によって交替した事例も少なくない。平安後期の儀式書『江家次第』によれば、崩御や肉親の喪など凶事とされる事柄で帰京する斎王は、余剰な人員を近江経由で帰し、ごく限られた供回りとともに川口、阿保の頓宮、つまり青山峠を越えて伊賀を経て、大和の都祁頓宮を通り、平城京の跡に至る。つまり平城京から伊賀盆地を経て青山峠を越える官道を逆進するのである。そして斎王の一行は当時相楽と呼ばれた木津川沿岸の頓宮から船に乗り、一路難波へと下る。また吉事、つまり天皇譲位のため近江を経由してきた斎王も、直接京に入らず、淀川を下って難波に至る。そして難波津で三カ所の禊がおこなわれる。この儀礼を最後に、斎王は一人の皇族女性に戻り、ひっそりと都に戻るのである。

## 6　斎宮の衰退と伊勢神宮の変容

十世紀以降、斎宮と伊勢神宮の関係には大きな変化が生じる。八世紀末以降、斎宮頭が伊勢国の守や介を兼ねるという事例が見られるようになり、斎宮の監督官だけではなく、伊勢神宮の神郡との直接上下関係を持つようになる。しかし一方、九世紀以降、伊勢神宮の大神宮司が神郡の諸雑務を掌握するようになって、ここに地域の行政権は誰が行使するのか、という問題が表面化する。伊勢神宮の動きは地域権力としての自立を志向したもので、斎宮や伊勢国の動きは、国家支配の強化を意図していた。このような対立は十一世紀まで火だねとして残されていた。長元四年（一〇三一）には斎王が朝廷の神宮不敬や斎宮頭の横暴を糾弾した託宣があり、斎宮頭が配流され、その頃から斎宮の実務を握る斎宮助が大神宮司を掌握する大中臣氏から出されるようになった。これで斎宮の実務は神宮の影響下に入ったと考えられている(14)。

大中臣氏のリーダーである氏長者は神祇官の次官、神祇大副を職労として宮廷祭祀の第一人者となり、天皇と神宮の間を随時連絡し、神宮祭祀にも参加する「祭主」という職掌も兼ねるようになっていた。そして十世紀から十一世紀にかけては、大中臣頼基、能宣、輔親の直系三代にわたる祭主が、摂関家と強い紐帯によって成立し、祭主「家」を形成する方向に動き出す。しかしその動きは大中臣氏内部で動揺を招き、祭主や宮司の下部機構と位置づけられていた祢宜層もこの時期に「祢宜庁」と呼ばれる独自の組織を結成する。彼らは神宮領の内外に御厨と呼ばれる一種の荘園を形成し、その結果、国家機関の一部であった伊勢神宮は、荘園を財政基盤に政治力を行使する「権門」(大貴族や大寺院などと同様な組織)の一つとして中世への変革の路を進み始めるのである。

一方斎宮では、発掘調査によって十世紀後半頃から方格地割の中に空閑地が多くなるという変化が見られることが確認されている。政治的存在としては力を喪失しつつあった斎宮だが、都と伊勢を結ぶ文化情報の発信地としての役割は保持していた。すでに九世紀以来、『伊勢物語』に斎宮が見られるなど、斎宮と宮廷文化のつながりは認められており、十世紀には、元の斎王である斎宮女御徽子女王が、斎王規子内親王の母として再度斎宮に滞在し、彼女やその周辺の人々が多くの歌を遺し、徽子は後に三十六歌仙に選定された。そして斎宮では、十一世紀末頃と見られる日本最古の「いろは歌」を書いた墨書土器が発見されている。その時代には、白河天皇の女御であった藤原道子が娘の善子内親王とともに二十一年に及ぶ斎宮生活を送っていた。道子は能筆や文才で知られた知識人であり、その膝下で斎宮の文化的性格が高められたことも十分に考えられる。このように斎宮は文化的性格を重視されて平安時代後期を迎えるようである。そしてこのころには、元斎王が未婚のままで准后そして女院など、天皇の母親格の待遇を受ける例がしばしば見られるようになる。斎宮は衰退しても、斎王の価値は失われていなかったのである。

## おわりに

伊勢神宮は不変の存在ではない。本来国家的な奉斎の象徴であった斎宮が十四世紀に廃絶したことは、伊勢神宮が国家の直接的な庇護を離れ、地域権力として自立する転換の契機となった。中世の伊勢神宮は、近隣の山岳寺院である金剛証寺をはじめとした仏寺との接近、外宮が内宮より優位と説く伊勢神道の形成、それに伴う内宮と外宮の対立、数多い末社の衰滅、遷宮制の断絶など多くの試練を受けつつ、外宮の山田、内宮の宇治に自治組織を形成し、経済的な重要地域となってこの時代を生き抜いた。そして江戸時代になると、幕府の庇護と伊勢詣の大衆化により、本来天皇以外の奉幣が許されなかった伊勢神宮は、全国からの参詣者を受け入れる神社となっていく。そして近代、国家神道の時代にはさらに大きな転換を迎え、近代日本の国家イデオロギーの象徴となる。私たちが知っている伊勢神宮は、戦後七十年の姿にすぎないのである。(15)

伊勢神宮はこれまで変わり続けてきた、これからもそうかもしれない。ならば斎宮の遺跡は、ある時期の伊勢神宮の象徴として未来に受け継がれなければならない価値がある。それこそが「日本遺産」としての斎宮跡の意義なのである。

注

(1) 森博達「皇祖天照大神はいつ成立したか――『日本書紀』区分論から史実を探る」(『京都産業大学日本文化研究所紀要』一九、二〇一四年)

(2) 山中章「考古学からみた伊勢神宮の起源――ヤマト王権の伊勢支配」(ジョン・ブリーン編『変容する聖地 伊勢』所収、思文閣出版、二〇一六年)

(3) 榎村寛之『伊勢神宮と古代王権』(筑摩書房、二〇一二年)。以下本論での伊勢神宮についての指摘は同書と関わる部分が少なくない。参照していただくことをお奨めする。

(4) 『皇太神宮儀式帳』および『止由気宮儀式帳』は、『群書類従』および『神道大系 神宮編』で活字本が読める。

(5) 外宮が本来の地域神であるとする説の代表的なものとして、岡田精司「伊勢神宮の起源――外宮と度会氏を中心に」(『古代王権の祭祀と神話』所収、塙書房、一九七〇年)を挙げておく。

（6）山中由紀子「伊勢神宮寺をめぐる諸問題」（『斎宮歴史博物館研究紀要』一八、二〇〇九年）

（7）榎村『伊勢斎宮と斎王』（塙書房、二〇〇四年）。以下、斎宮についての指摘は同書と関わる部分が少なくない。

（8）泉雄二『日本の遺跡9　伊勢斎宮跡　今に蘇る斎王の宮殿』（同成社、二〇〇六年）、駒田利治編『律令国家と斎宮（考古調査ハンドブック）』（ニューサイエンス社、二〇一六年）など参照。

（9）御巫清直「斎宮寮考証」「斎宮寮廃蹟考」。なお、神宮司庁編『増補大神宮叢書　神宮神事考證　中篇』所収（吉川弘文館、二〇〇七年）

（10）大川勝宏「斎宮と方格地割」（駒田編注（7）書所収）

（11）『延喜斎宮式』は『新訂増補国史大系』に入っているが、虎尾俊哉編『訳注　日本史料　延喜式上』（集英社、二〇〇〇年）が便利。

（12）榎村「斎王発遣儀礼の基礎的研究」、『律令天皇制祭祀の研究』所収（塙書房、一九九六年）

（13）伊勢湾内海交通を重視する研究として穂積裕昌『伊勢神宮の考古学』（雄山閣、二〇一三年）があるが、穂積氏は大淀より西の入江である的形をより重視する。

（14）古川淳一「斎宮寮に関する基礎的研究」、笹山春生先生還暦記念会編『日本律令制論集　下』所収（吉川弘文館、二〇〇三年）

（15）西山克『道者と地下人——中世末期の伊勢』（吉川弘文館、一九八七年）。参考として、井上章一『伊勢神宮——魅惑の日本建築』（講談社、二〇〇九年）、千枝大志『中近世伊勢神宮地域の貨幣と商業組織』（岩田書院、二〇一一年）、ブリーン編注（2）書を挙げておく。

# 10 熊野古道伊勢路

筑波大学大学院世界文化遺産学専攻博士後期課程
伊藤文彦

## 1 「熊野古道伊勢路」の賑わい

スギやヒノキの美林の中、まっすぐに伸びる石畳道を、カラフルな登山ウェアを着込んだ観光客が列をつくって登っていく。「熊野古道伊勢路」を紹介するテレビや雑誌でよく目にする光景である。いまや、熊野古道伊勢路は歴史と文化の感じられる「ハイキングコース」としてすっかり定着した感がある。峠道入口で観光バスを下車し、坂道を登っていく。峠で休憩し、反対側へ下っていくと、出口で待つ観光バスに再び乗車し、次の目的地へ移動する。都市圏から来る観光客の典型的な観光方法である。

熊野古道伊勢路を多くの観光客が訪れるようになったのは、二〇〇四年、その一部が世界遺産に登録されて以降のことである。二〇〇三年に約十万人だった来訪者数は二〇一四年には初めて四十万人を超えた。その多くは、熊野古道の峠道を歩きに来る人々である。しかし、熊野古道はハイキングコースとして魅力的だから世界遺産に登録されたわけではない。世界遺産に登録された名称は、「熊野参詣道伊勢路」である。なぜ、この道は世界遺産に登録されたのだろうか。そして、今後どのように守っていくべきなのだろうか。まずは、熊野参詣道伊勢路の歴史を紐解いてみることからはじめよう。

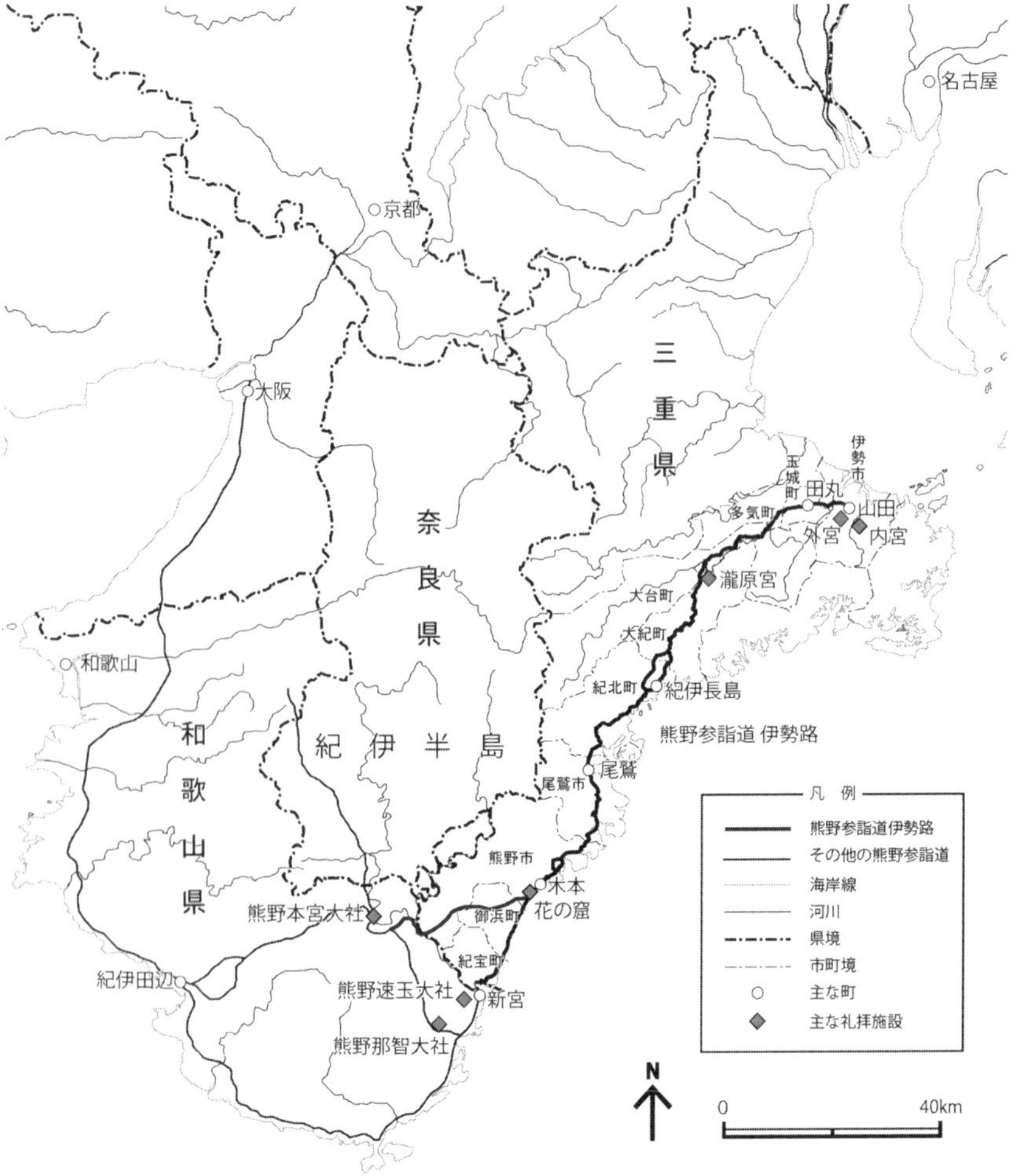
名古屋
京都
三
重
県
大阪
奈
良
県
和歌山
伊
勢
市
玉
城
町
田丸
山田
多気町
外宮
内宮
瀧原宮
大台町
大紀町
紀北町
紀伊長島
熊野参詣道 伊勢路
和
歌
山
県
紀　伊　半　島
尾鷲市
尾鷲
熊野市
木本
花の窟
熊野本宮大社
御浜町
紀宝町
紀伊田辺
熊野速玉大社
新宮
熊野那智大社
凡　例
熊野参詣道伊勢路
その他の熊野参詣道
海岸線
河川
県境
市町境
主な町
主な礼拝施設
N
0
40km

図１　熊野参詣道位置図

## 2 熊野三山と熊野参詣道伊勢路

古代より、熊野は一種の霊場であった。平安時代初めの『日本霊異記』には、ある修行僧が熊野の山中で自らの身を捨てる「捨身行」をおこなったが、亡骸になってもなお経文を読む声を発していた、という説話が紹介されている。もちろん、亡骸が声を発するのは事実ではないにしても、少なくとも熊野はこのような修行をおこなう場として当時の人々に認識されていたのである。こうした霊場としての性格を背景に熊野三山が登場する。九世紀半ばには、熊野三山でも熊野速玉大社に朝廷が授ける位が急速に昇進することが知られ、この頃には熊野三山は重要な神社として都の人々に知られるようになっていったと考えられる。神仏習合も早くから進んだ。十一世紀の熊野への旅を記した『いほぬし』には、熊野本宮で仏教の経典を読む姿が描かれる。熊野本宮は阿弥陀如来の西方浄土、新宮は薬師如来の東方瑠璃浄土、那智は観世音菩薩の補陀落浄土にそれぞれ見なされた。十二世紀には、皇族や貴族がこぞって熊野詣をおこなっていく。加えて、熊野は庶民の参詣も受け入れていたことが藤原宗忠の『中右記』の記述からも知られる。このように、熊野は広く庶民を受け入れ、仏教も受容する参詣地として成立するのである。

この時期、京都から熊野へ向かうメインルートは現在の和歌山県を経由するものだった。京都を出発し、大阪、和歌山、紀伊田辺へと進み、中辺路を経由して熊野本宮にいたる。しかし、同じ頃、京都から伊勢を経由して熊野へ向かうルートの「伊勢路」も成立していた。伊勢路に関する最も古い記録は十世紀末のもので、九九九年（長保元）に花山法皇が修行のため伊勢国を経て熊野へ参ることを計画したとする記事である。熊野参詣道伊勢路を実際に旅したもっとも古い記録は、十一世紀の『いほぬし』である。筆者の増基法師は和歌山回りで熊野本宮に参詣した後、現在の熊野市にある花の窟に立ち寄り、さらに伊勢へ抜けて京都へ帰っている。平安時代の終わりには、歌人として知られる西行法師も、熊野から伊勢へ旅している。西行は熊野から「みき島」で舟渡しを利用し、伊勢へ抜けている。

「みき島」は現在の熊野市二木島もしくは尾鷲市三木里であろう。同じ時期に、後白河法皇が編纂した『梁塵秘抄』には、「熊野へまゐるには　紀路と伊勢路のどれ近しどれ遠し　広大慈悲の道なれば紀路も伊勢路も遠からず」という当時の歌謡が収められている。このように、遅くとも平安時代の終わりまでには、熊野詣の経路として伊勢路が存在したことは間違いない。

## 3　伊勢参宮と西国三十三所巡礼

平安時代以前、伊勢神宮は一般の人が参詣することを禁じられた場所だった。伊勢神宮は天皇を代表とする朝廷が、毎年の例祭のほか、災害や旱害、疫病、反乱などに際し、幣帛を奉って祈願する場所であり、未婚の皇女を斎王として伊勢へ送り仕えさせていた。伊勢神宮の性格が変化し、広く武士や庶民の信仰を受け入れていくのは鎌倉時代以降のことである。室町時代になると、伊勢神宮に参詣した人々の中には、引き続き熊野へ向かう人が出てくるようになる。この伊勢と熊野をむすびつける役割を果たしたのが西国三十三所巡礼だった。西国三十三所巡礼は、一番札所の那智山青岸渡寺から三十三番札所谷汲山華厳寺まで、近畿一円の観音霊場を旅する巡礼である。そもそも三十三所巡礼が成立したとみられる平安時代後期には、奈良県の長谷寺を起点とし、京都府の三室戸寺を終点とする都を中心とした巡礼だった。しかし室町時代に入り、東国からの旅人が伊勢参宮の後に引き続き三十三所巡礼をおこなうようになると、伊勢を起点に熊野、近畿一円の札所の順に巡り最後に岐阜の華厳寺に至る現在の巡礼路が確立していく。この経路は、東国へ帰るのに適していた順序であり、巡礼の名称に「西国」が付されるのも、東国から見た「西国」の意味であった。さらに、室町時代には「巡礼」の文字が「順礼」へと変化し、ここに「西国三十三所順礼」が江戸時代を通じて盛んにおこなわれるようになった。こうして伊勢参宮と熊野詣が、西国三十三所巡礼を媒介として結びつき、熊野参詣道伊勢路は伊勢から熊野へ向かう巡礼者が多く通る道となったのである。江戸時代後半の享和年間（一八〇一〜一八〇四)、伊勢から熊野へ向かった旅人は年間三万人に達したという。

## 4 江戸時代の熊野参詣道伊勢路の旅

江戸時代の巡礼者はどのような旅をしていたのだろうか。彼らは伊勢参宮ののち、外宮の所在する伊勢山田を起点として旅を始め、熊野三山の一座、熊野速玉大社の所在する熊野新宮を目指した。距離はおよそ一四〇キロメートルである。この道はかなりの難路だったことが当時の道中案内(ガイドブック)などの記述から知ることができる。特に、瀧原宮から荷坂峠までの、蛇行する大内山川を連続して越えていく区間や、紀伊長島から熊野市木本までの峠越えが連続する区間は難所であり、その道のりは決して楽ではなかった。

しかし、宿や食事などの心配はあまりなかったようだ。街道は集落をつないで延び、集落には宿があり、道中案内にも紹介されていた。お金をあまり持たない巡礼者には、無料で宿泊できる善根宿というものもあり、現在の熊野市大泊町には、善根宿に巡礼者がお礼として残していったお札約五千五百枚が残されている。また、峠などには茶店があり、酒や餅が売られていた。ただ、山道をひたすら歩く区間も多く、飯行李(弁当箱)を持参し、宿で昼食を用意してもらうことも多かった。このほか、当時の書物には鰹節を作る様子や、軒先でマグロの切り身を商う様子を紹介するものがあり(図2)、現代と同様、海産物が沿道の集落では食べられていたことがわかる。また、旅の様子を記した道中日記の中には、浜で鯛を買って宿で料理してもらったという記事もあり、旅の途中で料理を楽しむ人もいたようだ。もっとも、巡礼旅という性格から、魚を口にせず精進して旅を続ける人もいた。

巡礼旅を物理的に支援するのが宿や茶店だとすると、精神的に支援するのが伊勢山田から熊野新宮までの区間に設けられた寺社であった。その中には、巡礼旅との関係を強く示すものも存在した。たとえば、現在の度会郡玉城町原に所在した大辻観音庵(石仏庵)はその一つである。江戸時代の終わり、一八五三年(嘉永六)に刊行された『西国

図２　西国三十三所名所図会「木本湊」
（早稲田大学図書館所蔵）

三十三所名所図会』には「勢州（筆者註：伊勢）より熊野道観音堂の札はじめ也」と記され、ここが西国三十三所巡礼の最初の札所として紹介されている。またその挿絵には三十三体観音堂、標柱、接待所、札納所、金毘羅、行者などの建物や、鳥居や灯籠、手水なども見える。現地を調査すると、現在はすでに廃寺となっているが、今日でも三十三体観音堂があり、標柱には「順礼道引観世音」の文字が刻まれている。旧境内の調査からは、一八〇〇年ごろに整備された寺院であると考えられ、巡礼旅との関係性を強く意識して整備されたと考えられる。巡礼者はこうした西国三十三所巡礼ゆかりの寺社に出会うことで、巡礼の目的地に向かって歩いていることを確認し、安心したものと思われる。こうした寺社にはこのほか、千福寺（大台町）、瀧原宮（大紀町）、岩屋堂、八鬼山荒神堂（尾鷲市）、清水寺、花の窟（熊野市）などがあった。

このように江戸時代の巡礼者は物心両面の支援を受けながら、旅を続けていたのである。

## 5　熊野参詣道の廃絶から復活、世界遺産の登録へ

明治時代に入り、熊野参詣道伊勢路は大きく姿を変えていくことになった。伊勢神宮はその性格を変え、神仏分離は千年の神仏習合の歴史を誇った熊野三山にも影響を与えた。一八九八年（明治三十一）、伊勢から志摩半島を回って

熊野へ向かった田山花袋は、途中の紀伊長島から熊野速玉大社と熊野那智大社の中間に位置する三輪崎港（現在の新宮港）まで汽船に乗船した。近代交通の出現は、古代から続く徒歩による参詣・巡礼を根底から覆し、熊野に参詣客を直接送り込んだのである。さらに、花袋は那智瀑の威容や雨上がりの熊野川の輝きは筆を尽くして記述しても、熊野那智大社参詣については、一切記述をおこなわなかった。明治時代に入り、熊野は神仏の聖地から、自然の風景が美しい景勝地へと性格を変えていくのである。熊野の観光の中心は那智の滝や瀞峡といった自然物へと移った。こうした動きは一九三六年（昭和十一）の吉野熊野国立公園の指定へとつながり、その後の熊野の観光に大きな影響を与えた。こうして、千年間続いた熊野参詣道伊勢路を徒歩で旅する人は急速にその数を減らし、道は忘れ去られていった。

戦後の高度経済成長を経た一九八一年（昭和五十六）、三重県教育委員会から熊野街道の調査報告書が刊行された。これは、街道のルートや沿道の石造物などを詳細に調査したもので、のちの熊野参詣道研究の基礎となった。その後、地域住民を中心としたボランティアによって埋もれた旧街道の発掘や整備が進められ、一九九九年（平成十一）には東紀州体験フェスタにおいて熊野古道ウォークもおこなわれた。旧街道が道としての機能を取り戻し、人が再び歩くようになったのである。地域住民の取り組みはその後も継続し、峠道の見回りや日常の維持管理をおこなう「熊野古道保存会」の結成へと進んだ。さらに観光ガイドとして「熊野古道語り部友の会」も結成され、活動は広がりを見せてゆく。この間、熊野参詣道伊勢路の価値についての調査・研究も進められ、二〇〇四年（平成十六）、熊野参詣道伊勢路の一部は「紀伊山地の霊場と参詣道」として世界遺産に登録された。

## 6　世界遺産登録とその後

日本では、一九七二年（昭和四十七）にユネスコにおいて採択された「世界の文化遺産及び自然遺産の保護に関する条約」、いわゆる「世界遺産条約」を一九九二年（平成四）に批准して以来、世界遺産登録が順次進められてきた。「紀伊山地の霊場と参詣道」は国内では十二番目に登録された資産である。紀伊山地の霊場と参詣道は、霊場と参詣道を構成資産とし、熊野参詣道伊勢路は参詣道に含まれる。道の保存状況の良好な部分総延長三十二・九キロメートルの区間が二〇〇二年（平成十四）に文化財保護法に基づき史跡に指定され、世界遺産ではコアゾーンとして保護の対象となった。こうして、熊野参詣道の一部は、世界遺産の構成資産として、日本の国内法のもと保護が図られることになったのである。

しかし、登録後十年が経過し、熊野参詣道伊勢路の課題も次第に明らかとなってきた。まず、伊勢から熊野へ向かう巡礼歩き旅をおこなう人は今日なお、ほとんど見られない。そもそも、日本政府からユネスコへ提出された『世界遺産登録推薦書』に示された熊野参詣道伊勢路の価値は次のようなものであった。

紀伊半島東岸中部にあり天皇の祖先神を祀る神社として古代以来崇敬を集めてきた「伊勢神宮」と熊野三山を結ぶ道である。当時の参詣者の日記によると、十世紀後半には参詣道として成立していたことが推定できるが、通行する人々が増えるのは、伊勢神宮への参詣と青岸渡寺を出発点とする西国巡礼が盛んになる十七世紀以降のことである。

明治時代以降、今日まで伊勢から熊野まで歩き巡礼をする者はほぼ皆無であり、巡礼者でなくとも、歩き旅をするものも極めて少ない。現在、熊野参詣道伊勢路を伊勢から熊野まで歩き旅をする者は年間百人程度と推定される。巡礼者が存在しないため、世界遺産登録区間のみに関心が集中している状況が発生している。観光客の大半は、世界遺産に登録された峠道部分のみを歩くことがほとんどである。また、その主な観光対象は、峠道の石畳や、その周囲に聳えるスギやヒノキの美林であるため、多くの観光客が熊野古道を一種のハイキングコースと認識しているものと考えられる。さらに熊野参詣道伊勢路の世界遺産登録区間をコースとしたトレイルランニング大会が実施されるなど、「巡礼路」としての価値に立脚しない利用も発生している。

一方で、世界遺産の非登録区間は顧みられることが少ない。ほとんどの「熊野古道」を紹介するガイドマップは、各峠道を短い「コース」として紹介し、巡礼路として伊勢から熊野までの全経路を紹介することは少ない。つまり、熊野参詣道の観光モデルは、伊勢から熊野への巡礼旅ではなく、世界遺産登録区間の峠道のハイキングに設定されているのである。このため、熊野参詣道の集客は沿道集落で営業する民宿などの宿泊客数の増加には結びつかず、沿道集落に世界遺産の「恩恵」が行き渡らない状況が続いている。こうした結果、地域住民と世界遺産との間に隙間風が生じ、今後の持続可能な地域住民と世界遺産の関係に不安が生じる状況になっていると考えられる。

## 7　これからの熊野参詣道伊勢路

この状況に対する新たな動きが、熊野参詣道伊勢路の歩き旅復活に関する取り組みである。伊勢から熊野への歩き旅、擬似的な巡礼旅を復活させることで、熊野参詣道伊勢路の価値を顕在化させ、巡礼路と地域住民の関係を結びなおし、万一自然災害で道の一部が被害をうけても、それを巡礼旅の実践によって補完し、価値を担保しようとするものである。

この取り組みは、世界遺産登録直後には重視されていたが、あまり進展してこなかった。二〇一二年（平成二十四）、熊野古道の関係者が集まる熊野古道協働会議において、歩き旅の復活が再提案された。翌二〇一三年（平成二十五）には伊勢から熊野まで歩き旅をした様子をまとめたエッセイが出版され、さらに二〇一四年（平成二十六）の世界遺産登録十周年に際しては、お笑い芸人による熊野参詣道伊勢路踏破実況中継や、一般参加者による踏破ウォークの実施など、三重県など行政が中心となって伊勢から熊野までの歩き旅を意識した記念事業を展開した。二〇一五年（平成二十七）には、伊勢から熊野まで歩き旅用のガイドブックが相次いで出版され、同年に熊野古道協働会議が策定した『熊野古道アクションプログラム3保全と活用のための活動指針』においても、「通し歩き」の復活が主要な目標の一つとして取り上げられるなど、歩き旅復活の気運は次第に高まりつつある。

熊野参詣道伊勢路は、伊勢神宮と熊野三山を結ぶ道として評価され、世界遺産に登録された。ここは、数多くの巡礼者が千年以上にわたって実際に旅をした道である。その旅は過酷だっただろうが、それだけに目的地にたどり着いたときの感動は大きかっただろう。

図３　熊野参詣道伊勢路

現在の熊野参詣道伊勢路沿道には、江戸時代以前の道標や石仏、寺社、峠の茶屋の跡なども残り、伊勢から熊野へ歩き旅をおこなえば、江戸時代の人々の感動を追体験することが出来るだろう。もちろん、すべての人が伊勢から熊野まで歩き通さなければならないことはない。語り部の案内をたよりに峠道だけを歩くのもよい体験であろう。しかし、そこに伊勢から熊野まで巡礼歩き旅をする人の姿があり、この道が巡礼路であることを実感できれば、熊野参詣道伊勢路は現代に巡礼路として復活し、今後も長く守り伝えられることになるだろう。

主な参考文献
天田顕徳「熊野――霊場と観光地のはざまに揺れ動く聖地」『聖地巡礼ツーリズム』弘文堂、二〇一二年
伊藤文彦『熊野古道伊勢路歩き旅――熊野参詣道伊勢路巡礼』サンライズ出版、二〇一五年
伊藤文彦「巡礼体験における熊野参詣道伊勢路の装置性に関する研究――熊野参詣道伊勢路の価値再考」『世界遺産学研究』一号 筑波大学大学院人間総合科学研究科世界文化遺産学専攻、二〇一六年
小山靖憲『熊野古道』岩波新書、二〇〇〇年
田中智彦『聖地を巡る人と道』岩田書店、二〇〇四年
塚本明「江戸時代の熊野街道・伊勢路と巡礼たち」『山岳修験』三十六 日本山岳修験学会、二〇〇五年
塚本明「熊野街道『伊勢路』の特質――江戸時代の道中記から」『第9回全国歴史の道会議三重県大会報告書』二〇〇八年
戸田芳實『中右記：躍動する院政時代の群像』そしえて、一九七九年
三重大学人文学部塚本明研究室、熊野古文書同好会『若山家所蔵 熊野街道善根宿納札調査報告書』二〇一〇年
世界遺産「紀伊山地の霊場と参詣道」三県協議会（三重県 奈良県 和歌山県）『世界遺産紀伊山地の霊場と参詣道』二〇〇五年
三重県教育委員会『歴史の道調査報告書Ⅰ熊野街道』一九八一年
三重県教育委員会『歩いて旅する！世界遺産の道「熊野参詣道伊勢路」』二〇一五年

中心寺院として建立されたのが現在の専修寺である（図 4、5)。

　終点の江戸橋は、参宮街道との追分で、伊勢別街道の終点にあたり、1777 念（安永 6）に建立された常夜燈が建っている（図 6)。

図 3　関宿

図 4　高田本山専修寺

図 5　寺内町（伊勢別街道）

図 6　江戸橋の常夜燈

column

# 伊勢別街道

三重大学人文学部・地域イノベーション学研究科教授
三重大学地域 ECO システム研究センター長
朴 恵淑

図 1　三重の歴史街道

図 2　東追分（鳥居をくぐった先が伊勢神宮へ向かう伊勢別街道）

「伊勢別街道」は、関宿東追分から津市芸濃町椋本、津市一身田を通り、伊勢街道と合流する江戸橋までの総距離およそ四里二六町（約 18Km）の街道で、大和から伊賀を通って伊勢に至る主要ルートであり、一般の参宮道者も通ったとされる歴史的街道である（図 1)。江戸時代には「いせみち」「参宮道」などといわれ、四日市日永追分から伊勢に至る伊勢街道の支道として、関宿に代表される宿揚が設けられ、おもに京都方面からの伊勢参宮道者の道であった。

起点の関は、壬申の乱の舞台、斎王群行の道、本能寺の変における家康伊賀越えの道など多くの史実の宿場で、東追分は、伊勢別街道と東海道の追分にあたる。東追分の鳥居は、20 年に 1 度、伊勢神宮の内宮の宇治橋の南詰にあったものが遷宮時に移設されるが、鳥居をくぐった先が伊勢神宮へ向かう伊勢別街道で、常夜灯や道標も残っている（図 2)。関宿は、東海道五十三次の 47 番目の宿場で、伝統的な町家が 200 棟以上現存するなど、町並みがよく保存されていて、国の重要伝統的建造物群保存地区（1984 年）と日本の道百選（1986 年）に選定されている（図 3)。

津市一身田は、浄土真宗高田派の本山専修寺を中心として､16 世紀末には周囲に外濠をめぐらし、寺内町の形態をつくりあげている。専修寺は親鸞上人が関東地方の布教の際、現在の栃木県真岡市高田に、専修念仏の根本道場を建立したのを起源とするが、専修寺第 10 代住職、真慧上人が東海、北陸の教化のため､15 世紀に一身田にその

# 11 亀山市関宿における地域創生（まちづくり）と共生のユニバーサルデザイン

岡山県立大学デザイン学部講師
朴 貞淑

## 1 亀山市関宿

亀山市関宿は、三重県の西北端に位置し、東海道五十三次四十七番目の宿場町であった。歴史的・文化的価値が高く評価され、一九八四年に国の重要伝統的建造物群保存地区に選定されている。関宿重要伝統的建造物群保存地区は、街道に沿って東追分、西追分の間の約一・八km、範囲約二十五haに及び、その中央に国の重要文化財である関地蔵院が立地している。関宿重要伝統的建造物群保存地区は木崎・中町・新所・北裏に分かれ、関宿の町並みには約四百棟余りの町屋が表通りに軒を連ね、このうちの二百棟余りが保存対象になっている。関宿の町屋は、平入で二階建てが多く、住民が住んでいることから日常生活の営みの中で宿場町の歴史的、文化的魅力を感じられる町並みを形成している（図1）。

超高齢社会が進む日本の高齢化率は二七・四%に達しているなか、亀山市の高齢化率も二五・四%となっていることから、一人暮らしの高齢者や高齢者夫婦のみの世帯の増加に伴う空き地や空き家の増加による住環境への影響が懸念されている。地域住民が住み慣れた地域で、安全・安心、かつ快適に暮らせる生活の質（QOL）と価値を保った住環境が求められている。

図１　関宿重要伝統的建造物群保存地区屋並図

関宿の住民は、宿場町の姿を今に色濃く残す歴史遺産としての町並み保存、そしてそれの次世代への継承、歴史的町並みの特性を活かした観光資源について地域コミュニティとの連携による文化財の保全、祭りやイベントの開催など、地域資源に付加価値をつける地域創生（まちづくり）と共生のユニバーサルデザインに取り組んでいる。

## 2　地域創生（まちづくり）と共生のユニバーサルデザインワークショップ「亀山市民大学キラリ」

亀山市関宿の過去・現在の文化的背景を活かしながら、多様な地域社会システムからなる持続可能な社会構築のために、地域住民を中心に、行政、ＮＰＯ（非営利団体）、自治会、ボランティア、学校、事業者など、産学官民の連携を図るネットワークの構築や支援の充実化が図られている。地域創生（まちづくり）と共生のユニバーサルデザインワークショップ「亀山市民大学キラリ」を中心に、二〇〇九年から関宿の伝統的町並みの地域資源及び魅力の再発見、そして、インフラ整備状況や問題点の把握、防災の視点で安全・安心な関宿の点検、住民参加型地域創生（まちづくり）と共生のユニバーサルデザインの提案などについて実地調査をおこない、分科会にて検討し、関宿の再生や新しいカタチを生み出している。「亀山市民大学キラリ」ワークショップの概要は次のとおりである（図２と図３）。

### （１）関宿の伝統的町並みの地域資源の再発見

本通りには、木造の古家や町並みが残されており、地中ケーブルによって電柱がないことや

図２　「亀山市民大学キラリ」の関宿フィールドワーク

図３　「亀山市民大学キラリ」のワークショップ

ブロック塀の表面も茶色いトタン板で覆われていることから非常に良い景観を保っている。家の前に植木鉢の花や絵手紙などがさりげなく飾られ、公共機関（郵便局）や金融機関（銀行）の造りが町並みに配慮したデザインになっているなど、景観を重視する町並みと調和を図っている。眺観亭から関宿の町並みを見下ろすと、関宿から伊勢へ、江戸へつなぐ伊勢別街道や東海道の町並みの美観が一望できる。このような地域資源を活かした関宿の観光地としての賑わいを求める声がある一方、静かに暮らせるまちを求める意見もあった。

（2）共生のユニバーサルデザインインフラ整備状況や問題点

①道路について

道路の幅が狭く、車いすが通り抜けにくいので幅増が必要である。道路の表面が凸凹になっていることや段差が多く、車いす使用者や障がい者にやさしくないことが指摘された。歩道の側溝がガタガタで、歩道と車道の区別がないので、車いす使用者だけでなく歩行者にとっても危険である。点字ブロックや誘導ブロックがあるが、弱視の人には見えにくい。道路に設置されたグレーチングの幅が広く、車いすのタイヤがはまる危険性がある。路上駐車が多く、歩行の妨げになっている。

②サインについて

サインが小さく、見にくい。とくに、障がい者用のトイレ（新所）の大きな看板がほしい。観光客用の多言語の案内表示や避難場所の案内がないことから、観光客がトラブル・パニックにはまることが懸念される。視覚障がい者のための点字ブロックがない。外国人の来訪を期待するまちとして、外国語表記の案内やサインが必要である。町並みの案内図に距離や所要時間を記入した案内図を増やす必要がある。看板が古く見づらいので、市の観光課は作り直してほしい。車いす使用者の目線での町並み案内図や掲示板が必要である。

③高齢者への対策について

高齢者の通院や買い物を助けるための交通手段がほしい。ひとり暮らしの高齢者へ近隣からの声かけや手助けが必要である。福祉サービスの情報提供がほしい。休憩のために公園や道路上にもう少しベンチがほしい。

④障がい者への対策について

介護支援（相談機能やショートステイなどの充実）、外出支援（公共施設に対する共生のユニバーサルデザイン化、道路整備）、就業支援、障がい者への理解や地域住民との交流などが必要である。

⑤車いす使用者への対策について

車いすに乗って移動する体験から道路の幅や段差、車いす使用者の目線からの町並み調査をおこなった。とくに、車いす用のトイレがないことや銀行のＡＴＭ画面が高くて使いにくいことが明らかになった。また、眺観亭など、眺望のよい高い場所への移動が階段だけとなっていることから車いすの入るエレベーターやスロープの設置が必要であることが指摘された。

（３）防災の視点で安全・安心な関宿

老朽化した家屋や古いブロック塀の地震による破損や、道路幅の狭さから消防車、救急車の出入りの難しさへの懸念が大きい。緊急避難時に、地域住民や観光客、外国人を誘導できるリーダー養成の必要性が強調された。避難場所や案内表示がわかりにくく、情報取得しやすい詳細な周知が必要となる。防犯灯が少なく、消火器、消火栓、消火ボックスのチェックが急務で、災害対策として防火水槽、井戸などの把握が必要である。地震時の対処の仕方を理解するための勉強会が必要である。大地震時の携帯電話（回線がパンクして通話ができなくなる）や停電による家庭の電話が不通になることから、公衆電話の位置や有効な防災マップの製作が急務である。家と家がくっついていることや空き家が多く、火災が懸念される（消火栓や消火器は他の地域よりは多いので少しは安心）。高いブロック塀が多く、南海トラフによる巨大地震が発生した場合、倒壊による被害が心配である。消火栓ボックスや防災倉庫の前にバイクや自動車が止まっているので指導が必要である。観光客にもわかるような防災マップや掲示板が必要である。消火栓ボックスの点検や訓練を定期的におこなう必要がある。消火ホースボックスが民家の庭に置いてあったため、見つけにくいので、消火栓は目立つ所に設置すべきである。建物の入口付近に段差が多く、避難所に向かって坂道が多いので、隣近所との助け合いや若者の助けが必要となる。町内会活動の後継者不足を担うための世代間交流の必要がある。

## 3 亀山市関宿における住民参加型地域創生（まちづくり）と共生のユニバーサルデザインの提案

亀山市関宿は、歴史的、文化的地域資源や地域住民のコミュニティが形成され、昔ながらの町並み地域での暮らしを続けている地域である。古き良き宿場町のハード面での町並みを残しながら、ソフト面での人と人をつないでいく多文化、世代間交流をおこなうまちである。地域創生（まちづくり）と共生のユニバーサルデザインの融合からなる持続可能な関宿の構築のために、「亀山市民大学キラリ」のワークショップを通じて、関宿の町並みが育んだ文化を受け継ぐ、快適に暮らし続けられる環境の整備、共生のユニバーサルデザイン視点からのインフラ整備状況、安全・安心な防災のまちづくりについてフィールド調査、提案をおこなった。関宿の伝統的町並みなどの地域資源の再発見

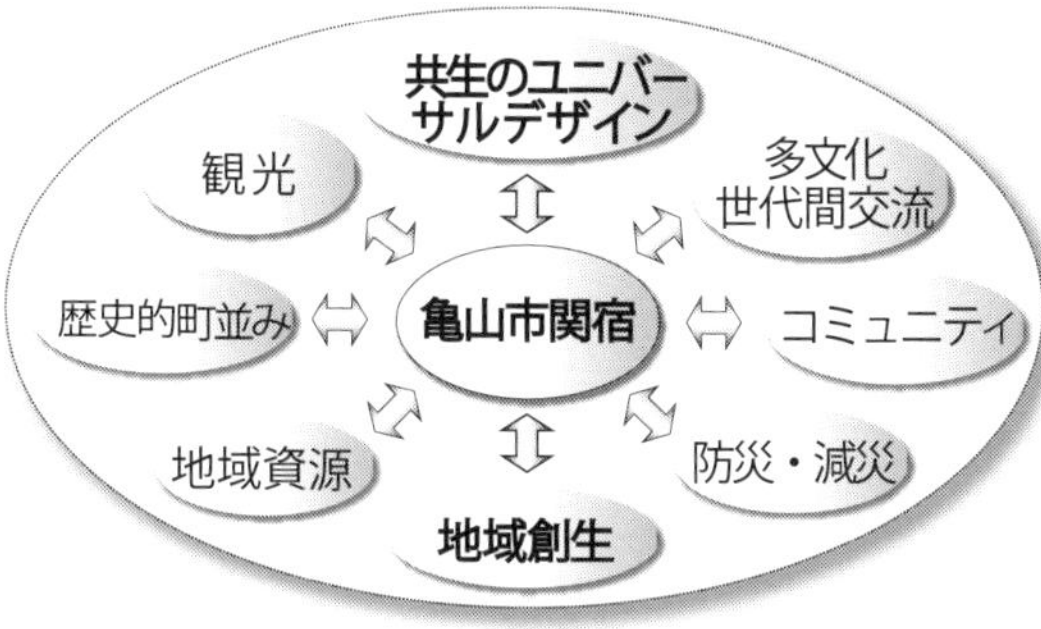


図4　亀山市関宿における住民参加型地域創生（まちづくり）と共生のユニバーサルデザイン

や観光産業への発展、伝統文化の継承、多文化共生、世代間交流、防災・減災のまちこそが、持続可能な地域創生（まちづくり）であり、地域住民や観光客、外国人、健常者や障がい者、高齢者や若者との共生のユニバーサルデザインにつなげることが、地域のアイデンティティを保ちながら新たな関宿を創るムーブメントとなる。（図4）

参考文献

三重県亀山市『関宿・周辺地域にぎわいづくり基本方針』二〇〇七年
朴貞淑『地域に密着した高齢者の共生型居住環境構築に関する研究』和歌山大学大学院システム工学研究科博士（工学）学位論文、二〇〇七年
足立啓・本田友常・林田大作・朴貞淑『高齢過疎地域における地域福祉計画と小規模・多機能施設に関する研究』科学研究費補助金、基盤研究（C）、研究成果報告集、二〇一一年
三重県亀山市『高齢者かがやき・安心プラン』亀山市高齢者保健福祉計画、二〇一三年
日本福祉のまちづくり学会編『福祉のまちづくりの検証』その現状と明日への提案、彰国社、二〇一三年
三星昭宏・高橋儀平・磯部友彦「共生のユニバーサルデザイン」、学芸出版社、二〇一四年

# 12 伊賀が育んだ忍者文化

三重大学人文学部教授
山田雄司

## はじめに

今やNinjaの名は世界に知られ、さらにその本拠地である伊賀・甲賀の名前も認知されつつある。大正時代以来、これまでにも何度か忍者ブームはあったが、今回のブームの特徴は、クールジャパン・地方創生といった国家の政策とも関連し、産・官・学・民一体となって忍者に関わる研究・出版・製作・イベントなどに取り組んでいることにあると言えよう。そして、日本各地の忍者に関わりのある自治体が、それぞれ個性ある忍者を創出して観光客を呼び込もうとしている点もこれまでにはない特徴である。

図1　伊賀流忍者博物館でおこなわれている阿修羅による忍者ショー

伊賀忍者に関しては、古くは伊藤銀月（一八七一―一九四四）によって取り上げられているが、全国に「忍者の聖地伊賀」を認知させることに大きく貢献したのは、上野市長であった奥瀬平七郎（一九一一―一九九七）の功績が大きい。奥瀬は上野市役所職員の時代から忍術研究に取り組み、著書の執筆のほか、地元で「世界こども博」を開催して忍者の展示をし、ラジオやテレビへの出演などを通じて伊賀忍者を全国にアピールした。このときの企画が基盤となって、現在に至るまで伊賀では忍者に関する取り組みがおこなわれていると言ってよいだろう。

それでは、伊賀忍者はいかにして出現し、伊賀が甲賀と並び称される忍者の二大聖地となったのか、その足跡を辿ってみたい。

## 1 忍者の発祥

伊賀・甲賀は当時都のあった京都から適度に離れており、周囲を山に囲まれた地であるため、しばしば京都から落ち延びてきた有力者が隠れ住んだほか、街道を通じて都の情報を得るのに便利だった。その一方、伊賀・甲賀の情報が外に漏れることは少なかったと言える。

伊賀・甲賀は現在では三重県・滋賀県に分かれているが、もともと甲伊一国と呼び慣わされた地続きの土地で、婚姻関係も密接であった。また、大名の力が弱く、そのかわりに国人・土豪の力が強く、多くの砦や館を築いて、「伊賀惣国一揆」「甲賀郡中惣」といった自治組織を形成し、掟をつくって連帯していた。

永禄十二年（一五六九）十一月のものと考えられる伊賀惣国一揆掟書（神宮文庫所蔵山中文書）は、伊賀惣国一揆のあり方をよく示しており、他国の勢力が伊賀国に侵入した場合には、惣国が一味同心して防ぐべきこと、国の者共が警備しているときに、国境の方から緊急事態を注進してきた際は、里々で鐘を鳴らし、上は五十歳、下は十七歳までの男はすぐに兵糧・武具を持って所定の位置につき、国境が破られないように陣を張り、期間が長くなるようなら交代で警備に当たれとしている。そして、各所で武者大将を指定し、他の人々はその命令に従うように、老僧は国が豊饒となるための祈祷をし、若い人々は参陣するように、などの掟が記されている。

伊賀地域には山城から平地居館まで、中世城館あわせて六一九カ所が確認されており、全国一の分布密度とされる。それぞれの規模はまちまちであり、それは居住者の地位を反映していると考えられるが、地形を利用して築かれているることが確認できる。そして、この地域の特徴として、方形単郭四方土塁と呼ばれる屋敷の周囲を土塁と堀で囲んで防御性を高めた構造となっていることが注目される。

さらには、戦国時代に烽火台が設置されていることが興味を引く。伊賀国一宮の敢国神社東南にそびえる標高三五〇メートルの南宮山山頂に一基、その南の標高四〇三メートルの大峯山に三基烽火台が確認でき、そこを拠点として北伊賀・南伊賀に危急を告げるネットワークが構築されていたと考えられる。忍術書には烽火について詳細な記述があることから、伊賀衆による烽火の技術が忍びに受け継がれていったと言えよう。

『享禄天文之記』には、永禄三年（一五六〇）三月十九日夜のこととして、箸尾ソウ次郎という人物が伊賀衆を率いて奈良の十市城を攻撃し、十市遠勝を豊田城まで追い落としたことを記すが、その中で、伊賀衆の大将として「木猿」という人物が活躍したことが記されている。『万川集海』巻第一には十一人の隠忍の上手として、野村の大炊孫太夫、新堂の小太郎、楯岡の道順、下柘植の木猿・小猿、上野の左、山田の八右衛門、神戸の小南、音羽の城戸、甲山太郎四郎・同太郎左衛門の名が記されているが、その中の木猿は『享禄天文之記』に記される木猿と同一人物だろう。木猿とはおそらく木から木へと猿のように跳び廻ることができたことによる命名で、周囲を山に囲まれた伊賀衆ならではの能力である。

伊賀に自治が生まれる基盤は、その前の時代に荘園領主に抵抗する悪党が登場したことにあったと考えられる。東大寺領黒田荘の悪党は日本で最も著名な悪党であり、黒田荘荘官であった大江氏は一般荘民も巻き込んで本所である東大寺に抵抗し、十三世紀後半には大江清定が北伊賀の服部康直・清直らと与同して、年貢公事の差し押さえ、山賊・放火・殺害、路地の切塞ぎ、城郭を構えるなどの行為をしたことにより、「悪党」と呼ばれた。そして彼らは大峯山の山伏たちと密接な関係を持っていたようである。忍びがさまざまな情報を有し、薬草・呪術などの知識に長けていたのは山伏からの影響が大きかったからだろう。

伊賀上野の商家に生まれた国学者菊岡如幻（一六二五―一七〇三）によって十七世紀後半にまとめられた『伊乱記』には、伊賀に住む人々は兵術ことには忍びの道に励み、午前中は家業をおこない、午後はみなで寺に集まって軍術・兵道の稽古をしたことが記されている。個々人の力だけで他国からの侵略に備えるには限界があり、おそらくは集団で訓練していたことは確かだろう。第一次天正伊賀の乱で織田信雄軍を退散させることができたのは、日頃から防衛のための訓練をしていたからだと考えられる。次に、伊賀にとって重要な戦いとなった天正伊賀の乱について、その概略を記しておく。

## 2　天正伊賀の乱と神君伊賀越え

織田信長による天下統一に向けての戦いが進む中、天正六年（一五七八）織田信長の次男信雄は、伊賀攻撃の足がかりとして神戸の丸山城の修築を始めた。伊賀惣国一揆はこれに危機感を持ち、丸山城の西に位置する無量寿福寺に集まって丸山城を総攻撃し、信雄勢は敗走することとなった。

これに怒った信雄は、翌年九月、信長の許可を得ることなく八〇〇〇の大軍を率いて伊賀を攻撃するも一揆勢が撃退し、重臣の柘植三郎左衛門が討たれたことにより信長は信雄を叱責したのであった。これがいわゆる第一次天正伊賀の乱である。伊賀勢が信雄勢を退けることができたのは、日頃から山中で体力・技術を養う一方、惣国一揆を結んで防御態勢を整えていたことが大きい。周囲の山の地形を熟知し、神出鬼没の奇襲を仕掛けたことにより、信雄軍は退散を余儀なくされた。

天正伊賀の乱について記した「伊賀の国にての巻」滝野か城の事では、「伊賀の者ハしのひ夜うち上手ニ候へは」のように、伊賀者は敵城に忍び込んで夜討をすることが得意だったことが記されている。また、天正八年八月四日金剛峯寺惣分沙汰所一臈坊書状では、伊賀衆が大和国宇智郡坂合部兵部大夫の城に忍び入った際には、水堀を越えて一番に城に侵入し、城内でも比類なき働きをしたことが述べられている。伊賀衆たちはおそらくは後の忍術書に登場する忍具や技などを駆使して敵城に忍び込み、撹乱や放火などをしたのだろう。伊賀の乱の際にも伊賀衆は火術を用いて抵抗したと推測される。

天正九年九月三日、織田信雄は満を持して伊賀攻めに乗り出し、滝川一益・丹羽長秀は甲賀口から、滝川雄利・織田信包は加太口から、堀秀政は信楽口から、織田信雄・筒井順慶は大和口からといったように、四手に分かれて伊賀盆地を取り巻くかたちで四万を超す軍兵で攻め込んだ。これにより伊賀は二週間ほどで制圧され、一揆衆は壊滅した。このとき村や寺院は焼き払われ、数多くの人々が殺害されたとされる。最後に伊賀勢は柏原城に追い込まれ、そこで和睦を結び城を開け渡した。

このとき、かろうじて伊賀から逃れた人々もいた。岡山藩に忍びとして仕官した萩野市右衛門は自らの出自を語る中で、祖父の守田三之丞が天正伊賀の乱によって伊賀から離れて岡山藩の池田利隆に仕えることとなり、大坂冬の陣では徳川方として大坂城の堀の深浅をはかる瀬踏をおこなって、城攻めにおいて重要な役割を果したという。

また、三河の徳川家康のもとに逃れてきた伊賀者もあり、家康はそれを匿ったという。伊賀の玉滝寺過去帳には、天正伊賀の乱のときに服部保之が父・兄が討ち死にする中、被官の者をつれて三河国宝飯郡西方村に逃れ、しばらく潜伏してほとぼりがさめてから伊賀国に戻って郷士となったことが記されており、そのような人も多かったと推測される。

そうした中、伊賀にとって画期となる事件が起こった。本能寺の変である。天正十年（一五八二）六月二日、明智光秀が京都本能寺に宿泊していた織田信長を襲撃して信長が自害すると、堺にいた徳川家康は自らにも危害が及ぶであろうと推測し、急ぎ本拠地である岡崎に帰ろうとした。その際、東海道を通ったのではすぐに見つかってしまうため、あえて歩行困難な山中を越えていこうと、伊賀・甲賀の山中を通るルートを選んだのだった。いわゆる神君伊賀越えである。

『徳川実紀』『寛政重修諸家譜』『伊賀者由緒書』などでは、堺にいた家康は、本能寺の変で信長が亡くなったことを知り、わずかな部下と領国三河へ引き返すために河内・山城の間道を伝い近江信楽から伊賀路へ出で、そこからは前年の恩返しに参集した柘植村の地侍たちの護衛と道案内で鹿伏兎の険を越え、六日に伊勢白子へ着き、海路三河へ無事帰ることができた。家康はこのときの好意にこたえて、伊勢路まで供をした者はのち直参に取り立て、途中鹿伏兎越までで引き返した者二〇〇人は、十七日尾張鳴海で召し出して同心に取り立て、服部半蔵に付属させて伊賀同心として江戸城の警備にあたらせ、甲賀者も直参・与力・同心として江戸城下に住まわせることになったという。

この真偽については議論の余地があるが、江戸に住むことになった伊賀者はそのような由緒を語り、服部半蔵正成の功績とともに現在まで一般に広がっている認識である。服部半蔵正成はしばしば忍者として取り上げられることがあるが、忍者ではなく武将で、生まれも三河であって伊賀ではなかった。

## 3 江戸時代の忍び

元和四年（一六一八）成立、承応二年（一六五三）に刊行された小笠原昨雲『軍法侍用集』巻第六「竊盗の巻上」では、「諸家中に伊賀甲賀の者あるべきの事」として、「大名の下には、竊盗の者なくては、かなはざる儀なり」のように、大将がどれほど軍の上手であっても、敵と敵地の状況を知らなければどうにもならないとして、忍びから得る情報の重要性について述べている。その上で、伊賀・甲賀には昔からこの道の上手がいて、その子孫が今でも残っており、諸大名は伊賀・甲賀衆として抱えていることを記している。伊賀衆・甲賀衆は日本各地の忍びの中でも、優れた忍びとして十七世紀初頭には認識されていたのであった。

なぜ十七世紀初頭の段階で、忍びの中でも伊賀・甲賀者が優れているとの認識が示されているのかと言えば、徳川家康による天下統一に向けての戦いの中で、伊賀・甲賀の忍びの者が活躍したため、家康が江戸入府にあたり、伊賀者・甲賀者を江戸城の警護役として伴ってきたことによるものと思われる。これにより、伊賀者・甲賀者は家康公も採用した優れた忍びであるとの認識が全国に広がり、各大名は、伊賀か甲賀出身の忍びを雇うことになったようである。

太平の世となって実際に忍び込んで情報を得たりする機会はなくなった。そのため、途絶えてしまう技を残そうとしてまとめられたのが忍術書である。忍術は、基本的には親から子へと伝えられるものであり、忍術伝書は他見が許されなかった。そして、口伝とされている部分も多い。

忍術書の種類はさまざまであり、個別の術についてのみ記したものから、さまざまな術を総合し体系的にまとめたものまである。現在伊賀流忍者博物館には貴重な忍術書が所蔵されているが、そのなかで最も大部で、さまざまな忍術書をもとに編纂された書が『万川集海』である。『万川集海』とは、天下の河水がことごとく大海に流入して広大となるように、伊賀・甲賀の忍びの者たちが秘してきた忍術・忍器ならびに今代の諸流のあしきを捨てよきを撰びとり、また和漢の名将のつくった忍術の計策等をあまねく集めたものであるとする。

伊賀では江戸時代を通じて忍びが重要な役割を果たした。上野城およびその城下町について以下整理しておく。上野城は天正十三年（一五八五）八月、大坂城の守りとするため、豊臣秀吉に命じられて伊賀に転封された筒井定次によって、文禄年間（一五九二～九六）に築城がおこなわれた。東南角に三層の天守、本丸西に二の丸、北の山下に三の丸を配置し、南と西の旧集落に城下町が形成された。

徳川家康によって天下統一がなされると、慶長十三年（一六〇八）八月二十五日、家康は信頼を寄せていた藤堂高虎を伊賀一国一〇万石、伊勢の内一〇万石、伊予の内二万石で移封した。そして、築城の名手である高虎によって慶長十六年（一六一一）正月から上野城の大改築がなされ、このときに城の性格も大きく変化し、大坂城を守るための城から大坂城を攻撃するための城となり、城の西側には高さ三〇メートルほどの日本一、二とされる石垣も築かれた。

築城とともに城下町の整備もおこなわれた。城の南側に外堀を通し、主にその南に城下町が形成された。通りに沿って、東西に本町通り、二之町通り、三之町通りの三筋町、南北に東之竪町、中之竪町、西之竪町が形成された。城下町の南には鉄砲者の屋敷が、南東には寺院が配置され、外堀の南の町屋の南側に武家屋敷が並び、その一角に忍びの居住地が設けられ、忍町と呼ばれた。城下町に忍びの住む地区が設定されるのは上野独特なわけではなく、桑名や彦根をはじめ各地で見られ、忍びは藩主が参勤交代をおこなうときの身辺警護や探索、さらには城下の治安維持のための任務をこなした。

上野城下では、戦国時代以来伊賀各地に居住していた土豪衆の中から、忍びの術に優れていた者を選んで城の南側の一画に住まわせた。寛永七年（一六三〇）の分限帳には忍びの者十名が記されるが、その呼称では「世間の聞こえ」がよくないとして、正保二年（一六四五）からは「忍び衆」を改めて「いが衆」または「いか者」と呼ぶようになり、城下の監視もおこなうようになっていった。そして十人は江戸詰となった。この人々は、一八世紀後半に藤堂藩が編纂した『公室年譜略』には、「忍び間諜の妙術を得たる者」として記されている。

伊賀者は忍術の鍛練を怠らず、火術の鍛練のために藩から「稽古料」をもらっていた。また、彼らは参勤交代の際には藩主の身辺警護をおこない、寛政八年（一七九六）に伊勢国一志郡山田野村（津市白山町）で百姓一揆が起こったときには隠密捜査をおこなってその内容を報告している。

他方、伊賀には無足人という制度がある。無足人とは無禄であって扶持を給されないが、有事の際には家臣として軍役を勤める人々であり、身分的には百姓ではなく武士だった。そのため百姓役は免除されているものの、具足・馬・鑓・鉄砲などは自ら整えなければならなかった。無足人には苗字帯刀が許されており、戦国時代の惣国一揆を構成した人々の系譜を引いていると考えられる。

日本各地には伊賀町、甲賀町という地名が残っているが、これらは忍びとして伊賀者・甲賀者が暮らした名残である。桑名城下にも伊賀町があり、忍びとして伊賀者が雇われた。寛文年間、松平定綱に仕えた町田与左衛門は、春日神社の祭礼に足軽を率いて警固を勤めていた際、鳥居の前で足を止め、境内に賊あることを察知し、足軽に捕らえて連行することを命じたが、彼らはついに発見することができなかったのを、社殿の傍らで潜伏していることを捕らえ、大いにこれを叱責して追い払ったという。彼はまた剣法に通じ、ある夜忍び入った数多の賊をことごとく切り捨て、逃れて竹藪に入った一人を追跡し、太い青竹を掛け、その股を一刀に斬り落としたという。「桑名藩分限帳」には「忍の者」としてその家系を載せている。

もう一名、定綱に仕えた人物として大島八右衛門があった。八右衛門は上野国の人で、祖先は大島喜兵衛という関東強盗の張本であった。『鎮国神公御遺事』にも「大島ハ忍ノ名人ナリ、其ノ外、伊賀、甲賀ノ忍ノ達者多ク召抱ヘラル」と記されており、桑名城下絵図にも名が見られる。

忍びは幕末に至るまで活動をおこなっていた。現在所在不明の津藩主藤堂家所蔵の『日行集』には、文久四年（一八六四）六月、御用人小西八十射が御用向で伊勢神宮警衛のために設けられた山田ケ原御陣所へ出張の際に、津に来て水泳の稽古をしていた伊賀者の貝野篤之助と久保伝右衛門の子の伊八の両名を同道させたとの記録がある。

津藩では嘉永六年（一八五三）五月、観海流という泳法が武術教科に採用され、水練教科として藩士に教授されていた。以前から伊賀者が水泳の稽古をすることが慣例となっていたのかどうかは不明だが、異国船が日本周辺に出没する状況下で、泳いで乗り込んで探索をする計画をたてていたのかもしれない。伊賀者の澤村甚三郎保祐も浦賀沖に黒船がやってきたときに乗り込み、内部の状況について報告している。

## おわりに

こうした忍びも、明治維新とともに役割を終え、現在はその痕跡をわずかに残すのみである。その後、忍びは講談・小説・映画・アニメなどさまざまなジャンルで取り上げられ、多種多様に姿態変容を遂げながら現在に至っている。それは忍びの実像とかけ離れているところもあるが、江戸時代以来それぞれの時代で愛されていたからこそ現在まで存在し続けていると言えよう。そして、あるときは社会から疎外された存在、あるときは邪悪な暗殺者、あるときはスーパーヒーロー、あるときはちょっとドジで憎めない存在、といったように、それぞれの時代、それぞれの国において重要な命題を忍者が担ってきたことから、忍者を通じて社会を照射することもできよう。

このように忍者が自由に姿態変容を遂げることができているのは、忍者の実態がよくわからず、神秘に包まれているということも原因の一つだろう。それぞれの時代のそれぞれの人が想像を働かせて忍者を創りあげてきたからこそ、忍者に対しての想像がかき立てられて、ますます魅力を増しているのではないだろうか。

二〇一二年より三重大学では、上野商工会議所・伊賀市とともに三重大学伊賀連携フィールドをたちあげ、忍者に関する学術的研究を進め、二〇一四年からは伊賀研究拠点とも連携して文理融合によって忍者の知恵の科学的研究をおこなっている。その成果は、二〇一六年に日本科学未来館・三重県総合博物館で開催された企画展「The NINJA―忍者ってナンジャ!?―」によってひとまずの到達点に達したが、そこでは忍者・忍術を科学的に解明し、さらにその知識をどのように現代に活かせるのかといった観点から展示を行い、私は総合監修として携わった。

忍者の世界は日本から海外へ、かつ多分野に広がっている。そして、解明すべき点もまだ数多く残っている。今後も伊賀の育んだ忍者文化を大切にして研究を進めていきたい。

参考文献

伊賀市編『伊賀市史　第一巻通史編古代中世』伊賀市、二〇一一年
近藤杢編・平岡潤校補『桑名市史』桑名市教育委員会、一九八七年
山田謙夫監修・観海流泅水会編『観海流の伝承とあゆみ』伊勢新聞社、二〇〇八年
山田雄司『忍者の歴史』KADOKAWA、二〇一六年

# 13 志摩半島の海女の歴史と文化

海の博物館 館長
石原義剛

## 1 海女とは

「海女」は、海で、素潜りで漁をする女性をいう。メガネと重り、足ヒレ以外、潜水用器具を一切使わず、自分の呼吸だけを頼りに潜る。

図1 潜る海女

海女がアワビ、サザエ、ウニ、ナマコ、海藻などを求めて海底へ潜る時間は、長くて五十秒である。海流や潮汐のある海で、潜ること自体が相当な労働である上、エモノを探すため海女は目を凝らして四方を探す。さらに海水温度は冷たい。五十秒の間、身体を動かしつづけ、脳を働かせつづけるので、海女は多くのエネルギーを消費する。大きな体力の消耗がある。一夏に十キロも痩せるというが、それでも海女は元気で潜りつづけている。

日本を除くと、韓国にしか存在が知られていない。後に詳しく述べるが、三重県内では三千年前には、存在がわかっているし、

表1　海女の分布地と人数

| 調査地区名＼年 | | 1949年（昭和24） | 1972年（昭和47） | 1978年（昭和53） | 1989年（平成元） | 1997年（平成9） | 1999年（平成11） | 2004年（平成16） | 2014年（平成26） |
|---|---|---|---|---|---|---|---|---|---|
| 合計 | | 6,109 | 4,124 | 3,603 | 1,937 | 1,698 | 1,368 | 1,165 | 761 |
| 鳥羽市 | 小浜 | 2 | 16 | 2 | 1 | 2 | 2 | 2 | 0 |
| | 桃取 | — | — | — | — | 3 | 3 | 3 | 1 |
| | 菅島 | 892 | 297 | 400 | 110 | 100 | 65 | 62 | 60 |
| | 答志 | 1000 | 310 | 300 | 171 | 150 | 80 | 115 | 79 |
| | 和具浦 | | 300 | 300 | 120 | 100 | 75 | 86 | 50 |
| | 神島 | 95 | 162 | 147 | 111 | 125 | 80 | 64 | 63 |
| | 安楽島 | 32 | 6 | 11 | 10 | 9 | 8 | 10 | 7 |
| | 浦村 | 298 | 14 | 6 | 14 | 9 | 6 | 6 | 3 |
| | 石鏡 | | 245 | 215 | 138 | 106 | 100 | 64 | 66 |
| | 国崎 | 796 | 146 | 170 | 111 | 80 | 78 | 79 | 56 |
| | 相差 | | 510 | 350 | 255 | 220 | 210 | 170 | 108 |
| | 畔蛸 | | 20 | 29 | 29 | 20 | 15 | 16 | 8 |
| | 千賀堅子 | | 42 | 35 | 8 | 8 | 8 | 4 | 4 |
| | 千賀 | | | | 6 | 6 | 5 | 3 | 0 |
| 志摩市 | 安乗 | 301 | 190 | 115 | 70 | 44 | 34 | 28 | 17 |
| | 国府 | 25 | 15 | — | 8 | 3 | 3 | 3 | 2 |
| | 甲賀 | 212 | 112 | 120 | 50 | 40 | 30 | 27 | 14 |
| | 志島 | 192 | 180 | 80 | 39 | 27 | 24 | 20 | 11 |
| | 畔名 | 200 | 86 | 55 | 19 | 12 | 10 | 9 | 4 |
| | 名田 | 52 | 80 | 60 | 20 | 9 | 6 | 3 | 7 |
| | 波切 | 200 | 110 | 179 | 50 | 44 | 50 | 50 | 20 |
| | 船越 | 247 | 90 | 100 | 54 | 70 | 46 | 40 | 25 |
| | 片田 | 408 | 400 | 375 | 131 | 143 | 107 | 86 | 36 |
| | 布施田 | 220 | 170 | 120 | 98 | 83 | 71 | 66 | 33 |
| | 和具 | 501 | 350 | 200 | 149 | 131 | 127 | 86 | 50 |
| | 越賀 | 166 | 123 | 120 | 88 | 69 | 76 | 35 | 14 |
| | 御座 | 215 | 100 | 74 | 59 | 48 | 36 | 21 | 15 |
| | 浜島 | 55 | 50 | 40 | 18 | 37 | 13 | 7 | 8 |

1949年：鳥羽・志摩漁撈調査報告（三重県教育委員会）　1972～2014年：海の博物館調査

日本列島では五千年以上前の証拠がある。

着衣の変化と水中メガネの使用を除くと、操業の方法は三千年以上、奇跡的と思われるほどに変わらずつづいて来ている。

三重県は日本列島でもっとも海女数が多いが、それは一つには右のようなエモノが豊かであったからである。なかでもアワビは最高の漁獲物であり、そのアワビが豊かに育つ自然環境に恵まれていたからだ。志摩半島を取り巻く海が「海の森」を形成する海藻を育てる優れた環境をもっていたからである。さらに低い海水温度とはいいながら、なんとか潜水に耐えられる範囲だったことによる。

近年の日本列島における海女総数は約二千人であり、県別の数では、

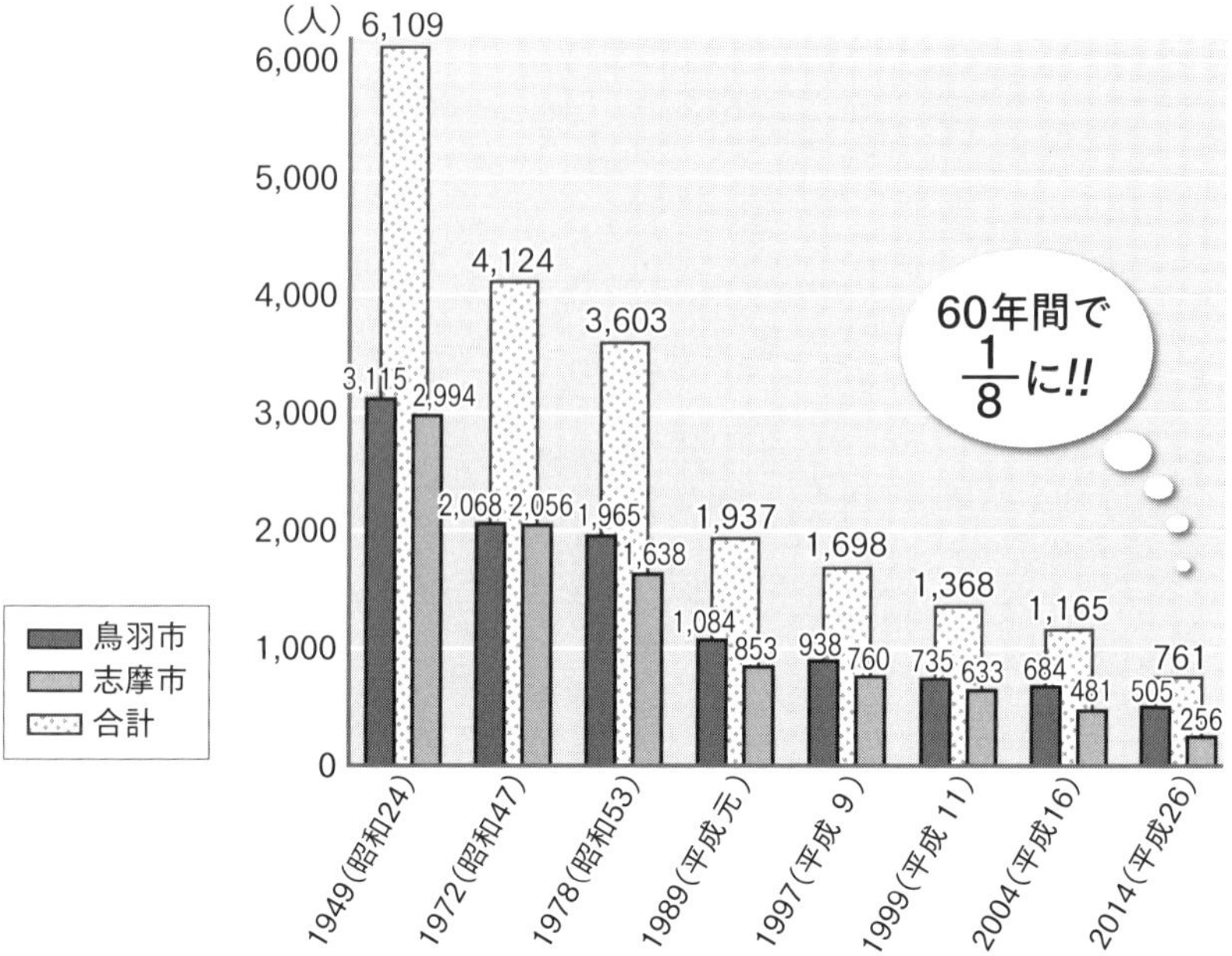


図2　海女操業人数の変化

三重県七五五人が圧倒的に多い。次いで石川県二〇一人、静岡県一〇三人、山口県九九人の順である（二〇一五年三重県教育委員会調べ）。

その海女はいま、消滅の危機にある。替わって男のあま「海士」が次第に増えている。男の海士に少し触れておくと、全国で五千人、三重県で三百人ほどいると推定されている。とくに一九六〇年（昭和三十五）頃、保温力のあるウエットスーツを着用するようになって以降、海士は増えた。さらに海女が減少するに従って海士が増えたのは、就職難の時代であった。海女に比べると、潜水時間が長く、力があるので海底の岩をひっくり返して、隠れていたアワビやサザエも採り尽くしてしまうことになる。海女が同じ場所で操業している場合は対立が起こりかねない。

## 2　海女の現状

三重県において海女は志摩半島の二つの市、鳥羽市と志摩市に集中しており、他地域にはほとんどいない。その分布地と人数は表1のようである。

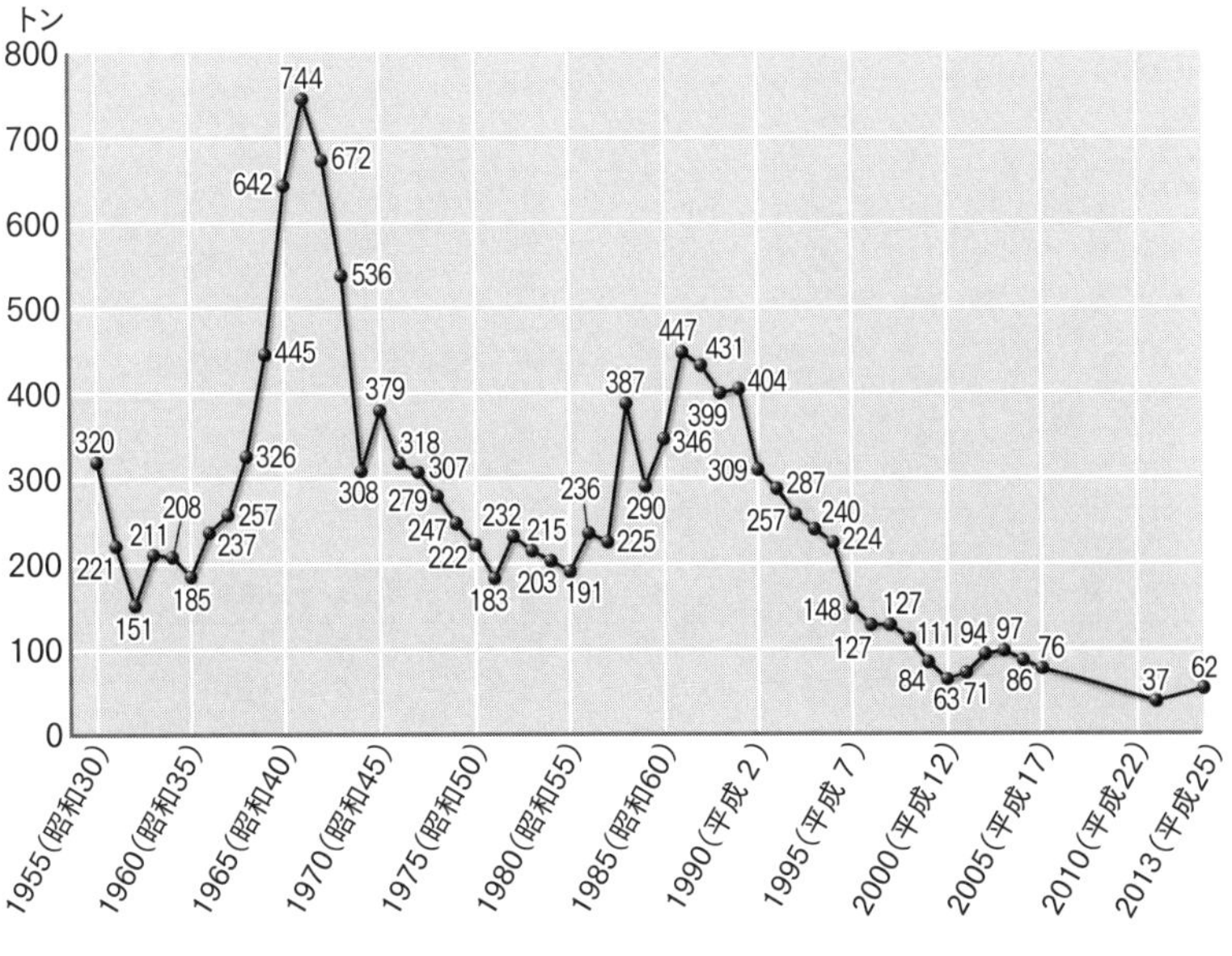


図3　アワビ漁獲量（志摩度会）

分布地は鳥羽市で十二地区、志摩市で十四地区。海女数は最近の数で七六一人、うち鳥羽市五〇五人、志摩市二五六人である（二〇一四年）。

海女数の変化を図2で示したが、一九七八年（昭和五十三）以降、急激に減少している。そして新たな海女の成り手がないため、平均年齢は毎年一歳ずつ上ってゆき、二〇一六年にはほぼ六十七歳と高齢化が著しい。

さらに著しい減少をきたしているのが、海女の主要な漁獲物だったアワビである。昭和四十年代中頃、三重県で七〇〇トン近くを記録した年が二、三年あったが、これは例外で、平均すれば年間二〇〇〜二五〇トンであった。それが現在（二〇一四年）ほぼ四十五トンまで減少した。

いま海女は、総海女数の減少が、一人当たりの漁獲量を辛うじて維持させ、夏のイワガキ、冬のナマコ、春の海藻のヒジキで、漁獲の金額をなんとか保っている。

## 3　海女の漁法と道具

海女の漁法は実に単純である。素潜りで海底へ行き、

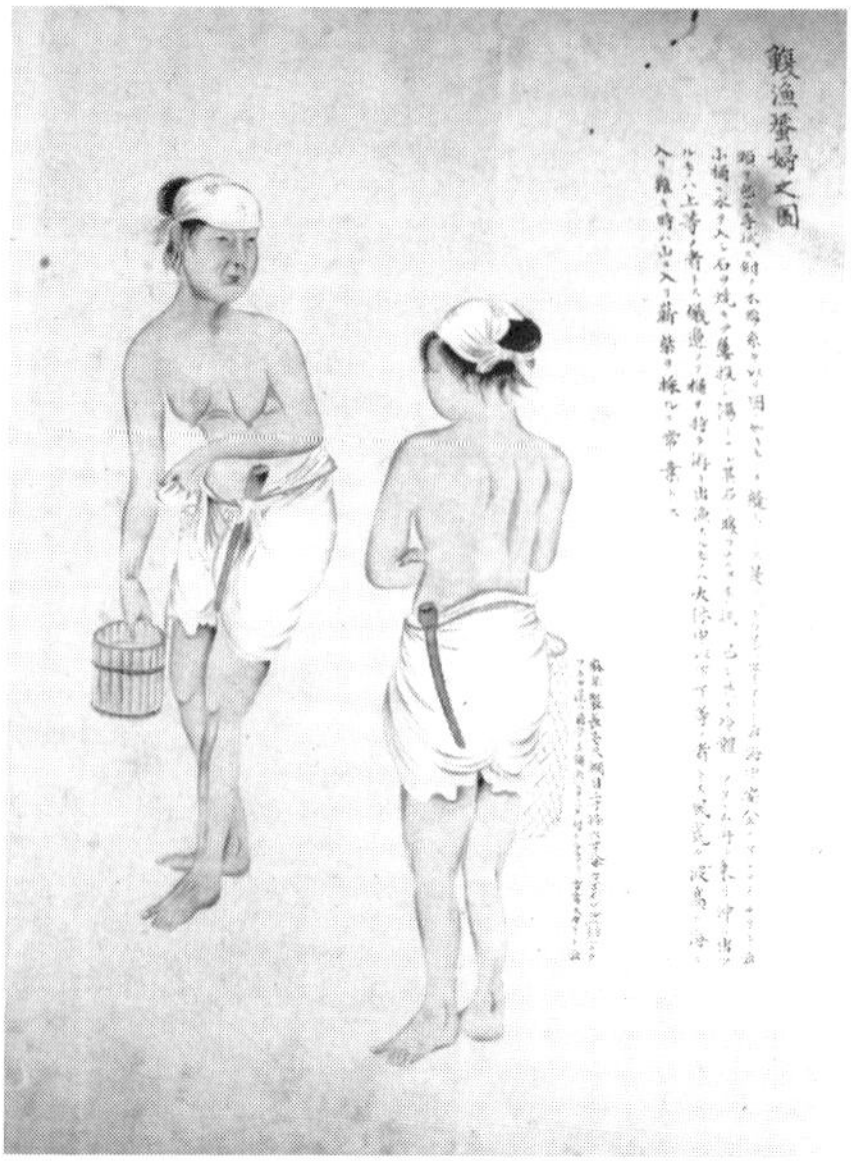

図７　三重県水産図説

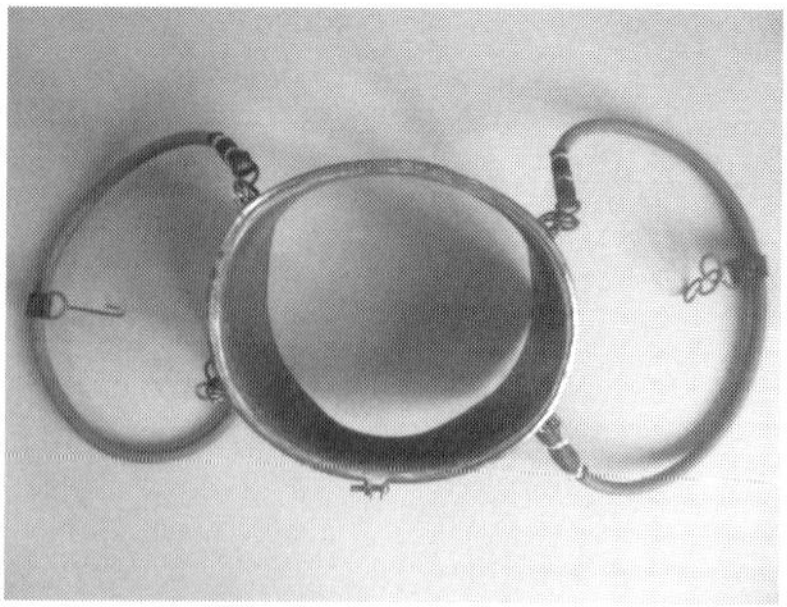

図４　海中メガネ

図５　ウェットスーツを着た海女

図６　手前「タンポ」、奥に「イソオケ」がある

アワビやサザエ、ウニなどを獲る。道具も少ない。三重県ではイソノミあるいはアワビオコシと呼ぶ鉄製の鑿《のみ》状の道具を、岩に堅く取り付いたアワビを剥がすのに使う。イソオケと呼ぶ桶はエモノ入れだが、最近はタンポに替わった。発泡スチロール製、車のタイヤ状で中央に穴が開いており、その下に網の袋が付いている。桶だとエモノがお日様に照らされて弱るが、海中の網中だとエモノは元気で活きる。海藻類はカマで刈り大きな桶に入れる。

海女漁を革命的に替えた道具に、明治初期（一八八〇年）頃から使われだした「水中メガネ」と、一九六〇年頃からの「ウエットスーツ」と「足ヒレ」がある。水中メガネは海中での視界を大きく広げたし、ウエットスーツは海女の一番の難敵であった海水中の寒さから救ってくれた。

この二つの使いはじめは、乱獲になりがちで、メガネは明治期二〇年間も禁止したところさえあったが、便利な道具を使わずに過ごすほど、人間は我慢強くなく、次第に普及した。

それでも人工の潜水機器は受け入れずに、素潜りを続けているところが、海女の真骨頂である。

## 4 海女の暮らし

### 一年

図8　アワビ

海女の一年はもちろん正月からはじまる。元旦の払暁、素っ裸になった海女が潮水に入って禊をする習慣はすでに消えてない。しかし、神棚にお神酒と五穀を供え柏手を打つ祈りは欠かさない。神棚とは別にあるエビス棚にも祈る。

志摩半島には「口開け」という制度がある。地区の漁業組合ごとに多少日にちは異なるが、ワカメの口が開くとか、アワビの口が開くという。ただ「〇〇日から口が開く」というのと、「今日は口が開く」というのとは言葉は似ていても内容は違う。前者は漁をはじめる最初の日をいうが、後者は漁期中で漁をしてもいい日をいう。

鳥羽市域と志摩市域では多少時期と期間に相違はあるが、海女の季節による主たる漁獲物はおおよそ次のようである。

春　ナマコ（志摩）

ワカメ　カヤモノリ

ヒジキ　フノリ
アワビ（志摩）
夏　アワビ　ウニ　イワガキ
サザエ
アラメ　テングサ
秋　サザエ
冬　ナマコ

三重県漁業調整規則で漁獲期間に決まりがあるのはアワビだけで、九月十五日から十二月三十一日までは禁漁である。他のものは組合個々で漁期間を取り決めている。九月十五日から、ナマコ漁のはじまる十一月頃までに、わずかな休みの期間がある。ナマコ漁はほぼ十二月の終わりまで続く。

図９　海女小屋でくつろぐ海女

ここに述べた海女の一年は、専業として海女漁だけで稼いでいる場合で、そんな専業の海女は案外少ない。海女の操業日数は志摩市ではほぼ一〇〇～一三〇日、鳥羽市ではほぼ二十～六十日であり、中には一年七日しか海女漁をしない漁村もある。

一日

漁のある日の海女は非常に忙しい。

漁は八時か九時に始まるが、彼女らは早朝、畑で一働きする。若い時は子ども等や沖にでる夫の朝飯の用意もした。漁は午前中ヒトクラ（一時間あるいは一時間半の漁）その後、昼食と休憩の昼寝を執って、午後ヒトクラの漁に出る（午前中ヒトクラだけの地区もある）。漁から上がるとすぐエモノを組合の市場へ運ぶ。着替えをして、それからが海女の楽しみの時間だ。火場・竈《かまど》と呼ぶ海女小屋で食べて喋って寝る。
「海女はな、潜っとるほかは、食っとるか、喋っとるか、寝とるわな」と、海女らはいつも元気だ。

## 5 海女の信仰と祭り

志摩半島では、海女の数も多いが、海女の祭りが多い。と言っても、数千人数万人の見物者を集めるような祭りはない。

志摩市志摩町和具の「潮かけ祭り」、鳥羽市菅島の「しろんご祭り」くらいが観光的に知られているだけだ。多くの海女の祭りは、「祀り」と書く方が相応しい海女だけでおこなう祈りと願いの行事である。

図 10　潮かけまつり（志摩市和具）

図 11　しろんご祭り（鳥羽市菅島）

海女はなによりも大漁を願う。海女らは稼ぐために漁をしているのだから、当然大漁を期待して海の神様にお願いする。したがって、海女の祀りは夏漁のはじまる前、六月末から七月上旬が多い。

海女はエモノを求めるため海中へ潜る。そのため海が穏やかなことを願う。海女漁にとって荒い波が潜水を拒む。もちろん台風を一番海女は恐れる。雨はそれほど邪魔ではないが、水中が暗くなるのでエモノを見つけ難く好きではない。潮の流れが急変することがある。これも海女は恐れる。磯桶とともに数百メートルも流されたことがあると、何人もの海女から聞いた。

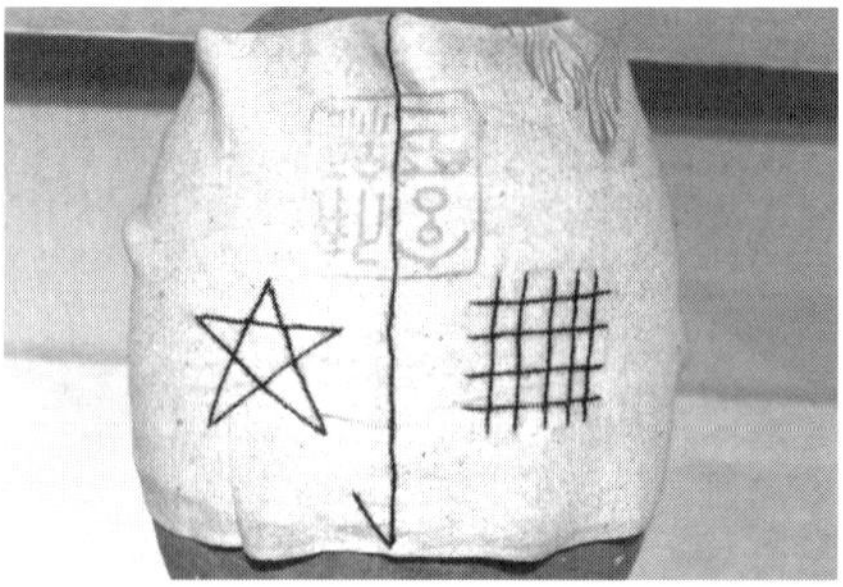

図12　磯テヌグイに黒糸でつけたドーマン・セーマンの印

そのような海の脅威から身を守ってくれるよう海神に祈る。

恐ろしいのは海象ばかりではない。サメへの恐れから磯部伊雑宮の御祭《ごさい》の日にはサメがお宮詣りに来るので海女は海へ入らないことになっている。明治時代の新聞に、ある日、一人の海女が、怪物が来たと真っ青になって陸へ上ったので、海に出ていた海女がいっせいに陸に上ったとある。あとで調べてみるとオットセイだった。まだ未知のことが多い時代だったから、未知のものが「魔物」と思えたのだろう。

それらをひっくるめて「災い」と考えた。そのため災いをもたらす「魔物」を鎮めてくれるよう海神を祀り、海神に願うため祈りを捧げ、海神を喜ばすため祀りをおこなった。

海女は常に「魔物」から守る魔除けに「ドーマン・セーマン」の呪符を、磯テヌグイや磯ノミの柄に付けている。また、海神の守り札を多くの海女は身に付けている。

## 6　海女の歴史

### 文字のない時代

海女の歴史は、日本列島で五千年以上と考えられているが、女性の海女である確たる証拠は見つかっていない。もっとも大型のアワビ殻は大量に出土するので、潜水して漁獲する人間がいたことは間違いなく、女性も多くいただろう。志摩半島ではおよそ三千年以前の白浜遺跡（鳥羽市浦村）からアワビ殻とアワビを岩から剥がすためのアワビオコシという鹿角製の鑿《のみ》状の道具が出ている。

以降、海女は間断なく存在してきたと推測される。

## 古代

文字として海女の存在が確かめられるようになるのは、奈良時代である。

万葉集に山上憶良（六六〇？—七三三？）が「沈痾自哀文」を書いた中に「潜女」という字があり、「女は腰に鑿籠《ノミカゴ》を帯び深潭の底の潜き採る者をいふ」と、「女」が出てくる。また、

伊勢のあまの朝な夕なに
潜《かづ》くといふ
鰒の貝の片思ひにして

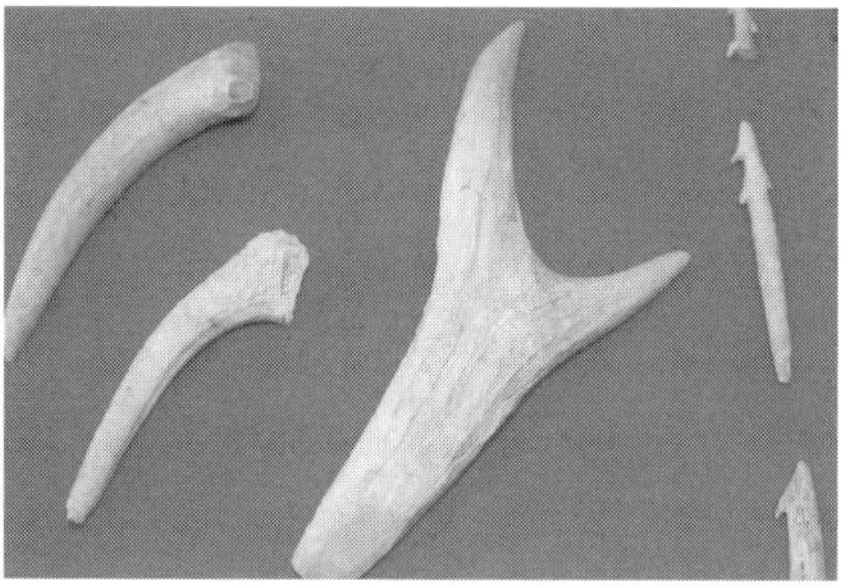

図13　白浜遺跡出土の鹿角製アワビおこし

ほか多数の歌があり、「あま」への関心も高かったようである。

古代には、アワビは宮廷、貴族、伊勢神宮において高級食材あるいは神饌として非常に重要視されていた。そのアワビの獲り手である海女は大切にされたに相違ない。

延喜式（九二七年成立の法律）に、

『伊勢国供御贄潜女三十人』に「衣服料」として「稲二千七百七十三束」を与えると記載がある。

平安時代、清少納言の「枕草子」に、はじめて海女の潜水する姿が描写されていて、今日と変わらぬ光景で興味深い。

清少納言は舟の上にいる男を怒っている。

「海はなおいとゆゆしと思ふに、まいてあまのかづき入るは憂きわざなり。腰につきたる緒の絶えもしなば、いかにせんとならん。男だにせしかば、さてもありぬべきを、

図 14 『光氏磯辺遊之図』

女はなほおぼろげの心ならじ、舟にをとこは乗りて、歌などうち謡ひて、この栲縄を海に浮けてありく、あやふくうしろめたくあらぬにやあらん」

舟の上の男は、海女の命綱を持ちながら鼻歌など唄っている、けしからんことだと息巻いている。彼女は幼い時、父親とともに任地の長門国へ赴いていた時、海女を実見したらしい。貴族の娘がこのような光景を実見することは極めて稀だったと思われるだけに、興味深い文章である。

## 中世

古代にも、近世にも、海女の歴史を知る手掛かりはあるのだから、当然、中世にも海女が存在していたのは間違いないのだが、志摩半島において、その存在を知らしてくれる地域の文書は僅かである。

一つは、『倭姫命世記』（十三世紀頃）に「倭姫命は御船に乗り、御膳御贄処を定めた」「嶋国の国崎嶋に幸行し、朝御饌、夕御饌と詔して湯貴潜女等を定めた」とある。また、片田（志摩市）「三蔵寺世代相伝系譜」に海女と思われる二十一歳の娘が磯で「溺死」した記事がある。

志摩半島の話ではないが『源平盛衰記』（一三三三年）には、壇ノ浦で平家が滅んだ時、安徳天皇とともに海底に沈んだ宝剣を探すため「蜑《あま》（海女）」の老松若松という親娘が、義経のもとに呼ばれて海底に潜る記事がある。

ほかには和歌に明らかに女性であるたくさんの「あま」が詠われている。

### 江戸期

海女がはじめて絵に描かれる。菱川師宣（一六一八―一六九五）の浮世絵が最初といわれる。以降、とくに十九世紀になると、伊勢の二見が浦を背景にアワビを取る海女が何枚も描かれる。江戸でも江の島などで船遊びする人々が海女を見物する絵が浮世絵に刷られる。好奇な見世物として海女が見られ出したのが伺える。

『日本山海名産図会』（一七九九年）には「伊勢鰒」の図があり、明らかに女性の海女が潜っている図がある。

図15 『日本山海名産図会』伊勢鰒

図16 『三重県水産図解』

他に貝原益軒『大和本草』や『訓蒙図彙』にも女性の「あま」の図があって、今日でいう図鑑にも海女が載るようになった。

志摩半島では『志陽略誌』（一七一三年）に十九ケ村に海女のいることが記され、『享保十一年差出帳』（一七二六年）には二十ケ村に海女が記されている。

### 明治大正期

一八八三年（明治十六）、東京上野で開かれた第一回「水産博覧会」に三重県から出品され第三等賞牌を受けた『三重県水産図解・図説』に「蜑婦」の絵が三枚載っている。この絵によってほぼ正確に、当時の海女の潜水操業や休息の様子そして立姿が描かれている。

また外国人が持ち込んだ写真機が、明治初年、海女を撮るようになった。時を措かずそれは絵葉書に印刷され、人気があったようだ。

明治期に海女の「出稼ぎ」がはじまった。三重県の海女は積極的に国内はもちろん海外へ出かけていった。国内では北海道や九州へも行ったが、遠くは朝鮮半島や済州島へ出かけた。

大戦中、一時止んだ海女の「出稼ぎ」は戦後しばらく伊豆や日本海側へ出たが昭和三十年代には止んだ。

## 7　世界無形文化遺産への道

二〇一七年一月、海女文化は三重県重要無形民俗文化財から国の重要無形民俗文化財になった。その先はユネスコ世界文化遺産である。

それでは、海女はなぜ世界遺産になれるか。その価値を有しているのか。以下に三つの大きな意義を考える。

自然との共生

現代の一次産業は農業、林業まで人工的機械的になって、自然への依存の度合いを著しく少なくしている。それに対して漁業はまだ大きく自然に頼っている。

海女も基本的には自然への依存で成り立っている。しかし、過剰な海藻類を採らず、海藻類がつくる海中林すなわち「海の森」が多くの魚介類の幼稚仔を育て、海の生態系をしっかりと維持していることに、無意識ではあるが役だっている。もちろんアワビやサザエが海藻を餌にして育っていることを十分知っているからでもある。

持続可能な漁、そして社会

漁村の暮らしは海の自然資源に頼っている限り豊かであるが、一たび乱獲や汚染や環境変化が起こると、危機にさらされる。

海女の対象とする漁獲物はすべて移動性の少ない動植物であるから、乱獲されやすい。江戸期以降度々、海女漁村は乱獲寸前の危機を経験してきた結果、明治以降になると厳しく、操業や漁獲法にさまざまな規制を設けて過剰な漁獲を制限してきた。

その結果、現在の「素潜り漁」の海女漁が資源を長く維持するために最適な方法であることが理解されるようになってきた。

図17　水中海女

近年、持続可能な暮らし方が求められるようになって、海女漁はあらためて脚光を浴びることとなって来た。

逞しく朗らかに生きる

海女文化は、単に海女の希少な存在や物珍しさで、注目されるものではない。海女は自然の恵みを熟知している。同時に自然の脅威も知り尽くしている。だから自然に従って、自然とともに生きる素晴らしさを知っている。

自分の肉体を精いっぱい使い、自分で判断をし、海の中を自由に楽しんでいる。こんな暮らし方がまだ現代にある。

＊図1、6、8、16の写真は、古谷千佳子撮影、他の写真・図表は、海の博物館

# 第4章

# 次世代の地場産業へ

# 14 三重におけるエネルギー産業の未来

中部電力株式会社三重支店総務部地域・広報グループ

## 1 はじめに

三重県におけるエネルギー産業を概観すると、北部の四日市臨海工業地帯において、火力発電所、ガスや石油精製企業等の工場が立地し第一から第三まで四日市コンビナートが形成されていることが特徴的である。

その他電力関連の施設として、県北部（四日市・川越地区）および県南部（尾鷲地区）に火力発電所が立地するとともに、淀川、雲出川、櫛田川、宮川、銚子川、朝明川の各水系に水力発電所が立地している。

また、再生可能エネルギー施設として、木曽岬干拓地等のメガソーラー発電所、ウインドパーク笠取や青山高原ウインドファーム等の風力発電所、松阪市や多気町の木質バイオマス発電所等が県内各地に立地している。

本章では電気事業に焦点を当てて記述していく。

## 2 三重県の電力消費量・発電量

二〇一三年度の県内の電力消費量は、電力需要（主に産業用）が一三七億二〇〇〇万kWh、電灯需要（主に家庭用）が四十二億六〇〇〇万kWhとなっている。傾向としては、二〇〇〇年度以降増加を続けてきたが、リーマンショックによる影響で二〇〇八年および二〇〇九年度と二年連続で減少した。その後、生産活動の回復により二〇一〇年度に一旦増加したものの、東日本大震災が発生した二〇一一年度以降は省エネ・節電の取り組みが進んだことにより再び電力消費量は減少している。

一方、二〇一三年度の県内の発電量は、三三九億五〇〇〇万kWhとなっている。傾向としては、二〇〇八年度から二〇一〇年度にかけて同じくリーマンショックの影響による生産活動の低迷により大きく減少したものの、東日本大震災発生後の二〇一一年度以降は、原子力発電所の停止に伴い火力発電への依存が高まったことにより、大幅に増加している。

## 3　三重県における発電施設の概要

火力発電所

火力発電は、高度成長期以降の電力需要の伸びに比例して増加してきた。また、東日本大震災および福島第一原子力発電所事故の影響により一時的にすべての原子力発電所が停止していたため、日本における発電量合計の八七・七%を占めることとなった（二〇一四年実績。なお、二〇一六年九月現在、九州電力川内原子力発電所、四国電力伊方原子力発電所が稼働している）。

三重県には、中部電力の火力発電所が四カ所存在しており、ここではそのうち主な三カ所（四日市火力発電所、川越火力発電所、尾鷲三田火力発電所）について示す。

まず、四日市火力発電所は、一九六三年に石油火力発電所として一〜三号機を建設し、その後、一九八八年に四号機を増設し一二四万五〇〇〇kWの火力発電所となった。主な燃料は、建設当初の重油からナフサ、原油を経て、現在

図１　川越火力発電所

は液化天然ガス（以下ＬＮＧという）を使用している。

四日市火力発電所四号機は、中部電力として初めてのコンバインドサイクル発電方式を採用した。コンバインドサイクル発電方式とは、ガスタービン発電と蒸気タービン発電を組み合わせた発電方式で、熱効率が高く、起動時間が短いなどの特長がある。また、小さな発電機とタービンが集まって一つの系列を構成していることから、一台一台の個別運転が可能なため、燃料を極めて効率よく利用できる発電方式である。また、四日市火力発電所では、全機クリーンなエネルギーであるＬＮＧを燃料として使用（一部ＬＰＧも使用）しているため、硫黄酸化物や煤塵が発生しない等、環境にやさしい設備となっている。

次に、川越火力発電所は、川越町が「活力ある豊かな町づくり」の一環として、海岸部に百七十万㎡を埋め立てた臨海工業団地の一角に位置している。

発電用の燃料は四日市火力発電所と同様にＬＮＧを使用しており、また一・二号機の発電方式は、大容量機では世界で初めて主蒸気圧力三十一・〇Mpa、蒸気温度五六六℃の超々臨界圧二段再熱方式を採用し、熱効率四六・四％を達成している。

また、三・四号系列は四日市火力発電所四号系列と同様にコンバインドサイクル発電方式を採用しており、熱効率五三・九％を達成している。

なお、この発電所の総出力は四八〇万二〇〇〇kW（一・二号機の一四〇万kW（七十万kW×二機）、三号・四号系列の三四〇万二〇〇〇kW（一七〇万一〇〇〇kW×二系列））である。

次に、尾鷲三田火力発電所は、尾鷲湾の一角の海面約三十四万㎡を埋め立てて建設したもので、一九六四年に中部電力で初めて一ユニットの容量三十七万五〇〇〇kWの一・二号機を設置し、また一九八七年には五十万kWの三号機を増設した。

ボイラーは重油専焼式であるが、三号機は原油燃焼も可能となっている。なお、一号機は二〇〇八年四月より長期計画停止中であり、また二号機については二〇〇四年十二月末をもって廃止となった。

水力発電所

水力発電は一九六〇年代まで日本の主要電源であった。しかし、近年では建設適地が減少したことから、二〇一四年五月に二号機、二〇一六年三月に一号機がそれぞれ営業運転を開始した中部電力徳山水力発電所等を除くほかは、維持流量発電等の小規模な発電所（出力一千kW以下）の建設が主流となっている。

水力発電は、発電形式（落差を生じさせる方法）により分類され、水路で水を導き落差を得る水路式、ダムによって落差を得るダム式、ダムによって得られた落差と水路で導いて得られた落差の両方を利用するダム水路式がある。

中部電力の水力発電所は、一九六カ所、総出力五四九万六九五〇kWである（二〇一六年三月現在）。そのうち、三重県には宮川第二発電所（紀北町、水路式、出力二万八六〇〇kW）をはじめ、淀川、雲出川、櫛田川、宮川、銚子川、朝明川の各水系に十七カ所、総出力十万三〇〇〇kWの発電所が存在する。

なお、中部電力は、二〇一一年に三重県企業庁との間で「三重県水力発電事業に係る資産等の譲渡・譲受に関する基本的事項の合意書」および地域貢献に関する「確認書」を締結し、三重県企業庁から十の水力発電所および二つのダムを譲り受け、同社の運転・保守管理技術の活用、下流発電所との一括管理等により、県内の十七カ所の水力発電所を効率的に運用することとした。

図２　青山高原風力発電所

再生可能エネルギー発電施設

再生可能エネルギー発電施設（太陽光発電、風力発電、バイオマス発電等）については、二〇一二年の再生可能エネルギー固定価格買取制度の施行により、全国的に設備認定および導入が急増している。三重県においてもその傾向は顕著であり、二〇一四年一月には一万七八三〇件であった設備認定件数が、二〇一六年三月には四万五五六七三件と約二・六倍の伸びを示している。また、そのうち特に導入当初に買取価格が高額であった太陽光発電設備が四万五五六四七件と九九％以上を占める等、導入傾向には大きな偏りがみられている。

三重県における太陽光発電については、オリックス51M津メガソーラー発電所（津市内、出力五万一〇〇〇kW）や木曽岬干拓地メガソーラー発電所（桑名市内・木曽岬町内、弥富市内、出力四万九〇〇〇kW）など多くの大規模な発電所が稼働している（二〇一六年十一月現在）。

風力発電については、ウインドパーク笠取（津市・伊賀市、出力三万八〇〇〇kW）や青山高原風力発電所（津市・伊賀市、出力一万五〇〇〇kW）など六十九基十万八〇〇〇kWが運転しており、さらに四十七基九万四〇〇〇kWの新設・増設が計画されている。（二〇一六年十一月現在）

木質バイオマス発電については、三重エネウッド株式会社（松阪市、出力五八〇〇kW）、株式会社グリーンエナジー津（津市、出力二万一〇〇kW）、株式会社中部プラントサービス多気バイオパワー（多気町、出力六七〇〇kW）の三カ所が運転している。

その他（原子力発電関係）

三重県における電気事業の歴史において、原子力発電所計画について二つの大きな動きがあったので、以下概観しておく。

まず、三重県度会郡紀勢町（現大紀町）・南島町（現南伊勢町）にまたがる芦浜地点において、一九六〇年代半ばから二〇〇〇年にかけて原子力発電所計画を巡る動きがあった。

中部電力は、一九六三年に芦浜地点を候補地と決定したが、計画当初から南島町では激しい反対運動が続き、一九六六年にいわゆる「長島事件」が発生、このなりゆきを憂慮した三重県知事は翌年九月に芦浜原子力発電所終止符の声明を発表した。

その後、一九七七年から一九八五年にかけて、国による要対策重要電源地点への指定や三重県議会による立地調査推進の決議など推進に向けた動きが活発になり、一九九四年には紀勢町錦漁協と南島町古和浦漁協が海洋調査の受け入れに同意した。

こうした動きに対して、一九九六年に南島町芦浜原発阻止闘争本部が八十一万人分の反対署名を提出するなど反対派の活動も激しくなり、一九九七年に県議会は「一九九九年末まで冷却期間とする」旨の請願を議決し、北川知事も同趣旨の要請を中部電力、紀勢町長、南島町長におこない、冷却期間に入ることになった。

そして、二〇〇〇年二月に、北川知事が「芦浜原発計画の白紙化」を表明し、中部電力も知事の発言を重く受け止め、「芦浜原子力計画の断念」を表明した。これにより芦浜地点における原子力発電所計画の動きは終結した。

もう一つの動きとして、三重県北牟婁郡海山町（現紀北町）においても原子力発電所誘致の動きがあり、二〇〇一年十一月、原子力発電所誘致の賛否を問う「住民投票」が実施された。

同町においては、一九九七年頃から原発誘致に向けた動きが表面化し、一九九九年以降、地元の商工会等により組織された誘致賛成派団体と市民グループ等により組織された誘致反対派団体がそれぞれ署名活動を展開し、二〇〇一年二月に誘致賛成・誘致反対の各請願が町議会に対して提出された。

これを受けて町議会は、請願の採否について住民投票を実施することとし、同年八月には住民投票条例が制定され住民投票の実施が決定された。

この住民投票は、誘致賛成派主導で実施されるということもあり全国的にも注目されたが、同年十一月十八日に投票が実施され、誘致反対票が三分の二を占める結果となった。

この投票結果を受け、町議会は誘致反対の請願を採択し、海山町における原子力発電所誘致の動きも終結した。

## 4　三重における今後の電気事業の展望

火力発電については、発電設備が高経年化してきているため、今後、石炭火力やLNG火力にリプレース（更新）される可能性がある。石炭火力は環境規制（$CO_2$排出規制）がより厳格になる可能性があるものの、経済性や燃料調達の安定性に優れている。また、LNG火力は高効率コンバインドサイクル発電の導入によりLNG消費量と$CO_2$発生量は削減されるが、燃料調達の安定性に課題が残る。火力発電所のリプレースについてはエネルギーのベストミックスの観点から総合的に検討をおこない決定していくことになる。

水力発電については、先述したとおり、三重県においても新規の大規模水力発電所の開発適地がないことから、既存の水力発電所の適時・的確な保守および効率的な運用に努めていくことになる。

再生可能エネルギー発電については、固定価格買取制度における買取価格の低下から、太陽光発電の設備認定の動きが一段落することが想定される。一方で、木質バイオマス発電は、買取価格が維持されており、今後も新規発電所建設の動きが継続して出てくるものと想定される。

ちなみに、三重県は、我が国が抱えるエネルギー問題に対して三重の地から積極的に貢献することをめざし、「三重県新エネルギービジョン」を二〇一六年三月に改定している。このビジョンは、地域資源や地理的条件等を生かした安全・安心なエネルギーの創出、新エネルギーの導入による温室効果ガスの排出抑制、産業振興、地域づくり等を推進するための県のあるべき姿を示すというものであり、計画期間としては二〇三〇年度を目標年度とする長期計画と、二〇一九年度までの中期目標の構成となっている。

参考文献

三重県（二〇一六）「三重県新エネルギービジョン」三重県 http://www.pref.mie.lg.jp/ENERGY/hp/energy
中部電力株式会社（二〇〇一）「中部電力五〇年史」
中部電力株式会社（二〇一一）「中部電力六〇年史」
中部電力株式会社（二〇一三）「四日市火力発電所」
中部電力株式会社HP https://www.chuden.co.jp/kawagoe-pr/guide/facilities/thermalpower.html
https://www.chuden.co.jp/energy/ene_energy/water/wat_chuden/wat_list/index.html
中部電力株式会社（二〇一三）「尾鷲三田火力発電所」
経済産業省（二〇一四）「都道府県別再生可能エネルギー設備認定状況（二〇一四年一月末時点）」http://www.enecho.meti.go.jp/category/saving_and_new/saiene/kaitori/dl/setsubi/201401setsubi.pdf
固定価格買取制度　情報公表用ウェブサイト http://www.fit.go.jp/statistics/public_sp.html

# 15 「環境と経済」の両立について——製造業を切り口にして

株式会社三重銀総研主席研究員
先浦宏紀

## 1 はじめに

COP21（国連気候変動枠組条約第21回締約国会議）の合意を受けて、世界の地球温暖化対策は新たなステージを迎えることになる。今回の合意により、わが国は二〇三〇年度までに$CO_2$などの温室効果ガスを二〇一三年度比で二六％削減する取り組みを本格化させることになる。また、これにともない私たち一人ひとりの温暖化防止の意識を今まで以上に高めていくことが求められる。

そこで本節では、日本のものづくりの中心地域で経済活動が活発な東海地域とその一翼を担う三重県における$CO_2$排出の現状を確認し、それらを踏まえた「環境と経済」の両立について考察する。

## 2 東海経済と三重県経済のあらまし

東海圏（三重・愛知・岐阜の三県）、東京圏（埼玉・千葉・東京・神奈川の一都三県）及び大阪圏（京都・大阪・兵庫・

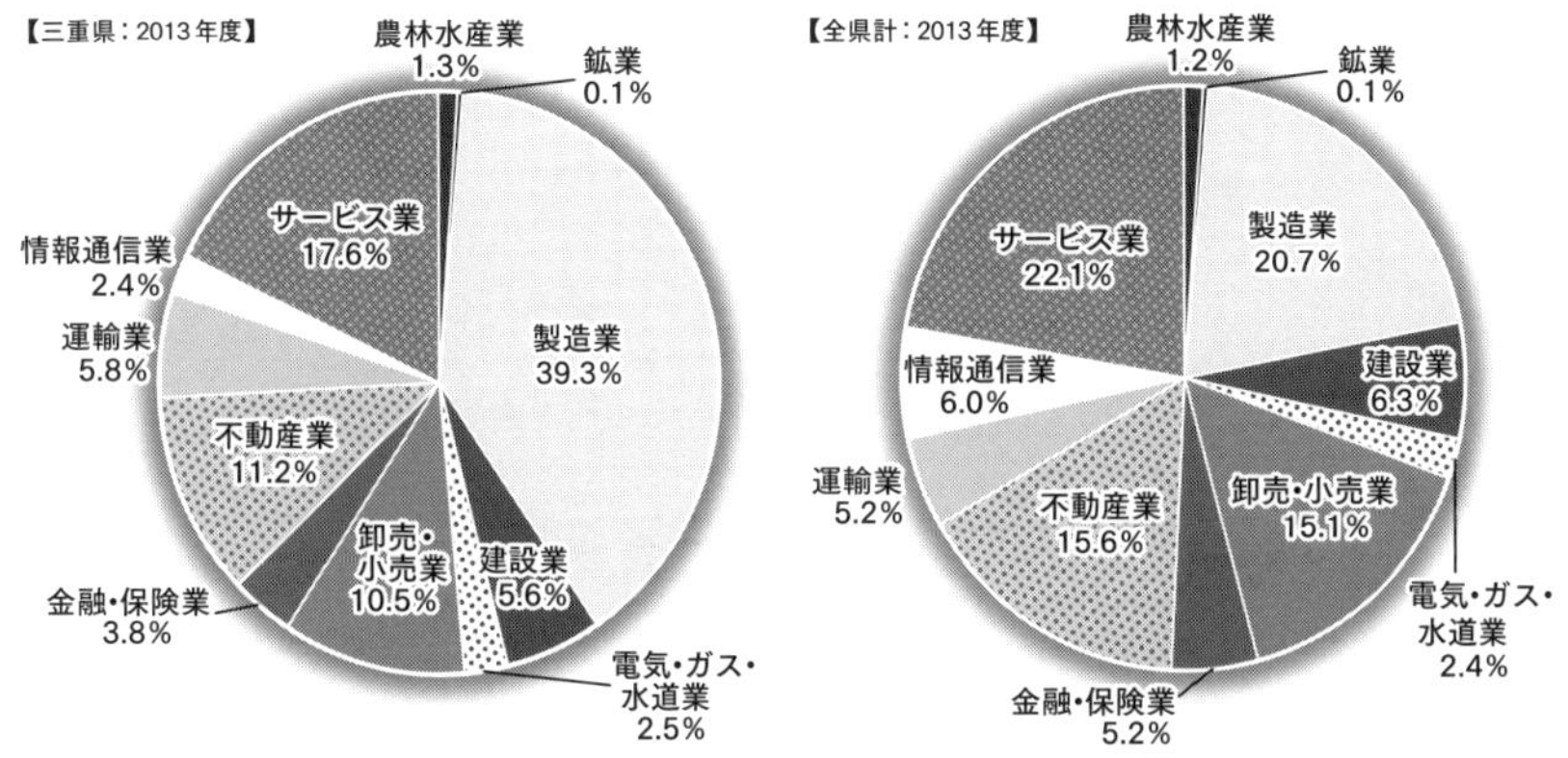


図１　三重県内総生産と国内総生産の産業別構成比

奈良の二府二県）の三大経済圏の概要をみると、次のとおりである。

まず、総人口をみると、二〇一五年（平成二十七）十月時点で東海圏は一一三三万人と日本全体の八・九％の割合を占めており、東京圏（二八・四％）、大阪圏（一四・四％）と合わせて三大経済圏では五一・七％の割合を占めている。次に、民営事業所数をみると、二〇一四年七月時点で東海圏は五一・七万事業所と日本全体の九・〇％の割合を占めており、東京圏（二六・〇％）、大阪圏（一四・七％）と合わせて三大経済圏では四九・七％の割合を占めている。このような圏域基盤のもと、二〇一三年度の名目総生産において、東海圏は五〇・三兆円と日本全体の九・九％の割合を占めており、東京圏（三二・二％）、大阪圏（一三・七％）の割合を合わせると、三大経済圏では二八三・九兆円と五五・八％の割合を占めている。二〇一三年度の名目総生産の産業別構成比をみると、東海圏は圏域全体の三二・二％と約三割強が製造業で、東京圏の一一・四％、大阪圏の一七・一％と比べても高い割合を占めており、自動車産業などの輸送用機械をはじめとする日本のものづくり拠点の中心地と言える。

東海圏の一翼を担う三重県経済についてみると、次のとおりである。三重県の二〇一三年度県内総生産の構成比をみると、製造業が全体の三九・三％と全国（二〇・七％）の約二倍の割合を占めており、また東海圏の割合（三二・二％）を上回っている（図1）。つまり、三重県経済は製造業に特化している地域と言える。とりわけ、三重県北部は四日市コンビナート

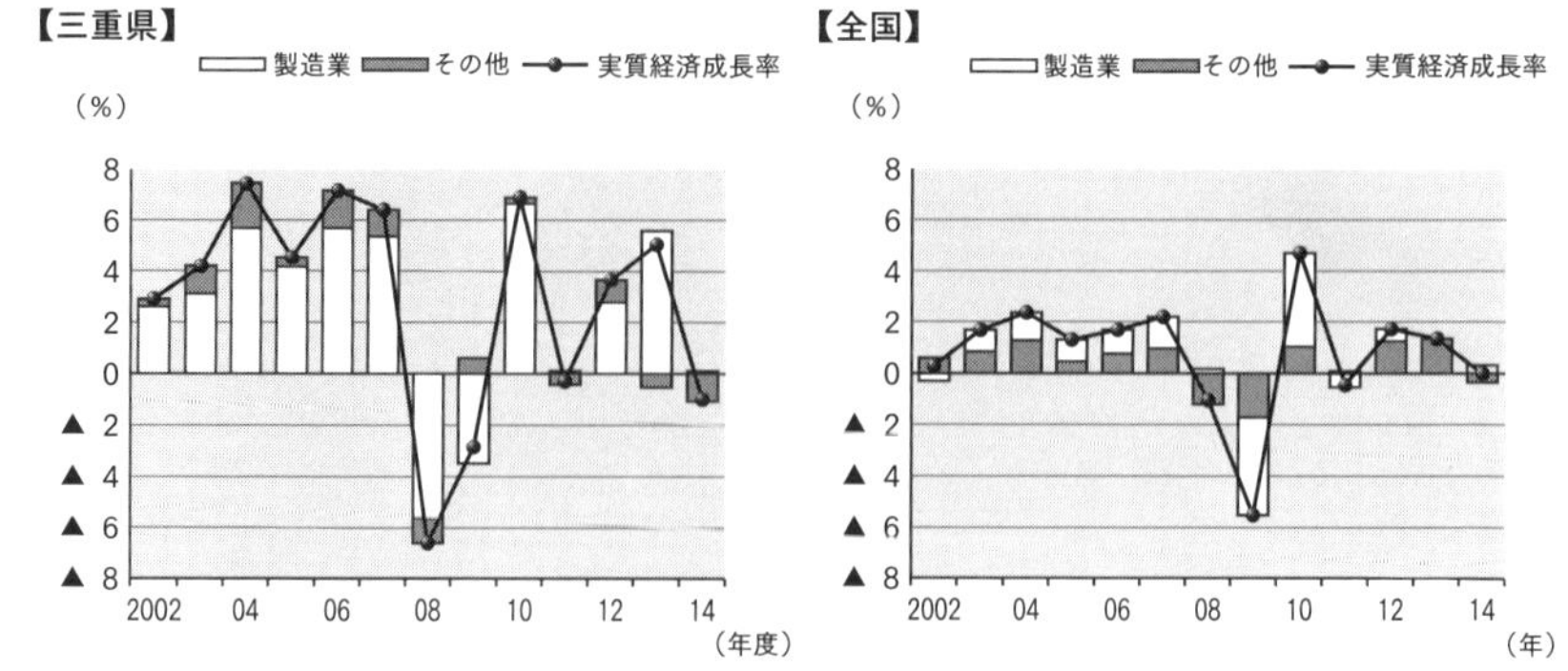


（資料）三重県「三重県民経済計算」、内閣府「国民経済計算」

図２　三重県及び全国の実質経済成長率と製造業の寄与度

並びに自動車関連及び半導体などの大手製造工場が集積しており、製造業の割合は三重県全体をさらに上回る四八・八％と五割に迫る水準に達するなど、ものづくりの分野から、三重県経済をけん引している地域である。

実際、三重県の実質経済成長率の推移をみると、全国の成長率よりも高い経済成長を実現している（図２）。これを業種別に要因分解すると、三重県では製造業成長率への寄与が大きく、このことが三重県経済の成長率を押し上げていることがわかる。

## 3　地球温暖化防止と東海圏の果たす役割

京都議定書に代わる二〇二〇年以降の温暖化対策のための新しい国際的枠組みであるパリ協定が二〇一五年十二月十二日、ＣＯＰ21にて採択された。パリ協定の概要をみると、①目的として、産業革命前からの気温上昇を二℃未満に抑えることを目指し一・五℃未満に収まるよう努力すること、②長期目標として、温室効果ガス排出量増加を今世紀後半に実質ゼロにすること、③温室効果ガスの削減目標として、（イ）全ての国に削減目標提出や国内対策の義務化、（ロ）削減目標は各国五年ごとに見直し（削減目標の達成義務化はなし）、（ハ）進捗状況検証の最初は二〇二三年としその後五年ごとに実施すること等が合意内容として織り込まれた。

主要各国の温室効果ガス削減目標をみると、基準年にばらつきはあるものの、大幅な削減目標となっている。とりわけ、京都議定書に不参加または排出削減義務を負っていなかった主要温室効果ガス排出国である米国（二〇一三年で世界の一五・九％）、中国（同二七・九％）、インド（同五・八％）などが参加することで、環境と経済の両立に留意しつつ世界が協調して温暖化防止に取り組むことが明確になった。また、先進国においては、優れた環境保全技術を用いて地球温暖化防止に貢献し、合わせて経済成長も実現していくことが求められている。日本も例外ではなく、世界第三位の経済大国として応分の役割が求められることは自明である。そうした日本の中で、次世代自動車産業や航空機産業などものづくりの中心地域である東海圏が日本の地球温暖化防止と経済成長に果たす役割は小さくない。

## 4 東海圏及び三重県の $CO_2$ 排出量の分析

東海圏の一人当たり $CO_2$ 排出量の増減率

以上を踏まえて東海圏の $CO_2$ 排出量の要因分析を通じて、当地域の「環境と経済」について見てみる。一般に、環境保全と経済成長はトレードオフの関係にあり、環境保全を推進すれば経済成長が阻害されるか、その逆の関係になることを念頭に置き分析をおこなう。

東海地域における $CO_2$ 排出量の現状については、資源エネルギー庁の都道府県別エネルギー消費統計を用いて分析をした。分析は、今後一人ひとりの $CO_2$ 排出削減行動が重要となっていくことを鑑み、人口一人当たりの $CO_2$ 排出量をシフト・シェア分析(1)の手法を用いて、東海圏、東京圏、大阪圏の三大経済圏を対象におこなった。なお、分析対象期間は、二〇〇五年から二〇一三年までとした。

分析結果をみると、東海圏の一人当たり $CO_2$ 排出量の増減率は▲五・一％と三大経済圏で唯一減少した（図3）。その要因をみると、全国要因が＋十九・二％、産業構造要因が▲二・四％、地域特殊要因が▲一一・九％と地域特殊要

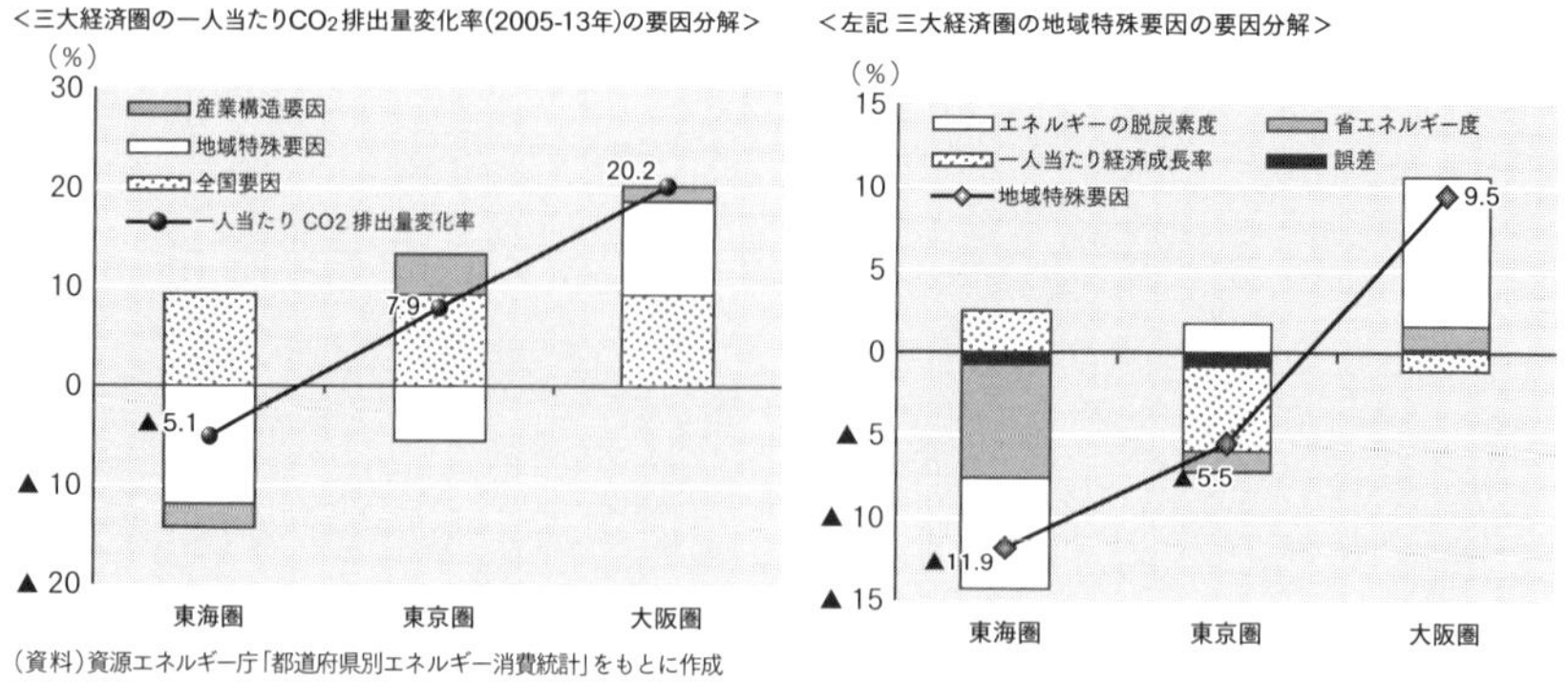

（資料）資源エネルギー庁「都道府県別エネルギー消費統計」をもとに作成
（注）東海圏は三重・愛知・岐阜の３県、東京圏は埼玉・千葉・東京・神奈川の１都３県、大阪圏は京都・大阪・兵庫・奈良の２府２県。

図３　シフト・シェア分析による三大経済圏の一人当たり $CO_2$ 排出量増減率（2005-2013 年）の要因分解

因の寄与が大きくなっている。一方、東京圏では産業構造要因はプラス寄与、地域特殊要因はマイナス寄与となり、また大阪圏では産業構造要因、地域特殊要因ともにプラス寄与となり、一人当たり $CO_2$ 排出量の増減率はそれぞれ＋七・九％、＋二〇・二％となっている。このことから、東海圏の一人当たり $CO_2$ 排出量の削減は全国のみならず東京圏、大阪圏と比較しても顕著であると言える。

そこで、東海圏における減少率の主要因である地域特殊要因の中身を探るために、「環境と経済」に関する要因、すなわち①エネルギーの炭素依存率（＝エネルギーの脱炭素度）、②経済のエネルギー集約率（＝省エネルギー度）、③一人当たりの経済成長率の三つにさらに要因分解をおこなった[2]（図３）。ここで、①エネルギーの炭素依存率（＝エネルギーの脱炭素度）とは、$CO_2$ 排出量をエネルギー消費量で除したもの、②経済のエネルギー集約率（＝省エネルギー度）とは、エネルギー消費量を経済成長率で除したものである。その結果、東海圏の一人当たりの経済成長率要因は＋一二・五％と三大経済圏の中で唯一プラスとなったにもかかわらず、エネルギーの脱炭素度要因は▲六・七％、省エネルギー度要因は▲六・九％と東京圏、大阪圏に比べてエネルギーの脱炭素と省エネルギーが進んでいると言える。

## 三重県の一人当たり $CO_2$ 排出量の増減率

三重県の一人当たり $CO_2$ 排出量の増減率はどうなっているのか。東海

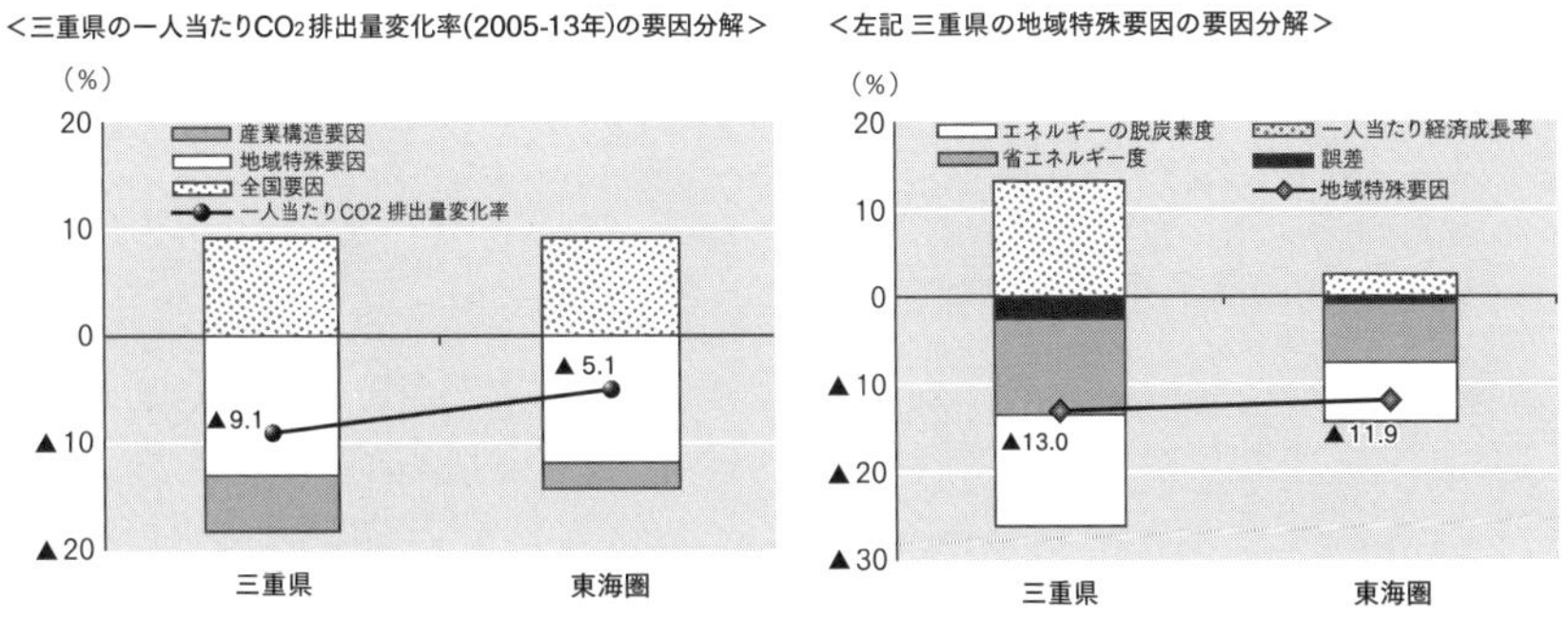


（資料）資源エネルギー庁「都道府県別エネルギー消費統計」をもとに作成

図4　シフト・シェア分析による三大経済圏の一人当たり $CO_2$ 排出量増減率（2005-2013年）の要因分解

圏と同様に二〇〇五年から二〇一三年までの三重県における $CO_2$ 排出量の増減率を分析してみる（図4）。

三重県の一人当たり $CO_2$ 排出量の増減率は▲九・一％と東海圏の▲五・一％を上回る減少となっている。その要因をみると、全国要因が＋九・二％、産業構造要因が▲五・三％、地域特殊要因が▲一三・〇％と東海圏に比べて、産業構造要因は▲二・九ポイント、地域特殊要因が▲一・一ポイントの減少となっている。

そこで、東海圏を上回る三重県の減少率の主要因である地域特殊要因の中身を探るために、東海圏の地域特殊要因と同様に「環境と経済」に関する要因、すなわち①エネルギーの脱炭素度、②省エネルギー度、③一人当たり経済成長率の三つにさらに要因分解をおこなった。

三重県の一人当たり経済成長率要因は＋一三・二％と大きく上昇したにもかかわらず、エネルギーの脱炭素度要因は▲一二・七％、省エネルギー度要因は▲一一・一％と減少しており、三重県は東海圏に比べてもエネルギーの脱炭素と省エネルギーがかなり進んでいると言える。実際、三重県の地域特殊要因について、排出部門別の一人当たり $CO_2$ 排出量の二〇〇五年から二〇一三年までの変化率を要因分解すると、産業部門が▲九・八％、民生部門が▲三・三％となっており、産業部門の中でもとりわけ製造業が▲九・四％と大部分を占めている（表1）。三重県の経済成長を製造業がけん引していることと合わせて考えると、三重県は東海地域の中でも、経済と環境を両立

表1　三重県の一人当たり $CO_2$ 排出量における地域特殊要因の排出部門別要因分解と「経済と環境」要因分解

| 排出部門別 | | 三重県 | 「経済と環境」要因別 | 三重県 |
|---|---|---|---|---|
| 地域特殊要因（全体） | | ▲13.0% | 地域特殊要因（全体） | ▲13.0% |
| 産業部門 | | ▲9.8% | 一人当たり経済成長率 | 13.2% |
| | 非製造業 | ▲0.3% | | |
| | 製造業 | ▲9.4% | エネルギーの脱炭素度 | ▲12.7% |
| 民生部門 | | ▲3.3% | | |
| | 家庭 | ▲1.6% | 省エネルギー度 | ▲11.1% |
| | 業務他 | ▲1.4% | | |
| 運輸（乗用車） | | 0.1% | 誤差 | ▲2.4% |

（資料）資源エネルギー庁「都道府県別エネルギー消費統計」をもとに作成
（注）四捨五入等の関係で各部門とその内訳合計は一致しない

しやすい地域であると言える。

このような結果は、三重県における製造業の特徴に起因していると推察される。すなわち、三重県にはホンダ、トヨタ車体、デンソー、八千代工業などの輸送用機械、東芝、シャープ、富士通などの電気機械等各製造工場において企業のマザー工場となる主力工場が立地している。これらの主力工場は世界のグローバル企業と競争しているなか、日々創意工夫が図られており、その一環として環境負荷低減への取り組みも実施され、それがストレートに各工場のコスト縮減に繋がっていると考えられる。そして、コスト縮減を通じて工場の生産性向上が図られ、それが生産増加、ひいては三重県経済の成長に寄与していると考えられる。

## 5　三重県における製造業を軸とした水素社会構築に向けて

三重県が製造業として持っている強みの一つとして四日市コンビナートが挙げられる。二〇一五年六月のわが国の成長戦略である「日本再興戦略」においては、$CO_2$ 排出の少ない水素社会の実現が目指されているが、四日市コンビナートは三重県における水素サプライチェーンの先導役となるポテンシャルを持っている。

まず、水素を作るという視点からは、①既存コンビナート設備の活用においては、四日市コンビナート企業において石油化学製品を製造する際、副生水素が発生しておりその処理については、（イ）副生水素を産業ガスとして外販する、（ロ）脱硫用などとして自家消費する、の二つの方法が採られている。このうち自家消費については、今後ガソリン需要減という構造的な変化により余剰水素が得られる可能性がある。また、②水素製造の原料の一つであるLNGについて、二〇一五年の四日市税関輸入量をみると、年間六〇三万トンで全国ランキング七位と上位に位置しており、LNGは家庭用燃料電池の燃料となっていることからも、今後、水素製造において利用価値が高い資源であると考えられる。

次に、水素を貯めるという視点からは、既存の石油化学プラントの技術やシステムを活用し、液体として水素を貯蔵する方法が考えられる。

さらに、水素を運ぶという視点でみると、パイプラインによる製造拠点間の融通、移動式ステーションの拡充などが考えられる。このうち移動式水素ステーションは、みえ水素ステーション合同会社が、二〇一六年三月に四日市市と津市で開所した。

最後に、水素利用の視点でみると、代表的なものとして燃料電池車があり、三重県北部は自動車製造業の一大集積拠点であり、これらの産業と臨海部コンビナートの連携により水素サプライチェーンの構築が促進されることが期待される。

以上を踏まえると、三重県北部は四日市コンビナートを中心に水素を「作る」「貯める」「運ぶ」「使う」という水素サプライチェーンの構築が一体的に実現可能なわが国でも数少ない地域であることがわかる。

こうした構築を実現可能にするには、①今後高まる水素需要に対して、安定的に水素を供給できる体制を構築することや、②三重県北部地域内及び周辺地域における安定的な水素需要をあわせて拡大していくことなどの課題も克服していく必要があるが、三重県が持っているこのような製造業における環境分野の強みを生かして、環境保全と経済成長の両立をさらに強固なものにすることが可能である。

注

（1）シフト・シェア分析とは、地域増減率を、①「全国成長要因（＝全国増減率）」と、②産業構成（ここでは部門別$CO_2$排出構成）の特徴で説明できる「産業構造要因」と、③産業構造要因では説明できない「地域特殊要因」とに分けて、各要因がどの程度寄与しているか明らかにする手法。

（2）分析は、高井亨「シフト・シェア分析を用いた二酸化炭素排出構造の要因分析」環境情報科学 学術論文集26（二〇一二）二四九―二五四ページを参考にした。

# 16 北勢地域の地場産業は今——四日市萬古焼産地を中心として

公益財団法人三重北勢地域地場産業振興センター主幹
西浦尚夫
三重大学人文学部教授・副学長
後藤 基
三重大学人文学部・地域イノベーション学研究科教授／三重大学地域ECOシステム研究センター長
朴 恵淑

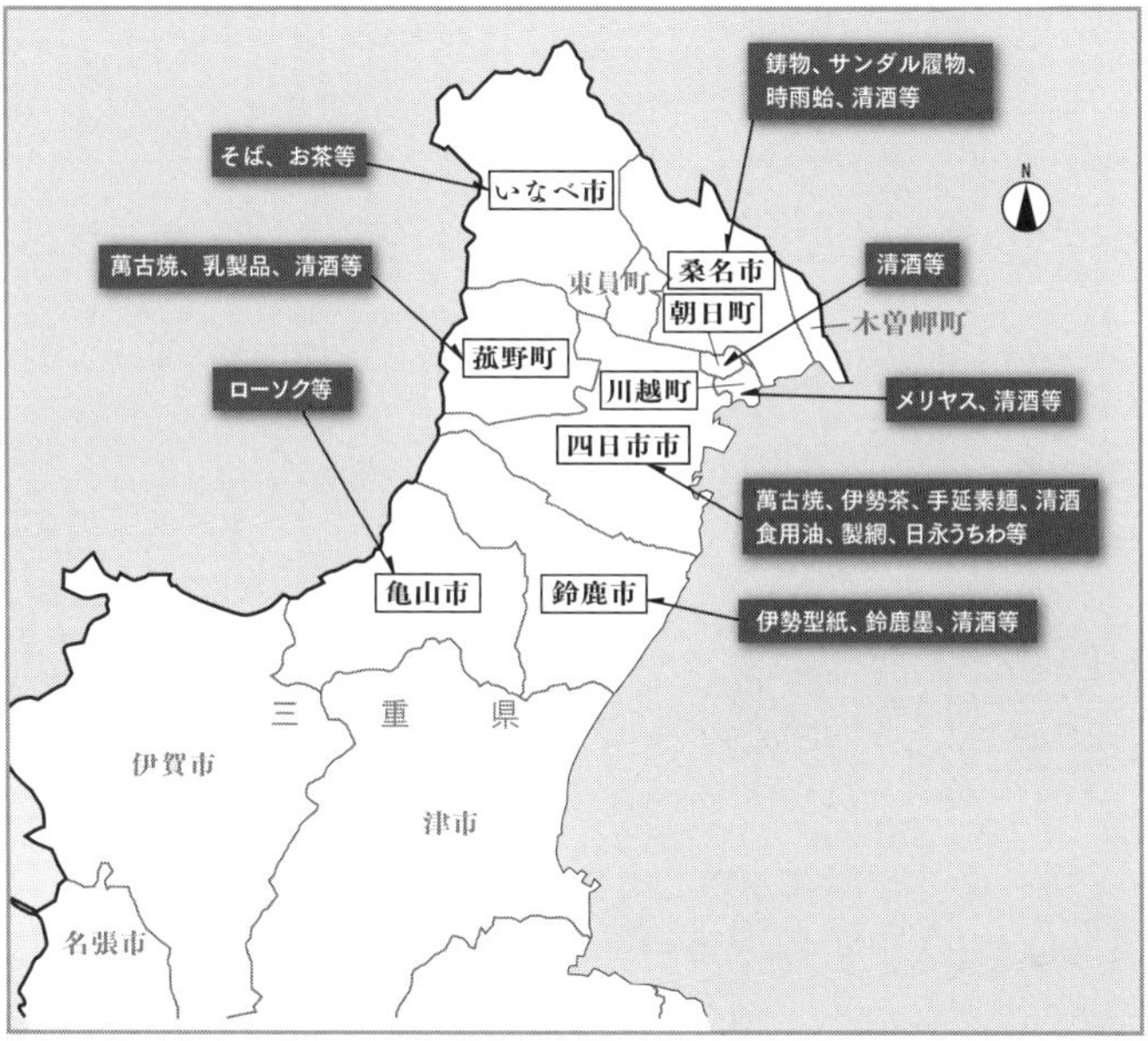


図１　三重県北勢地域の主な地場産業（出所：公財三重北勢地域地場産業振興センターホームページなどを元に作図）

## 1 三重県北勢地域の地場産業

地場産業は、地域経済の発展を支えるうえで大きな役割を果たしている[1]。第一に地場産業自体が地域経済の中核的担い手である。第二に地場産業は地域の雇用機会を単に当該産業だけでなく他産業との連関と波及性をもっている。第三に地場産業に蓄積された技術等が新規産業を生みだす源泉である。第四に地場産業において投入される原材料や付加価値等によって地域内循環をもたらす可能性がある。しかし現在では、輸入品や多様化する消費者ニーズ等により市場が大きく変化している。こうした環境の変化に対応できない地場産業は、停滞・衰退が顕著となり、引いては、地域経済の疲弊を招いている。

三重県北勢地域は、さまざまな地場産業・地場産品が存在する。主なものは、鋳物、サンダル履物（桑名市）、陶磁器（四日市市、菰野町）、そば・お茶（いなべ市）、伊勢茶（四日市市）、手延素麺・ひやむぎ（四日市市）、日永うちわ（四日市市）、伊勢型紙、鈴鹿墨（鈴鹿市）、ローソク（亀山市）等である（図1）。本章では、これらのうち、産業規模も大きく、長い歴史もある四日市《よっかいち》萬古《ばんこ》焼《やき》（以下、萬古焼）のメーカー（窯元）に焦点を当て、地場産業の今後の活性化について検討したい。(2)

## 2　地場産業の概念と特性

主として地元資本による中小企業群が、一定の地域に集中して技術、技能（伝統を含む）労働力、原材料などの経営資源を活用し、生産・販売活動をしている。

地場産業は主に次のような特性がある。第一に、地域で形成された産地の歴史が古い。第二に、特定の地域に同一業種の中小零細企業が地域的企業集団を形成して集中立地している。第三に、多くの地場産業の生産構造が社会的分業体制であり、最終製品を完成させるまでに多くの中小企業が関連する。第四に、その地域独自の特産品を生産している。第五に、市場を広く全国や海外に求めて製品を販売している。

## 3　陶磁器産業の現状

全国に産地は二百五十二あり、業種別にみると、「繊維」五十九産地（全産地の二三・四％）、「雑貨・その他」五十

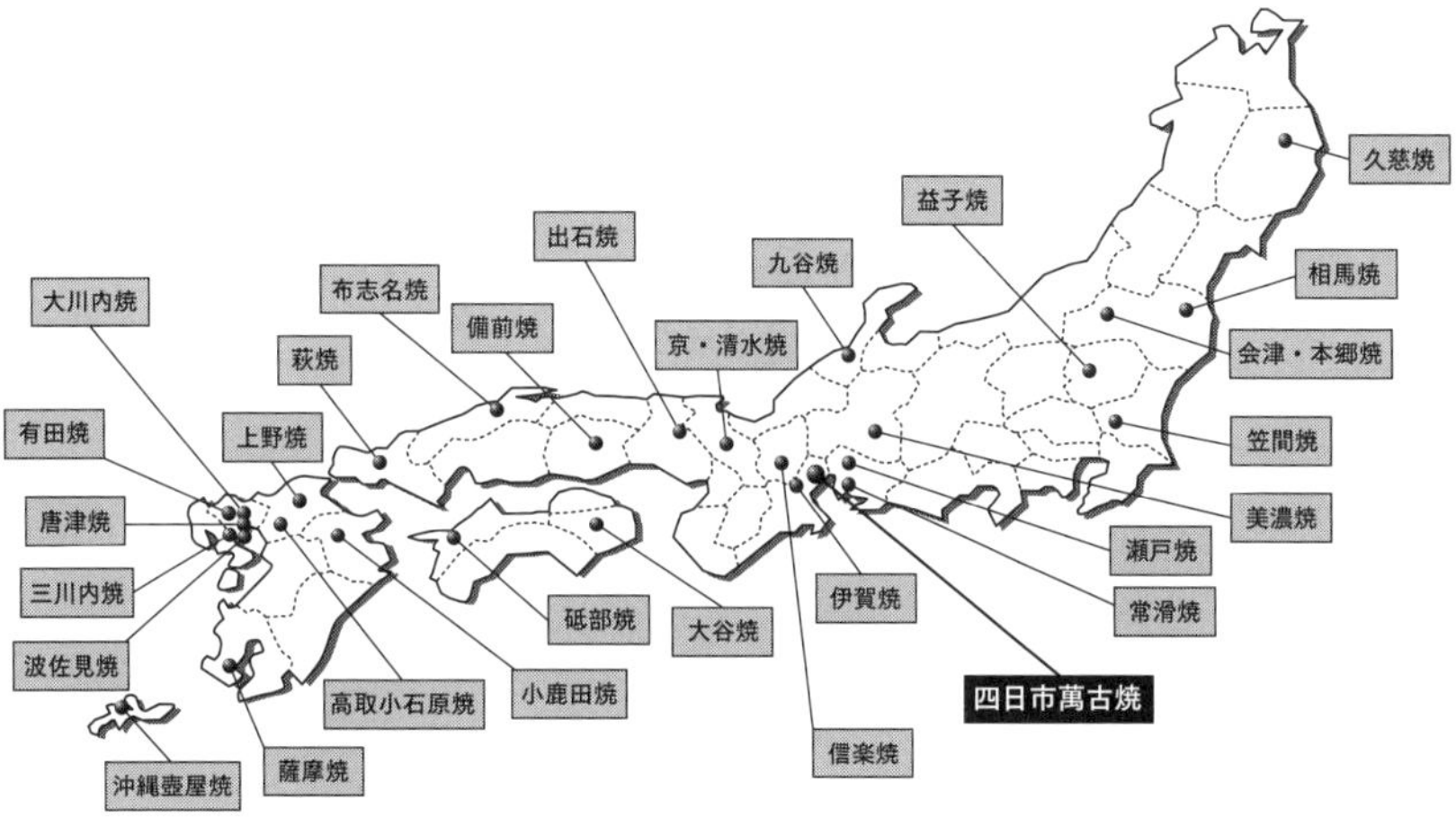

図２　全国の主要陶磁器産地（日本陶磁器卸商業協同組合連合会ホームページの図を元に作図）

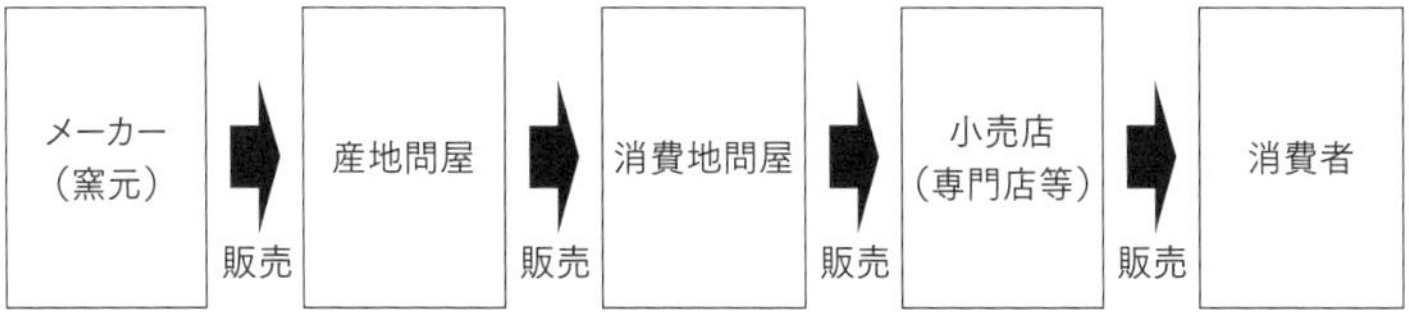

図３　陶磁器産業の流通構造

四産地（同二一・四%）、「食料品」四十七産地（同十八・七%）、陶磁器二十九産地（同十一・五%）（図2）、土石三産地（同一・一%）木工・家具二十五産地（同九・九%）、「機械・金属」二十二産地（同八・七%）、「衣服・その他の繊維製品」十三産地（同五・三%）である。(3)

陶磁器産業の流通は、伝統的に「メーカー（窯元）→産地問屋→消費地問屋→小売店（専門店等）→消費者」の構造で構築されている（図3）。メーカー（窯元）は、小模事業所の集まりで、製品が一つだけの企業でも多種多様に存在し、産地全体では、膨大な製品数となる。また、小売店においても消費地に多数存在し、主に小規模事業所である。そのため地域メーカー（窯元）に詳しい産地問屋と、小売店に詳しい消費地問屋の存在が必要となった。しかし、現在では流通構造上の機能低下が指摘されている。このため、メーカー（窯元）が、自ら流通を担わなくてはならない事態が増えている。個々のメーカー（窯元）が直接市場へ流通展開を図っていく場合、産地問屋が担っていた品揃えや在庫管理などを代替するのは困難である。単に、流通ルートを確保するだけでなく、メーカー（窯元）自ら消費者への情報提供や消費地問屋に対する価格交渉もおこなう必要性が生じている。

## 4　萬古焼メーカー（窯元）の実態

萬古焼は、元文年間（一七三六―四〇）に沼波弄山《ぬなみろうざん》が窯を開いたのが始まりである。作品にいつまでも残るようにと願いを込め、「萬古」、あるいは「萬古不易《ばんこふえき》」と銘を押したためである。萬古焼が地場産業して定着したのは明治期か

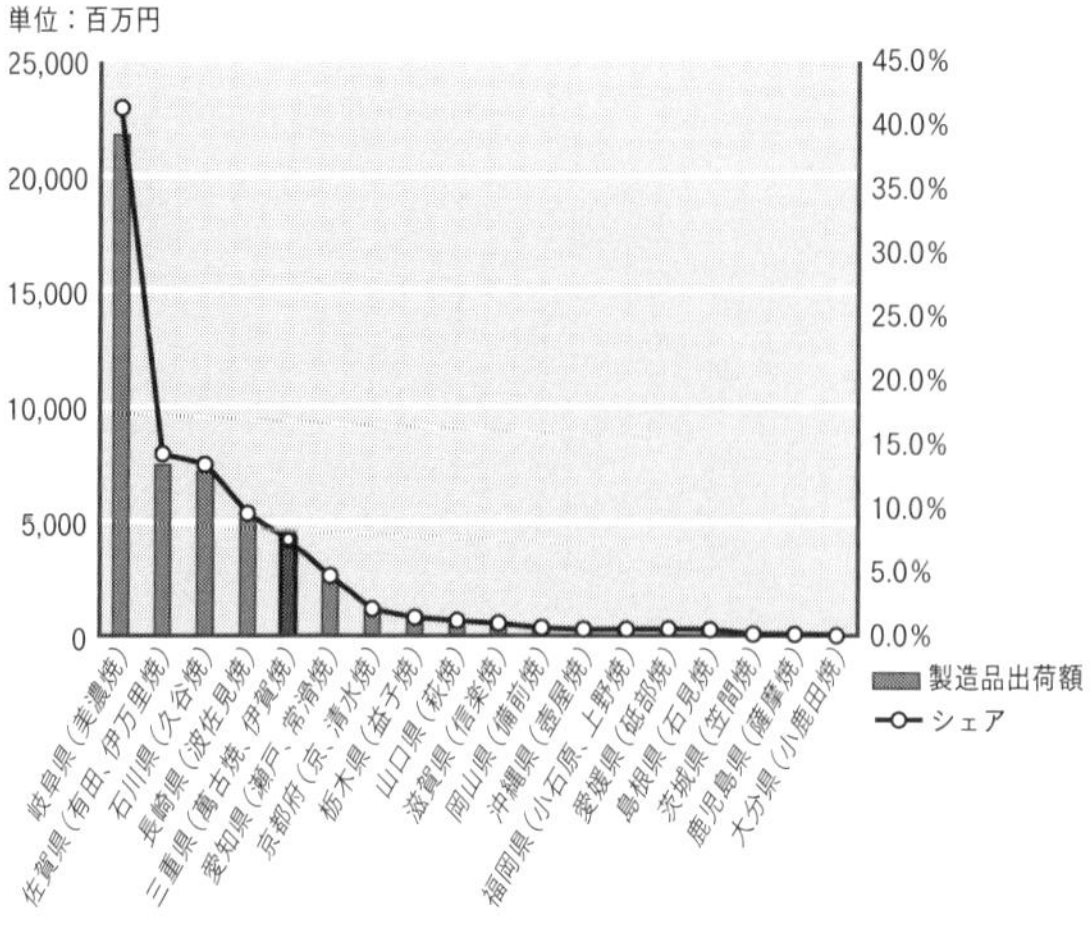


図４　平成 26 年度　都道府県別製造出荷額（出所：経済産業省「工業統計　食卓用・ちゅう厨用陶磁器製造業」）

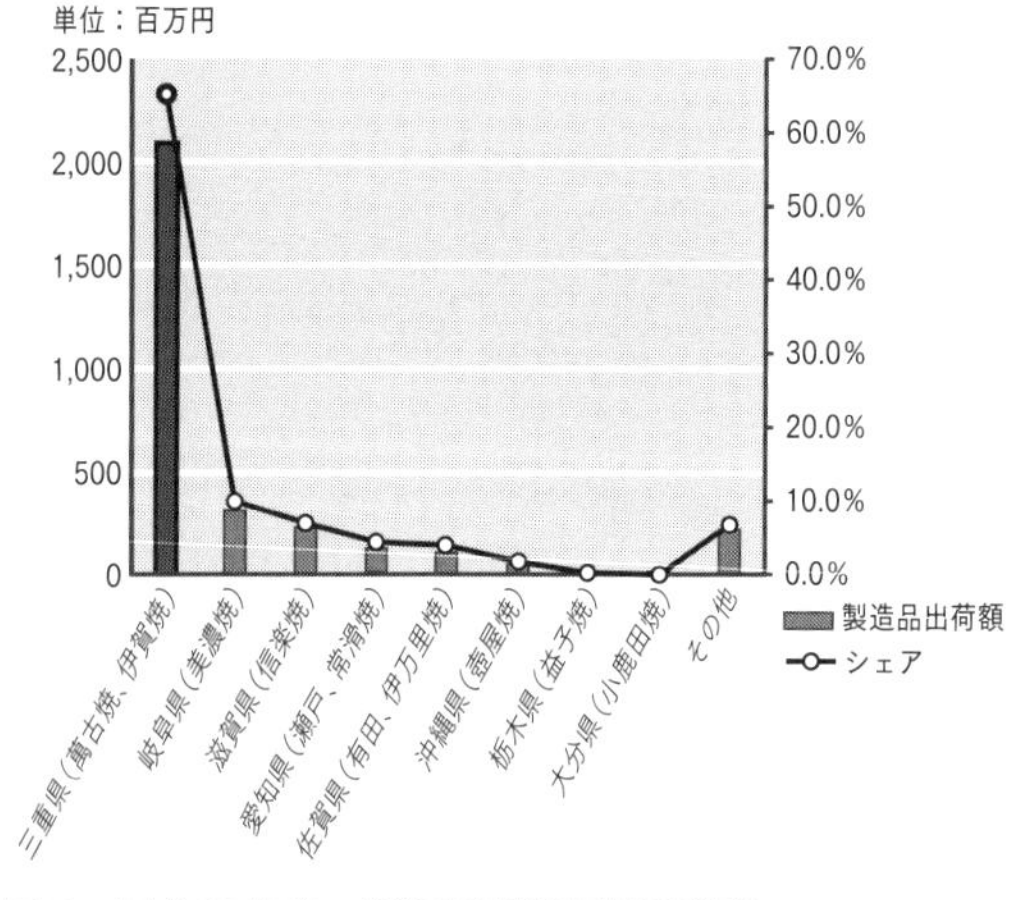


図５　平成 26 年度　都道府県別品目別出荷額
出所：経済産業省「工業統計　食卓用・ちゅう厨用陶磁器製造業」

らである。山中忠左衛門《やまなかちゅうざえもん》が四日市に窯を開き、量産を開始できるようになる。その後、機械化が図られ室内装飾品や食器類が大量に輸出された。

三重県内の主な陶磁器産地は、四日市市、菰野町を中心とした萬古焼、伊賀市を中心とした伊賀焼である。都道府県別製造品出荷額において岐阜県（美濃焼）、佐賀県（主に有田焼）石川県（九谷焼）、長崎県（波佐焼）について五位である（図4）。萬古焼産地を代表する製品は「土鍋」である。土鍋の生産シェアは、全国の六割を占める（図5）。四日市萬古焼の土鍋は、中心的メーカー（窯元）十社程度で生産している。萬古焼メーカー（窯元）の経営者年齢については、六十代～七十代で全体の半数以上を占める。

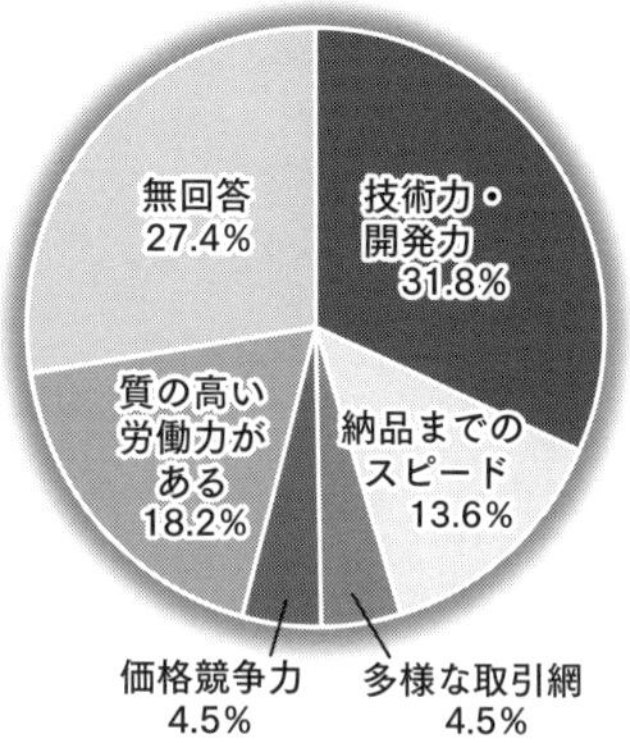

図6　経営上の強み（出所：萬古陶磁器工業組合員への実態調査結果）

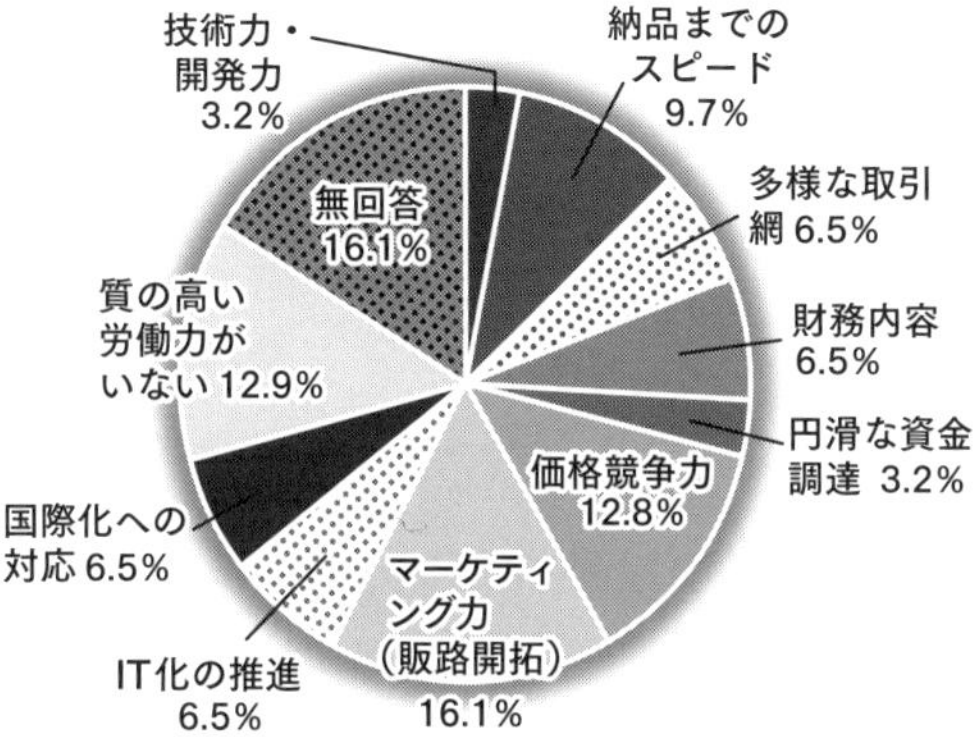

図7　経営上の弱み（出所：萬古陶磁器工業組合員への実態調査結果）

表1　販売ルート

| 内訳 | 合計 |
|---|---|
| | 割合平均 |
| ①産地問屋（1次卸） | 74.4% |
| ②消費地問屋（2次卸） | 9.2% |
| ③専門店 | 1.3% |
| ④小売店 | 3.8% |
| ⑤最終消費者 | 11.3% |
| 合計 | 100% |

（出所：萬古陶磁器工業への実態調査結果）

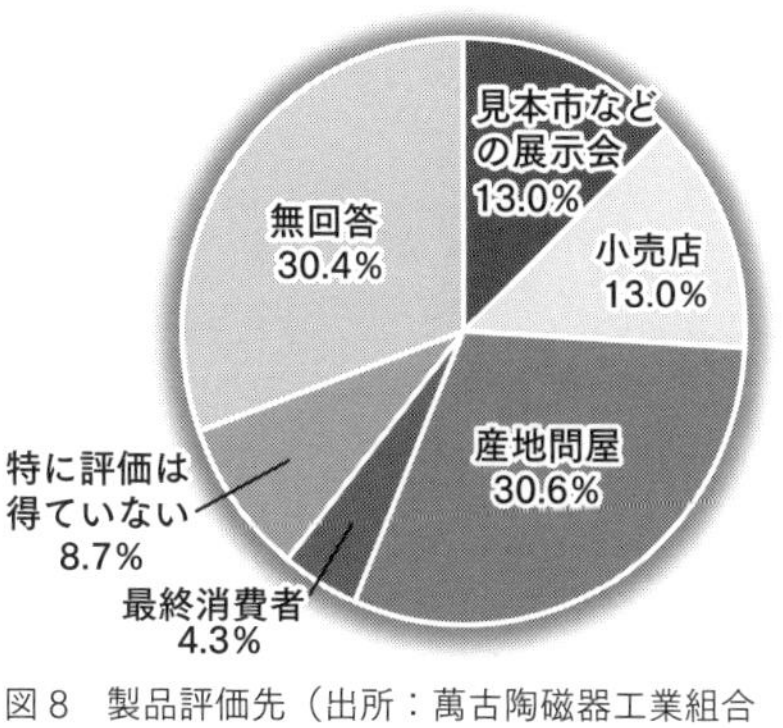

図8　製品評価先（出所：萬古陶磁器工業組合員への実態調査結果）

資本金は、一千万未満の企業が大半を占める。従業員数も十人未満の企業が半数を占める。[4] 経営上の強みは、技術力・開発力と質の高い労働力である（図6）。萬古焼産地メーカー（窯元）は、技術力・開発力を強みとしている。経営上の弱点は、マーケティング力（販路開拓）と価格競争力である（図7）。萬古焼メーカー（窯元）の主な販売ルート先は、産地問屋（1次卸）であり、伝統的流通構造に依存している。メーカー（窯元）から最終消費者への販売は全体の約1割程度である（表1）。製品を評価する相手先は、産地問屋が約三割であった（図8）。各メーカー（窯元）は、産地問屋の意向に左右される傾向にある。こうした要因によってメーカー（窯元）は、製造に特化しているが、販売を産地問屋に任せている。このため、自社製品を自ら消費者に訴求する見せ方・売り方が未熟である。

## 5　今後の「萬古焼」地場産業活性化のために

メーカー（窯元）の業績回復は、製造工程において付加価値を高めていかなければならない。これまでメーカー（窯元）が蓄積した技術力・開発力を活かした商品開発を進めていくことが重要である。技術力・開発力は、個々の企業によって違う。そのため、産地全体で共通した「技術力・開発力」の認識をもつ必要がある。共通した認識によって、他産地と差別化できる商品開発をおこなうことができる。

今後、地場産業が発展するためには、次の点が重要となる。第一に多様化する消費者ニーズへの対応である。消費者ニーズを把握するため、マーケティングに基づく製品開発、地場産品のあるライフスタイルの提案を消費者に対して積極的におこなうべきである。また、地場産業と地域の生活文化を結びつける必要がある。地場産品は、地域住民の生活文化向上に寄与するものにしていかなければならない。第二に人材育成である。産地全体で高齢化の進展問題と産業技術の高度化が進む中で人材確保と育成の重要性が増している。地場産業が新しい考え方を付加して長期的に発展していくには、人材育成を積極的におこなわなければならない。次世代の担い手たる「人材」育成・確保は今後の地場産業発展の重要な課題である。

注

（1）地場産業の定義については、山崎（一九七七）に依拠している。
（2）萬古焼という呼び名は、四日市萬古焼の他にも「桑名萬古」「松阪萬古」という呼び名も存在する。これらの名称は、主に作家が使用している名称である。本章では、萬古陶磁器工業組合員が製造する陶磁器を「萬古焼」としている。
（3）株式会社日本総合研究所（経済産業省委託事業）全国の産地——平成二十七年度産地概況調査結果、一五ページ
http://www.meti.go.jp/meti_lib/report/2016fy/000075.pdf 二〇一六年九月二十九日閲覧
（4）財団法人三重北勢地域地場産業振興センター（二〇〇九年三月）『三重北勢地域地場産業実態調査報告書』二—三ページ

参考文献

井上秀次郎『地域活性化のための地場産業研究』唯学書房、二〇〇四年
伊藤正昭「地域経済循環と地域産業における内発的活性化」『明治大学政治経済研究所政經論叢』二〇〇四年三月、三九—八七ページ
内山敏典『陶磁器需要創造のための現状分析』九州産業大学柿右衛門様式陶芸研究センター、二〇一一年
上野和彦『地場産業産地の革新』古今書院、二〇〇七年
上原義子「伝統的工芸品の現状とマーケティング課題について」『嘉悦大学研究論集』第五八巻第一号通巻一〇七号、

二〇一五年、八五―一〇五ページ
大木裕子「有田の陶磁器産業クラスター――伝統技術の継承と革新の視点から」『京都マネジメント・レビュー』第二一巻、二〇一二年十二月、一―二二ページ
小原久治『地場産業・産地の新時代対応』勁草書房、一九九一年
柿野欽吾「わが国陶磁器工業の構造」『経済経営論叢』第二〇巻第二／三号、一九八五年、八七―一〇九ページ
釜堀文孝「陶磁器産業の抱える問題について」『九州産業大学柿右衛門様式陶芸研究センター論集』第二巻、二〇〇六年三月、一―一六ページ
喜田昌樹「日本の陶磁器産業における市場多重性」『大阪学院大学企業情報学研究』第一三巻、二〇一三年十一月、二五―五五ページ
経済産業省製造産業局日用品室『生活関連産業（日用品）の高付加価値化に向けた提言』二〇〇七年一月、一―二一ページ http://www.meti.go.jp/policy/mono_info_service/mono/consumergoods/downloadfiles/kouhukakati_teigen.pdf 二〇一六年九月二十九日閲覧
経済産業省　工業統計　平成二十六年度版　品目別 http://www.meti.go.jp/statistics/tyo/kougyo/result-2.html　二〇一六年九月二十九日閲覧
黄完晟『日本の地場産業・産地分析』税務経理協会、一九九七年
下平尾勲「地場産業の構造変化と流通問題：有田焼産地の構造分析」『東北経済』一九七七年八月、三五―七七ページ
中小企業庁『中小企業白書』一九八〇年
中小企業庁『中小企業白書』二〇一四年 http://www.chusho.meti.go.jp/pamflet/hakusyo/H26/PDF/06Hakusyo_part3_chap1_web.pdf 二〇一六年九月二十九日閲覧
西浦尚夫「四日市萬古焼の産地再興について――四日市萬古焼が持つ価値考察について」三重大学大学院人文社会科学研究科修士論文、二〇一五年

松岡美根子「陶磁器産業におけるこれまでの研究と課題――一九七〇年代以降の研究事例を中心に」『駒澤大学大学院地理学研究』第三〇号、二〇〇二年四月、二三―二八ページ
満岡忠成『四日市萬古焼史』萬古陶磁器振興会、一九七九年
山崎充『日本の地場産業』ダイヤモンド社、一九七七年
山田幸三『伝統産地の経営学　陶磁器産地の協働の仕組みと企業家活動』有斐閣、二〇一三年

# 17 三重の林業——その歴史と現在

速水林業代表
速水 亨

三重の林業を私が書くことの意味は、私的「三重の林業」を書くことであると考える。インターネットには林業に関するさまざまなデーターや解説があふれているが、それらとは異なる自らの見解を加味して、三重の林業を書いてみたい。

三重県の民間林業が盛んな地域は、鈴鹿、伊賀、雲津川流域、櫛田川流域、宮川流域、熊野灘に面した尾鷲、紀北、そして熊野、紀南地域である。それぞれ古い林業地もあれば、比較的新しいところもある。その中で今回は、櫛田川流域の波瀬地域と尾鷲林業を選び、その歴史も含めて紹介したい。とくに自分自身が林業経営をおこなっている尾鷲林業地帯は日本の中でも非常に古い歴史を持ち、三重の林業の代表として説明するに値する地域である。

## 1 三重の林業地帯の特徴

三重県は県土の六四パーセントを森林が占めている。国内の六六パーセントと比べると若干割合が少ない程度である。しかし、林野庁が管理している国有林が森林全体に占める割合は、全国平均では三一パーセントだが、三重県では六パーセント強しかない。県市町村有林や私有林を意味する民有林が九四パーセントを占めており、三重は民間主導型の林業県であることがわかる。ここが大きな特徴と言っていいだろう。

国有林が多い場合、苗を植えたり下草を刈ったりする森林管理の仕事は国有林が対象となる。木を伐採し運びやすく、売りやすい長さに切って丸太にして木材市場や製材工場に運ぶ素材生産業も、国有林を中心に発達する。だから、国有林の占める割合が大きい地域の林業事業は、安定的に仕事がある国有林に依存することになる。また、国有林森林管理は国の予算で管理される公共事業であり、一定の仕様の基に作業される。そのためにその地域の森林管理の技術は国有林の影響を大きく受けることになる。

それに比べて、三重県の森林管理は民有林、とくに私有林での技術の発展が支えてきた。現在、三重県の森林の面積は三七万三千ヘクタールあるが、人が植えたスギやヒノキの人工林は二一万八千ヘクタールに上り、森林全体に対する割合が全国の四六パーセントに対し六二パーセントである。昔の人々がせっせと植えたことがわかるだろう。

林業は地域特性があり、気候の影響を受ける。三重県は南北に一八〇キロメートルの県土であり、日本海側の気候が影響する鈴鹿より北部、盆地気候の伊賀、伊勢湾の影響を受ける津市や松阪、海洋性気候の伊勢志摩、太平洋と二千メートルに近い山系に挟まれた高温多雨の紀州地域など、多様な気候である。鈴鹿の近くの御在所岳にはスキー場があり、紀州では温帯の南の植生の木性のヘゴシダの自生地の北限があり、そこから二〇キロメートルと離れていない大台ケ原には温帯林の北端の植生であるトウヒの純林がある。これだけ気候が多様なら林業はそれぞれ大きな違いがあると想像できるが、実はスギやヒノキを植える場合には、順応性の高い樹種であることもあり、気候による大きな違いはない。それよりは歴史的な違いが大きい。とくに尾鷲林業、香肌林業（飯高地区）それぞれの地域の林業は、香肌林業は松阪に河口を持つ櫛田川、尾鷲は海が極めて近いなど、運材の利便性が早くからの林業地を確立させた（図1）。

事実スギは北海道南部から本州すべて、屋久島まで広く植林されているし、ヒノキは福島や山形を北限に各地に植林されている。ところが日本三大人工林とはどこかと言うと、奈良県の吉野林業地帯、静岡県の天竜林業地帯、三重

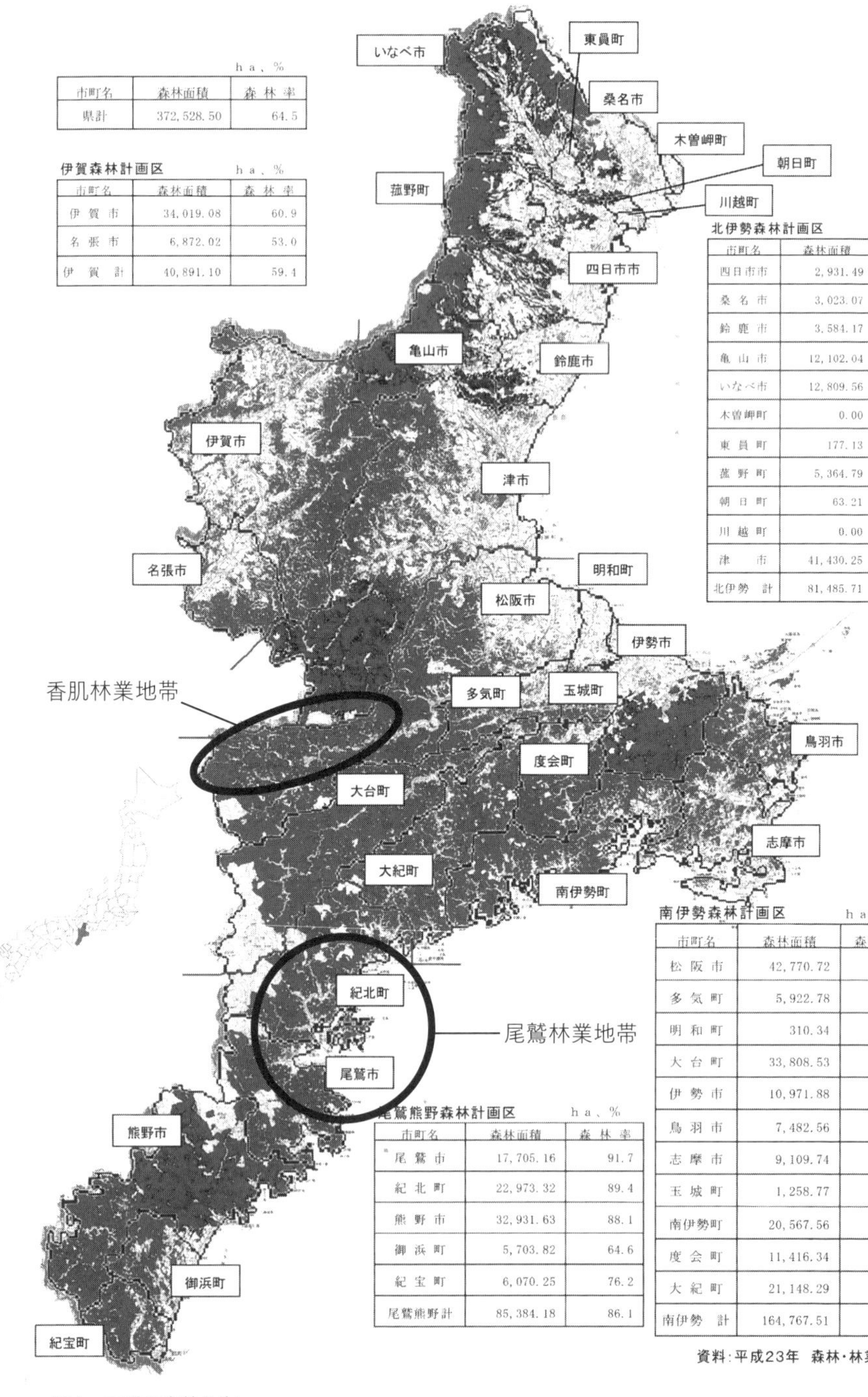


ha、%

| 市町名 | 森林面積 | 森林率 |
|---|---|---|
| 県計 | 372,528.50 | 64.5 |

伊賀森林計画区　ha、%

| 市町名 | 森林面積 | 森林率 |
|---|---|---|
| 伊賀市 | 34,019.08 | 60.9 |
| 名張市 | 6,872.02 | 53.0 |
| 伊賀計 | 40,891.10 | 59.4 |

北伊勢森林計画区　ha、%

| 市町名 | 森林面積 | 森林率 |
|---|---|---|
| 四日市市 | 2,931.49 | 14.3 |
| 桑名市 | 3,023.07 | 22.1 |
| 鈴鹿市 | 3,584.17 | 18.4 |
| 亀山市 | 12,102.04 | 63.4 |
| いなべ市 | 12,809.56 | 58.3 |
| 木曽岬町 | 0.00 | 0.0 |
| 東員町 | 177.13 | 7.8 |
| 菰野町 | 5,364.79 | 50.2 |
| 朝日町 | 63.21 | 10.6 |
| 川越町 | 0.00 | 0.0 |
| 津市 | 41,430.25 | 58.3 |
| 北伊勢計 | 81,485.71 | 44.8 |

南伊勢森林計画区　ha、%

| 市町名 | 森林面積 | 森林率 |
|---|---|---|
| 松阪市 | 42,770.72 | 68.6 |
| 多気町 | 5,922.78 | 57.4 |
| 明和町 | 310.34 | 7.6 |
| 大台町 | 33,808.53 | 93.2 |
| 伊勢市 | 10,971.88 | 52.6 |
| 鳥羽市 | 7,482.56 | 69.3 |
| 志摩市 | 9,109.74 | 50.7 |
| 玉城町 | 1,258.77 | 30.7 |
| 南伊勢町 | 20,567.56 | 84.6 |
| 度会町 | 11,416.34 | 84.6 |
| 大紀町 | 21,148.29 | 90.6 |
| 南伊勢計 | 164,767.51 | 72.3 |

尾鷲熊野森林計画区　ha、%

| 市町名 | 森林面積 | 森林率 |
|---|---|---|
| 尾鷲市 | 17,705.16 | 91.7 |
| 紀北町 | 22,973.32 | 89.4 |
| 熊野市 | 32,931.63 | 88.1 |
| 御浜町 | 5,703.82 | 64.6 |
| 紀宝町 | 6,070.25 | 76.2 |
| 尾鷲熊野計 | 85,384.18 | 86.1 |

資料:平成23年　森林・林業経営室

図１　三重の森林分布

県の尾鷲林業地帯となる。これらはいずれも国内の最も古くからの人工林地帯でもあった。つまり三大人工林地帯はすべて運材の利便性が前提で人工林林業が発展してきたのである。吉野を流れる川は和歌山市を河口に持つ紀ノ川につながる吉野川、天竜は字のごとく天竜川、では尾鷲林業はと言うと、大きな川はないが海がすぐ近くで、小さい川を小さい筏で海まで流し、その後は船に積んで江戸まで まっしぐらだ。林業が成り立つのは昔も今も木をスムーズに運べるかが大事であり、三重の林業地帯の発展もまさにこれであった。

三重県の林業は隣に吉野林業があることで、強く影響を受けている。とくに香肌林業は、西にそびえる高見峠を奈良県側に越えるとそこには東吉野という、日本で最も集約的なヒノキの林業地帯であり、日本一と言われたヒノキの無節の柱用材の丸太生産地域がひかえる。高見峠は大和と伊勢とを結ぶ参宮街道であり、紀州藩の参勤路でもあった和歌山街道の重要な峠であり、古くから峠の両側の人々の行き来は多かった。香肌林業は、この高見峠の東側の櫛田川上流の波瀬地域に、地域の素封家であった田中家が十八世紀の当初から吉野にならい地域の仕事をつくることを目指して、ヒノキ植林を始めたことが始まりである。東吉野の極めて丁寧な枝打ちをはじめとした育林技術を普及させ、三重県では有数の林業地になった。この地から生産される木材によって櫛田川下流の松阪が全国指折りのヒノキの集散地となる核となった。

三重県の南部は和歌山県を中心として治めていた紀州徳川藩の領地とされていた。紀州藩は、現在の和歌山県も含んだ紀州地域には田畑に使える土地が少ないことから、山林を有効に使おうという産業政策をとり、広大な森林からの木材利用と製炭業を推奨した。リアス式海岸であることから良港が多くあり、元来漁業が重要な産業であったが、背後に広がる森林とも密接にかかわり、さまざまな山の恵みを利用していた。

製炭は古くから紀州に存在していたが、紀州藩は炭を専売として各地に仕入れ方を配置して重要な産業として育成した。とくに紀州で生産される備長炭は、現在でも最も高級な白炭として、茶道にはなくてはならない炭である。差別化が求められる飲食業でも備長炭で焼く料理は多い。このマーケットも小さいながらしっかりと確立されている。

しかし、炭自体は昭和五十年代に大きく下落して、全国各地にあった製炭業は瞬く間に消えてしまった。

備長炭は比重が一・〇前後と極めて硬くて重いウバメガシを使って焼く。ウバメガシは和歌山県から三重県の南部の紀州の海岸林に多く分布し、内陸部でも純林をつくることもある。備長炭の製炭にはこのウバメガシを伐採して、その切り株から芽が出るようにして森林を循環させる萌芽更新を誘導するように丁寧な管理をおこない、ウバメガシ林を維持し続けるようにしていた。

ウバメガシだけでなく紀州地域には、堅炭を焼くことのできるシイ、カシ類が豊富な広葉樹林が多くあり、これを伐採して製炭した。いまでも紀伊半島の内陸部ではたくさんの炭焼き釜の跡を見ることができる。必ず水のある谷の近くに窯がつくられて、そのわきには人々が生活した住居の跡もある。

紀州藩は積極的に製炭を推奨するとともに、紀伊半島の天然林からのスギ、ヒノキの建築用材も伐りだした。これを紀州藩は大坂や江戸に船を使って運搬した。つまり紀州藩は当時の土木建築用材も燃料の炭も押さえていたとも言える。その後、紀伊半島は尾鷲林業地帯を含んで「紀州木の国」と言われた。深部は吉野林業地帯であり、林業の古い歴史と人工植林、育林の盛んな地域となっていった。一六〇〇年代の後半から一七〇〇年代前半に活躍したと言われる紀伊国屋文左衛門は、紀州と江戸を海路を使ったミカンの商いなどで蓄えた財で材木商となり、富豪となったという。この話は創作とも言われるが、紀州と江戸を結ぶ海路、そして木材の関係を表す話である。

三重県南部、とくに海に面した尾鷲地域も、個人の製炭が盛んにおこなわれたが、尾鷲の素封家の土井家は三百九十二年前の寛永元年（一六二四）には初めて用材生産を目標としたスギの人工造林を始めた。この産業的な人工造林の歴史は吉野に次ぐ古さである。土井家は製炭にも力を入れて産業的におこなった。紀州藩はこの製炭や林業を盛んにするために「一代植え出し権」を認めて、薪炭用材を伐った後にはスギ、ヒノキを植えれば、その木の一代に限り民間の所有を認めた。

土井家は海運なども含めて商業で大きな資本を蓄積し、それを製炭含めて林業に投資したことで尾鷲林業は大きく

表1　尾鷲組九か在　移出産物・市送先等（年号不明）

| 品目 | 金額（両） | 仕送別金額（両） | 人 |
|---|---|---|---|
| 木炭 | 600 | 江戸 500、名古屋 100（窯数 25、1 窯 24 両ずつ） | 14 |
| 杉丸太 | 1,300 | 江戸 300、大坂・名古屋・伊勢 1000 | 21 |
| 杉槫　杉皮小割物　樽丸　檜なわ | 300 | 大阪 200、名古屋・伊勢 100 | 6 |
| 鰹節 | 1,200 | 江戸 500、大阪・名古屋・伊勢 700 | 23 |
| 塩物類 | 250 | 名古屋・伊勢 250 | |
| 干物類 | 400 | 江戸 80、大阪 100、伊勢・名古屋 220 | |
| 計 | 4,050 | | |

笠原六郎『尾鷲林業の成立と展開』三重大学農学部演習林報告書より

発展した。この地域では土井家だけでなく海運が非常に盛んで、江戸だけでなく大坂、名古屋、伊勢などをつないでいた。十八世紀あたりの取引の一例を見ると、林産物と海産物が同程度であることがわかる。注目すべきはスギ丸太の販売先で、伊勢が比較的大きな数字で出てくる。これは伊勢の大湊で盛んであった造船用材の納入であることが容易に予想できる。「桧なわ」とあるのは、ヒノキ材を細く細かく裂いて、それを撚ったロープである。水をはじく性質で、水中に入れても柔らかくならないこともあり、船を係留したり錨縄に使ったりと船舶に使われた。伊勢の大湊は三世紀から造船が盛んで、室町時代には九鬼水軍の船がつくられ、安土桃山時代に九鬼水軍に鉄鋼船を納めている。江戸時代初期にはベトナムまで渡る船をつくる技術を誇ったが、大湊は宮川の河口部にあり、大台ケ原を源とする宮川流域は深い森林地帯で、そこからの木材が入手しやすく地の利を得て大湊が発展したと言われるが、実は尾鷲林業地帯は大湊の造船に木材を供給する重要な産地だったこともわかる。海に面した尾鷲の森林から船で大湊に輸送することは、深い渓谷が続く宮川を筏で河口まで流送することとその労力はあまり差がなかっただろうし、また人工林で生産される木材の使いやすさも価値があったに違いなかったことが想像できる（表1）。

尾鷲林業は江戸に向かって建築用材を供給するとともに、樽丸と言われる樽をつくる大径木のスギの生産もおこなわれた。近世の尾鷲林業の特徴である密植集約作業は明治の中期まで待たないとおこなわれず、当初は比較的粗放な森林管理であった。

また、初期はスギを植えていたがそれが次第にヒノキに変わっていった。このことをもって一部の学者は「尾鷲は短伐期を繰り返したことで林地の養分がなくなりスギに比べてより痩せ地に適したヒノキに変わっていった」と伐期の短い林業の負の部分を強調した。しかし、より水分と養分を好むスギから、乾燥に比較的強くスギに比べれば痩せ地に育つヒノキが増えていったのは事実だが、それは初期の造林が地力も水分も多い山腹の下部の崩土地帯に植えられたからスギが選択されたのであり、植林地が上方に移動するにつれてヒノキの適地になっていったと考えた方が正しいだろう。私の林地でもすでに二百年以上、スギやヒノキを植え続けているが、とくに回数を重ねたから成長が顕著に衰える状況にはない。これは一部の高名な林学者がそのような見解を出したのが、そのまま流布されたと考えて間違いないだろう。林業にはその検証に時間がかかるということもある。長期の検証が必要な研究があまりおこなわれてこなかったことも原因の一つであろう。

## 2 尾鷲林業の変遷

表2の「尾鷲林業の変遷」は、尾鷲林業のトピックを時系列に追ったものだ。十六世紀には熊野地域や尾鷲地域の天然林からのスギやヒノキの木材が熊野材と呼ばれて大坂城の築城に使われて、十七世紀には奥熊野として尾鷲地方が認識されて、尾鷲林業の祖である土井家も居を構えている。人工林林業もこの時期を境に拡大していったと考えてよい。十八世紀は海路の盛況から販路拡大が起こり、製炭も盛んになった。ちょうど十九世紀に変わらんとするときに速水家も今の場所に居を構え、漁業と林業を開始している。その後、尾鷲林業の育林の特徴である短伐期と密植が始まり、スギとヒノキの混植もされた。明治に入ると次第に伐期は短く植林は密植になり、一万本を一ヘクタール植えて、本末同大のひょろっと真っすぐな丸太が育てられた。藩政から明治政府の県制度になったこともあり、森林の政策は保護政策が強くなってきている。また、さまざまな森林関係の民間の動きも盛んになり、尾鷲では土井家が製材工場をつくったりしている。

大正時代に入り伐期は四十年になった。このとき、尾鷲では釣瓶式の架線による運材が始まっている。その後尾鷲

表2　尾鷲林業の変遷

| 年号 | 西暦 | 記事 |
|---|---|---|
| 天正11年 | 1583年 | 大坂城築城に熊野材を用いる |
| 寛永年間 | 1624~1643年 | 土井家が尾鷲に移住しスギヒノキを人工植栽する |
| 寛永13年 | 1636年 | 奥熊野山林定書を交付し山林の保護を強制する |
| 明暦3年 | 1657年 | 紀州藩が「御仕入れ方」を作り林業の推奨 |
| 元禄15年 | 1702年 | 御仕入れ方木炭生産を推奨、熊野炭の評価が高まる |
| 明和年間 | 1764~1771年 | 海路が盛んになり、林産物の販路が拡大し製炭植林が盛んになる。スギの疎植で大径木生産を狙う。60~70年伐期 |
| 寛政11年 | 1799年 | 現在の速水林業の速水家が引本に移住し林業を始める |
| 喜永年間 | 1850~1853年 | 木材需要の拡大で伐期が40~50年に下がり、スギヒノキの混植、比較的密植になる |
| 明治年間 | 1868~1912年 | ヒノキの植栽が盛んになり、10,000本/haの密植となった |
| 明治2年 | 1869年 | 「仕入方」廃止 |
| 17年 | 1884年 | 民有山林取締準則を定め、山林保護取締を強化 |
| 24年 | 1891年 | 尾鷲港山林物産改良組合が設置 |
| 34年 | 1901年 | 土井家国市製材工場を創設。土井家により釣瓶式架線より木材搬出が始まる |
| 大正年間 | 1912~1925年 | 伐期が40年前後となる |
| 大正元年 | 1912年 | 尾鷲索道株式会社設立 |
| 12年 | 1923年 | 関東大震災発生。その後「尾鷲桧は強い」と評判になる |
| 昭和4年 | 1929年 | 尾鷲小原野軌道敷設 |
| 9年 | 1934年 | 紀勢東線が尾鷲まで開通し県北部と繋がる |
| 16年 | 1941年 | 尾鷲森林組合設立 |
| 19年 | 1944年 | 紀北森林組設立 |
| 40年 | 1965年 | 海山町森林組合設立 |
| 平成2年 | 1990年 | 南尾鷲森林組合設立。9月19日台風19号による風倒被害が広く発生 |
| 8年 | 1996年 | 地域の4つの組が合併して森林組合おわせ設立 |
| 12年 | 2000年 | 速水林業が日本で最初の国際的な森林環境認証FSCを所得 |
| 28年 | 2016年 | 伊勢志摩G7サミットのテーブル等に尾鷲ヒノキが使われる |

参考：三重県のサイト　尾鷲林業の沿革 http://www.pref.mie.lg.jp/ONORIN/HP/38701024113.htm
濱本貴章『架線運材技術における「改良」による近代化』林業経済

索道株式会社ができている。

木材の搬出に関して、尾鷲林業は注目すべき地域であった。人工林化が早く進んだこともあり、木材の運材技術が進んだ。固定架線が一九〇一年以降尾鷲林業地帯を中心に熊野地域も含めて一九六〇年代まで十カ所程度つくられている。一九二〇年代から三〇年代の森林軌道（トロッコ）、その後トラック輸送がおこなわれるようになると、その多くは撤収されたが、大又索道は一九六三年まで動かされた。とくに当地には三重県で少ない国有林もあり、固定索道や森林軌道がこれらの国有林材の運材にも使われたが、主として民有林の運材に使われた。民有林人工林からは天然林からの木材に比べて細い木材を搬出するために、簡易な索道技術も普及した。初期は鉄線を張ってそこにかぎ状の木に丸太を吊り下げて滑り落とす「とばし」と言われた鉄線架線から、ワイヤーと滑車を使って搬出に発展し、下りの荷物が掛かったワイヤーに掛かる重さと、上りの空荷の重さの差を使ってつるべ式に搬出したのである。このような技術を使う搬出者の集団が育っていった。その後動力集材機ができると、尾鷲に尾鷲滑車と呼ばれる精度の高い滑車をつくる鉄工所ができたこともあり、高い技術が生まれた。戦後は全国に搬出の指導に出かけている。

尾鷲林業は戦時中に南洋の飛行場をヒノキの厚板でつくるなどということで、大径木のヒノキが政府の強制伐倒の対象となった。前述のように当地は海が近いこともあり、大径木を運搬、輸送しやすかった。このときに搬出の便利な百年以上の林分《りんぶん》の高齢樹はほとんど伐採されてしまった。

戦後の復興期は全国で木材が求められ、また前線から復員してきた方々の就業の場所として林業界は積極的に雇用した。木材価格は上昇し林業での雇用も多数に上り、山村地域は林業で栄えた。尾鷲林業に限らず三重県の山間地域の集落はそのおかげで豊かになったのである。また、松阪は木材の集積地としての機能を高め、木材市場が複数存在する林業の街となった。

尾鷲林業地帯にも多くの製材工場が存在し、高品質材のヒノキの柱を関東中心に販売して、全国的にも製材技術の進んだ地方となった。経済の成長とともに林業と製材業は両輪となり尾鷲地域の経済をけん引した。

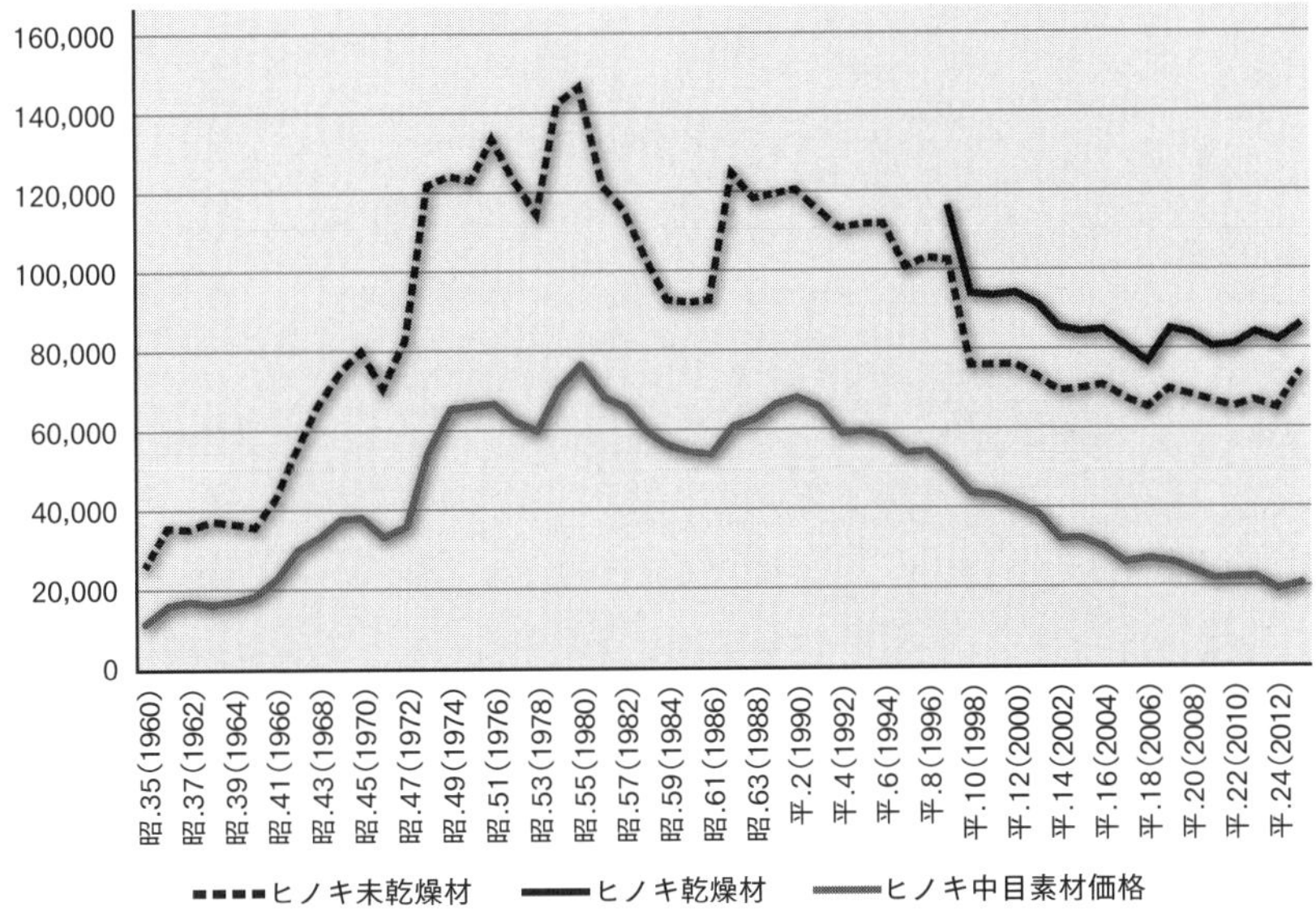


図２　ヒノキ10.5㎝正角材、中目素材価格の推移

全国的に見ると戦時中に伐採された林業地の森林やその後植林された新しい森林では、旺盛な木材需要にまったく応えられず木材は不足物資となり、とうとう一九六四年には丸太の関税はゼロに引き下げられて、丸太輸入は自由化された。

それでも一九八〇年までは木材価格は上昇し続けた。しかし同時に人件費の上昇のスピードははるかに速く、林業の収益性は下落していった。一九八〇年をピークに円高とともに木材価格は下落傾向に入り、木材価格の上昇で人件費の上昇をどうにか補っていた林業は急速に厳しくなっていった。

## 3　持続可能な森林管理へ

このような中で、三重県の林業が生産する木材は比較的良質材が多く、輸入材との棲み分けがうまくいったこともあり、全国的に見れば厳しい中でも比較的高く維持してきた。しかし次第に新築住宅の洋室化は進み、和室で必要な役物と言われる表面に節の少ない、あるいは節のない柱の需要は急激に下がり始めていた。

一九九四年に発生した阪神淡路大震災は多くの木造住宅が倒壊したと言われた。実際には鉄筋コンクリート造りのビルも倒壊していたのだが、圧倒的に数の多い木造住宅の倒壊は目立ったのである。その後は同じ太さでは無垢の柱より強いと言われた集成材を使う住宅建築が、大手住宅メーカーを中心に一気に広がり、ますます木材価格は下落した(図2)。その後、二〇〇一年の国の森林林業基本法の改正で二酸化炭素の吸収を目的とする間伐政策が強力に推し進められた。同時期に三重県では国に一年先駆けて森林の育成目標を森林ゾーニングという形で決定した。大きくは生産林、環境林と分けられており、環境林は二十年間の皆伐禁止と、多様な森林への将来の転用を義務化する代わりに百パーセントの公的予算での間伐をおこなった。極めて先進的な取り組みであったが、その後運用の間違いや一部のモラルハザードもあり、必ずしも成功したとは言えない。先進的な取り組みが高く評価されているからこそ、その後の展開のルーズさは惜しまれる。

三重県は製材工場の比較的多い県に入る。一九六〇年代の前半の全国の製材工場は約二万五千工場あり、そのうち三重県は一九六三年には八三三工場あった。それが一九九〇年になると全国は一万六八一一工場、三重県では七五三工場あった。二〇一三年のデーターを見ると三重県では二五三工場に減少している。林業の不景気は製材工場の減少にもつながっている。

二〇〇四年には松阪に複数あった原木市場が一つに統合され、ウッドピアと呼ばれる場所にまとまった。そこに最終的には住宅部材まで扱う木材総合流通協同組合がつくられて、三重県の木材流通の核となった。

山側では一九九〇年に紀州地域を台風十九号が襲い、強風で大量の風倒木を生じさせた。また二〇〇〇年に速水林業が森林の世界的な森林認証制度であるＦＳＣ認証を日本で最初に取得した。その後県内に森林組合を中心にＦＳＣ取得が進み、全国でトップの件数となったが、行政がこのＦＳＣ認証をうまく使い森林管理の水準を高めたり、市民の共感を得る仕組みをつくったりする工夫をうまくできず、その後多くの森林組合はＦＳＣ認証の継続を放棄する事態となった。現在は尾鷲林業地帯や一部の宮川流域でＦＳＣ認証が続いており、二〇一六年の伊勢志摩Ｇ７サミットでは机などほとんど木材製品が尾鷲ヒノキのＦＳＣ認証材でつくられた。

現在の三重県の林業は長期の木材価格の低迷が影響し、古くからの林業家が森林を手放す事態に陥っている。また伐採可能な樹齢に達した森林が皆伐されても、その後の植林がされていない状況が多く見られて、行政はその対策がうまく打てない状況にある。「みえ森と緑の県民税」を二〇一四年から始めているが、県民の負託に耐えられる林政をどのようにおこなっていくか、森林関係者の責任は重いものがある。

今後三重県の森林は、生物多様性に配慮しながら、持続性を持った森林管理をおこなうべく、先進的な取り組みをおこなっていく必要がある。国も県も厳しい財政の中で、いかに科学的で合理的な森林の環境管理技術を多くの関係者の協力を得ながらつくりあげていくことが課題である。

# 18 御木本幸吉と真珠養殖

ミキモト真珠島 真珠博物館長
松月清郎

## 1 真珠養殖業の概要

三重県はアコヤガイによる日本の真珠養殖発祥の地である。一八九三年（明治二十六）、御木本幸吉の半円真珠養殖成功以後、さまざまな技術革新があり、大正、昭和初期と志摩南勢地域を中心に養殖業者が生産に携わった。戦後には日本の経済復興の一助として養殖真珠は期待され、海外輸出が盛んになったが、昭和四十年代の過剰生産が躓きの石となり、その後、生産は減少、新しい漁場を求め、多くの業者が県外に転出するなど真珠養殖の勢力地図は塗り替えられ、三重県の生産者は試練の時を迎えることになった。

平成になっても新たな脅威として新種の赤潮プランクトンの発生や、原因不明の貝の斃死が起こり、また、海外養殖による真珠の多様化が盛んとなって、日本のアコヤガイ真珠のブランド力低下が憂慮される事態を招いた。

図１　アコヤガイと養殖真珠

三重県は真珠養殖業者の数で五百三十二と日本で一番多い（二〇〇八年）。だが、生産高では愛媛、長崎に次ぐ第三位に甘んじている。その業者数も昭和五十年代と比較すると半減している。

## 2 天然真珠の利用

日頃、私たちが目にする真珠のほとんどすべては養殖真珠であり、それらは主に装身具として利用されている。丸く、粒が揃って均一な輝きを見せる真珠のイメージは養殖真珠が登場してからのもので、品質において、それ以前の天然真珠を凌駕するものといえる。その代償として、私たちは希少性という、宝石にとって大事な要件を犠牲にしたが、それは一般社会への普及と表裏一体であった。

美しい真珠は貝殻の内面に光沢を持つ貝から取れる。海産ではアコヤガイ、クロチョウガイ、シロチョウガイ、アワビなどが知られていて、これらを総称して真珠貝と呼ぶ。また、河川ではイシガイ科の貝にこのような光沢があり、天然真珠を見出すことがあった。これらの貝は世界中の海や河川に生息しており、それぞれの地域で採集がおこなわれ、独自に真珠と人との関わりが演じられてきた。

図２　アコヤガイの天然真珠。１〜２ミリ程度で、形もさまざま

日本に限っていえば、古来よりアワビは食用あるいは神饌として幅広く利用されており、その中からごく稀に真珠を見出すことがあったと考えられる。また、アコヤガイは食用としては必ずしも重要ではなかったが、その中に育まれる真珠は高く評価された。平安時代の『延喜式』によれば志摩国の税として年間千個の真珠が求められたほどであった。

しかし、宝飾品として真珠を利用した例は日本にはなく、鎮壇などの儀式用や輸出品、あるいは薬品として消費されたと考えられる。

## 3 御木本幸吉と真珠養殖

御木本幸吉は一八五八年(安政五)、鳥羽のうどん屋「阿波幸」の長男として誕生した。幼名吉松は鳥羽で三番目の金持ちになることを夢見て商人を目指したという。なぜ三番目かというと、一番と二番は大変な分限者で、幼い吉松にとっては雲の上の存在だったからだ。家業の手伝い、青物の行商から始めて、二十歳で家督を相続、米穀商人として立った。

幸吉が真珠と出会ったのは視察で訪れた横浜だった。海産物の取引を実見し、その道に進む決意を固めた。さらに真珠が高値で取引される様子を見て、興味を覚えた。真珠は志摩の特産で、海産物のひとつでもある。幸吉は鳥羽に戻り、海産物商として活動を開始するが、真珠の商品特性と魅力が脳裏に焼き付いた。

真珠は主にアコヤガイの中に見出される。海女がその採集にあたっていた。江戸時代を通じて真珠の主な利用方法は薬種で、伊勢あるいは志摩真珠の名称で需要があった。幸吉が横浜で見たのはこの薬種用の真珠だったが、なかには大きく整った形状のものもあり、それらは宝石の価値を評価され、法外とも思える価格で取引されていたという。

図3　箕作佳吉　1857年(安政4)～1909年(明治42)

やがて海産物商の幸吉のところに真珠の注文が入るようになり、その仕事を通じて真珠を見る眼力と人脈を養ってゆく。だが、アコヤガイは乱獲のせいで、産額は減少し、このままでは志摩の真珠の将来はないと幸吉は危惧した。志を同じくする人々と語らい、大日本水産会幹事長であった柳楢悦の協力を得て、アコヤガイの増殖を図る。発生間もない稚貝を集める付着装置を海中に設置することで貝の確保の目処はついた。だが、それは真珠を得ることと同じではない。当時、数千個のアコヤガイを開けて数個の真珠が出れば良いとされていたほど、真珠採取は無駄の多い仕事だった。幸吉はすべての貝から真珠を得ることはできないだろうかと考える。

柳楢悦が箕作佳吉を引き合わせた。東京帝国大学の水産動物学教授で、西洋の最先端の知識を身につけた人物だった。上京した幸吉は三浦三崎の臨海実習場で箕作の教えを乞う。当時まだ、真珠の成因は解明の途中にあった。箕作佳吉は真珠を半分に割り、幸吉に示した。そして中心に芯のあること、その周りを真珠質という結晶が層状に形成されていること、砂粒など円いものを貝の体内に入れれば、それを芯にして真珠ができる可能性があること、だが、誰も成功していないことなどを説明した。幸吉は箕作の研究室に入る前から、自分がそれに挑戦することを心に秘めており、訪問は決意を固めるための確認だったかも知れない。箕作は協力を約束し、幸吉は鳥羽に戻り、貝の中に真珠の芯となるものを入れる実験を開始する。

図４　幸吉が最初に手にした真珠は貝殻の内側に付着した半円形だった

御木本幸吉が最初の養殖真珠を手にすることができたのは、実験開始から三年を経た一八九三年（明治二十六）の七月だった。場所は鳥羽湾内の相島、現在のミキモト真珠島の海岸である。初めての真珠は貝殻内面に付着した状態の半円形だった。幸吉は膨らみの部分を切り取り、裏側を磨いた貝殻で覆って「半円真珠」として売り出す。ヨーロッパの装身具に使われていた真珠も丸い天然真珠を半分に切り、球面を上にセットしたものなので、養殖の半円も同様の利用が期待できる。幸吉はこの新しい商品を引っ提げて一八九九年（明治三十二）、東京に出店。国内外で開催される博覧会に積極的に出品し、養殖真珠の魅力を訴求して外貨の獲得に奮闘する。

御木本幸吉は真珠養殖の拠点を英虞湾内の多徳島に置き、一族あるいは気心の知れた人間を職員として採用した。養殖場長に義弟の久米楠太郎を充て、真円真珠の完成を目指して研究者を招聘するなど、事業体制を整えた。明治の終わりから大正にかけて南勢に漁場を開拓、中心となる五ヶ所養殖場は最盛期に一千万貝、作業員は千人を数える規模にまで成長した。

## 4 御木本真珠店と金細工工場

東京に出た幸吉は店舗を銀座の表通りに置き、御木本真珠店として営業を始める。当初は養殖の半円真珠と天然の小粒の真珠を扱った。

東京で活動を開始した頃の幸吉の様子は『穂積歌子日記』で知ることができる。歌子は澁澤栄一の娘で夫の穂積陳重は幸吉に養殖の助言を与えた箕作佳吉と同じ東京大学で教鞭を取る法学者だった。最初はこうした人脈を通じて販路を広げたことがうかがえる。

「午前御木本考（幸）吉養殖真珠持ち来る。箱共借りおきたり。」（明治三十二年十月二日）

「御木本来りたれば先日の真珠二個の内一個は返し、別に小四個購ひ増、金十二円遣わしたり。」（明治三十二年十月九日）

「午前三（御）木本来る。養殖真珠大粒九個求めおく。深川阪谷等へ分つべしと思ふ。一個代九円、合計八十一円、内四十円渡し置く。」（明治三十三年二月二十八日）

「昼頃御木本来り、所々へ世話したる礼申したり。」（明治三十三年五月四日）

こうした記述から当時の養殖真珠の価値がわかり、幸吉の営業姿勢などが鮮やかに浮かび上がってくる。

素材としての養殖真珠を装身具に利用する。そうして付加価値をつけて独自の商品展開をおこなったことが、御木

図5　御木本幸吉　1858年（安政5）〜1954年（昭和29）

本のブランド戦略の第一歩だったといえるだろう。デザインから細工まで一貫した装身具製造で、商品には自社の商標として貝殻の中にMの字を配したマークを刻印し、他店との差別化を図ることにした。

そのきっかけは一九〇二年（明治三十五）だった。エドワード七世の戴冠式に明治天皇の名代として渡英する小松宮親王殿下は御木本の養殖真珠をお買い上げになり、それをパリで装身具に加工して先方への土産とした。帰国の後、幸吉は宮一行が持ち帰ったイギリスの装身具を見る機会を与えられた。素材ではなく製品として世に問わなければ、日本の養殖真珠はいつまでたっても世界の舞台に上がれない。痛感した幸吉は、懇意の錺職に装身具制作を依頼、一九〇七年（明治四十）に工場を買収して御木本金細工工場を創設した。

一九一〇年（明治四十三）、第二代工場長に就任した小林豊造は自ら欧州に出張し、ダイヤモンドのカットと研磨技術を積極的に導入、完成度の高い装身具づくりを目指して指導をおこなった。

## 5　事業家としての幸吉

幸吉の興した御木本真珠店は図案部門を置き、独自のデザインによる商品を展開した。一九〇七年（明治四十）から発行されたカタログ『真珠』には、和装の帯留や髪飾り、洋装のブローチ、ペンダントなどさまざまな種類の装身具が掲載されている。

幸吉は「博覧会男」と異名を取るほどに博覧会を活用した。マスメディアの発達していない当時にあって、博覧会に出品することは最良の広報手段だったといえるだろう。明治後半からセントルイス、リエージュ、シアトル、ロンドンなどに店員を派遣し、ブースで養殖真珠の説明に当たらせている。同時にアイキャッチャーとしての工芸品を制作、話題を掻き立てる事にも余念がなかった。たとえば一九一〇年（明治四十三）のロンドン博覧会には真珠で飾った「軍配扇」を展示、一九二六年（大正十五）のフィラデルフィア博覧会には貝細工の「五重塔」。一九三三年（昭和八）のシカゴ博覧会に「ワシントン生家」、一九三九年（昭和十四）ニューヨーク博覧会には「自由の鐘」を出品している。こうした作品には貝工芸とともに養殖真珠がふんだんに用いられており、天然真珠の希少さを知る欧米の人々にとってはおそらく目を疑うようなオブジェだったに違いない。幸吉の積極的なプロモーション活動を通じて、日本の養殖真珠はその存在を知られるようになったといえる。海外支店もロンドンを皮切りにニューヨーク、ロサンゼルス、ボンベイ、パリ、シカゴ、サンフランシスコと展開された。

一九二四年（大正十三）一月に挙行された昭和天皇の婚儀に際して、調度品は国産が奨励され、たとえばピアノは山葉、皇族の公式行事に必要なティアラなどの装身具は御木本が製作を受け持った。一九一四年（大正三）、上野公園で開催された大正博覧会に御木本真珠店はティアラを出品して名誉大賞牌を受賞しており、こうした金細工の技術が評価の裏付けとなったことだろう。同年春に御木本幸吉は宮内省御用達の称号を許可される。

## 6　郷土への貢献

御木本幸吉を語る時に忘れてならないのは、地元への貢献である。幸吉は先人として二宮尊徳を尊敬し、「尊徳が陸でやったことを俺は海でやりたい」と述べたが、誰にも受け持ちがあるとして、「宮川以南の金次郎」を自認していた。道路整備、トンネル開鑿、学校、神社への寄付など自らの判断で惜しみなく資金を提供した。書画骨董には興味を示さなかったかわりに、風景の良いところを選んで住まいをつくる。鳥羽の日和山は古くから文人墨客の愛でた名所だったが、幸吉も日和山に自邸を持った。ある時、政治家の牧野伸顕が訪れた。幸吉は座敷に招き、海側の障子をあけ放ち、眼下に見える松を置いた島々を「わしの自慢の光琳の屏風です。これは防虫剤も要らぬ」といったと伝えられる。

真珠養殖は真珠貝が快適に生きられる海がなくては成立しない。その意味で幸吉は環境保護に熱心だった。風景の良いところを求めて住まいをつくるのは、無暗な開発を阻止するための布石でもあっただろうか。

このように美しい風景の中にある真珠養殖場に海外から多くの客を招き、作業の様子を見学させる。その際には海女の潜水作業を披露する。西洋で使われる天然真珠はペルシャ湾でダイバーが命の危険を冒して採った貝に見出されるが、日本の真珠は穏やかな海で海女が世話をして育つ。白い磯着をまとった若い海女の笑顔が真珠の輝きに投影され、旅人に鮮やかな印象を与える。幸吉はこうした巧みな戦略で日本の真珠のイメージを形成していった。そこで重要なのは自らがカリスマとしてそこに屹立、存在することであろう。あのインバネスと帽子に杖を突いた姿から発するオーラは、彼の扱うすべての真珠に信頼のベールを掛けていると感じさせる威力があった。

図6　昭和30年代まで養殖の母貝採取は海女の仕事だった

図7　真珠博物館全景。人と真珠の関わりを考える博物館として1985年開館

御木本幸吉が一九五四年（昭和二十九）、九十六歳の生涯を終えて六十年以上が経過する。最初の真珠を得た鳥羽湾内の相島は、幸吉と親交のあった澁澤栄一が提唱する民間外交を実践する場として一九二九年（昭和四）、真珠ヶ島として整備された。幸吉自身もこの島を舞台として多くの外国人と交流を図った。戦後は一九五一年（昭和二十六）

から真珠の知識啓蒙と幸吉の業績を伝える教育の場として機能している。
実態として島があり、そこに博物館と記念館があることで、人が集まり、情報が伝えられる。博物館施設の役割のひとつはまさにこうした先人の仕事の記憶装置であり、様々な知恵がそこから無限に引き出される宝の箱であるといえよう。養殖真珠誕生の地であるミキモト真珠島は、日本ブランドとしての真珠を総合的に理解できる唯一の場所と自負している。

主な参考文献


乙竹岩造『伝記御木本幸吉』講談社、一九五〇年
穂積重行『穂積歌子日記』みすず書房、一九八九年
松月清郎『真珠の博物誌』研成社、二〇〇二年
『御木本真珠発明一〇〇年史』ミキモトグループ、一九九三年
『2014 三重県経済のあらまし』百五経済研究所、二〇一四年

# 19 特産松阪牛の伝統と未来

松阪市長
竹上真人

松阪牛追ひ唄

一．ホラ〜ヨ〜

わしの家にはヨ〜　大飯食ひのヨ〜　仕事もさせずにナ〜エ　宝の牛だヨ〜

チョウヽヽヽ　シ〜ッチュウヽ

二．お前やベコの時にヨ〜　但馬から来たがヨ〜　今ぢゃ天下のナ〜　横綱牛だヨ〜

三．粥見柿野のヨ〜　山草恋しヨ〜　御糸オ宮のナ〜　ごちそうの間にヨ〜(1)

## 1　松阪牛の歴史

松阪地域には江戸時代から、但馬（兵庫県）の子牛が和歌山街道経由で役牛として導入されていた。これは松阪が紀州藩の領地であったことも要因の一つであるとされる。

とくに若い雌牛はおとなしくてよく働いたので「新牛《あらうし》」と呼ばれ大切にされた。

明治になると文明開化で牛肉を食べる文化が広まった。松阪地域で農耕を終えた牛を太らせ、肉牛とする肥育技術が発達していった。

役牛として三～四年使役したのち「野上がり牛」としてほぼ一年間身体を休ませ、稲ワラ等を多く与えて「太牛《ふとうし》」にして出荷するようになった。

一八七二年（明治五）頃からは、徒歩で二十日前後かけて東京まで牛を出荷する「牛追い道中」が始まった。毎回、百数十頭を引き連れての大行列であったそうであるが、鉄道が整備される明治三十年代までの二十数年間、ほぼ隔月でおこなわれるほど盛況であり、松阪牛の名を広める発端となっていった。

冒頭の「松阪牛追ひ唄」は、松本栄文著「ＳＵＫＩＹＡＫＩ（すき焼き）」（株式会社カザン、二〇一一年）からの引用であるが、当時の牛追い道中で唄われていたのであろうか。どのような節であったのか、ベテランの肥育農家であっても現在は知る人は少ないようである。しかしながら、当時の牛飼い名人たちの牛に対する愛情がよく伝わり、本章を執筆させていただくにあたり、冒頭でご紹介させていただいた。

一九〇九年（明治四十二）、松阪公園（現・史跡松坂城跡）において松阪牛のみでの品評会がおこなわれた。出品された五十頭の牛はいずれも但馬産の未経産の雌牛で、この品評会こそが肉牛共進会のはじまりであった。現在の松阪肉牛共進会の前身である。

一九三五年（昭和十）、東京芝浦市場の落成記念として開催された初の全国規模の肉牛コンテストである「全国肉用畜産博覧会」において、最高位にあたる「名誉賞」を獲得し、松阪牛の名が一躍全国的に有名となる。

一九四九年（昭和二十四）には、飯南郡（現松阪市）で第一回の「松阪肉牛共進会」が開催された。この共進会は現在まで六十六回を積み重ねた歴史あるもので、出品農家の肥育技術の向上に大きく貢献するとともに家畜商や肉事業者等関係者の努力により、松阪牛ブランドの醸成に大きな役割を果たしている。

二〇〇二年（平成十四）の共進会には、優秀賞一席の「よしとよ号」が五千万円（過去最高額）で落札されている。

余談ではあるが、二〇一五年（平成二十七）の第六十六回松阪肉牛共進会での優秀賞一席の「ももみや号」は翌年の伊勢志摩サミット開催にちなんで、三千三百十万円で落札された。また、伊勢志摩サミットにおいては、各国首脳たちの計六回の会食すべてに、松阪牛が使用されたことは、松阪牛協議会等、松阪牛主要団体の会長を務めさせていただく筆者（松阪市長）としても大変誇らしく感じているものである。

一九五八年（昭和三十三）に東京の仲買い業者等と結成した「松阪肉牛協会」は、東京食肉市場への松阪牛の出荷を推進し、二〇一五年度（平成二十七年度）では二〇八〇頭を上場している。全国の小売店等二四三店舗が加盟しており、ケヤキ看板の松阪肉牛協会員証を店頭表示し、首都圏を中心に高品質な松阪牛の流通、消費拡大を図っている。

二〇〇一年（平成十三）に発生したＢＳＥや食肉偽装により、消費者の牛肉離れが深刻化した。

この問題では、松阪牛主要団体の会長を歴代の市長が務め、事務局として松阪牛の振興を図ってきた松阪市が先導し、各団体で異なってきた肥育エリア等を一元化し、松阪牛の定義を統一するとともに、導入から出荷まで一頭一頭管理する「松阪牛個体識別管理システム」を国に先駆けて構築し、安全安心で高品質な松阪牛を消費者に提供することで、松阪牛ブランドの更なる発展に貢献した。

二〇〇七年（平成十九）二月には、松阪牛関係団体を権利者とする「松阪牛」「松阪肉」の地域団体商標への登録をおこない、商標法による保護に努めている。

二〇一五年（平成二十七）六月には、国の地理的表示保護制度が運用された。これは地域ブランドの独自の製法等を国が認証し、その知的財産の

図１　第 66 回松阪肉牛共進会
優秀賞１席「ももみや号」

図２　ケヤキ看板の松阪肉牛協会員証

保護を国の責任においておこなっていくものであり、同年七月に農林水産省に「松阪牛」「松阪肉」等の登録申請し、松阪牛ブランドの更なる発展等を目指している。

松阪牛ブランドは、肥育農家をはじめとする多くの関係者の努力により、数ある和牛ブランドの中でも高い評価を得ており、日経ＭＪ「国産ブランド牛肉」調査や朝日新聞の読者アンケートなどにおいて、第一位の評価を獲得しているものである。

## 2　松阪牛の定義

松阪牛生産区域で肥育され松阪牛個体識別管理システムに登録された黒毛和種の未経産の雌牛で、肥育期間は生産区域での肥育期間が最長・最終であること。

二〇一六年（平成二十八）四月一日以降に導入する子牛の月齢については十二カ月齢までとし、導入後の移動は松阪牛肥育地域内に限ることとなっている。

【松阪牛生産地域】

雲出川と宮川流域間の旧二十二市町村。

（平成十六年度十一月一日当時）

松阪市、津市、伊勢市、久居市、香良洲町、一志町、白山町、嬉野町、美杉村、三雲町、飯南町、飯高町、多気町、明和町、大台町、勢和村、宮川村、玉城町、小俣町、大宮町、

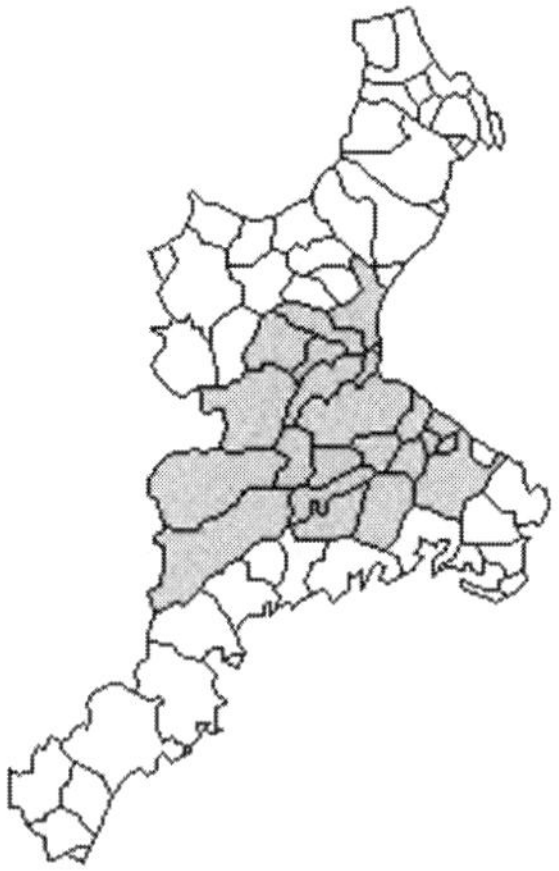

図３　松阪牛生産地域

御薗村、度会町。

【特産松阪牛】

松阪牛の中でも、兵庫県産の素牛で生産区域内での肥育期間が九百日以上の牛を指す。

長期肥育により熟成されたきめの細かいサシや甘く深みのある上品な香り、脂肪の不飽和脂肪酸含量が高く融点が低いため、脂身がなめらかといわれるなどの特徴がある。

肥育の特徴として、農家の手で一頭一頭手塩にかけ肥育され、牛の食欲増進のためビールを飲ませたり、マッサージをするなどで有名である。

二〇一五年度（平成二十七年度）の特産松阪牛出荷頭数：三〇一頭（松阪牛出荷頭数全体の四・三パーセント）

## 3　松阪牛個体識別管理システム

二〇〇一年（平成十三）以降のBSE発生や食肉偽装問題から、消費者に安全・安心な牛肉を提供しブランドの維持向上を図るために、導入から出荷まで一頭一頭厳しく管理する独自の管理システムを全国に先駆け二〇〇二年（平成十四）八月に運用を開始した。

松阪牛となる素牛導入から出荷まで管理する独自のシステムであり、第三者機関である株式会社三重県松阪食肉公社により管理されている。これを元に「松阪牛証明書」や「松阪牛シール」が発行されているだけでなく、管理したデータはホームページで一般にも公開されており、十桁の個体識別番号を入力することで、パソコン等か

図4　松阪牛シール

ら簡単に検索が可能である。

ホームページでは、個体識別管理システムで管理している松阪牛について、出生地や肥育農家、出荷先や格付など三十六項目の情報を見ることが可能である。また、二〇一一年（平成二十三）の稲わらの放射能問題から、給餌する稲わらの産地表示のデータも追加された。

## 4　松阪市の取り組み

松阪牛ブランドを築き上げてきた兵庫県産素牛を九百日以上長期肥育する特産松阪牛は、約四十一カ月の出荷月齢となるため、生産農家の肥育コスト高や高齢化などにより、出荷頭数は全体の四・三パーセントとなっている。

松阪牛の生産者団体である「松阪牛協議会」では、特産松阪牛の生産に取り組む農家を「特産松阪牛推進農家」としての認定や特産松阪牛を中心にＰＲを実施するなど振興に取り組んでいる。

松阪市としても、特産松阪牛に取り組む生産農家の肥育コストを軽減するため支援をおこなっている。

また、全国的に子牛高騰の厳しい状況が続いており、中でも兵庫県の子牛は全国でも一、二の高い価格ということから、二〇一五年度（平成二十七年度）より子牛導入支援事業（子牛を購入する際の補助金）を開始した。

「松阪牛連絡協議会」および、構成団体の「松阪肉牛共進会」、「松阪牛協議会」、「松阪肉牛協会」の会長は共に歴代の松阪市長が務めており、各事務局も松阪市役所内に設置される形をとっている。

このように行政が主体となって銘柄和牛の管理や補助等をおこなう例は全国的に見ても珍しく、松阪牛関係者と共に、地域の誇りであり宝である松阪牛と松阪牛ブランドを築き上げた特産松阪牛の伝統を守り継承する一端を担っている。

また近年では、三重県と共に二〇一五年（平成二十七）一月にアメリカへ初めて特産松阪牛を出荷し、特産松阪牛のPRと共に、市場やニーズの調査を実施した。
二〇一六年（平成二十八）には、一月に香港、二月にアメリカ、そして八月にシンガポールへと松阪牛を出荷し、特産松阪牛を中心に世界的なPRをおこなっている。

## 5 「特産松阪牛」のうまみの理由

「特産松阪牛」の肉質は、きめの細かいサシ（霜降り）と、甘く深みのある上品な香り、また、脂肪の溶け出す温度（脂肪融点）が低いなど、松阪牛のなかでも長期肥育でしか味わうことのできないうまみが特徴であることは前述した。

牛肉のうまみをつくりだす脂肪酸には、動物性油脂に多く含まれる「飽和脂肪酸」と、植物性油脂に多く含まれる「不飽和脂肪酸」がある。このうち、「飽和脂肪酸」の過剰摂取は生活習慣病の原因にもなるといわれているが、一方の「不飽和脂肪酸」は、リノール酸やオレイン酸から形成され、これらは肥満防止や、美肌を保ち血行を良くし、動脈硬化や高血圧症などさまざまな成人病の予防効果や、抗ガン作用の効果があるといわれている。

このように、体に良いとされる「不飽和脂肪酸」は、牛肉のなかでも和牛肉はその割合が高く、さらに、和牛肉のなかでも「特産松阪牛」は、この割合が高いという研究結果が出ている。

また、不飽和脂肪酸は、健康面だけでなく脂肪の溶け出す温度（脂肪融点）にも影響し、不飽和脂肪酸の割合が高くなれば脂肪の溶け出す温度も低くなる。こうしたことが、やわらかさや口のなかで溶ける感覚となり、長期肥育の「特産松阪牛」でしか味わうことのできないうまみをつくりだしているのである。

図5　松阪牛シールが貼付された松阪牛

## 6　松阪の食肉文化

松阪地域では、お正月に家族ですき焼きを食べる方が多い。

この地域では、おせちとすき焼き鍋が並ぶお正月の団らんは、オーソドックスなものであるが、実はこういった習慣は、全国的には珍しいようである。

また、焼き肉を食べに行くことを「ホルモン食べに行こか」と言う方が多い。

実際にはいわゆるホルモンだけを食べに行くのではなく、カルビやロースなどの正肉も食べるのだが、松阪地域では「ホルモン」イコール「焼き肉」であることが大いにしてある。

ホルモン、いわゆる畜産副生物については、枝肉（正肉）のようにセリにかけられ全国に流通していくのではなく、保存性が低いことなどから地域流通が主体で、生産圏を超えた広域流通は定着していないという。

一定期間熟成させうまみを増幅させる枝肉とは違い、新鮮さが命のホルモン、つまり松阪牛のホルモンは、ほとんどがこの地域で消費され他地域にはあまり流通しないのである。

二〇〇九年（平成二十一）の三重中京大学地域社会研究所の調査[2]によると、松阪市では人口に対する焼き肉店舗数が全国平均の三倍にも上るとのこと。

皆が日常的に肉を食べるという、誇るべき食肉文化が根付いている松阪地域。

読者の皆さまには、ぜひ「松阪牛」をご賞味いただき、松阪地域の食肉文化に触れていただきたい。

注

（1）松本栄文「ＳＵＫＩＹＡＫＩ（すき焼き）」株式会社カザン、二〇一一年

（2）三重中京大学地域社会研究所「特産松阪牛のブランド力強化に向けて」二〇〇九年

# 20 井村屋の〈挑む！〉

井村屋グループ代表取締役会長
浅田剛夫

## 1 井村屋の歴史とあずき

井村屋は一八九六年（明治二十九）に三重県松阪市で菓子舗井村屋として誕生し、一九四七年（昭和二十二）に株式会社井村屋として新たな出発をした。さらに二〇一〇年（平成二十二）にはすでに多様化していた事業を再構築し持株会社制に移行、井村屋グループ株式会社と改組し現在にいたっている。いわば家業から出発し、企業となりさらにグローバルな展開を志向して総合的な事業体へと変化を遂げてきている。企業のDNAとして創業より「不易流行」が掲げられており、さらに「特色経営」も事業経営の中心に存在する不変の考え方である。「不易流行」は三重県が生んだ俳聖松尾芭蕉の言葉とされている。「変えてはならないことはしっかりと守りつつ、変えなければならないことは勇気をもって変える」と学び、常に進化に取り組むことが重要であるとの意識を持ち続けている。「特色経営」とは、簡単に言えば「人のまねをしない経営」である。常に新しい付加価値の追究に取り組んでいる。家業から企業へと変革したのち、名古屋証券取引所市場第二部に株式上場を果たした一九六一年（昭和三十六）には、「企業は社会の公器」であるとの考え方を社内に徹底した。以来、社会からの評価を重要な価値として位置づけてきた。

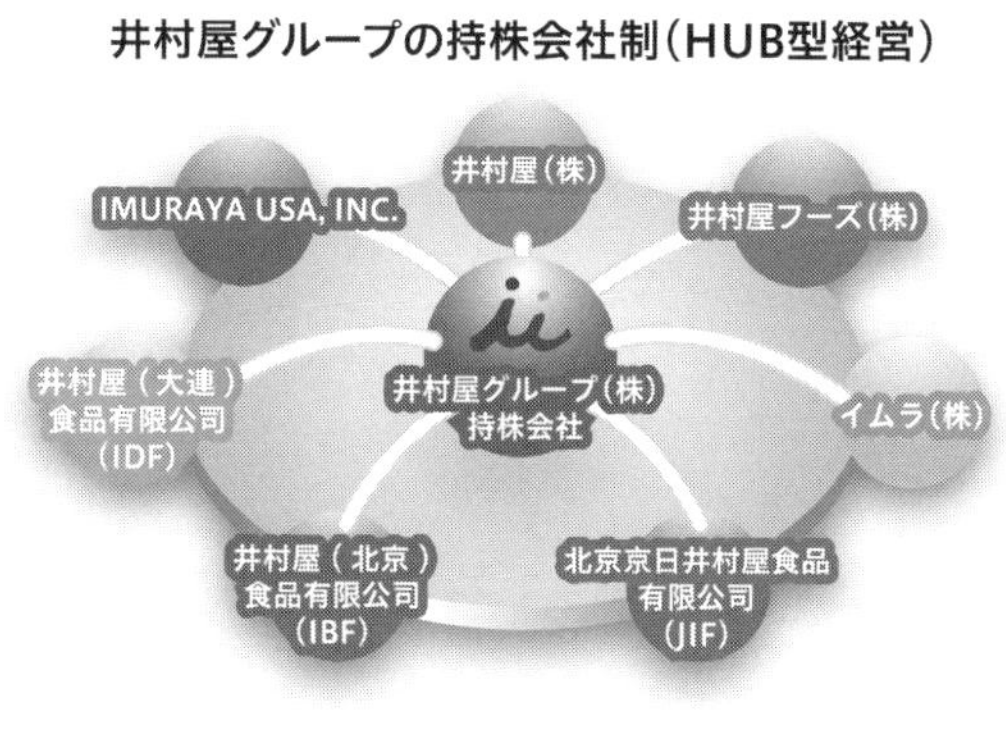


図1　井村屋グループのハブ（HUB）型イメージ

現在はコア事業会社である井村屋株式会社以外に国内に二社、中国に三社、そしてアメリカに一社を展開し、事業会社全体で七社を有して井村屋グループを形成している。全体の中心となる持株会社は井村屋グループ株式会社である。一般的な持株会社の形態と異なるのは、持株会社が事業会社の上位に位置するのでなく、中心に位置する形を取っていることだ。井村屋では「ハブ（HUB）型経営」と称しているが、中心に存在する持株会社と事業会社は車輪のようにつながり、事業会社間も相互につながっている。持株会社が円形の中心となり、太陽と衛星の関係のようなイメージを持った組織なのである。食品事業であることを基本に置きつつ、多様性を持つ事業体が相互に「つながり」を持ち、発展を志向している。

事業のスタートは、羊羹の生産・販売を軸とした和菓子屋であった。それ以来主要原料である小豆は経営に欠くことができない原料である。一つの原料という域を超えて、私たち企業の生命とも言える。小豆の主たる生産地は北海道の十勝地区である。小豆は連作が難しく、広大な作付面積を必要とする。加えて、寒冷地であることはより良い小豆を生産するために有利であるので、北海道が最適地とされている。長期間にわたる地域の皆様を中心とする研究成果もあって、現在は日本における代表的な生産地は北海道に集約される。もちろん他にも少量ながら極めて高質で独自性のある小豆を栽培する地域も存在する。これら小豆を原料として炊き上げ、加糖され、さまざまな「餡子《あんこ》」となる。その餡子がさらに形を変え、上品で美味しい日本特有の「和菓子」となっていく。すでに「和食」はユネスコの世界文化遺産として登録されているので、「和食」に続き「和菓子」の価値が世界的に認識されることを願っている。

図2　世界に向けて“あずきをAZUKIに”

すでに私たちは中国・アメリカに事業進出し、さらにＡＳＥＡＮ地域を中心に輸出をおこない、「あずきをＡＺＵＫＩに！」を合言葉に小豆食文化の浸透に注力している。餡子は和菓子のみならずアイスクリームとの相性もよく、多くのアイテムに使用される。井村屋の「あずきバー」は典型的なあずきの冷菓商品である。ロングセラー商品として年間二億六千万本強を販売している。アイスクリーム事業へ進出しようとした当時、開発部のメンバーが新商品の開発に悩んでいるときに、創業者の井村二郎氏が「我々にはあずきがあるやろ！」とヒントを出して、のちの和風アイスのさきがけとなる「あずきバー」の開発につながった。そして今、「あずきバー」は井村屋の商標登録商品である。その「あずきバー」も時代の変遷とともに変化してきている。原料も、量目も、甘さも変化しており、言い換えれば現状に留まらず、変化を追い続けるからこそ新しい魅力を創造できるのであり、まさしく「停滞は退歩」であることを逆説的に証明している商品だ。創業時には「高級品の大衆化」を経営のテーマとしていた。多くの人に愛される井村屋が目標であった。商品名の「羊羹」を「ようかん」とひらがな表記にしたのも井村屋が最初であり、日持ちのしない「水ようかん」をレトルト殺菌技術の導入で、いち早く賞味期間を長くして、全国流通ができる商品にしたのも井村屋である。時代の変化に沿って常に新価値に挑戦する姿勢を最も大事にしてきたが、今後も継続していくべき企業哲学と心得ている。

また、小豆は甘い和菓子の原料から健康性や機能性がクローズアップされる原料として変化を遂げてきている。食物繊維は無論、ポリフェノール、サポニン、鉄分、ビタミンB群、カリウムなどが豊富であり、女性の皆さんにも至極重要な栄養・美容成分を含んでいる。昨今は贈答用高級羊羹から、その製法の伝統を守りつつ新しい社会の動きに対応した商品が誕生してきている。防災備蓄用ようかんや、招福羊羹と称する祝い菓子として喜ばれる小型の羊羹、さらにはスティック状のパッケージに入れたスポーツようかんなどである。小豆を炊く過程では煮汁を捨てるのが一般的であるが、実はこの煮汁にこそ栄養成分が多く含まれている。この煮汁を捨てずに小豆に含ませる製法を使った商品が「煮あずきようかん」である。「小豆の煮豆」とも言える「煮あずき」には今後、さまざまな利用方法が考えられる。この商品の特長は、あずきの栄養素を残さず使用する点、煮汁を捨てないので排水量を削減できる点、包装を簡略化できる点などにある。付加価値の増強で、健康性や機能性が高まる利点があるとともに、環境にもプラスメリットを得ることができるのだ。多くの面であずきを活用しつつ、あずきパワーで経済性も得ている。このような考え方を経営に活かすことが、グループ全体を通じて大きな目標でありテーマとなってきている。創業以来特色を活かし、新しい付加価値創造が井村屋の挑戦課題として生き続けている。煮あずきもその一つの具現化である。商品開発のみでなくマーケティングでも、マネジメントにおいても同様であるが、「二つのN」（ＮＥＷ　ＮＥＸＴ）つまり「次なる新」は常に進化に必要な栄養素として価値創造の合言葉となっている。

## 2　経営と環境への取り組み

現在はＣＳＲを抜きにして企業活動をおこなうことはできない。社会とのつながりで企業活動はおこなわれる。従って、企業活動を通じて社会的責任を果たしていくことが企業評価の対象となる。その評価の増大が収益の向上につながる。それは企業の持続的成長となっていく。企業は社会との共存と協働で成立していく。その概念の実行で代表的な活動が環境対策であり、地球環境保全への積極的参画である。井村屋は全グループでＩＳＯ１４００１（環境マネジメントシステム）の認証を取得している。また食品メーカーとしてＩＳＯ９００１（品質マネジメントシステム）も品質保証体制の確立をおこなうために重要であり、我々も環境とともに品質のＩＳＯを同時に取得している。スタートは環境マネジメントシステムへの取り組みであった。私は現在の井村屋フーズ株式会社の前身である井村屋製菓株式会社調味料事業部に転勤し着任した。多くの事業部改革を思考する中で、全事業部が一丸となって取り組み、社員に対する教育的価値にもつながる方法を模索していた時、コンサルタントよりＩＳＯ認証取得への挑戦をすすめられた。天然系調味料を粉末化する事業コンテンツを中心としていることから、その生産プロセスで起こるアウトプットには環境に関わる課題も多く、解決を図っていくことは必然の課題でもあった。そこで、環境マネジメントシステムに取り組むこととした。ここから井村屋グループが環境に意識を持ち、全社で変革を進めるスタートとなった。一九九八年（平成十）当時はＩＳＯへの認識はまだ一般的でなく、認証へのハードルも高かった。

全員が一丸となった努力でシステム構築に取り組み、ようやく認証審査を迎えた。その結果を審査員から伝えられるのに一室に集合して待っていた。審査員が入場し、「認証を推薦します」と事実上認証への大きな一歩を得る発表があった。皆が拍手し合い、それまでの苦しい期間を振り返り、思わず涙を流す人もいた。私は環境マネジメントシステムへの挑戦を通じて当時の調味料事業部が一体となり、大きく進歩することができたと強く感じた。環境への取り組みは当然であり、重要な目標である。加えて、別途の目標がこの取り組みを通じてあった。それは企業経営のシステム化を創造することである。さらにそのシステム化を通じて社員のシステム思考への理解と能力向上を図ることを大きなテーマとしていた。システムの用語は、ＩＴに関わるシステムと紛らわしいので、この時からシステム思考は目的と合致させ「つながり思考」と称し、「つながり重視の経営」をスタートさせた。

「後工程はお客様！」との言葉があるが、まさに企業経営は「つながり」の連続であり、その間の断裂や不整合は、効率の悪さや完成度の低い製品、結果として顧客の不満足を誘発し、経営を圧迫する結果を招く。すなわち問題の根源はさまざまな場面での「つながり不良」にある。人対人のコミュニケーション不足がもたらすことも原因にあるが、それらも含み、もっと論理的で、仕組みとして、ルールとして、誰にもわかりやすく、抜けがなく、文書化されている「つながり促進」の手法がシステムであり、その経営への資産を得るのに、環境マネジメントシステム認証への挑戦が大きな戦略となった。そして天然系調味料業界においては、最も早い認証取得となって業界でも注目を受け、評価され、顧客の信頼につながり、何よりも大きな成果は、このＩＳＯ認証取得が従業員全員の誇りとなった。その取り組みのプロセスと結果が、現在では井村屋グループ全体へと波及している。

その時に学んだことは多くある。まずは一つの大きな目標を設定し、全員で取り組むことが、停滞する風土を変える大きな道筋となること。企業の利益のみでなく社会的な責任を果たすことへの参画が、社員の気持ちを奮い立たせて困難に向かわせること。すべての局面で、リーダーが先頭に立って動く必要が重要なキーとなること。そして、全員参加がとても大事であり、それぞれの分野での参画が大きな全体目標に不可欠な部分であること。またその意味を相互に知りあうことの重要性である。

食品産業の生産活動には、良いアウトプットと悪いアウトプットが存在する。良いアウトプットは生み出される製品を通じて顧客満足に連動する活動であり、悪いアウトプットはその活動の過程で排出されるさまざまな課題、つまり騒音、臭気、廃棄物、危険物質、排水、エネルギー消費などである。これらの基準を順守し、さらに低減し、あるいはアウトプットしない方向に改革していく取り組みが企業に求められる。大きなＣＳＲ（企業の社会的責任）の一つである。環境問題への企業取り組みは悪いアウトプットを改善することであるが、その改革への取り組みが、一方では、良いアウトプットの増加となり、大きな相乗効果につながる素晴らしい循環を生み出すことも学んだ。

この環境マネジメントシステム構築時に、共通の信念として掲げたのは「次の世代から預かっている環境を汚すことなく、次の世代に返したい」との考えである。今もこの考え方は全グループで踏襲されている。

## 3　新しい歴史に挑む！

井村屋グループは二〇一七年に創業百二十年、会社設立七十周年、持株会社移行七年の節目を迎える。まさにエポック・イヤーであり、今後の画期的な成果をいかに創造していくかに「挑む」スタート年次となる。「停滞は退歩」

図４　新冷凍倉庫“アイアイタワー”
（上）とバイオマスボイラ（下）

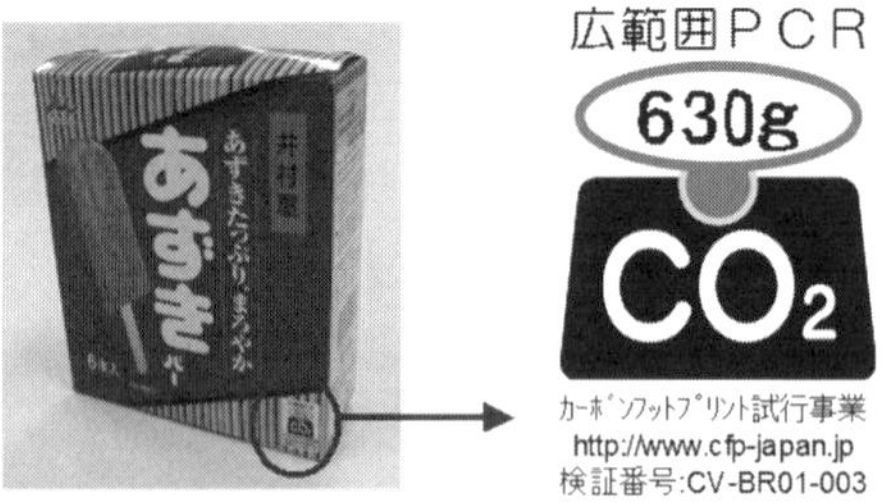


図３　あずきバーにカーボンフットプリントを導入

を合言葉に常に前を向いて変革に挑むのは創業時からの精神であるが、現在の予測が難しい時代背景を考えると、より「根本・基本」を大切にしつつ、レジリエンス（しなやか）な変化対応力が求められる。グローバル化の大きな波は世界の成長の中で止めることは困難であると思考するが、地球環境の保持に向けての環境問題は、国家も、行政も、個々の企業もより強く取り組むべき課題である。この取り組みに後ろ向きにならないために、私たちが企業活動で取り組んできた事例で学んだことに「二つのＥ」の考えがある。

「エコロジカルはエコノミカル」と言っているが英語では二つともＥの頭文字で始まる。これは、「環境への優しさ」が「経済性の獲得」につながるとの考えを表している。具体的な事例として、当社ではバイオマスボイラの導入、大型冷凍倉庫の建設、細やかなアイディアでの商品開発、設備技術の改善など多くの事例で環境負荷低減の取り組みが経済性につながったことの証明ができている。環境への取り組みは経済性を獲得する「一挙両得」戦略となり得る。そのためにも常に目標設定が重要であり、井村屋で最も販売されている「あずきバー」でカーボンフットプリントを導入した。原材料調達から、生産、物流、販売、消費に至るまでのすべてを通じて二酸化炭素の排出量を追跡し、数値化した。製品一箱で六百三十グラムと計算されたが、そこから少しでも二酸化炭素を減少させる細やかな変革が各プロセスで起こった。何事も目標を具体化して数字で掌握することが結果につながると教えられた。

さて、三重県は風光明媚で美しい景観と、豊かな自然に恵まれている。古来より食物も豊富で美味しい食材が多い。また、有能な歴史上の人物を輩出し、伊勢商人として、才覚ある豪商を生み出した。昨年は伊勢志摩サミットもおこなわれ、世界にも大きくアピールできた。今後も伊勢神宮の精神的な支柱を背景にしつつ三重県の存在価値を高めることが可能である。その為のキーワードは「4K」（環境・観光・健康・教育）である。行政、私企業を問わず、どのような場合でも「4K」の目的である「顧客満足」という、より大きな「K」が共通して重要な目標となることはいうまでもない。井村屋グループは、一食品企業であるが、あずきを中心軸におき、「おいしい！の笑顔をつくる」を志して、三重発の「新価値創造企業」でありたい。CSRの観点から、より積極的に社会活動との結びつきを強化し協働するCSV活動を実践していく。古くから商人の教えである「三方良し」を実践し、企業の目的と社会の成果を合致させ、「強くて、しなやかで、魅力ある」企業ポリシーを引き継ぎ、次世代への「新魅力発信」を担う企業を目指したい。

第5章

# 三重の交通・情報ネットワーク

## 21 三重の玄関口 津なぎさまち

津市長
前葉泰幸

### 1 津市と港

津市は、古くから「安濃津《あのつ》」と呼ばれ、福岡県の花旭塔津《はかたつ》、鹿児島県の坊津《ぼうのつ》と並び、「日本三津（日本の三大港）」のひとつと伝えられる歴史を有し、波静かな伊勢湾と緑豊かな丘陵地に囲まれた三重県の県庁所在地として発展してきたまちである。

安濃津は、伊勢平野の中央に位置し、伊勢参宮街道の中間点、さらには、内陸国の伊賀、大和、近江へ至る起点として栄えていたことから、津港は、中国との貿易をする上での重要拠点であった。

ところが、この日本三津のひとつと呼ばれた港は、一四九八年（明応七）の明応の大地震による津波により港町は壊滅し、地形も変わったことで、港の機能が失われたといわれている。以降の二百年間、当地における港の歴史は空白となり、そのため、当時の港の正確な位置については現在では不明となっている。

その後、江戸時代に入り、津藩の初代藩主、藤堂高虎により岩田川河口に港の開発がおこなわれた。新堀開削工事を施し、突堤を築き贄崎《にえざき》常夜灯を設置して、現在の贄崎地区の基礎がつくられたが、河口港は、山からの滞留物による埋没に悩まされることとなった。

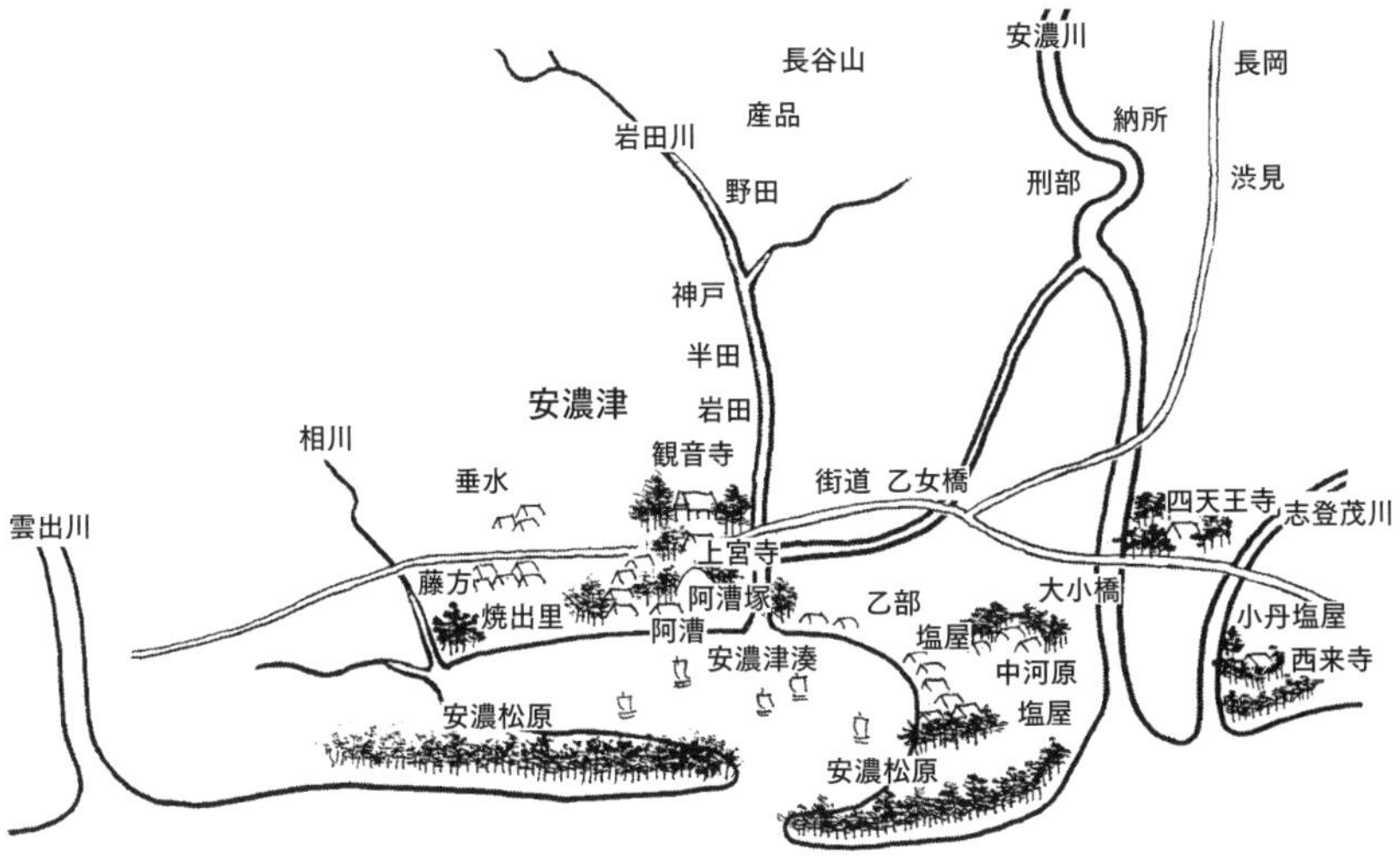


図１　津の港の歴史（出典：『安濃津の湊』鈴木林）

明治時代に入ると、津市在住の川喜田四朗兵衛が発起人となり、浚渫《しゅんせつ》会社を設立し、岩田川河口の浚渫や堤防の整備などにより、近代港としての形態が整えられ、一九二五年（大正十四）には、内務省指定港湾となった。

昭和に入り、都市計画事業による市街地整備が進められてくると、物流拠点としての津港（贄崎港）改修の必要性が高まり、国、県、市等関係者の努力により一九三八年度（昭和十三）から五カ年計画による改修が予定されていたが、折からの日中戦争の影響で延期となり、その後の戦争の拡大により改修の機を逸することとなった。

さらに、第二次世界大戦後、一九五二年（昭和二十七）には地方港湾に指定され、主として内貿易港としての機能を果たしていた。大型トラックの発達により陸運が進歩するのに伴い、一時に大量の輸送が可能な海運の必要性が増すとの考えから、一九五三年（昭和二十八）頃より港の拡充が検討されたが、戦災復興事業になお多大な経費が必要なことや、同年秋の台風十三号による沿岸の堤防復旧を優先することとなり、またも大規模な港湾整備は見送られることとなった。

なお、贄崎地区の南側に位置する伊倉津地区において、一九六七年（昭和四十二）から三カ年をかけ臨海工業用地の造成が

図2　津なぎさまちの全容

おこなわれ、造船所が操業を開始。一九七一年（昭和四十六）には、津港と松阪港が合併し津松阪港となり、中南勢地域開発の拠点として重要港湾に指定された。

## 2　津なぎさまちの誕生

津なぎさまちは、伊勢湾をはさんだ対岸側の愛知県常滑市にある中部国際空港への高速船による海上アクセス拠点である。二〇〇五年（平成十七）二月に津市と世界を結ぶ海上アクセス港として、華々しく開港式がおこなわれ、現在では、年間二十七万人が行き来する海の玄関口となっている。

施設は、高速船の乗船施設である旅客船ターミナル、季節の花々が彩あふれるウッドデッキ、海を見ながらゆったりとした時間を過ごせる津なぎさまち緑地、民間商業施設のベイシスカ及びこれら利用者のための駐車場からなり、人々が集まる賑わい交流の場でもある。

この津なぎさまちの誕生は、港の復活を望む市民の熱意によるところが大きい。明応の大地震により、人々が集い賑わう港の機能が失われてから五百年。昭和以降においても二度、港の復興が計画されたものの、諸般の事情で実現には至らなかった。

ところが、まさに三度目の正直、港の復活を待ち望む声に応える形で、一九八六年（昭和六十一）、第三次津市総合計画の基幹プロジェクトに「津にえざき・なぎさまちプラン」が位置づけられた。

同プランは、市街地に近接した海岸地域である津市贄崎地区において、ウォーターフロントの魅力を生かし、誰もが気軽に楽しめる海浜や海洋性スポーツ・レクリエーション施設を整備するとともに、当時、二十一世紀初頭の開港を目指していた「中部国際空港」への海上アクセス拠点としても機能する、賑わいと潤いに満ちた空間の形成を目指そうとするものであった。

さっそく、一九八六年（昭和六十一）から翌年にかけて、運輸省（当時）・三重県・津市の共同調査による「津にえざき・なぎさまちプラン」調査が開始され、一九九〇年（平成二）には、同プランの内容が第三次三重県長期総合計画の中に位置づけられ、津市だけでなく三重県全体で津に港を復活させる機運が高まった。

一九九五年（平成七）には、同プランを反映して津松阪港港湾計画が改訂され、贄崎地区が組み入れられて、従来の港湾整備と一体的に取り扱われることとなった。

また、時期を同じくして、地元自治会で海上アクセスと港湾計画の実現化に係る署名活動がおこなわれ、八万九二一九名（当時の津市の人口の約五六％）の署名が集まった。

こうした市民の熱い要望があり、贄崎地区への港の整備は実現に向けて動き出した。

二〇〇一年（平成十三）には、二〇〇五年（平成十七）の中部国際空港の開港に合わせ、同空港への海上アクセス拠点としての機能に絞った整備を進めることとなり、贄崎地区港湾整備事業の愛称も公募により、「レッ津！夢みなとプラン」と決まった。贄崎地区における港湾整備が国の二〇〇二年度（平成十四年度）予算に認められるとともに、海岸整備についても、国土交通省直轄のふるさと海岸整備事業として実施されることとなった。

こうして、二〇〇五年（平成十七）二月五日、中部国際空港の開港に合わせ、国直轄のふるさと海岸整備事業と港湾整備事業にかかる竣工式を国、三重県、津市でおこない、その翌日には、盛大に開港記念式典が開催された。同月十七日には、中部国際空港の開港とともに、空港に向けて記念すべき第一便が就航した。

## 3 中部国際空港への航路開設

港湾整備と並行して、津なぎさまちと中部国際空港間の航路開設に向けた準備も進められた。

一九九二年（平成四）には、津市を主体として、津市からの海上アクセス実現に向けた推進母体として「伊勢湾海上交通開発研究協議会」（のちに「伊勢湾海上交通開発促進協議会」に発展改組）が設立された。また、一九九四年（平成六）には、県において「中部国際空港三重県海上アクセス検討委員会」が設置され、三重県の運航支援を前提として、津市をはじめ県内六つの海上アクセス候補地（四日市市、鈴鹿市、松阪市、伊勢市、鳥羽市、津市）の需要予測などの検討が始まった。

このルート選定の変遷については、当初、県内で六つの候補地があったが、一九九七年（平成九）には、四日市市、鳥羽市、津・松阪港の津市・松阪市の三ルートとなり、二〇〇〇年（平成十二）に、三重県を主体として、それまで個々に海上アクセス事業の検討を進めていた四日市市、鳥羽市、松阪市、津市で「中部国際空港海上アクセス事業化推進協議会」を設立し、運航事業者の確保を含めた調整が図られた。

その結果、二〇〇一年（平成十三）には、いったん津ルートのみとの合意がなされたものの、最終的に二〇〇三年（平成十五）には、津ルートへの支援が決定され、松阪ルートについては港湾整備等の課題解決を前提とした条件付きでの決定がなされた。

このような中、津市においては、二〇〇一年（平成十三）六月、他市に先駆けて公募型プロポーザル方式による事業提案募集をおこなった。公募にあたっては、①運航の事業主体は民間事業者、②事業期間は十年以上、③運航事業

図３　走行中のカトレア

図４　第１便出港時の様子

費の赤字補てんはおこなわない、いわゆる公募三条件を提示して公募した結果、二社からの提案を受け、岡山県の両備運輸株式会社（当時）を選定した。

その後、二〇〇三年（平成十五）には、同社と海上アクセス事業にかかわる基本的な事項を中心とした協定を締結。二〇〇四年（平成十六）には、同社が現地法人「津エアポートライン株式会社」を設立し、運航開始に向けた本格的な準備が進められた。

また、並行して、津市による船舶建造も進められ、二〇〇三年（平成十五）～二〇〇四年（平成十六）にかけ、二隻で約九億一千万円をかけ、専用のV型双胴船が建造された。建造にあたっては、地元企業から五億円のご寄付をいただくことができた。二隻は、公募により「フェニックス」、「カトレア」と命名され、津なぎさまち・中部国際空港間を航海速力三十ノット、四十五分で結んでいる。

## 4　津なぎさまちと、みなとオアシス

「みなとオアシス」とは、地域住民の交流や観光の振興を通じた地域活性化に資する〝みなと〟を核としたまちづく

りを促進するため、住民参加による地域振興の取り組みが継続的におこなわれる施設として、国土交通省地方整備局長などが認定・登録した施設をいう。津なぎさまちは、中部地区で、愛知県蒲郡市、静岡県沼津市に次ぎ、三番目のみなとオアシスとして、二〇〇八年（平成二十）に認定を受けている。

津なぎさまちは、津市を始め三重県下各地と中部国際空港を通じて国内外を結ぶ「海の玄関口」としての役割はもとより、海を生かした賑わいのある交流拠点としての役割も合わせて求められている。

港の機能が失われて以来、五百年ぶりに津なぎさまちが復活したことは、市民をはじめさまざまな関係者が熱い思いで取り組んだ成果である。津なぎさまちを海に親しみ、夢があふれる市民の港として末永く発展させていくためには、市民の視点での活性化の取組が欠かせない。

港の整備や海上アクセスの実現についての先導的な役割を果たした「伊勢湾海上交通開発促進協議会」については、二〇〇五年（平成十七）の開港後、「レッ津!夢みなとプラン推進協議会」として、整備を完了した海上アクセス拠点だけでなく、緑地やマリーナなどが一体となった面積約六・七ヘクタールを整備する「レッ津!夢みなとプラン」の実現を目指し、調査研究や提案をおこなっていくこととなった。

しかし、賑わい創出のためには、継続した活性化の取組が不可欠である。

そこで、二〇〇八年（平成二十）に地域住民や関係団体、学識者で組織する「津なぎさまちイメージアップ実行委員会」を立ち上げ、海に親しみながら集い賑わう交流拠点としていくための活動を官民が連携して展開していくこととなった。

これまで、夏の「津なぎさまちフェスタ」をはじめ、秋の「季節の花々の展示」、冬の「イルミネーション」などに取り組んできており、地域住民、施設に関わる企業や運航事業者、津市観光協会、三重大学環境ＩＳＯ学生委員会などが一体となって賑わいづくり事業をおこなっている。

二〇一五年（平成二十七）二月には、開港十周年を迎え、同実行委員会を中心にさまざまな記念事業が展開されたが、ここにその概要を記しておきたい。

◆十周年記念フォーラム

開港十周年を記念し、津なぎさまちで記念フォーラムを開催した。フォーラムでは、高速船運航事業者である津エアポートライン株式会社代表取締役、国土交通省中部運輸支局長らをお招きし、「海上アクセスとこれから」と題し、今後のさらなる海上アクセス発展のための意見交換をおこなった。一般参加者からも忌憚ない意見をいただくことができた。

◆絵画コンクール

開港十周年を記念し、津なぎさまちのロケーションの良さを知ってもらうために実施した。市内小学生を対象に、応募総数四十作品の中から九名が選ばれ、十周年記念フォーラムの席上で表彰式をおこなった。

◆高速船で行こう　高速船乗船会と一日船長

津なぎさまちからの高速船乗船会をおこなった。津市内在住の小学生とその保護者を対象に事前募集をおこなった。応募総数は、百二十三組となり、定員四十四組のおよそ三倍の応募があった。また、十周年にちなみ、十歳（小学四年生）の児童を対象に一日船長も募集し、こちらは応募総数二十六名、定員四名に対して六倍の応募となった。

乗船会当日には、津市のゆるキャラである「シロモチくん」と「ゴーちゃん」が、参加者を見送った。一日船長の出発アナウンスで中部国際空港に向かい、空港内の施設を散策した後、帰港した。

終了後のアンケートでは、「これまで高速船を利用したことがなかったが、今回の乗船会で利便性を体験できて良かった」などの声が聞かれ、高速船を体験してもらう良い機会となった。

## 5　これからの津なぎさまち

津なぎさまちの開港から、二〇一七年（平成二十九）二月で丸十二年となる。

開港当初は、中部国際空港の開業人気や愛知万博の開催もあり年間四十万人の高速船利用があったが、二〇〇八年（平成二十）以降は、二十六～二十七万人台で推移している。

三重県内から中部国際空港への海上アクセスについては、津なぎさまち発着を含め、一時四航路を数えたが、二〇一六年（平成二十八）十二月に松阪航路が休止となり、津なぎさまち発着航路が県内唯一の航路となった。

今日まで、世界へつながる海の玄関口としての役割を果たせたことは、港の復活を熱望する市民、関係者の努力の賜物に他ならない。

贄崎地区の整備を総合計画の基幹プロジェクトに位置づけた決断、地元自治会の九万人にも上る署名活動の熱意、運航事業の実施において、全国に先駆け「公設民営」の考え方を取り入れた発想と運航事業者の航路を維持しようという経営努力。これらが合わさった結果、航路開設後十二年を迎えられることとなった。

開港以来、これまでの利用者は延べ三百六十万人。このうち、津市を始め三重県内からの利用者は約七割、二百五十万人余りが中部国際空港から国内外に飛び立ったこととなる。このことから、世界へつながる海の玄関口として、津なぎさまちの位置づけは確固たるものとなり、その果たすべき役割は、ますます大きくなると思われる。

今後は、人口減少社会を迎え、市内及び県内からの利用者を維持向上しつつ、インバウンド等、海外及び国内からの交流も進めていかなければならない。たくさんの地域から津なぎさまちを経由し津市内及び県内を訪れていただくことで賑わいを創出し、地域活力を維持、向上させていくことが重要である。

先人の努力に負けぬよう、津なぎさまちが、海に親しみ、夢があふれる市民の港として末永く発展するよう努力を重ねていきたい。

参考文献

津市『津市市制施行100周年記念誌』一九九〇年
津市『津市閉市記念誌　津市のあゆみ116年』二〇〇五年
堀川美哉『津市の思出』堀川美哉先生「津市の思出」刊行会、一九六〇年
公益財団法人中部圏社会経済研究所『中部の港湾探訪　中部圏研究　2016・12』二〇一六年

# 22 三重のローカル線「名松線」「四日市あすなろう鉄道」

津市都市計画部交通政策担当参事（交通政策課長）
澤井　尚
三重大学人文学部・地域イノベーション学研究科教授／
三重大学地域ECOシステム研究センター長
朴　恵淑

## 1　名松線

（1）名松線の沿革

一九三五年（昭和十）に松阪～伊勢奥津《いせおきつ》間が開業したJR名松線（四十三・五km、全十五駅）は、沿線住民の通学や通院、買物などに利用され、地域に根づいたローカル鉄道である。

松阪駅（松阪市）から上ノ庄《かみのしょう》駅、権現前《ごんげんまえ》駅までの三駅が現在の松阪市に、その後の伊勢八太《いせはた》駅、一志《いちし》駅、井関《いせぎ》駅、伊勢大井駅、伊勢川口駅、関ノ宮《せきのみや》駅、家城《いえき》駅、伊勢竹原駅、伊勢鎌倉駅、伊勢八知《いせやち》駅、比津《ひつ》駅、終点の伊勢奥津駅の十二駅が現在の津市に所在する。

名松線は、当初、桜松線といい奈良県の桜井と松阪を結ぶ鉄道として地元から要望されていたが、一九二二年（大正十一）、名張・松阪間鉄道として決定され、その後、奥津（現在の伊勢奥津駅）～名張間が見合わせとなるなど、紆余曲折を経て、一九二七年（昭和二）、松阪から工事が始められ、九年の歳月を経て、国鉄名松線として完成した。以来、中山間地域の集落（現在の津市美杉町、白山町）と都市部（松阪市）を結ぶ生活交通として長年、地域で親しまれてきた。

## （２）廃線の危機を乗り越えて

名松線は、これまでに何度も廃線の危機を乗り越えてきている。一九六八年（昭和四十三）には、国鉄諮問委員会が提出した意見書により全国の赤字八十三路線のひとつとし廃止を促された。一九八〇年（昭和五十五）には、国鉄再建法が成立し、翌年には、地方交通線のうち輸送密度が四千人／日未満である路線はバスによる輸送をおこなうことが適当であるとの方針が打ち出される中、一九八二年（昭和五十七）八月の台風十号災害により、伊勢竹原駅～伊勢奥津駅間が代替バス運行となり、同年十一月には、特定地方交通線第二次廃止対象路線に指定され廃止対象とされた。翌年六月には全線復旧するものの、一九八五年（昭和六十）、運輸省（当時）が代替道路未整備を理由に廃止見送りを決定するまで、地元住民の心配は尽きることがなかった。

このように、幾度もの危機を乗り越えられたのも、地元美杉地域住民を中心に、村に汽車を走らせた先人の苦労を再認識し、「乗って残そう名松線」を合言葉に地域を挙げて存続に運動に取り組んできた成果であると言われている。

## （３）二〇〇九年の台風十八号による被災とその後の復旧

地元住民の熱意、関係者の努力により運行が続けられてきた名松線であるが、二〇〇九年（平成二十一）十月の台風十八号によりまたも廃線の危機に直面することとなった。被災後、松阪駅～家城駅間（二十五・八㎞）は一週間ほどで鉄道による運行が再開されたものの、山間地域を走る家城駅～伊勢奥津駅間（十七・七㎞）は被害が大きく、バスによる代替運行となった。

ＪＲ東海から、不通となった家城駅～伊勢奥津駅間をバス輸送に転換するとの発表がなされると、名松線は、美杉地域にとって生活に欠かせない交通機関であると同時に、美杉地域の観光資源を有効に活用し、広域における活性化や潤いを創り出す、いわば将来のまちづくりの重要な基盤であるとの認識のもと、地元住民から鉄道全線復旧の機運が高まり、津市全体へと広がる署名活動へと発展した。

図１　全線開通時の伊勢奥津駅発、一番列車を見送る地域住民

集められた署名は、約十一万六千人。関係者の努力で、二〇一一年（平成二十三）五月には、JR東海、三重県および津市の三者によりJR名松線の運行再開についての協定が結ばれ、山腹崩壊防止や渓流の土砂流出防止等、線路に隣接する山の工事は治山事業として三重県が工事をおこない（治山事業：約四億七千百万円）、線路周辺の水路整備については、津市がおこなうこととなった（水路整備事業：約七億五千万円）。さらに、両者の対策事業完了に合わせ、JR東海が鉄道施設の復旧工事を実施した（鉄道施設復旧事業：約四億六千万円）。

その結果、二〇一六年（平成二十八）三月二十六日、約六年五カ月ぶりに全線での運行が再開された。これは、復旧に携わったすべての皆さんによるたゆまぬ努力、工事を見守ってきた沿線地域の皆さんの協力、復旧を願って署名していただいた十一万六千人を超える多くの皆さんの力強い応援があったからこそ成し得たものである。

### （4）全線復旧後の利用状況

このように、多くの関係者の努力により全線復旧を果たした名松線であるが、もちろん、鉄道の復旧がゴールではない。

家城駅～伊勢奥津駅間の大半を占める津市美杉町の世帯数・人口は二〇一五年度末で二三四七世帯・四七六九人。高齢化率（六十五歳以上人口）は五七％、山間部に広く集落が点在し、沿線地区の世帯数・人口は九六七世帯・一九三六人に過ぎない。

開通以来、地域の生活交通としての機能を果たしてきた名松線が今後も存続し続けるためには、生活交通としてだ

表1　台風18号による被災と全線復旧までの経緯

| | |
|---|---|
| 2009年10月8日 | 台風18号により被災したため全線での運行を休止 |
| 2009年12月 | JR名松線の全線復旧を求める会が設立される |
| 2010年1月 | 自治会連合会が中心となり名松線全線復旧を望む署名活動がおこなわれる（11万6268人分） |
| 2011年5月20日 | 三重県・JR東海との間で三者協定を締結 |
| 2011年度～15年度 | 復旧に向けた工事の実施 |
| 2016年3月26日 | 全線復旧 |

けでなく、広く美杉地域の魅力を発信し、たくさんの人々に訪れていただくことができるような取組が重要である。

そこで、津市では、復旧直後のゴールデンウィーク期間中の十日間〔四月二十九日〔祝〕～五月八日〔日〕〕、終点の伊勢奥津駅前から、南北朝時代からの多気北畠氏館跡庭園など、歴史・文化遺産の点在する美杉・多気地域を結ぶ無料臨時バスを運行し、名松線の利用促進に努めた。

その結果、同期間中の伊勢奥津駅での延べ乗降者は五〇一五人に上り、そのうち二一六六人が無料臨時バスを利用していただき美杉地域の自然・歴史を満喫していただくことができた。さらに、夏休みの八月から秋の行楽シーズンの十一月にかけての十五日間、無料臨時バスの運行を継続し、伊勢奥津駅での延べ乗降者四〇七一人、うち二千人が無料臨時バスを利用してい

図2　沿線イベントの様子

図3　無料臨時バス

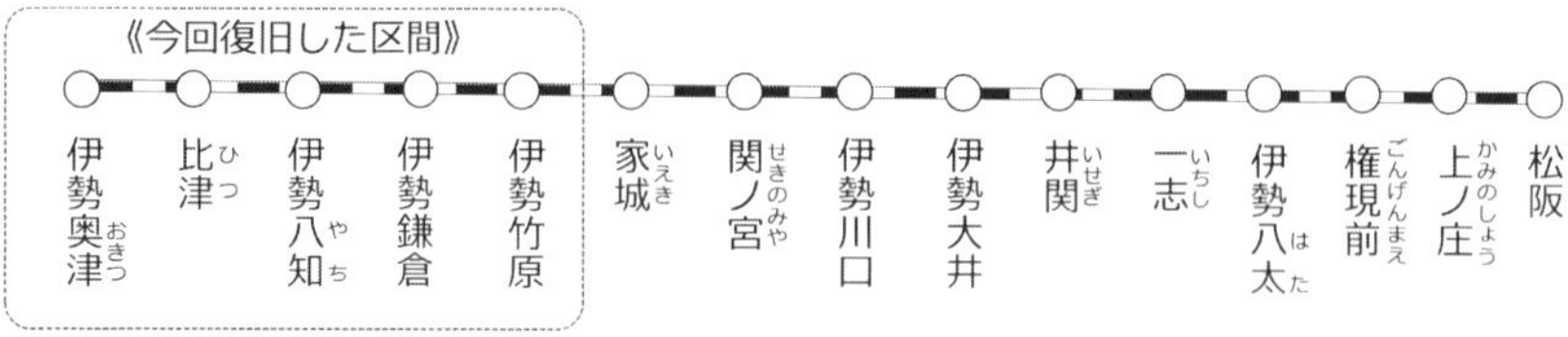


図４　名松線路線図

ただいた（人数は、いずれも伊勢奥津駅発着主要各四本での津市調べ）。

このように利用者が増加した要因としては、無料臨時バスの運行もさることながら、全線復旧前から美杉地域をはじめ、沿線住民の皆さんがイベントやウォーキングなど積極的なＰＲに取り組んでいただいたこと、全線復旧以来鉄道ファンが詰めかけたこと、復旧直後の四月三日に開催された「君ケ野ダム公園桜まつり」や四月九日・十日開催の「三多気桜まつり」などのイベント効果のほか、アンケート調査によると、津市内だけでなく三重県下や県外からも多数の方が訪れており、市ホームページ及び津市観光協会ホームページや新聞報道などによる効果が大きかったと考えられる。

全線復旧した二〇一六年三月二十六日から十一月三十日までの一日平均利用人数は、約二二〇人。また、十一月の一カ月間では、一日平均一八〇人となり、当初は「復旧効果」による一時的な利用者増がみられたものの、十一月の実績においても、被災前（二〇〇九年十月以前）一日平均利用者数九十人の二倍となっており、名松線が地域の活性化、賑わい創出に大きな役割を果たしている（数字はいずれも家城駅・伊勢奥津駅間でのＪＲ東海調べ）。

### （５）今後の継続的な利用につなげていくために

津市では、二〇一七年度以降も名松線の継続的な利用促進を図るため、地元住民の皆さんを始め、関係機関・団体などと連携し、名松線を公共交通機関として、さらには観光資源として利活用していく取組を計画的に実施することとしている。

全線復旧以来、地元の皆さんによる季節ごとの祭りやイベント、ボランティアガイドの皆さんによるウォーキング、レンタサイクルの貸し出し、沿線駅近くの総合支所敷地を活用したパーク・アンド・ライドなど、さまざまな取組により、美杉地域をはじめ沿線地域の魅力を発信してきた。名松線沿線地域が人を呼び込む地域であり続けるよう、今後もさらに地道な努力を積み重ね、沿線地域の活性化及び地域振興に繋げていかなければならない。

## 2　四日市あすなろう鉄道

### (1)　四日市あすなろう鉄道

近鉄内部・八王子線は、慢性的な赤字によって廃線の危機にあったが、二〇一五年四月一日に近鉄と四日市市が出資する新会社「四日市あすなろう鉄道」として運行している。四日市あすなろう鉄道は、近鉄が七五%、四日市市が二五%の出資による第三セクター鉄道で、四日市市を第三種鉄道事業者とし、四日市あすなろう鉄道が第二種鉄道事業者とする公有民営方式で運行している。

図5　あすなろう四日市駅

図6　四日市あすなろう鉄道

運営路線は、内部線があすなろう四日市駅から内部駅までの五・七kmの八駅で、八王子線が日永駅から西日野駅までの一・三kmの二駅となっている。(図5、図6、図7)

### (2)　四日市あすなろう鉄道の沿革

近畿日本鉄道(近鉄)が運営していた内

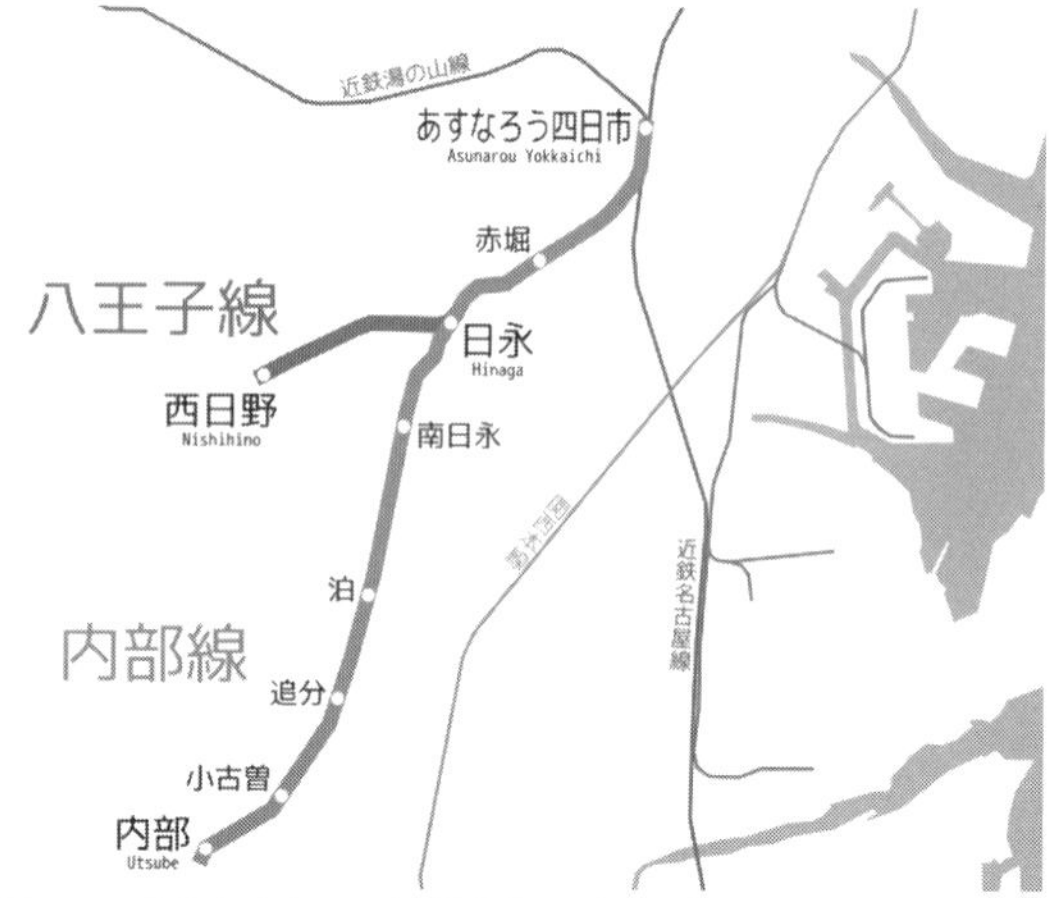

図7　四日市あすなろう鉄道路線図（四日市あすなろう鉄道HPから引用）

部・八王子線は、二〇一二年八月二十一日に鉄道を廃止したうえで三重交通によるバス路線に転換するバス高速輸送システム（BRT）化する方針が近鉄から提案された。しかし、四日市市は、鉄道での存続を要望し、二〇一三年九月二十七日に近鉄と四日市市の間で二〇一五年春から新会社が運行をおこない、四日市市が施設・車両を保有する公有民営方式で存続することに合意し、二〇一四年三月二十七日に四日市あすなろう鉄道が設立され、二〇一五年四月一日に運行開始となり、同年九月二十七日に新二六〇系車両を導入した。四日市あすなろう鉄道の社名は、未来への希望と内部・八王子線が軌間七六二㎜の特殊狭軌のナローゲージであることから選定された。（図8、図9、図10）

### （3）地域との連携による四日市あすなろう鉄道の将来展望

内部・八王子線は、一九七〇年には年間約七二〇万人の利用があったが、二〇一四年には約三四〇万人に減少し、年間約二〜三億円の赤字が続いていた。四日市あすなろう鉄道の初年度の二〇一五年度の決算は約五千万円以上の黒字となったが、運賃の値上げ（近鉄時代に比べ三十円ほど値上げ）や四日市市が鉄道施設を保有する効果であり、利用者は約四十万人の減少となっていることから、将来的な鉄道の存続について考える必要がある。

全国の地方鉄道の約八割が赤字であるが、施設保有に関わる経費を除くと多くが黒字に転じるといわれている。四日市あすなろう鉄道は、四日市市が国や県の支援を受けながら関連費用を負担し、二〇一五年度に約五億六千万円を投じた。一方、新会社の運行事業では普通運賃を三十円値上げしたことによって、定期券は通勤が平均約三三％、通学が平均約三九％の値上げとなる。加えて、新会社体制によって四日市駅から接続する近鉄区間を含めた定期の値上げ率は通勤で約四三％、通学で約七七％の値上げとなることから、通勤や通学の定期利用者が年間約五十万人ほど減るとの試算が出ている。

四日市あすなろう鉄道は、地域との連携による利用促進によって利用客の増加を図っている。全国に三カ所しかないナローゲージ（特殊狭軌）を紹介する商品や新車両導入のPR、沿線ウォーキングイベントなどをおこなっている。今後、より快適な環境を目指して駅周辺の駐輪場などの環境整備、十年先を見据えた子供たちを対象とするイベントの開催など、地域との連携による将来展望を樹立し、実現する必要がある。

図8　車両の内部

図9　ナローゲージ（特殊軌道）

図10　新デザイン「なろうブルー」

# 23 リニア中央新幹線と三重・亀山

三重大学名誉教授・名古屋産業大学名誉学長
伊藤達雄
国土交通省中部地方整備局北勢国土事務所長
中嶋 弘
三重県地域連携部副部長
辻 日出夫
亀山商工会議所会頭
岩佐憲治
亀山市長
櫻井義之
三重大学人文学部・地域イノベーション学研究科教授／
三重大学地域ECOシステム研究センター長
朴 恵淑

## 第1部　基調講演「リニア中央新幹線と亀山」伊藤達雄

「リニア中央新幹線と亀山」について、皆様と一緒に考えたいと思います。五月の「伊勢志摩サミット」の開催によって三重県の地名度が上がったことを好機として捉え、亀山にリニア新幹線の駅ができることを前提とした亀山の将来計画に繋げていくためのリニア新資源論について話をさせていただきます（図1）。

図1　亀山市民大学キラリ特別講演会ポスター

## 1　世界の交通政策の常識を覆した新幹線

第二次大戦後、世界の交通政策は大きく変わりました。それまでは、電車と汽車、トラックが主な交通手段でしたが、航空機と空港が第二次大戦後の世界の交通を変えました。戦後、航空機の技術が民間に転用されることによって、世界の交通は航空機と空港の時代となりました。同時に、自動車も急速に普及しました。高速道路が整備されたことも自動車の進歩を促した要因の一つであります。このようにして、世界は航空機・空港の時代、自動車・高速道路の時代に突入し、鉄道は斜陽であると言われていました。しかし、日本は高速鉄道に注力しました。国土が狭く、平地が少なく、人口密度が高い状況に、敗戦後の貧しさもあって、輸送効率と経済性が高い交通機関である鉄道が選ばれたわけです。日本はすでに高い鉄道技術を持っていたこともあります。南満州鉄道は弾丸列車と呼ばれたほどでした。イメージとして、美しい自然と桜、そしてその中を走る新幹線、これが一九六四年の東京オリンピックのときにつくられたものでしたが、新幹線が今の日本をつくったと言っても過言ではないと思います。

鉄道の利点として五つのことを挙げておきます。一つ目は、他の交通機関より優れた大量輸送機関であること。二つ目、時間距離客単価が他の交通機関と比べると低く、経済性に優れていること。三つ目は、定時性が確保しやすく、鉄道が時間通りに来ることが日本では常識となっていること。四つ目は、単位あたりのエネルギー消費量が少ないこと。五つ目は、事故死亡率が低く、安全性が高いことが挙げられます。

## 2　新幹線五十年の功績

一九四〇年に時速二〇〇㎞を実現した弾丸列車計画を通じて、鉄道先進国欧州の水準に追いつき、一九五九年に新幹線の建設が始まって今日に至り、二〇二七年にリニア中央新幹線が東京・名古屋間を開通する予定となっています。また、二〇三七年に東京・大阪間の開通が見込まれています。新幹線は、驚異的な輸送能力を誇っており、東京・大阪間で一日あたり四十二万人もの乗客を運び、一日生活圏の形成により経済発展にも大きく寄与しています。他の交通機関に比べてエネルギー効率がよく、地球温暖化対策に貢献でき、安全・安心な国土形成に寄与してきました。新幹線が果たした役割は国内だけでなく、世界にも影響を与え、フランスのＴＧＶ、ドイツのＩＣＥ、イタリア、スペイン、韓国、台湾や中国など世界中に高速鉄道が建設されています。

## 3　リニア新幹線への期待

さらなる新幹線の活躍として、日本ではリニア新幹線の時代に入っています。超電導磁気浮上式リニアと呼ばれている新技術の推進方法による鉄道は東京・大阪間を一時間で結びます。現在の計画では、品川・神奈川・甲府・長野・岐阜・名古屋までは駅の位置が決まっており、そこから先の路線は未定ですが、名古屋・奈良・大阪に関しては建設基本計画に明記されています。実は、三重県・亀山とは書いてないのです。京都からも設置の要望はあるようですが、大阪まで奈良を通して路線を策定することをＪＲは明言しています。名古屋まではＪＲが自前で二〇二七年までに開通させる予定になっていますが、大阪までの延伸を前倒しすることが世論の主流になっています。

リニア新幹線に関しては、さまざまな議論があります。そこまでのスピードが必要であるのか、中央アルプスにつくるトンネルに関しての技術の安全性は確保されているのかなどの反対意見もありますが、ここでは国内の必要論について述べたいと思います。

一番目は、既存の新幹線に大規模改修が必要であることです。新幹線は一九六四年の開業以来、休みなく運行されたことから、大規模改修が必要な時期に入ってきています。一日でも休むことが難しい新幹線の代替輸送機関もしくはバイパス経路が必要になります。

二番目は、輸送容量の限界です。東京・大阪間は、東京駅を二分に一本の割合で発車する状況です。これ以上本数を増やせることは難しい状況ですが、利用者は増加傾向にあり、円滑な輸送が必要となります。

三番目は、東南海大地震に備えてのバイパス新幹線としての必要性です。在来線は東海道に沿って走っていますが、東南海大地震が発生した場合、止めざるを得ず、十兆円以上の損失になる試算が出ています。

四番目は、産業技術立国を目指す日本としては、最先端技術の集大成として内外にリニア新幹線を示す必要があります。

二十一世紀後半の世界が求めるリニア新幹線は、世界のメガ・シティ時代の鉄道系インフラとして、海外の注目的になっています。そのためにも、まず、国内で実現させる必要があります。中央エクスプレス建設期成同盟会によると、建設から二十～三十年程度で建設費と車両費は回収できる試算が出ていて、経済的な相乗効果をも併せて考えると東京・大阪間にリニア新幹線を建設する意味は大きいと国やＪＲは考えています。大阪延伸について、政府が財政投融資を活用してJR東海に低利で三兆円を貸し出すことが国内のメディアで報道されていますが、リニア新幹線を大阪まで早期につくる国の意向の現れでもあります。

二〇〇九年に名古屋で開かれた高速鉄道国際シンポジウムでのJR葛西会長は、JR東海は鉄道の国際市場参入に本格的スタートを切って、アメリカをターゲットとし、現地のコンサルと現地法人を立ち上げ、販売活動を開始し、JR東海は鉄道にかかわる研究・基盤・運営をトータルで有する世界唯一の企業であり、それを世界に売っていくと発言をしていました。

## 4　メガシティ、メガリージョンを支える新技術

日本の人口が減少期に入っているのとは異なり、世界の人口は増加し続けています。国連人口統計によると、一九六〇年には三十億人だった人口が二〇一五年には七十三億人になり、二一〇〇年には百十二億人に達するという予測になっています。人口は都市に集中し、一千万人以上が住むメガ・シティの時代に入っています。一九七五年には、東京、ニューヨーク、上海、メキシコシティの四つの都市だけでしたが、二〇一五年には、メガ・シティと呼ばれる都市が二十となり、アジアに十二都市があります。メガ・シティが並んでいるだけでなく、その間にいくつものコア都市があります。東京の隣りには横浜、神奈川、山梨、そして長野があって、名古屋と大阪の間に三重、岐阜、奈良とあります。そういう意味では、メガシティコンプレックスとその他の地域をマネージしていくことが大きな課題となります。

地球のマネージメントの観点からすると、一九九七年の国連気候変動枠組条約第三回締約国会議（COP3）での京都議定書によって、先進国での温室効果ガスの削減が義務づけられた一方で、途上国に関してまとまりませんでしたが、二〇一五年のCOP21でのパリ協定書によって、先進国や途上国を含むすべての国に対する温室効果ガスの削減が義務づけられました。資源を活かす智慧を結集することが求められていますが、エントピアという言葉がありま

す。「実現しない理想郷」という意味のユートピアと「これ以上悪くなりようがない世界」という意味のディストピアの間にある「実現可能な国」という意味の言葉です。リニアはこれをつくるためのツールの一つだと思っていますし、これを実現することが日本の責務だと思います。世界に対して技術と智慧と実力を提示する有効なツールとして、リニア新幹線が実現され、提示されるのが三重・亀山であってほしいと切実に願っています。

## 第2部　パネル討論「リニア中央新幹線と亀山を考える〜ポスト伊勢志摩サミットと亀山」

**朴**　皆様こんにちは。本日のコーディネーターを務めます亀山市総合環境研究センター長の朴恵淑です。パネル討論に参加していただく六人の方々は、産官学民の多様な立場におられることから、リニア中央新幹線と亀山をどう考えるのかについて話を聞かせていただきます。

**中嶋**　国土交通省北勢国道事務所の中嶋です。中部圏の目指す方向としては、首都圏、関西圏、北陸圏と連携し、世界最強・最先端のものづくりを基軸に環太平洋・環日本海に拓かれた世界規模でグローバルに、ヒト・モノ・カネ・情報が対流する拠点となって世界をリードすることです。リニア中央新幹線の整備により、三大都市圏がそれぞれの特色を発揮しつつ一体化する「スーパー・メガリージョン」を形成することとなります。この「スーパー・メガリージョン」全体で人口六千万都市の形成が期待されています。また、中心に位置する名古屋はメガリージョンセンターの役割を果たしていくことが期待されます。

**辻**　三重県地域連携部の辻です。東京・大阪間は二〇一四年にすでに着工していますが、問題は名古屋・大阪間がいつ具体化するのかということです。三重県は奈良・大阪でも活動をおこなっており、「三重県・奈良県リニア中央新幹線建設促進会議」を運営して、協同アピールの採択や国等への要望活動をおこなっています。駅位置及び三重・奈良ルートの早期確定や、環境影響評価などの要望も含まれています。大阪府では、大阪府、大阪市、大阪商工会議所などにより構成されている「リニア中央新幹線全線同時開業推進協議会」との連携を強化しています。二〇一五年二月の会議では、東京・名古屋間と名古屋・大阪間の同時開業に向けた取りまとめがおこなわれ、同時開業された場合の経済効果が一年間で六千七百億円の差があることや、ＪＲに対しての技術支援・金融支援の話もあったと聞いています。

図２　パネル討論

**岩佐**　亀山商工会議所の岩佐です。亀山市は、古くから交通の要衝として国鉄の町として栄え、高速道路を活かした社会の状況は亀山市を県内屈指の高速交通の中心地として位置づけています。これらの背景や状況を踏まえ、新たな時代の亀山市を創るうえで、リニア中央新幹線は極めて重要なプロジェクトとなります。先行き不透明である地方の経済状況におきまして、八年も工期が短縮され、あと二十一年後には東京・大阪間の開通の可能性を秘めるリニア亀山駅は亀山市の歴史の中で唯一無二の起爆剤です。その誘致のため今こそ亀山市が一丸となって全力を挙げて誘致運動に取り組むべきだと考えています。

**櫻井**　リニア中央新幹線がもたらす効果、亀山が交通の要衝として経済・文化・生活というものをさらに磨き上げていく意味でもこのリニア中央新幹線は外せない大きなプロジェクトとなります。人口減少や少子高齢化社会によって社会の構造が大きく変わる中で、それぞれの都市がどのように暮らし、働き、あるいは学び、遊びというのが選ばれる時代に入ってきています。ウサギとカメの話がございますが、亀山市は、目標に向かってカメのように着実に前に進めていく、油断することなく進めていきます。そのためには、亀山市全体でリニアの推進をさらに頑張っていく必要があると強く意識しています。これからも市民会議に参画して協力いただくことを強くお願いしたいと思います。

**伊藤**　駅のお客の乗り降りの機能はJRが担いますが、駅舎や駅周辺にどのようにサポート施設ができるのかを含めて駅とは何かということも考える必要があると思います。とくに駅へのアクセスに関しては、北勢だけではなく県全体で考える必要があります。リニア中央新幹線という次世代の輸送機関を亀山市民だけが享受するのではなく、三重県としてどう使いこなすかが問われます。全国の視野から、リニア亀山駅ができたらどう使ってもらえるのかもクリアできるような材料を細かく積み上げていきたいと思います。

**朴**　亀山駅を亀山市だけのものにするのではなく、みんなの共有の財産として考えていかなくてはならないことがわかりました。「伊勢志摩サミット」の波及効果としてインバウンド観光を考える場合、リニア中央新幹線と亀山について荒木社長からお話をうかがいたいと思います。

**荒木**　百五経済研究所の荒木です。伊勢志摩サミット後にどれだけの経済効果があるかを試算し、五年間で千百十億円という経済効果を発表しました。外国人観光客の増加による効果として百八十五億円、国際会議の開催件数増加による効果として三十七億円、合計で年間約二百二十二億円という内訳です。二〇一四年の外国人観光客の宿泊者が三重県全域で十七万八千人でした。これが年間七十三万人増加するとして約五倍の九十万人になると想定して算出したのが百八十五億円です。外国人観光客一人あたりの消費金額をすべて計算しての想定です。この効果をどのようにして引き止めていくか、やっていくかということですが、やはり伊勢志摩だけではなくコースに仕立てる必要がありま す。三重には、伊賀の忍者、伊勢志摩の海女が有名ですけども、鈴鹿サーキット、熊野古道、亀山の関宿も十分魅力的です。この魅力は発信する必要があります。私は、サミット開催直前に海外メディア向けのプレスツアーを担当しました。伊勢のおかげ横丁に行って楽しみましたが、つくられた町、テーマパークだという評価でしたが、関宿の評価を聞きますと、東海道四十七番目の宿場町ということで歴史・伝統がそのままコンパクトに残った町並み、日本の歴史・文化がうかがえる素晴らしい町並みという非常に高い評価でした。私もそんなに評価してもらえるのかと驚きました。関宿には本当に素晴らしいものが残っているので、ここをキーとして亀山宿、坂下宿が連携するともっとよいのではないかと思います。

**朴**　「伊勢志摩サミット」の経済効果を考える際に、インバウンド観光が重視されることが荒木社長のお話からもわかりましたが、県のリニア中央新幹線と亀山駅に関する戦略を踏まえて亀山の観光資源について考えたいと思います。

**辻**　経済効果として二百二十二億円になりますのが、国際会議とインバウンドの推進ということで、訪日外国人の誘致が鍵となります。これまで日本の国際会議のほとんどが三大都市圏で開催され、地方は出遅れています。三重県ではMICEの推進官という課長級の職員を置きまして体制を整備しました。海外に代理人を立ててセールスプロモーションをおこなうことも考えています。四月に桑名で開催されたジュニアサミットでは、関の地蔵院を訪れて歴史文化の町並みを海外の高校生にも触れていただきました。そういった情報発信を我々の方でもこれからしていきたいと思っています。

**櫻井**　関宿を中心にいかに亀山宿や坂下宿を繋げて、あるいは魅力をいかに高めていくかは本市の課題点であると思います。東の追分の伊勢神宮と伊勢と亀山市の道を通じた長い歴史の中で、鳥居の建て替えも、三重県のエントランスとしての役割でもありますので、そういったところを集中的に内外に情報発信します。伊勢志摩とのご縁が深い亀山だからこそ、そういったものを磨き上げていく必要があます。

**岩佐**　五万都市で将来性がある都市は、自画自賛ではありますが、亀山だけではないかと思っています。リニアに関しても亀山駅ができればと願っています。

**朴**　リニア中央新幹線と亀山駅、亀山の資源をどう活かすのかなどについての質問やコメントのある方はいらっしゃいますでしょうか。

【会場からのコメント】

亀山商工会議所の櫻井です。一言発言させていただきます。亀山市におきましては、従業員四名以上の事業所が百二十一社、述べ従業員は九千七百名ほどであり、その大半は進出企業の雇用に支えられています。我が国の製造業は国内産業の空洞化に歯止めがかからず、厳しい状況が続いています。リニア亀山駅の正式発表までは国内工場の中でも亀山工場は閉鎖されず、残る可能性が極めて大きいと考えています。なぜなら、市内にある進出企業の多くは東京もしくは大阪に本社があり、本社と亀山工場との利便性がリニアにより飛躍的に向上することになれば、亀山を産業拠点として重要視されると思います。逆に、もし亀山にある工場が閉鎖され、多数の市民が職を失うことになったら、町の活気も失われてしまうのです。そういうことにならないように、亀山市や地元経済界、市民の皆様が心を合わせ一つとし、リニア亀山駅の誘致を頑張らなければならない時期が来ていると思います。ぜひ、リニア亀山駅決定の日まで共に頑張っていただきますようお願い申し上げます。

**朴**　力強い発言をありがとうございました。最後に、パネリスト六人から一言ずついただきます。

**伊藤**　伊勢志摩サミットに関して一言だけ感想を申しますと、サミットの開催によって空気がすごく変わったと思っています。点の観光ではなくて、線として移動しながら観光するものが商品化されていると思います。サミットのレガシーを活かしていただきたい。

**中嶋**　今後も北勢地域の社会資本整備にお手伝いさせていきたいと思います。

**辻**　三重県は今後も建設促進を頑張ります。地元の皆様もご協力を賜りますようにお願い申し上げます。

**荒木**　亀山は、ここにしかない魅力的な観光資源があると思います。やはり、産・官・学が連携して、いろいろな課題があろうかと思いますけども、魅力を発信していくことが大事であろうと思います。亀山が将来に向けてリニア亀山誘致のためにも、ぜひとも認知度を上げていただきたいですし、非常にポテンシャルの高い地域であることは間違いないと思います。

**岩佐**　先日、中津川へリニアの視察に行ったときに、果たして、まちや道路のインフラが間に合うのかという声がありました。機を失することなく、リニアを中心とした亀山のまちづくりを、亀山の第二次総合計画に盛り込んでいただくようお願い申し上げます。

**櫻井**　この千載一遇の好機をしっかり逃すことなく、官民一体の力をさらに結集して夢を実現したいと思いますので、今後ともみなさんのご協力、ご支援をよろしくお願いいたします。一時、世界の亀山というキャッチフレーズがありましたが、サミットとリニアは世界に繋がると思っていますので、ぜひとも一丸となって取り組み、成功事例を創ることをお願いいします。

**朴**　本当にありがとうございました。六人のパネリストと共に、会場の皆様が熱心に参加していただいたことに深く感謝申し上げます。次の一言で今日の講演会を締めくくろうと思います。すべての道は亀山に通じる！　ご静聴ありがとうございました。

＊本原稿は、亀山市総合環境研究センターおよび亀山市環境産業部環境保全室の共催によって、二〇一六年六月十八日（土）に亀山市文化会館で開催された「亀山市民大学キラリ特別講演会　リニア中央新幹線と亀山を考える〜ポスト伊勢志摩サミットと亀山」の記録から、朴恵淑が執筆したものである。

# 24 三重発の情報発信

三重テレビ放送 代表取締役社長
長江 正

三重県内に本社を置く、唯一の地上波民放テレビ局が三重テレビ放送株式会社である。三重テレビ放送は、東京キー局の系列ネットワークに属しない、いわゆる独立局という範疇に入る

他に三重県内に本社を置く放送メディアは、（コミュニティFMなどを除けば）一九八五年（昭和六十）開局の三重エフエム放送株式会社（愛称レディオキューブ）があるのみである。

三重県は、地上波テレビ放送エリアとしては、中京広域圏（愛知・岐阜・三重）に属する。したがって、地上波民放の番組の多くは、名古屋を本社とする放送局からの放送となる。東京キー局の系列ネットワークのゴールデンタイムの番組はもちろんのこと、地域密着のローカル番組も名古屋の放送局から放送されている。

しかしそれでは、名古屋発の情報、愛知の情報に一極集中、寡占化され、三重、岐阜といった地域の情報が埋没してしまうのではないのか。こうした危惧、懸念が、広域圏の放送エリアに共通する特有の事情である。こうした広域圏の特有の事情から、各地域情報をしっかりと情報発信していくために、三重テレビ（岐阜県にも独立局の岐阜放送がある）という地元局が存立、存在すると考えている。全国で、東京キー局のネットワークに属さない独立局は、三重テレビを含めて十三局ある。すべての局が、関東広域圏、近畿広域圏、中京広域圏の放送エリアに属する。そして各局とも、地域の固有の情報発信をする役割を担っている。

三重テレビの開局は一九六九年（昭和四十四）。世の中は高度成長時代、本格的なテレビの時代が到来し、全国で

続々とＵＨＦのテレビ局に放送免許が認可された。この時に、三重テレビも開局し、産声を上げている。

津市の長谷山送信所を親局に、県下十三カ所の中継局で県下全域を放送サービスエリアとしている。デジタル放送は、リモコンの七チャンネルで認可されている。

繰り返しになるが、三重テレビ放送は、東京キー局の系列ネットワークに属しない、いわゆる独立局という範疇に入る。基本的には、愛知・岐阜・三重三県は中京広域圏という放送エリアに属し、各系列ネットワークの番組が、名古屋に本社を置く在名局から放送されている。しかし、こうした名古屋発の放送だけでは、三重県独自の地域情報の発信が十分ではない、ということから、独立局としての三重テレビが存立することになった。言わば、開局の時から、県民のための情報発信という使命を背負った放送局であると言える。これまでの三重テレビの歩みは、イコール三重の歩み、三重県民の歩みでもある、と自負している。

## 三重発の情報発信［その１］

三重テレビの特色の一つがスポーツ中継である。野球、サッカー、ラグビー、駅伝など、少年スポーツからプロの試合まで、実に数多くのスポーツ中継を、現在もおこなっている。スポーツは県民のモチベーションを盛り上げ、気持ちをひとつにする。また教育面からも積極的な取り組みがおこなわれている。

スポーツ振興における、テレビ局の果たす役割は、非常に大きい。開局から番組コンテンツとして積極的にスポーツ中継に取り組んできたが、これは同時に、県内のスポーツ振興に多大な貢献をしてきたものと自負している。

中でも、三重テレビの総力を挙げて取り組み、また視聴者からも絶大な支持をいただくのが、高校野球三重県大会の中継である。一回戦から中継し、準々決勝、準決勝、決勝と勝ち進むにしたがって、応援のボルテージも上がっていく。まさに全県を挙げてのビッグスポーツイベントは、三重テレビの中継があるからこそ。高校球児にとっては、三重テレビの中継に映ることは一生の思い出となっている。野球については地域密着の方針のもと、少年野球にまですそ野を広げて番組制作をおこなっており、そこから次代を担う球児たちが輩出している。

またサッカーも同様だ。高校サッカーの中継を通して、サッカーファンを開拓している。また、少年サッカーからプロサッカーチームまで取り上げて番組制作をおこなうことで、サッカー人口増加の一翼を三重テレビの中継は担っている、と自負している。

陸上競技では、県内二十九市町すべてが出場する「美し国三重市町対抗駅伝」がある。県内全体が応援で盛り上がる、大きな駅伝大会に育った。三重テレビは二〇〇八年の第一回大会から放送し、現在はスタートからゴールまでの完全中継をおこなっている。すべての参加チームを紹介し、単なる勝敗だけでなく、選手、あるいは市町の努力、感動を掬い取り、描いている。この駅伝にあこがれ、小学生、中学生の時から走った選手が成長し、オリンピック、国体などで活躍するようになった。

## 三重発の情報発信【その2】

地域情報発信の中核を成すのは、やはりローカルのニュース、情報番組である。ニュースは、「ニュースウイズ」が毎日の三重の動きを取材し、リアルタイムで伝える。県や市町の行政の動き、事件・事故、旬の話題・流行、文化・歴史、祭り・神事、社会的テーマへの深層的掘り下げによる取材など。三重テレビのニュースは、(全国、海外の出来事を視野にとらえながらも)断固としてローカルに徹している。それが地域情報発信を担う三重テレビのニュースの使命だと考えるからだ。

情報番組については、月～金で夕方六時から「とってもワクドキ!」を生放送している。こちらは旬のテーマ、著名人などのゲスト出演に加えて、グルメ、観光、エンタメ、天気、地域情報、経済情報などを幅広く取り上げ、楽しく、そしてしっかりと県民に情報発信する番組を心掛けている。県民から広い支持と共感、愛着をいただき、今や三重テレビの看板番組として確固たる存在となっている。

またドキュメンタリーは三重テレビの看板の一つである。とりわけ、約十五年にわたり取材を続けてきたハンセン病をテーマにしたドキュメンタリー及び報道活動は、民放連盟賞の優秀賞、ギャラクシー賞の優秀賞を受賞するなど、放送ジャーナリズムの世界で高く評価されている。この他にも、地域に密着したテーマのもとに、地域の実情を深く掘り下げた取材をおこない、地域の人々を取り上げる。そうした日々の取材活動の中から、多くのドキュメンタリーが生まれている。ドキュメンタリーは三重テレビのようなローカル局にとっては、放送ジャーナリズムの日々の努力の成果を発信する有力なコンテンツである。

## 三重発の情報発信［その3］

二〇一三年の伊勢神宮遷宮にあわせて、地元放送局として、一時間のノンフィクション番組で「お伊勢さん」を十回シリーズで放送した。県内だけでなく、番組販売という形で、全国の放送局で放送された。一流のゲスト出演者が毎回出演したこともあり、しっかりとした番組内容も高く評価され、放送は非常に大きな反響があった。番組を視聴して、遠隔地から伊勢を訪れた観光客も多かったと聞いている。

小さな放送局でも、番組のテーマ、内容が優れていれば、全国への発信が可能である。それを証明したのが、「お伊勢さん」だった。

以降、三重テレビは毎年、こうした大型ノンフィクションを十本シリーズで制作、放送し続けている。二〇一四年の「熊野古道～お伊勢さんからもうひとつの聖地へ」、二〇一五年の「芭蕉が詠む　祈りのこころ」、二〇一六年の「斎王～幻の宮の皇女」とシリーズは続いている。こうした大型ノンフィクションは、今や三重テレビの看板番組となり、その番組のレベルの高さ、制作力は放送業界で高く評価されるようになった。

テレビ局の原点は、番組を制作し、放送することである。放送は、今や自社だけでなく、番組販売などさまざまな形で、各放送局のエリアに広がっていく。テレビ局にとって、地域情報を発信することは、自らの制作力を発信することでもあると言える。その成功例がここにある。

## 三重発の情報発信【その4】

地域密着の放送局、報道機関である以上、大地震・台風・集中豪雨等の災害時での適切な情報発信は最も重要な使命である。三重は、南海トラフを震源域とする大地震が発災すれば、県民の生命、財産に甚大な被害が発生する。この地域は歴史的に、東海地震、東南海地震等の大地震による大災害に遭遇してきた。また台風による風水害に対しても毎年の備えが必要な地域で、伊勢湾台風を始めとして過去に甚大な被害がもたらされた経験も忘れてはならない。加えて最近は気象状況が不安定となり、突然の豪雨、竜巻、突風などの自然災害も起こりうる状況となっている。こうした災害時に、取材、放送をおこない、県民の生命、財産を守るために最大限の情報発信をおこなうことは、三重テレビに課せられた使命である。三重テレビは、緊急地震速報、L字情報システム、情報カメラネットワークの整備などの他、二〇一六年六月に先駆けてLアラートに対応するシステムも導入した。

放送メディアとしての災害対応は、報道記者を始めとする人材教育と効果的な設備導入を常に続けていくことが必要不可欠だ。三重テレビは、県民のための放送局として、絶え間なく、こうした取り組みを続けていく。

## 三重発の情報発信［その5］

二〇一六年五月二十六日、二十七日の両日、伊勢志摩サミットが開催された。三重にとっては、歴史的な出来事だ。地元の放送局、報道機関として、サミットには全力を挙げて取り組んだ。事前の特別番組を開催一年前から、節目ごとに制作・放送。桑名市で開催されたジュニアサミットも特番として放送した。ニュースや情報番組での取材・放送は連日のようにおこなった。サミット取材のベースとなる伊勢市の国際メディアセンターではＮＨＫキー局、海外メディアと肩を並べて、三重テレビ単独の取材・放送ブースを設営。またサミット会場近くにも中継ベースを構築して、前日からサミット終了までの三日間、ニュース、生放送の特別番組を放送した。とくに特別番組には、三重テレビが地元密着で取材を続けてきた内容を盛り込むことができ、地元局らしい放送ができたと自負している。サミットという言葉は、もともと頂上という意味があるが、三重テレビの取材班にとっても、困難に挑戦し、登頂に成功した高い頂きだったという感想を持っている。

また取材・放送以外でも地元局として、県民のモチベーションを高めていくための、いくつかの貢献をさせていただいた。その中でも特筆するのは、イメージソングの制作・放送である。県内の高校生から作詞を募集。作曲は三重テレビでおこない、合唱、演奏は高校生を中心とするアマチュアにお願いし、クラシック調のイメージソングができ上がった。まさに県民手作りのイメージソングで、三重テレビで毎日放送し、高い評価をいただいた。またサミット取材で来日した海外メディア向けに、スマホを活用した英語情報に特化したニュースサイトを立ち上げた。三重テレビのローカルニュースをリアルタイム・ストリーミングで同時通訳により英語ニュース化し、同時に過去のサミット関係のニュースも英語ニュース化してアーカイブした。スマホのサイトから三重のサミット関連のローカルニュースが過去のものから最新のものまで、一堂に英語ニュースとして閲覧できるもので、海外メディアからも好評であった。

同時にこのサイトでは、三重の観光情報をアーカイブの英語情報として閲覧できるようにし、伊勢神宮、伊賀忍者などの映像パッケージを英語情報として提供した。短期間であったが、視聴回数は想定を大きく超えたものであった。地元放送局のこうした取り組みが、海外に向けて三重を発信していく大きな一助になったのではないかと自負している。

## 今後の展望

今後も三重テレビが、県民のために、地域情報の発信を担う役割は変わらない。ローカルに徹することこそ、三重テレビにとっての一丁目1番地である。しかし同時に、これからの時代は、三重の地域情報を外に向かって発信することも、地域を活性化していくためには重要だと考えている。

人口減少に伴い地域が先細りになっていくことが懸念される中で、観光、食、特産品、歴史・文化、企業立地など、外に向かってのさまざまな地域情報の発信が、今、三重県でも求められている。こうした状況の中で、三重テレビに求められる役割、使命も、従来の県内向けに加えて、プラス全国、海外というように拡大していくことになると予測している。地方の衰退、先細りが避けられそうにない中で、ただ守るだけでは、結局生き残ることはできない。三重テレビもまた、地域密着を徹底しながらも同時に、全国発信、海外発信など全国、海外に向けて番組コンテンツを通して発信していく力をつけていかなければならない。幸いにして、三重テレビは独立局であり、ネットワークの制約はない。国内でもBS、CS、CATV、ネット配信事業者と良い形で連携することができれば、三重の情報の全国発信が可能だ。そして海外でも番組販売及び放送のルートが開拓できれば、三重の情報の海外での発信が可能となる。

BSと連携した全国発信、あるいは海外での放送については、三重テレビはすでに実績を重ねてきている。大事なのは、番組制作力、コンテンツ制作力。そしてチャレンジしていく活力だ。三重からの情報発信は、これからどんどんと面白いことになっていく。ぜひ皆さん、三重テレビのこれからの取り組みを楽しみにしていただきたい。

# 第6章

# よりよき暮らしのために

## ——健康・福祉・女性

# 25 医師数から見る三重県の地域医療

三重大学医学部附属病院病 院長
三重大学大学院医学系研究科 循環器・腎臓内科学 教授
伊藤正明

## 1 はじめに

医師不足という言葉が叫ばれて久しいが、最近この言葉も以前ほどは聞かれなくなり、代わって医師偏在という言葉を耳にするようになってきた。医師不足が顕在となったきっかけに、二〇〇四年度からの新医師臨床研修制度（新研修医制度）がある。本制度の施行により、診療に従事する医師は卒後二年間以上、臨床研修病院で厚労省が認めるプログラムに沿って臨床研修、いわゆる〝初期研修〟を受けなければならないこととなった。本制度の以前も、臨床研修は努力目標であったが、本制度の義務化によって劇的に変化したのが卒後医師の動向である。新研修医制度施行以前は、医学生は卒業後出身大学の医局に入局し、大学病院および医局の関連病院で研修、臨床修練をおこないながら、研究にも従事して、医師としてのキャリアアップを積んでいった。しかしながら新研修医制度後は、研修先病院を、本人の希望と教育病院側の受け入れの可否とのマッチングにより決められるようになった。このようになると、三重大学のような地方大学において、県外出身者は、出身県をはじめとする三重県以外の病院を研修先に選び、またモチベーションの高い学生は、研修希望が集まるいわゆる都会の有名病院にマッチングを希望するなど、研修医の県外流出が起こってしまった。大学病院を見ても、とくに地方において研修医の大学離れが起こり、逆に、都市圏にある有名大学、有名病院には多くの研修医が集まるという、地方と都会の格差が顕著となってしまったわけである。

明治時代からつくりあげられてきた医局制度は、極端に言えば、卒業後から死ぬまで、医師間の交流や助け合いと地域医療などの社会活動をおこなう基盤となっていた医師の集まりである。教授や医局長の指示のもと、希望しない地域の病院へ長期間勤務を強いられるなど自由度が少なく縛られていると感じていた医師も少なからずいたが、この制度には、個々の医師に適したキャリアアップのサポート、医療過疎の地域への医師派遣、医師や病院での種々の問題に対するバックアップなど、よい面が多かったのも事実である。

新研修医制度をきっかけとして、地方大学の医局の機能が弱くなり、大学における若手医師の減少から、派遣医師を大学をはじめとする病院に移動（引き上げ）させざるを得なくなる状況が起こってしまった。また医局に所属する医師にも自由意識が高まり、医局による医療過疎地域への医師派遣が難しくなって、とくに遠隔地における医師不足が顕在化してしまったのが、医師不足、医療崩壊と言われた現象である。三重県においても、東紀州、伊賀、志摩などの地域で、未だにこの問題は解消される方向すら見えていないのが現状である。

このようにして進んだ医師不足に対し、文部科学省、各大学は医学部の定員増、地域枠入学の設定、県市町や各病院は奨学資金などを創設し対応してきた。新研修医制度の施行後十年以上経過した今日、この問題は幾分解決する方向が見えてきているが、遠隔地をはじめとする医師不足はまだ解消していない。医師数は増加しているが、地域偏在、診療科偏在が解消されていないためである。

本章では、三重県におけるこれらの状況について紹介する。

## 2　現在の状況

厚生労働省医師・歯科医師・薬剤師調査（二〇一四年末）によると、三重県における医師数は人口十万人当たり二〇七・三人で、全国平均の二三三・六人を下回り、三重県は全国的にも医師不足の県である（全国都道府県三十六位）。診療科別に人口当たりの医師数を見ても、内科が全国二十九位、外科三十五位、小児科三十九位、産婦人科二十八位といずれも全国レベルをかなり下回り、麻酔科において全国最下位レベル（四十七位）である。医師数を病院（二十床以上）と診療所（十九床以下）別で見てみると、病院勤務医は人口十万人当たり一二六・九人と全国平均の一五三・四人を大幅に下回っている一方、診療所勤務医は全国的の中位に位置し、三重県は病院勤務医が少ないのが特徴である。

三重県には四つの二次保健医療圏がある。鈴鹿市および亀山市までを含めた北勢地域の〝北勢保健医療圏〟（人口約八十四万人：三重県の人口シェアの四五％）、津市（津地域サブ医療圏）、伊賀市および名張市（伊賀サブ医療圏）からなり人口約四十七万人（人口シェア二五％）の〝中勢伊賀保健医療圏〟、松阪市、伊勢市および志摩市を含めたその近隣地域で人口約四十八万人（同二六％）の〝南勢志摩保健医療圏〟、尾鷲市、熊野市およびその近隣を含めた人口約八万人（同四％）の〝東紀州保健医療圏〟の四つである。これら二次保健医療圏別に見た医師数は、中勢伊賀保健医療圏のみが全国レベルを大きく上回っているが、これは津市には、三重大学があることによる。中勢伊賀保健医療圏を津サブ医療圏と伊賀サブ医療圏に分けて見てみると、津サブの医師は人口十万人当たり三五九・九人と全国平均を大きく上回っているのに対し、伊賀サブ医療圏は一三九・九人と三重県において最も医師数が少ない地域である。伊賀サブ医療圏に次いで医師数の少ないのは東紀州保健医療圏で一五二・四人、続いて北勢保健医療圏の一七二・六人、南勢志摩保健医療圏は二一〇・一人と全国レベルには達しないものの、三重県では医師がまだ確保されている地域である。病院勤務医の状況もほぼ同様であるが、全国的に見てほぼ平均である診療所勤務の医師数では、津サブ医療圏と南勢志摩保健医療圏が全国平均を上回っている。

このように、三重県は全国と比較して医師数の少ない医師不足の県であるが、この不足は主に病院勤務医であり、さらに病院勤務医の地域偏在、診療科偏在も顕著で、これら是正が三重県の地域医療にとって最も重要な課題である。

## 3　医師数推移と地域医療の移り変わり

三重県の医師数（人口十万人当たり）を過去にさかのぼり医師・歯科医師・薬剤師調査のデータから全国順位で見ると、二十九位であった一九八六年以降順位が下降し、新研修医制度施行の二〇〇四年には三十六位、そして二〇〇八年には三十八位と底をつき、二〇一四年に三十六位まで戻して来ている。過去十年間の医師数増加傾向を見てみると、人口十万人当たり全国平均が三十二・六人であるのに対し、三重県は三十・五人で、全国と比較しても医師を増加させるパワーはまだ十分ではない。三重県における医療圏別では、伊賀サブ医療圏がこの十年間で医師数を減らし、東紀州保健医療圏がほとんど変わらない以外は、県全体では人口当たりの医師数は増加してきている。この医師数の増加は、主に病院勤務医の増加である。三重県における主要な研修教育病院においては、新研修医制度以前と比較して、卒後三年目以降の医師数はおおむね増加し、七〇％増となっている病院も存在する。しかしながら、伊賀サブ地域、伊勢志摩サブ地域の一部の病院などは医師数が増加せず、病院の病床稼働も低くせざるを得ない状況がいまだ続いており、地域間格差、病院間格差が拡大したまま矯正されるには至っていないことがこの点からもよくわかる。

これらのデータから、以前より医師不足であった三重県では、新医師臨床研修制度以降、一時的にさらに医師不足が進行したが、その後の種々の取り組みも功を奏し、改善傾向が見られていると考えてよい状況である。しかし、年齢層別に医師数の推移を見てみると、十年前と比べ増加しているのは五十歳以上の医師であり、二十九歳以下や三十〜四十九歳の医師数はほとんど変わっていない（図1）。すなわち三重県で診療する若手医師が減少することには歯止めはかかっているが、まだそれを増加させるほどには至っていないことがわかる。

初期研修医のマッチング数では、制度当初の二〇〇四年には六十名程度であった状況が、最近では一一〇名を超えるようになり、倍増してきている。三重県で初期研修を修了した後の医師の進路状況を見てみると、専門研修をおこ

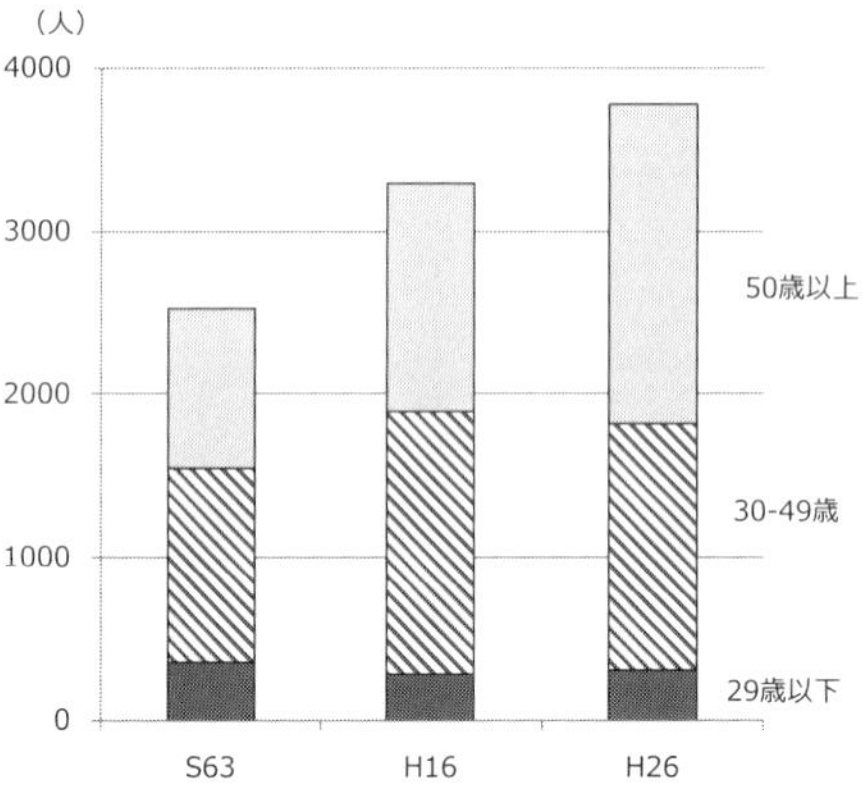


図１　三重県内の年齢層別医師数推移（出典：厚生労働省医師・歯科医師・薬剤師調査

なうために三重県に残る医師はおよそ三分の二前後であり、三年以降さらに一部の医師が県外に流出している。二〇一八年度より、三年目以降の医師を対象とした新専門制度が開始予定であるが、三重県に残り専門研修をおこなう医師がこの新しい制度をきっかけにさらに減少しないよう、また可能な限り増加させるように取り組んでいくことが重要と思われる。

ここで、医師不足、遠隔地医療としてよく取り上げられる市立尾鷲総合病院とその医療圏の状況について現状を見てみたい。尾鷲総合病院は尾鷲市と紀北町の約三万五千人を医療圏とした市立総合病院で、二十四時間三六五日の救急対応をおこなっている。本地域は国勢調査ごとに約一〇%の人口減少が見られ、二〇一六年四月の住民基本台帳のデータでは〇～十四歳、一七五五名、十五～六十四歳九四五〇名、六十五歳以上、七七四三名と高齢化率は四〇・九%に達し、二、三年後には生産者人口と高齢者人口の逆転現象が起こると推測される。また尾鷲市と紀北町では、二〇〇八年から後期高齢者人口が前期高齢者人口を上回っている。尾鷲総合病院の医師は十五名から十七名程度で推移し、市立尾鷲総合病院以外の医師数（主に開業医）も横ばい基調であるが、その年齢構成は六十歳代を頂点に、現在中心的役割を担っている四十歳から六十歳の医師会人数は十名にすぎず、今後クリニックでの診療活動も減少してしまうことが危惧される。本地域の人口動態および医療は三重県の十年後、二十年後の姿といってもよい

以上、この十年間の三重県における医師の動向をまとめてみると、もともと医師不足であった三重県では、新医師臨床研修制度導入後、三重大学医学部卒業生の県内定着率低下により医師が減少したが、三重大学、県市町の行政、

各病院のさまざまな取り組みにより、十年を経過して全国レベルと比較して新研修医制度以前のレベルにまで回復してきている。しかし、若手医師の県外流出による四十代までの医師が少ない状況は続いており、医師の「地域偏在」や「診療科偏在」も顕在化した状況は解消されず、地域的には伊賀サブ医療圏、東紀州医療圏、診療科では麻酔科が最も深刻な医師の不足状態である。

## 4　三重大学、三重県の取り組み

新研修医制度後の医師不足に対して、いろいろな対策がなされた。短期的に医師不足を少しでも解消するため、県による医師紹介事業、バディ・ホスピタル・システムによる診療支援、三重大学に寄付講座を設置した地域医療支援などの対策が、地域医療再生基金などを活用しておこなわれた。

中期的な視点での取り組みの大きな柱に、三重大学医学部の入学定員増加と医師就学資金貸与制度の運用が挙げられる。三重大学医学部は二〇〇八年（平成20）より入学定員を増加させ、二〇一〇年（平成二十二）には一二五名とし、その内三十五名を地域枠学生として入学させている。この地域枠入学三十五名の内訳は、推薦入試地域枠の三十名と、一般入試前期七十五名中五名を割り当てた三重県地域医療枠からなる。推薦入試の地域枠（三十名）には、地域枠A（二十五名）と地域枠B（五名）があり、地域枠Aは、県内の高校卒業あるいは扶養義務者が三重県に住居している学生、地域枠Bは、伊賀や東紀州地域などの医療過疎の地域に扶養義務者が住居している学生で、対象とする市・町長と三重大学医学部が指定する病院の病院長とが共同でおこなう面接を受け推薦された学生である。三重県地域医療枠（五名）は、一般入試前期において出身地にかかわらず卒後三重県の医療に従事することを約束した学生としている。地域枠設定により、三〇%前後（二十〜三十人）であった入学に占める県内出身者は、四〇〜五〇%前後（五十〜六十人）にまで倍増した（図2）。これらの影響により、三重県で初期研修をマッチングする三重大学卒業

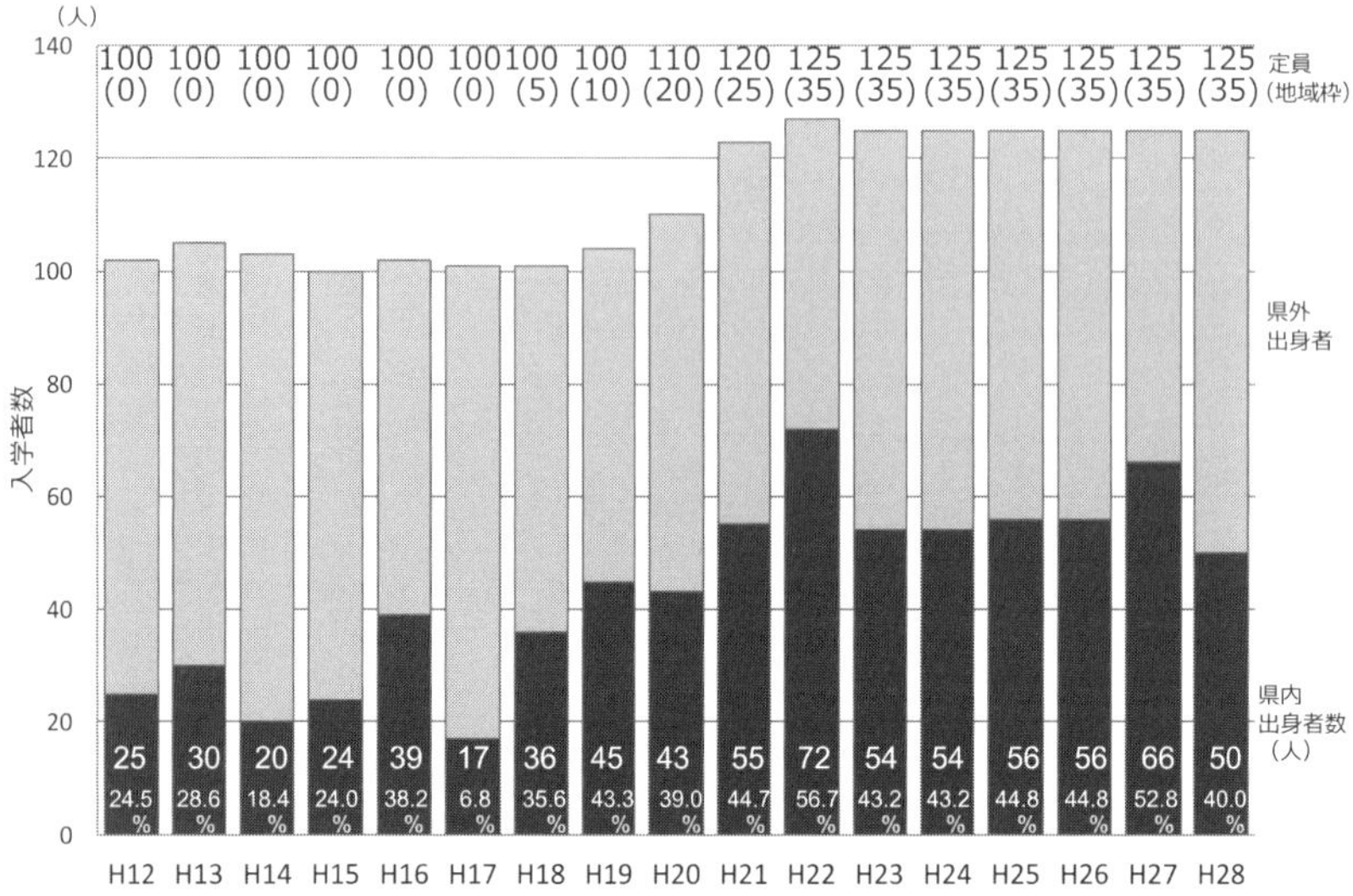


図２　三重大学医学部の入学定員、地域枠と入学状況

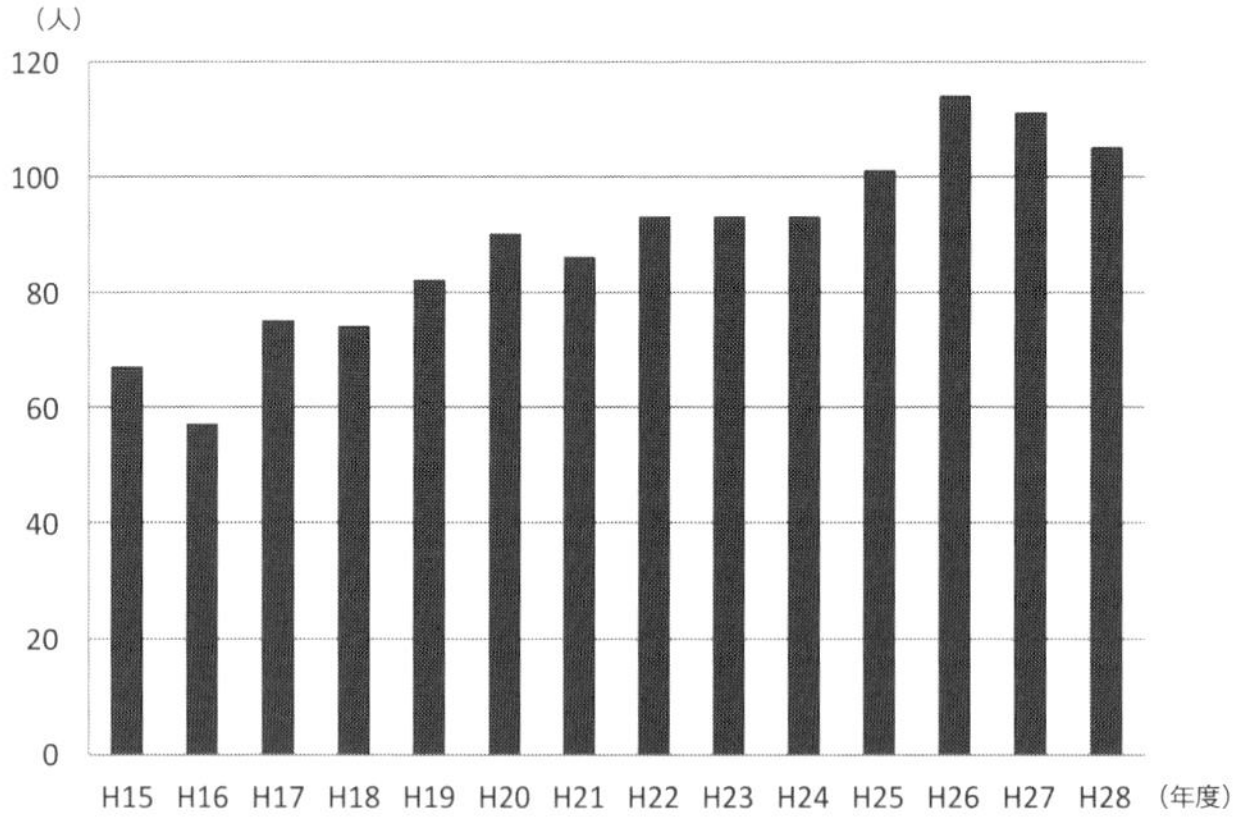


図3　三重県の初期研修医マッチング数

の医師も同様に増加してきている（図3）。これら地域枠入学生は、入学後、三重大学医学看護学教育センターが中心となって地域医療に理解を深める教育がなされ、卒後は三重大学医学部附属病院臨床研修・キャリア支援センター、MMC卒後臨床研修センターや三重県地域医療支援センターによるサポートを受けながら、地域医療へ従事することとなる予定である。

県による医師修学資金貸与制度は二〇〇四年から始められ、二〇〇八年に拡充された。対象者は全国の医学生で、貸与総額は六年間で八〇〇万円弱である。返還免除要件としては、卒後県内医療機関に十年間勤務することを条件とするコースをほとんどの学生が取っている。貸与者数は、拡充された二〇〇八年度より著増し、およそ五十～八十名に毎年貸与され、その累計は二〇一六年度に五八七名（県内出身者四九四名、県外出身者九十三名：三重大学出身者四九九名、県外大学出身者八十八名）となっている。卒後三年目以降に達した医師修学資金貸与者は、二〇一六年度に八十六名、二〇二一年には三八五名になると予想され、これら修学資金の貸与を受けた医師が、今後いかに地域医療に貢献していけるかが大きな課題である。また、医師修学資金貸与制度以外にも、女性医師復職支援、総合医育成拠点整備や地域医療支援センター事業などさまざまな県の医師確保対策もおこなわれている。

三重県にはMMC（Mie Medical Complex）卒後臨床研修センターという特徴ある初期研修をサポートする組織がある。三重県下の医療機関（基幹型研修指定病院、主な医療関係法人、その他の主な県内の医療施設）が会員となったNPO法人で、三重県における初期臨床研修医に関するさまざまな活動を支援している。これらには、MMC合同面接会、臨床研修談話会、OSCE大会、病院説明会などの運営と各種ガイドブックやメルマガ発行などが含まれる。また、初期研修の選択期間を利用して、県内のその他の病院でも研修がおこなえる地域一体型プログラム〝MMCプログラム〟も二〇一一年度より全国初の試みとして開始しており、好評を得ている。

## 5　今後の予想とその対策

今後の三重県の地域医療に大きく影響する医師数はどのように推移していくのであろうか。これにかかわる資料として、二〇一三年度に県によりおこなわれたキャリア形成支援プログラム運用等にかかわる事業委託による三重県の医師需要数・供給数推計がある。今後県人口が減少し、高齢者数も飽和状態となるが、高齢化の進展により医師需要は現状より若干増加が予想される。一方、医学部定員の大幅増に伴い、医師需要量も現状よりも増加していくと推測される。病院・診療所を含む医師数全体の需要バランスは、二〇一〇年では需要ギャップがマイナス一一％であったが、二〇二五年から二〇三〇年の間にこのギャップは解消されると予想され、病院勤務医師の需要ギャップも同様である。しかしながら、地域および診療科の偏在は残り、二〇三五年時点においても、伊賀サブ医療圏および東紀州保健医療圏に加え北勢保健医療圏でも医師不足の状態にあり、また、高齢化に伴い需要増加が見込まれる眼科医、整形外科、さらには耳鼻咽喉科や外科の医師も不足が予想される。

このように、医師の地域間格差、診療科間格差を、三重県で必要なバランスに調整していくことがやはり非常に重要な問題となってくる。遠隔地への医師の派遣、すなわち医師の地域間格差の是正については、三重大学の地域枠卒業生や県の医師修学資金貸与者を中心に、新専門医制度の研修プログラムやその後のスキルアップ制度の中で、うまく解決していく方向が一つの可能性としてある。医師のキャリアアップを十分に考えることは極めて大切であるが、医師不足地域での診療経験も、医師の診療スキルを上げる上でプラスに働くことが多い。これらの医師のキャリアアップと地域医療への貢献をバランスよく調整するには、医療法に定められ三重県にも設置されている地域医療支援センターの活動も重要となってきている。三重県では、三重大学に地域医療支援センターの分室が置かれ、専任教官も配置されて、三重大学と三重県、さらには県下の病院と連携の下、地域医療にかかわる医師の育成における中心的な組織となることが期待されている。
診療科間の格差に対する具体的な対処法は、まだほとんどすべての診療科で少なからず医師不足状態である現況ではなかなか難しい。かつては寝る暇も惜しんで患者への診療に携わることを美徳として活動していた医師も多かったが、現在では時間外診療や救急などの対応が必要でハードワークを強いられる診療科が不人気となる傾向も見受けられ、この問題の解決は難しい。診療科間の偏りの解消には、地域における専門医の必要数を予想した専門医数の制限もオプションとして挙げられているが、いろいろな論議があり、そう簡単にできることでもなさそうである。

## 5 おわりに

三重県は、新医師臨床研修制度以前より、慢性の医師不足状態であった。新研修医制度以降、医師不足が急に進行した主な要因は、県内の地域間格差、病院間格差の増大による、とくに遠隔地医療の崩壊である。この原因は、それまで遠隔地に医師派遣をしてきた〝大学医局〟の機能不全の要因が大きい。三重大学の定員増・地域枠設定、三重県の修学資金制度の効果により、三重県で医療に携わる医師不足に歯止めがかかってきており、医師数は今後徐々に増加することが予想される。しかしながら、伊賀サブ医療圏や東紀州医療圏などに見られるように、医師不足が解消していない地域も存在し、三重県、県内病院群、三重大学が今後さらに連携を強化して、これらの問題の解決をおこなっていく必要がある。地域医療の安定において、三重大学の果たす役割は大きく、県市町行政、各病院、医師会などと連携し、新しい時代に対応できる医療ネットワークの構築の強化に努めることが重要と考えられる。

謝辞：三重県における医師数のデータ解析にご協力いただきました、小林正司様（三重県健康福祉部医療対策局地域医療推進課医師・看護師確保対策班、主幹）に深謝いたします。

# 26 亀山の『クオリティ・オブ・ライフ』

亀山市長
櫻井義之

## 1　サステイナビリティへの挑戦

二〇一〇年春、私どもは市民と行政職員の徹底した議論を重ね「情報共有の原則」「協働の原則」など本市のまちづくりに関する九つの基本原則を定めた「亀山市まちづくり基本条例」を制定した。

その一つに「持続可能性の原則」を高らかに掲げた。全国の都市自治体が制定したまちづくり基本条例は数多あろうが、持続可能性の原則が明記されたものは珍しいと外聞する。大袈裟だが、『サステイナビリティ／持続可能性』は、本市のまちづくりや行政経営における最も重要なキーワードであり、品格ある地域社会への切符だと考えている。そして同時に求められているものは、五万市民の愛着と幸福実感へとつながるＱＯＬ（Quality of Life/クオリティ・オブ・ライフ）の向上だと考える。

我がまち亀山は、鈴鹿山系や鈴鹿川に代表される豊かな自然環境に恵まれ、歴史が織りなした佇まいを残す城下町・宿場町としての顔がある。市内に東海道五十三次の三つの宿場を有し、なかでも東海道で唯一国の「重要伝統的建造物群保存地区」に選定されている「関宿」は、今なお往時の面影を偲ぶことができる。また、近年は新名神高速道路の開通による交通拠点性の高まりとあわせ、特色ある環境・文化・教育のプログラムと世界標準の健康都市戦略を推進している。さらに、人と人が支えあう地域コミュニティの活動も健在である。これら、まちを形づくる多彩な要素が上手く結びついた高い結晶性により、輝く『クオリティ・オブ・ライフ』を実現したいと考えている。市民の「愛着と誇り」そして「幸福実感」が高まり、そのことがまた一人ひとりの自発的な参画と協働への厚みとなって、持続可能な地域社会の好循環へとつながることを目指している。

## 2　環境政策と産業政策の調和

本市は、三重県の北中部、名古屋から約五〇㎞・大阪から約一〇〇㎞に位置し、我が国東西の結節点として、また伊勢への分岐点として、古くから交通の要衡として栄えてきた。また、これらを強みとして高度成長期から多様な分野の製造業の立地が進んできた。

二〇〇二年、本市が三重県と連携して進めた乾坤一擲の産業政策により、シャープ株式会社を核とする液晶関連産業の集積が始まった。当時の日本は、未だバブル崩壊以降の閉塞感に包まれており、失われた十年という時代をさまよっていた。昨今誰もが忘れてしまった感があるが、あの頃の社会経済情勢は、構造的な円高デフレによる国内産業の空洞化という厳しい現実のなかにあり、地方経済・雇用の疲弊、平成の市町村再編、環境・ＩＴ・超高齢社会などへの新しい政策課題への対応に迫られていた。このようななか、あの産業政策のインパクトは、圧倒的な重量感とスピード感を持ち、まちと市民生活を一変させるに充分であり、全国の耳目を集めた。これを契機に、製造業の国内回帰への足掛かりとなったことは記憶に新しい。

あの企業立地が余りに衝撃的であり、最先端の液晶ＴＶ「亀山モデル」が一躍名を馳せることとなったが故、本市は全国的な知名度の向上とともに、企業城下町としてのイメージが大々的に形成された。実のところ液晶産業の集積以前も、交通の要衝を強みとして、多様なものづくり企業に立地いただく「緑の工業都市」としての性格を有していた。シャープ株式会社の立地は、その特性を数段強化する契機となった。

現在と亀山工場操業前とを比較（二〇〇三→二〇一五）すると、製造品出荷額の伸び三・〇四倍、市全体従業員数の伸び一・二六倍、地方税額の伸び一・四二倍、昼夜間人口比率の逆転にみる拠点性など中長期的な成長を果たしていると言えよう。また、本市の財政力指数が1を超え地方交付税の不交付団体となった六年間（二〇〇五→二〇一〇）に、都市のストックとしての小中学校・幼稚園の改築などのハード事業、県下を先導してきた子育て支援や健康医療政策などのソフト事業が順調に展開できたことも、市民の「クオリティ・オブ・ライフ」の向上に少なからずつながってきたと言える。

振り返れば、この十五年間の液晶産業の集積が地域社会に与えた影響は、単に地域経済・雇用・人口・市税への貢献のみならず、有形無形の多岐にわたる。とくに私どもが目指す持続可能なまちづくりへの貢献として、森づくりなどの環境保全活動、次世代への環境・情報教育、また近年ではタブレットを活用した高齢者の健康管理・生活支援サービス「亀山ＱＯＬ支援事業」などＰＰＰ（公民連携）の厚みを増しており、今後においても一層の協働への期待を寄せている。これら一連の積み重ねが、市全体の環境政策の基盤となる高い市民風土の醸成へつながっていると実感することができる。一例をあげれば、本市は全国に先駆け「ごみ埋め立て処分量ゼロ・全量再資源化」の廃棄物溶融処理システムと山元還元、埋設ゴミの再処理を実現しており、それは環境に対する市民風土によるところが大きい。これらもまた有形無形の成果と言える。

一方、二〇〇八年秋のリーマンショックの後、急激に潮目が変わるわけだが、一旦馬力ではない持続可能な地域経営への転換によって、この変化を乗り越えてきた。未だ課題はあるものの、このことが都市自治体としての現在の血や肉になっていると感じている。古今東西、都市のキャパシティを超える急激な経済成長が地域の自然環境や人的環境を破壊する力を持つ時がある。また往々にして、分度を越えた経済的エネルギーが人心を変え社会を変質させてしまうこともある。幸い本市は、この十五年の激動と混沌のなかで試行錯誤をしながらも、全国有数の環境変化にしたたかに適応してきたような気がする。これもまた新しく生まれた「亀山モデル」なのである。

## 3　市民の地域愛と都市政策

クオリティ・オブ・ライフを決定づける重要な要素のひとつが「健康」であることに、異論をはさむ余地はない。現代社会において、健康を個人の責任としてのみ捉えるのではなく、都市の環境と機能のすべてによって身体的・精神的・社会的な健康水準を高める必要があるという、WHO（世界保健機関）が提唱する「健康都市」「健康寿命」の考え方に賛同し、二〇一〇年七月、本市は健康都市連合に加盟した。健康都市連合は、WHO西太平洋地域事務局の呼びかけにより二〇〇三年に創設され、生活の質の向上を志向する都市間ネットワークによる国際的な協働を通じ、健康都市の発展に向けた知識・技術を開発することを連合憲章に掲げている。本市は日本で十四番目の都市として加盟が認証された。現在、世界一七六都市四十二団体が加盟、日本からは四十一都市三団体が加盟（二〇一六年七月）している。

以来、私どもは健康を重視する都市政策を立案し、健康を支える環境を整えるべくコミュニティの強化と個人の能力開発を促進させ、より高い健康水準とQOLを達成しようとする健康都市戦略を追いかけてきた。その具現化に向けた「地域医療再構築プラン」と「食育推進・健康増進計画」に基づき、生活習慣病の予防、各種がん検診・予防接種を受けやすい環境づくりを充実するとともに、地域コミュニティにおける健康づくりの仕組みづくり支援、高齢者の社会参加促進などの各種事業を展開している。さらに、国立大学法人三重大学医学部と連携した「亀山地域医療学講座」を開設し、市立医療センターをフィールドに、総合診療・救急医療を担う医師の養成と保健医療体制に関する調査・研究を通じて、世界標準の健康都市づくりに挑んでいる。

一方、都市と生活の質を決定づける要素は前述の環境や健康など多岐にわたるが、そのなかでも最も重要な要素の一つが「文化」ではないかと考える。文化の力が私たちの心に感動と創造の喜びや安らぎを与え、豊かな人間性を育む源泉であることは論をまたない。とりわけ、伝統的な歴史や行事、絵になる景観や風致、魅力的な生活習慣や産業技術などはそれ自体が価値を持つだけでなく、まちのアイデンティティ（独自性・同一性）を形成し市民の愛着と誇りを育み、まちづくりの原動力になることに疑う余地はない。

そのような視点から、私どもは歴史文化遺産を活かした都市政策を重視してきた。二〇〇九年一月、市域を貫く東海道沿道一九・五㎞、約五〇〇haを重点区域に設定した「歴史的風致維持向上計画」を策定し、全国初の歴史まちづくり法による認定を受けた。この計画は、日本の東西文化が交わり独自の街道文化を育んできた東海道三宿が有する歴史的・文化的資源をハード&ソフト両面から磨き上げ、将来世代への継承を図ろうとするものである。

また、二〇一四年、「かめやま文化年」と命名したアクション・イヤーを設けた。現在、二度目となる「かめやま文化年2017」に向け準備を進めているが、これは「亀山市文化振興ビジョン」に掲げた「文化の見える化」プロジェクトの一つである。こちらは、文化が人や社会に作用するチカラいわゆる「文化力」を高めるべく、三年ごとに年間キャンペーンとして《みつめる・つながる・かがやく》を基本テーマに、文化芸術に関する各分野の事業を重層的・継続的に展開することで、文化の好循環を生み出し「キラリ輝く」結晶性の向上を目指すものである。

この「健康都市」「文化都市」という二つの都市戦略は、前述の「環境先進都市」を目指す政策と調和し、『都市と生活の質・QOL』を高める役目を果たすと確信している。さらに、私自身、行政レベルでの環境政策をはじめ産業政策・交通政策・コミュニティ政策など他の政策領域と密接に関連する基本政策・施策のもと、市行政各部局に横串をさす総合行政を強く志向してきた。とは申せ「ローマは一日にして成らず」の諺どおり一進一退の連続ではあるが、役所のタテ割りという仕組みや体質が抜本的に転換されなければ、循環系を持つ持続可能な地域社会は創れないとの基本認識を持っている。

私どもは、その古くて新しいテーマであるタテ割り行政に終止符を打ち、ＱＯＬを高めるための統合された政策や行政システムの実現にこだわって行政の質を進化させたいと決意している。行政のタテ割りによる部分最適ではなく、地域社会としての全体最適を目指さなければならない。それ故に、各政策が統合され包括的な都市政策を推進・制御できうる行政経営を志向する必要がある。

さて、本市まちづくりの特徴のひとつに、「市民力による高い地域力」がある。これも、クオリティ・オブ・ライフに関する大切な要素でないだろうか。市民一人ひとりが自分たちのまちに愛着と誇りを抱くことができれば、まちが直面する課題の解決のために、また地域社会の未来をよりよくすることのために、自発的な取り組みが始まる。他人事でも評論家でもなく自らの問題として積極的に関わり、行動することが可能となる。市民活動や地域活動による多彩な社会参加を通じて絆を深め、そのふれあいとやりがいが個人のモチベーションとなり、生活の質と密接に関連するであろうことに疑う余地はない。

私どもは、リーマンショック後の急変する厳しい財政事情のなかで、大型事業の見直し等の行財政改革を断行しなければならなかった。財政的制約があるなかで行政と市民が責任を共有するためには、市行政への信頼が不可欠である。そのために、情報公開と情報共有のための制度整備を進めるとともにさまざまな事業において市民や地域団体等の参画・協働による「開かれた市政」を推進してきた。その結果、市内における市民活動やコミュニティ活動が活発化しており、「地域愛」と比例してＱＯＬにつながっていると感じている。

## 4　むすびに――亀山クオリティ

私たちは、前述したこの十数年余の激動期を全力で駆け抜けてきた。二〇〇五年の新市施行からも早や十三年目を迎える。その歩みは、「都市が持続的に成長し、輝くＱＯＬを実現するために何が必要なのか」という問いの答えを探すプロセスである。また、本市の環境政策のシンクタンクである「亀山市総合環境研究センター」を核として、地域社会のバックボーンとなる「亀山学」の確立へとつながったことも意義深い。それは机上の学術的理論でなく、市民や地域や企業や行政の実践的な改善行動を促す「産学官民連携」の軌跡でもある。この地域学は小さな都市の小さな一歩にすぎないかも知れないが、全国有数の環境変化を経験した自治体だからこその『亀山クオリティ』は、今後も愚直に実践され磨かれ続けることで、地方創生の時代を切り拓くことが可能となるのではないか。

かつて明治・大正・昭和初期、このまちに県の女子師範学校が置かれた。戦後、学制改革により新制三重大学が発足し学芸学部（現・教育学部）へ引き継がれた後、本市に三重大学付属小・中学校が置かれ廃止される一九六三年までの約六十年間、本市は、内外より『教育の町』と称された時代があった。半世紀以上の時を経て今なお、「次世代を育むことに対する使命感が、市民一人ひとりの遺伝子に組み込まれているのではないか」と感じる場面に出会うことがある。

私たちは、この誇るべき精神文化を有するまちを学校として、市民とともに学び真のＱＯＬを育んでゆく、そして「自らのまちは自らで創る」その精神と行動を将来世代へと継承したいと強く願うものである。その道は遠く厳しいけれど、必ずや持続可能な『小さくともキラリと輝くまち』へとつながる道であることを確信してやまない。

column
# 亀山市民大学キラリ

亀山市環境産業部長 西口昌利
三重大学人文学部・地域イノベーション学研究科教授
三重大学地域ECOシステム研究センター長 朴 恵淑

「亀山市民大学キラリ」は、亀山市総合環境研究センターが主催する市民向けの環境・文化（防災）・福祉（健康）講座であり、2005年6月にスタートしている。2005年1月11日に、旧亀山市と旧関町が合併し、新亀山市となったが、同時に発足したのが、亀山市総合環境研究センターである。亀山市が自然的社会的特性に応じた施策を策定し、実施するため、また、時代を先取る有効な環境政策を立案し、自治体と市民、学識経験者及び企業との連携により、地域に根ざしたニーズに取り組む拠点として設置したものであり、センター長には、朴恵淑三重大学地域ECOシステム研究センター長が就任している。三重県の29自治体において、自治体とセンターが一丸となって、長期間にわたる市民大学を運営する事例はなく、他の自治体や大学からのベンチマーキングの対象となるほど、その意義は極めて高い。亀山市総合環境研究センターは、主に次の5つの活動をおこなっている。①環境施策の企画及び研究に関すること。②環境施策の啓発、情報発信及び人材バンクに関すること。③環境施策に伴う事業者との連携に関すること。④環境教育に関すること。⑤地域連携活動及び国際連携活動に関すること。

「亀山市民大学キラリ」は、2005年度当初は「かめやま環境市民大学」として開講し、2006年度からは、市民大学の卒業生を対象に「かめやま環境市民大学院」を開講した。この市民大学院の自然環境ゼミは、2006年度から2010年度の5年にかけて、亀山森林公園「やまびこ」の整備構想及び利活用計画策定へ参画し、シンクタンク機関としての一翼を担った。

「亀山市民大学キラリ」は、それまでの市民大学を発展させたものであり、毎月1回の講習や特別講演会の開催、企業との連携による中・高校での出前講座など産官学民の連携によって現在を生きる知恵を学び、未来へつなげる方法を探るプラットホームである。

「亀山市民大学キラリ」の2011年度から2015年度までの主な実施内容は、次のとおりである。

| 年度 | 講座数 | 受講者数 | 主な講座名 |
|---|---|---|---|
| 2011 | 9 | 443 | 夏季の節電対策に向けて、関宿を歩く |
| 2012 | 10 | 354 | ユネスコを学ぼう、生活習慣病を防ぐ |
| 2013 | 8 | 399 | くらしのアドバイザー養成講座、エコ健康クッキング |
| 2014 | 11 | 381 | ＡＫＰ（オール亀山ポイント）、地域医療 |
| 2015 | 6 | 327 | リニア中央新幹線、健康寿命、亀山学 |
| 計 | 44 | 1,904 | |

このほか、特別講演会やシンポジウムを毎年開催しているが、その内容は次のとおりである。

| 年月日 | 場所 | 講演内容 | 講師名 | 参加者数 |
|---|---|---|---|---|
| 2008.09.20 土 | 文化会館 | 地球環境と国家戦略<br>9.11 テロを取材して | 手嶋龍一 | 750 |
| 2009.10.03 土 | 文化会館 | 千の風に吹かれながら地球環境について考えてみよう | 新井満 | 600 |
| 2010.09.12 日 | 文化会館 | 不発弾とともに生きる・考える | 大石芳野 | 500 |
| 2011.09.18 日 | 中央コミ | 超高齢社会を楽しく生きる | 内田淳正 | 320 |
| 2012.02.04 土 | 中央コミ | がん免疫療法への期待<br>～身体に優しいがん治療～ | 珠玖洋 | 260 |
| 2012.09.02 日 | 中央コミ | がん検診を有効に受けるためには | 竹田寛 | 250 |
| 2013.11.04 月 | 中央コミ | YUBA メソッドによる音痴矯正法と認知症非薬物療法の取り組み | 弓場徹 | 150 |
| 2014.01.19 日 | 文化会館 | 講演会：市民が健康でいるために<br>シンポ：みんなで守ろう！三重の医療 | 竹村洋典ほか | 450 |
| 2014.11.24 月 | 中央コミ | 健康に生きる<br>～体を大切につかいましょう～ | 伊藤正明 | 180 |
| 2015.11.23 月 | 中央コミ | 地域医療について | 今井俊積 | 200 |
| 2016.06.18 土 | 中央コミ | リニア中央新幹線と亀山を考える<br>～ポスト伊勢志摩ｻﾐｯﾄと亀山～ | 伊藤達雄ほか | 350 |
| 2016.10.22 土 | 中央コミ | 脳が作るやる気ホルモン<br>～認知症やうつ病に勝てる～ | 川戸佳 | 250 |

「亀山市民大学キラリ」は、幅広い分野の講座等を開き、人材を発掘・育成しているが、人材の中には、市民記者として「キラリ通信」の発効や「亀山市民大学キラリ活動報告書」等各種情報誌の編集に携わっている。このように、「亀山市民大学キラリ」は、自治体と市民、学識経験者及び企業との連携により、地域のニーズに取り組んでおり、生涯を通じた学びの機会は、市民の生きがいづくりや地域課題の解決に向けた人材育成につながっている。これらの学習機会をさらに効果的に進めるためには、個々で完結しているそれぞれの学習機会の体系的な再構築やトータルコーディネート機能を確立していくことが求められている。

# 27 SUZUKA女性活躍推進連携会議

鈴鹿市長
末松則子

## 1 はじめに

二〇一一年五月、私は東海地方初の女性市長として四十歳で就任した。就任当初はあらゆる場面で、「女性だから」という見方をされていると感じていた。しかし、二〇一五年四月に再選を果たした選挙戦の際には、女性や若さに対する反発や心配の声はまったくなく、性別に関係なく一期四年間の実績と行動を評価してもらえたのだと、とても嬉しく思った。

私は、女性であり母親である視点を大切にしながら政策をおこなってきた。二〇一五年五月には、子どもたちの心身の健全な発達と健康保持増進を図るとともに、仕事を持つ保護者が安心して働ける社会の実現のため、市長就任以来の公約として最も力を注いできた政策である中学校給食をスタートすることができた。また、行政内部に関しても、つわり等で勤務が困難な場合に取得できる特別休暇の新設や、子どもが病気や怪我等で看護が必要な場合に取得できる特別休暇の条件の拡充など、職員の出産や子育てをサポートし、ワークライフバランスを保つための支援をおこなってきた。

今後も、二〇一六年四月から新たにスタートした「鈴鹿市総合計画２０２３《にいまるにいさん》」で目指す将来都市像である「みんな

で創り　育み　成長し　みんなに愛され選ばれるまち　すずか」を実現するため、自分だからこそできる積極的な市政運営に取り組みたいと考えている。

## 2 鈴鹿市における女性活躍の取組について

鈴鹿市では、二〇〇六年に制定した「鈴鹿市男女共同参画推進条例」に基づき、市民と事業者、そして自治体が協働して男女共同参画社会を実現することを目指している。また、二〇一二年十二月、鈴鹿市男女共同参画センター開設十周年を記念して、広く市民の意見も取り入れながら内容を検討し、「男女共同参画都市」を宣言した。二〇一六年四月には、この都市宣言より「誰もが個性と能力を十分に発揮し、夢を持って暮らせるまち　鈴鹿」を目標に、「第二次鈴鹿市男女共同参画基本計画」を策定した。現在は、この基本計画を本市の男女共同参画推進の第二ステージと位置づけ、様々な取組を実施している。中でも、就労の場における男女共同参画の推進のため、前計画よりも民間企業に向けた発信をより強くおこなうこととしている。

鈴鹿市の女性活躍に関する取組について少し申し述べると、私は市長就任以来、積極的に市職員の女性登用に努めてきた。市政の重要政策決定の場である行政経営会議は、部長級の職員で構成しているために当初私の他には女性がおらず、様々な施策を検討する過程で女性の視点からの意見を出しても、十分な理解が得られないまま、反映されずに終わっていくことに違和感を感じていた。この状況を変えるため、準部長級の女性職員を特別に登用し、市の施策に女性の考えを活かせるように改革をおこなった結果、別の視点からの意見に刺激され、会議そのものが活性化されるメリットも生まれた。

また、市の施策に対する外部からの意見を男女双方バランス良く取り入れるため、市の審議会等における女性委員登用も進めており、これは男女共同参画基本計画の目標にもなっている。すべての審議会について委員決定前には必ず私の方まで事前協議をおこなって、女性委員の登用が少ない理由について、男女共同参画課、人事課との協議後の報告を最終チェックするシステムを構築した。例えば、東日本大震災以降、避難時の対応や避難所運営など防災分野における女性の参画の必要性が大きく認識されるようになってきた。しかしながら、市の防災会議の女性登用率は二・六パーセントと非常に低い状況であった。そこで、トップダウンにより担当部署へ働きかけ、関係機関の理解を得ながら二五パーセントまで大幅に向上させることができた。また、このシステムを運用していく中で担当課の意識も随分変わり、女性委員を増やし女性の意見を積極的に取り入れたいという自主的な動きも見られるようになり、女性委員登用への拍車がかかった。二〇一六年四月時点では、すべての審議会等へ女性委員が参画するとともに、その比率は平均三六・一パーセントを達成しており、国の目標である三〇パーセントを上回る結果となっている。

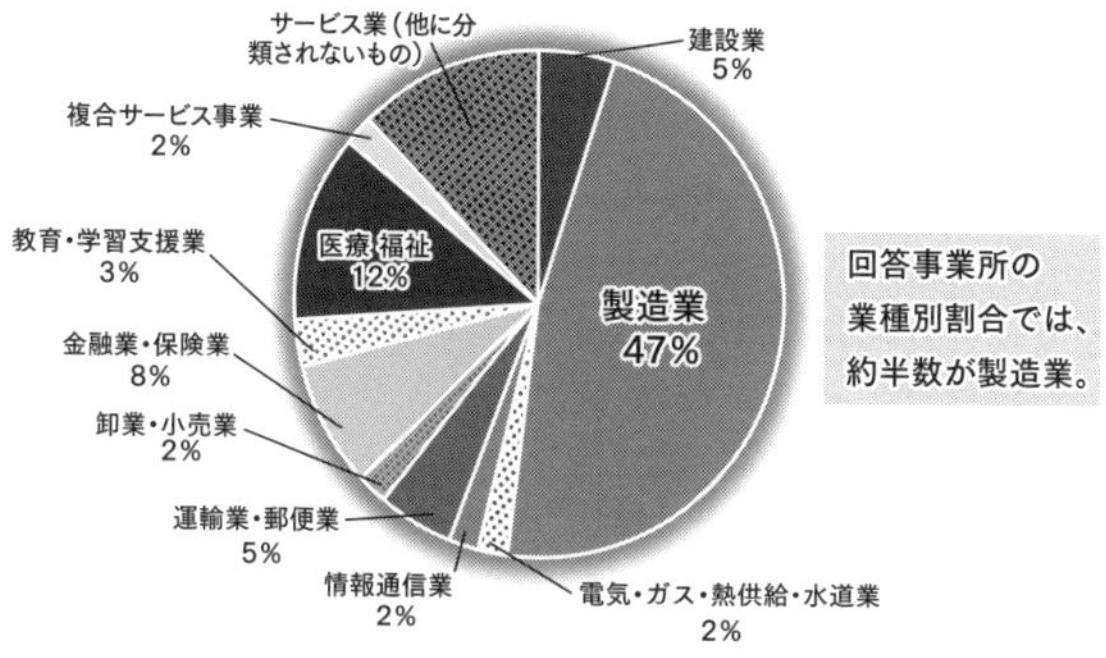


図1　回答事業所の業種別割合

## 3　市内企業向けアンケートについて

行政内部においては、こうした女性の声を反映できる体制づくりに積極的に取り組んできたものの、外部に向けて、とりわけ経済分野への発信があまりできていなかった。そこで現状を把握するため、二〇一四年十月に、鈴鹿市内に本社、支店等を有する従業員五十名以上の企業一一〇社へ向けてアンケート調査を実施した。調査対象の事業所数こそ少ないが、アンケートとしては高いと言える五四・五パーセントの回収率となった。「ものづくりのまち」である鈴鹿市は、製造業の割合が高く、業種の特性から考えると女性従業員の割合が少ないことが予想されたが、実際のアンケートにおいても、そのことが顕著にあらわれる結果となった。

業種別の割合では製造業からの回答が約半数を占めていた（図1）。女性従業員の比率は平均では二三・三パーセントであった。医療・福祉の業種が七四・六パーセントで最も高く、それ以外のほとんどの業種が三〇パーセント前後となっており、女性が少ない業種と多い業種の就労環境や女性の意識にはどのような差があるのか、掘り下げてい

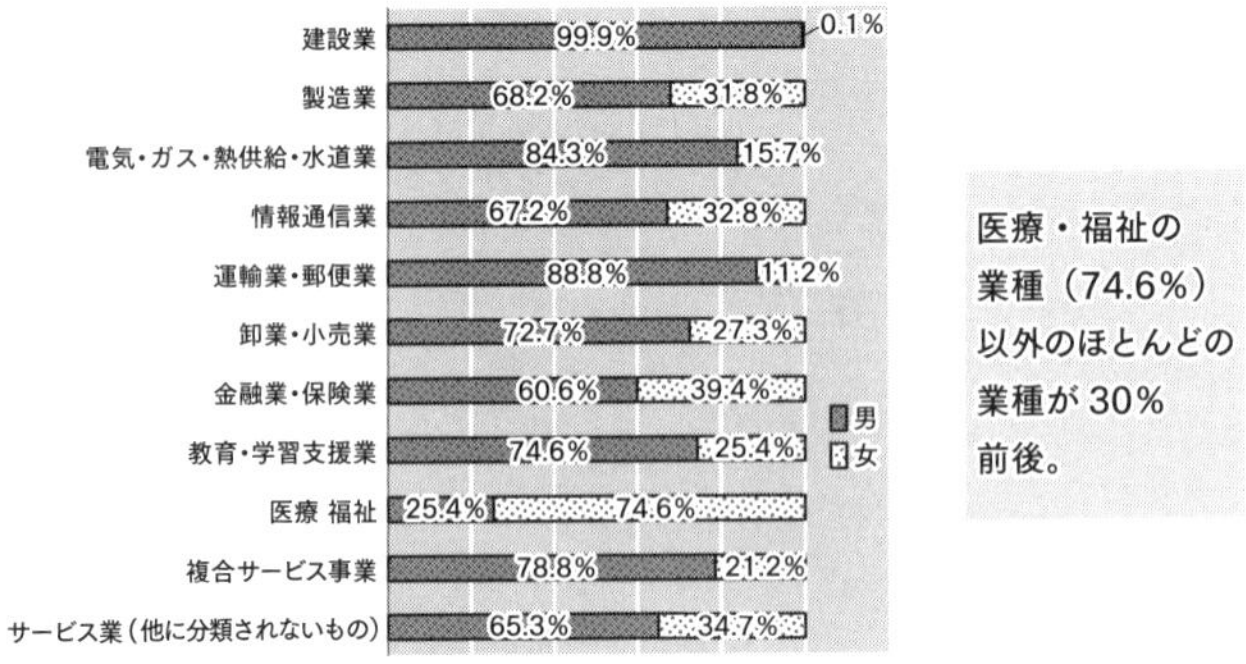

図2　女性従業員比率

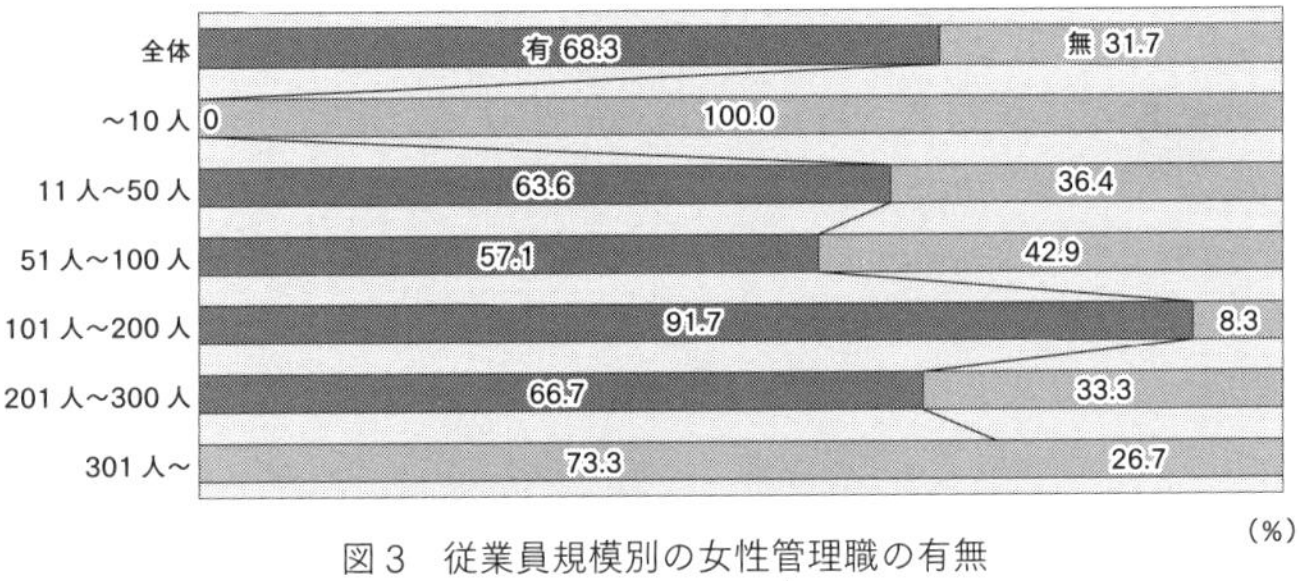

図3　従業員規模別の女性管理職の有無

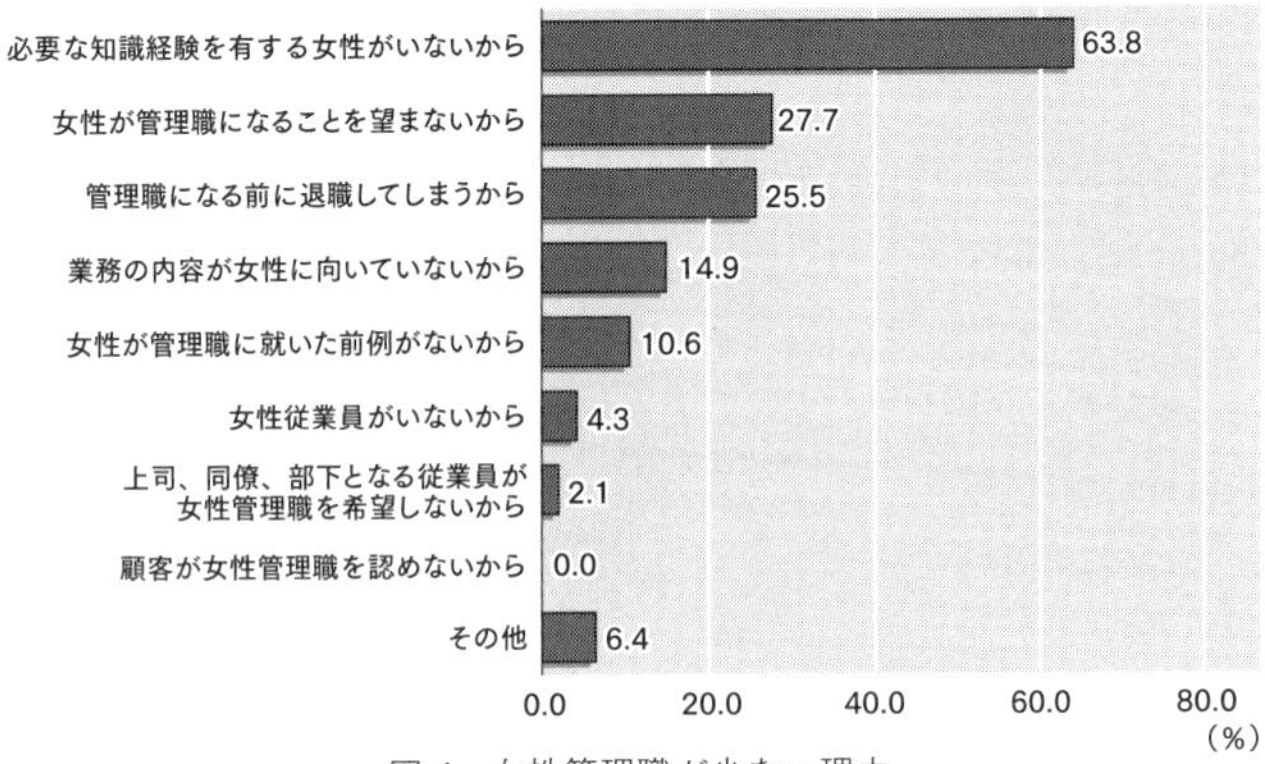

図4　女性管理職が少ない理由

くと課題解決のヒントがあると考えられる（図2）。

女性管理職の有無については、全体では、女性管理職がいる事業所は六八・三パーセントであった。また、従業員規模別に見ると、規模が大きい事業所の方が、女性管理職が存在する傾向にあることがわかった（図3）。「女性管理職数がなぜ少ないのか」を尋ねた結果では、最も多かった回答は、「必要な知識、経験を有する女性がいないから」というものであった。他には「女性が管理職になる前に退職する」、「管理職に就いた前例がない」、そして「業務の内容が女性に向いていない」という回答が多くあった（図4）。

アンケート結果から、製造業、ものづくりを中心とする事業所が多い本市では、業務内容や交代勤務などの勤務体制から、そもそも女性には不向きな業務として扱われ、採用段階から女性が少ない。そして女性が少ない中では、就労環境が整備されず、管理職のロールモデルとなりうる女性が育ちにくいという状況が見えてきた。本市において女性の能力を引き出し十分に発揮していただくためには、本市独自の仕組みが必要であることがわかった。

## 4　SUZUKA女性活躍推進連携会議について

国では二〇一五年八月に、「女性の職業生活における活躍の推進に関する法律（女性活躍推進法）」を成立させ、三重県では二〇一四年九月に「女性の大活躍推進三重県会議」を設立して女性の活躍を進めようとしている。そのような中で鈴鹿市は、基礎自治体としてはいち早く、二〇一五年十二月に市内の女性活躍を進めるための組織として、「SUZUKA女性活躍推進連携会議」を立ち上げた。私が代表に就任し、市内の商工業関係や高等教育機関の代表者が幹事に、三重県と三重大学がオブザーバーになっている。

民学官が一体となり、本市における課題の発見と共有、それを解決するための事業を企画提案し、そこに参画して得た情報やノウハウを、それぞれの現場で実践することによって成果を上げていく。このようなサイクルで本市全体

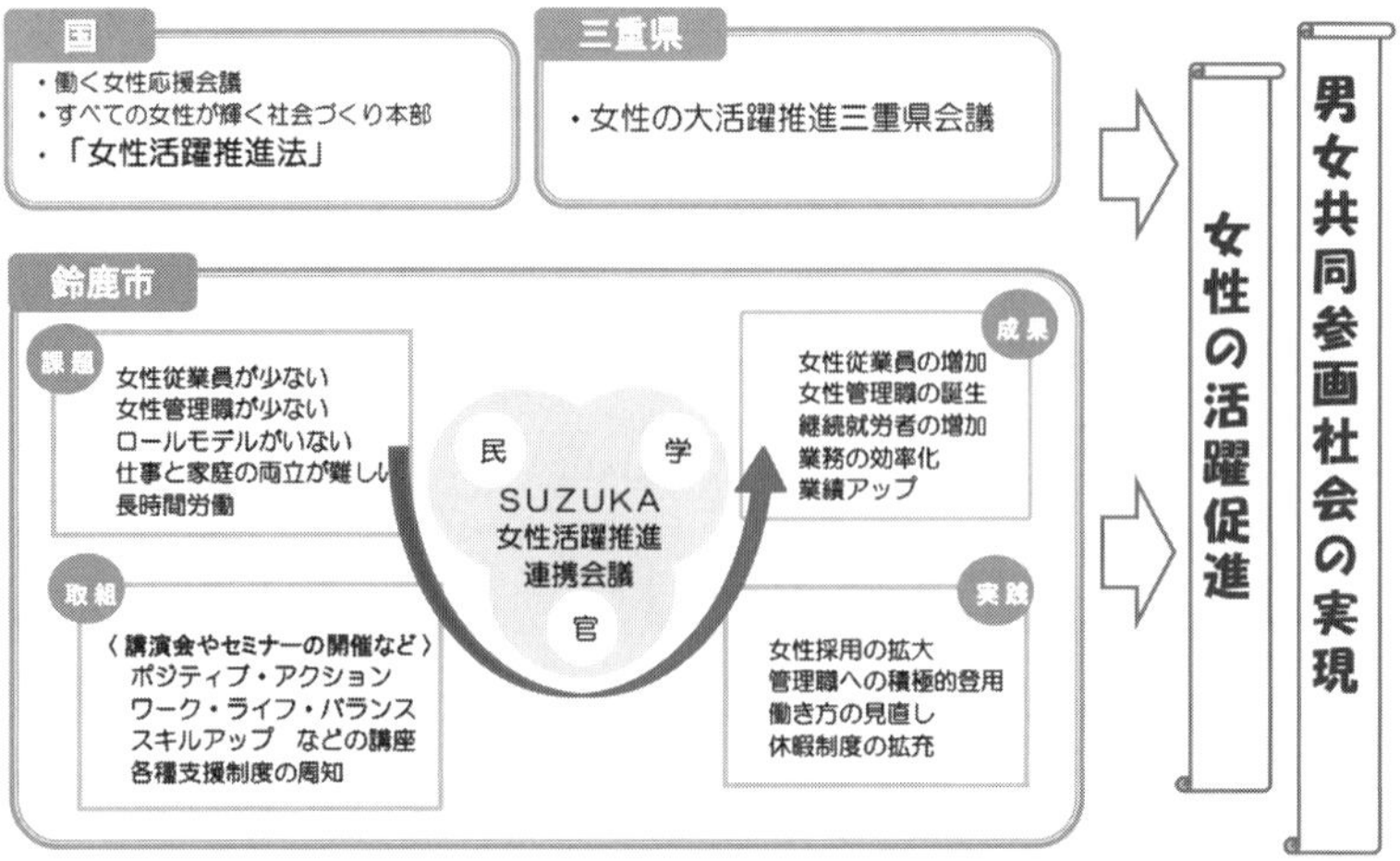


図５　SUZUKA 女性活躍推進連携会議（展開図）

の女性活躍の推進を図ろうとするものであり、取組が進むことによって本市全体の男女共同参画意識も高まり、ひいては男女共同参画社会の真の実現につなげていくための仕組みである（図５）。

ここで、二〇一五年十二月と二〇一六年四月に実施した会議での、幹事とオブザーバーからの意見の一部を紹介する。

（1）女性の就業継続に関する課題としての意見

・制度があるだけでは本人の働き続けようとする意識を高めることが難しい。制度を含めた職場環境が整わなければならない。

・女性が育児休業から復帰する際の一番の問題は、復帰のタイミングで子どもを保育所に入れられず、予定していた時期に復帰できなくなること。予定が崩れると代替要員は派遣や臨時で対応となるが、業務の形態によっては難しい。

（2）女性の管理職登用に関する課題としての意見

・市内に多い製造業では、女性社員の母数自体が少ないために管理職も少なくなっている。

・ロールモデルがいないという声をよく聞く。トップの意識が大事。

・管理職になりたがらないのは女性だけではない。男女関係なく時代に合った人材育成をしなければならない。

・女性登用を進めるには、今の時代では女性登用が正しいというような雰囲気づくりも重要。

（３）課題の対策としての意見

・子どもを育てながら勤務継続ができる仕組みをしっかりと固める。
・女性採用を増やす目標を掲げる。
・管理職に育児休業等の制度の教育をおこなう。
・電子カルテのようなものを利用した仕事の引継ぎがスムーズにできている。ＩＴも活用すべきである。

以上、様々な課題や取組の情報共有がなされた。中でも私が特に興味深かったのは、市内のある企業が事業所内保育所の設置に向けて動いているという話であった。事業所内保育所は、すでに市内の医療機関で開設され、医師や看護師等が安心して職場復帰ができ、優秀な人材が確保されているという現状を耳にしており、事業所内保育所の開設のメリットが大きいことは十分理解していた。従業員は、産後に比較的早く職場に復帰でき、子どもが職場の近くにいるため安心して働くことができる。事業所は、仕事と家庭を両立しやすい環境を整備することで、優秀な人材を確保、定着化でき、社会貢献としてもイメージが向上する。私は、市内の企業においてもこのような先進的な取組が始まっていることを知り非常に感銘を受けた。今後他の企業にも波及させていく中で、この会議の果たす役割に大きな可能性と責任を感じた。

私は、このＳＵＺＵＫＡ女性活躍推進連携会議の代表としてリーダーシップを発揮し、実効性ある取組を、スピード感を持って進めていきたいと考えている。女性の活躍によって鈴鹿市がもっと元気になるような取組を積極的に展開し、「性別に関わらず誰もが夢を持って暮らせるまち　鈴鹿」を必ず実現できるよう取組を進め、私自身も、女性市長としての発信力をさらに高めるとともに、政治の場における女性のロールモデルとして活動していきたい。

## 28 三重県男女共同参画センター「フレンテみえ」

三重県男女共同参画センター「フレンテみえ」所長
石垣弘美

### はじめに

日本国憲法に男女平等の理念がうたわれて七十余年が経過しているが、ジェンダー（社会的・文化的性別）に起因した根強く残る固定的性別役割分担意識を背景に、社会における制度や慣行がいまだに男女間に不平等をもたらしている。その解消を図るべく、さまざまな政策がすすめられてきた。その一つとして男女共同参画を推進する拠点施設が全国各地に設置されてきた。ここでは、国、県の施策に基づき男女共同参画社会の実現に向けてどのような取組がなされてきたかを男女共同参画センターのこれまでの二十数年の事業をとおして紹介する。

### 1　男女共同参画社会の実現は二十一世紀の我が国社会の最重要課題と位置づけて

一九九九年に『男女共同参画社会基本法』が施行され、「男女共同参画社会の実現は、二十一世紀の我が国社会のあり方を決定する最重要課題」として位置づけられた。国を挙げて男女共同参画社会の実現に向けた取組がおこなわれている。それは、基本的人権にかかわる問題のみならず、少子高齢化社会、家族・地域社会の変化、貧困格差の拡大、社会経済のグローバル化等々の社会情勢の変化にも対応した課題でもある。

三重県では国の動きを受けて『男女共同参画社会基本法』の理念を踏まえ、二〇〇〇年に『三重県男女共同参画推進条例』を制定した。これは全国でも四番目と早い制定である。条例では「男女共同参画社会とは男女が性別にかかわりなくその個性と能力を十分に発揮する機会が確保されることにより、男女が社会の対等な構成員として、自らの意志によって社会のあらゆる分野における活動に参画し、ともに責任を担う社会」と定義している。そして、その実現のために以下の四つの基本目標を掲げ、政策展開している。

1．男女が性別による差別的取扱いを受けることなく、個人として能力を発揮する機会を確保すること
2．男女の固定的な役割分担意識に基づく制度や慣行を改善すること
3．男女が社会の対等な構成員として、あらゆる分野における方針の立案及び決定に参画する機会を確保すること
4．男女が家庭生活における活動と職業生活における活動その他の活動とを両立しておこなうことができる環境を整備すること

これを受け、二〇〇二年に『三重県男女共同参画基本計画』を策定した。現在、第二次三重県男女共同参画基本計画第二期実施計画を策定（二〇一六年三月）し、それに基づき、男女共同参画社会の実現に向けた施策を推進している。

## 2　県民の「ニーズと期待」を反映した男女共同参画推進の拠点施設

三重県は男女共同参画を推進するため、さまざまな啓発事業を実施する県域の推進拠点として三重県津市にある複合施設三重県総合文化センター内に一九九四年十月に『三重県女性センター』を開館した。開館に至った経緯を以下に述べる。

一九八八年（昭和六十三）に実施した『みえ県民意識調査』によると「女性に関連する課題解決のための関係機関

と連携した相談体制の強化」を望む声が最も多かった。また、一九八九年には、当時の婦人問題協議会委員・関係団体代表者等と県民（約二千四百人回答）を対象に『女性のための総合施設の整備についてのアンケート調査』を実施した。その調査では、社会進出を望む女性たちを支援する場、女性の草の根グループの情報交換、相互の交流を指導する機関、女性の抱える課題に関係する情報整備を望む声が多くあり、女性のための総合施設の必要性とそこで取り組むべき課題が明らかになった。

そこで、三重県は、一九八九年五月『三重県婦人総合施設検討委員会』を設置し、十二月に『婦人総合施設（仮称）に関する報告書』をまとめた。翌年三月には『みえの第二次行動計画—アイリスプラン』の基本理念「人間の尊厳と男女平等」をもとに『三重県婦人総合施設（仮称）の基本構想』を策定した。基本構想には「固定的な性別役割分担から派生するさまざまな女性に関わる問題解決のために、専門家による相談活動、総合的な施設機能を活かした事業、女性の新たな可能性を見つけ社会進出につながる学習機会と関連情報の提供、女性も男性も積極的にくらしにかかわり、豊かな生活を創り出していくための場や情報の提供をおこなう」と、先のアンケートで明らかになった課題を盛り込んで事業の大枠を決めた。これをもとに開館当初から広く県民に男女共同参画を推進する啓発事業をおこなってきた。

二〇〇一年の三重県男女共同参画推進条例の施行を機に、『三重県男女共同参画センター』に改称し、公募により愛称を『フレンテみえ』とした（以下フレンテみえと表記）。「フレンテ」とはスペイン語で「前向き」という意味で、女性も男性も前向きに、多様な生き方ができるようともに歩んでいこうという想いが込められている。

二〇〇四年からは指定管理施設として『財団法人文化振興事業団（二〇一一年に公益財団法人へ移行）』が受託し、二〇一五年第四期五カ年の指定管理を受託し、二〇一六年現在二年目である。二〇一四年十月には開館二十周年を迎えている。主催事業は年間二万人を超える参加者があり、その内容も高い評価を得ている。

現在、県内には四日市市、鈴鹿市、名張市、伊賀市に男女共同参画センターがあり、五館が相互に連携しながら事業をすすめている。

## 3 複合型文化施設の利点を活かした男女共同参画の推進

三重県総合文化センターは、施設内に文化会館、生涯学習センター、県立図書館、放送大学がある複合型の文化施設である。年間約百万人が来場し、高い施設利用率（八〇％超）を誇っている。複合型文化施設の中に男女共同参画の拠点施設があるのは全国的にも珍しい。複合型文化施設の強みを活かした取組の例として以下に記す。

1．館内の他館と協働・連携した事業や広報活動。2．貸館による来場者が目に付く場所へ男女共同参画に関連したパネル、チラシ等の配下による啓発。3．知名度のある有名人の大型講演会や大規模な登録団体のイベントの実施。4．音楽や演劇などの芸術をツールとした啓発事業の実施。5．子ども向けイベントや子どもたちへのアート教育を通した啓発事業の実施などがある。これらの取組により、これまで男女共同参画に関して関心の薄かった層や次世代への効果的な啓発活動を展開し、全国に先駆けた事業も多く実施し、成果を上げている。

## 4 男女共同参画社会の実現に向けて五つの機能を充実させ事業を実施

フレンテみえでは、固定的性別役割分担意識とジェンダー規範の解消を基本に置いて、より多くの人々に向けて「意識啓発する」事業と、ターゲットを絞り個別の課題や地域の実情に応じた課題の解決に向けた「実践力をつける」事業を並行して実施している。

事業は、「1．情報発信、2．調査研究、3．研修学習、4．参画交流、5．相談」の五つの機能を充実させつつ、専門性を高め、関係機関・団体とネットワークを広げながら実施している。以下に五つの機能に分けて現在の具体的な事業の一例からフレンテみえの取組を紹介する。
1．情報発信事業として年間四回発行している情報誌『Frente』がある。これは事業の告知・報告だけでなく、今の社会の課題をテーマに「性的マイノリティ」「シングルマザー」「男性の子育て」など当事者への取材記事やコラムを掲載し、読み物として充実した内容を盛り込んでいる。
また、直接来館して講座に参加できない方にも学習機会を提供するため、WEBを活用した『参画ゼミ』を実施している。これは、「女性のキャリア」「ハラスメント」など男女共同参画推進に関する今日的な課題に対し専門家の掘り下げた解説を掲載し、課題解決について考える啓発用の教材として活用されている。

フレンテみえ情報コーナーは男女共同参画に関連する図書、行政資料、各種団体の情報等を揃え、テーマを設けた関連情報、図書の紹介、啓発パネルの展示おこない、利用者の関心と理解を深め、学習活動を支援している。
2．調査研究事業は、男女共同参画を推進するために解決すべき諸問題や課題などについて専門家のアドバイスを入れながら調査研究し、そのデータは課題解決につながる活動の参考資料として、広く活用されている。
例として、二〇一四、二〇一五年と二カ年かけて取りまとめた『災害時における男女共同参画視点による相談対応マニュアル』について記す。これは、被災時にさまざまな形で住民サポートに関わる立場の方々に向けてのマニュアルとして作成した。先の大震災の被災地の取組を「相談」に焦点を当てて調査研究したものである。固定的性別役割分担意識が根強く残っていることに起因したさまざまな相談事例や問題を洗い出すことから始めた。女性特有の困難として下着や生理用品、着替えなどの問題や性的マイノリティの方々への配慮のなさから起こる困難等々、多数の問題が起こっていた。その中で、被災地の男女共同参画センターでは相談から見えてきたニーズを男女共同参画の視点で捉えなおし、さまざまな救援に活かす取組がおこなわれていたこと。また、避難所の運営や復興支援に男女共同参画の視点が活かされたことで声をあげにくい多くの人々が必要としている支援につながったことなどが明らかになった。このことから災害時に男女共同参画の視点を持った相談対応がおこなえるように初期対応から実際の運営、平時からの取組の重要性等について事例を交えてわかりやすく取りまとめた。

3．研修学習事業は国や県の重点施策に沿った内容をもとに男女共同参画を啓発、推進するための意識啓発にとどまらず、具体的な課題解決へ結びつける実践型講座研修も実施している。「政策・方針決定過程への女性の参画拡大」「職業生活、家庭生活、地域の中とあらゆる場における女性の活躍」「ジェンダー規範からの解放」など幅広い層へ課題解決につながる学習機会を提供している。

例えば、三重県の県民意識調査によると女性の就労について「子どもができたら職業をやめ、子育てが落ち着いたら再び職業を持つ方がよい」という中断型が全国と比較すると高いという結果が出ている。その意識の上に、育休復帰後の仕事と育児の両立への不安、固定的性別役割分担意識の根強さ、加えて現実的な家事・育児・介護と仕事の両立の難しさなどが相まって、女性の就業継続を阻み、女性管理職の比率の低さなどの課題につながっている。これらの課題解決を図り、社会の女性活躍に向けて、あらゆるライフステージの女性たちが自らの意思でキャリアを積んでいける、それをエンパワメントする講座を実施している。この取組の中で女性活躍を推進するには制度・風土など環境を整えることと併せてロールモデルやメンターなど精神面を支える環境の重要性が明らかになった。そこで、フレンテみえでは、精神面を支え女性の就業継続につなげていくためのネットワークの構築に向けた取組も同時に進めている。

また、地域活動においてジェンダーの視点をもって男女共同参画を推進できる人材を育成する講座を実施している。それぞれの地域の喫緊の課題を取り上げ、男女共同参画の切り口からその対応について考える機会を提供し、ジェンダー規範、固定的性別役割分担意識の解消に向けた啓発講座を実施し効果を上げている。具体的には防災減災と男女共同参画をテーマにした講座や地域住民から相談を受ける人たちを対象に、男女共同参画の視点から相談支援を考える講座などがある。

男女共同参画社会の実現は、男性にとっても生きがいのある、暮らしやすい社会をめざす上で重要な課題である。

男性は男性であるがゆえに抱える問題があり、また、女性の活躍と同時に男性は家庭生活、地域活動においてもその役割が重要になってきている。そこで「男性向けの講座」は男性自身のジェンダー規範の解消により自分らしい生き方を考えるきっかけとなる講座や、固定的性別役割分担意識の解消につながる講座、企業（男性）に向けてワーク・ライフバランスの推進、長時間労働の抑制につながる啓発など、仕事だけでなく家庭や地域生活にも積極的な参画を促していくことを目的にさまざまなテーマで実施している。

例えば、子育て世代の男性向けに家事・育児と仕事のバランスを考える講座、定年世代の男性向けの講座として家族との関係づくりを主題にした講座がある。また、幅広い現役世代の男性への啓発を目的とした著名人の講演会や男性向けに実践的なコミュニケーショントレーニング等を実施ししている。講座終了後には男性同士のコミュニティが構築され、継続した活動に発展しているものもある。

二〇一五年度より、事業として講座で取り上げられなかったが重要な課題やこれまで啓発できていなかった層が抱える多種多様な課題を取り上げ、ミニセミナーとして実施している。これらは職員がファシリテーターになり、参加者同士が語り合う中で学んでいくスタイルでおこない、十人程度の定員で実施している。

年度初めに実施する大型講演会をはじめ、研修学習事業は従来の枠にとらわれないさまざまな切り口からアプローチした企画で、啓発する層が広がっているところも他県の同センターから注目されている。

上記の他に『フレンテトーク』（二〇一五年、六十二回、四千百五十三名）、『ウエルカムセミナー』（二〇一五年、十九回、二百八十九名参加）と銘打ってクライアントの要望に合わせた内容や手法（講義型・参加型）で今日的課題を取り上げ、職員が講師となって実施している研修がある。内容は男女共同参画をベースに、ハラスメント、ワーク・ライフバランス、防災・減災、ＤＶ・デートＤＶ、性的マイノリティ等のテーマでプログラムを開発し、実施している。近年では、各市町から防災をテーマにしたプログラムの要望が増え、これを地域展開することで女性の参画が進んでいない自治会等へ男女共同参画を伝える有効な機会となっている。

4．参画交流事業は、男女共同参画の取組や啓発促進を図るためにその推進に関わる活動をおこなう個人・団体等が相互に交流する事業である。『フレンテまつり』は男女共同参画に賛同するフレンテみえの登録団体、そして全国規模で子育てや防災といった男女共同参画にも関わるイベントを実施する外部団体と協働し、だれもが楽しめるイベントとなっている。より多くの県民への啓発、また、世代間交流にもつながる事業として、長年多くの県民に親しまれている。

『男女共同参画フォーラム』は男女共同参画の取組を促進するための重要課題を先取りしたテーマで、県民、行政機関、企業、団体等が一堂に会し、みんなで考え、情報共有する場として実施している。近年は政策課題でもある「働き方改革」に着目し、従来の働き方を見直し、女性の活躍促進とイクボス等上司のあり方、ワーク・ライフバランス、介護離職等、男女ともに働きやすい、働き続けられる職場とするための課題をテーマに講演会を中心にパネルディスカッションや分科会をおこなっている。

5．相談事業は、高い専門性を持った相談員が男女共同参画の視点に立って家庭・地域・職場においてジェンダー規範から生じるさまざまな悩みや問題についての相談を受け、相談者が自らの力で主体的に問題を解決できるようなサポートをおこなっている。

事業内容は設立当初から実施している女性のための総合相談（電話相談、面接相談、法律相談）と全国的にも先駆けて二〇〇一年から実施している男性のための相談（電話相談）がある。具体的には図1の流れで実施している。

福祉的な措置権限は持っていないが、必要があれば利用可能な社会資源や情報の紹介、関係機関と連携を図り、問題解決につなげている。相談件数は年間二千件を超え、その内容を分析し、男女共同参画社会実現に向け問題解決につなげていくための社会的な共通課題として情報発信し、事業や施策に結び付けていくようにしている。また、相談を通して女性たちの切実な生の声から課題や時代のニーズを捉え、解決のための講座も実施し、エンパワメントにつなげている。

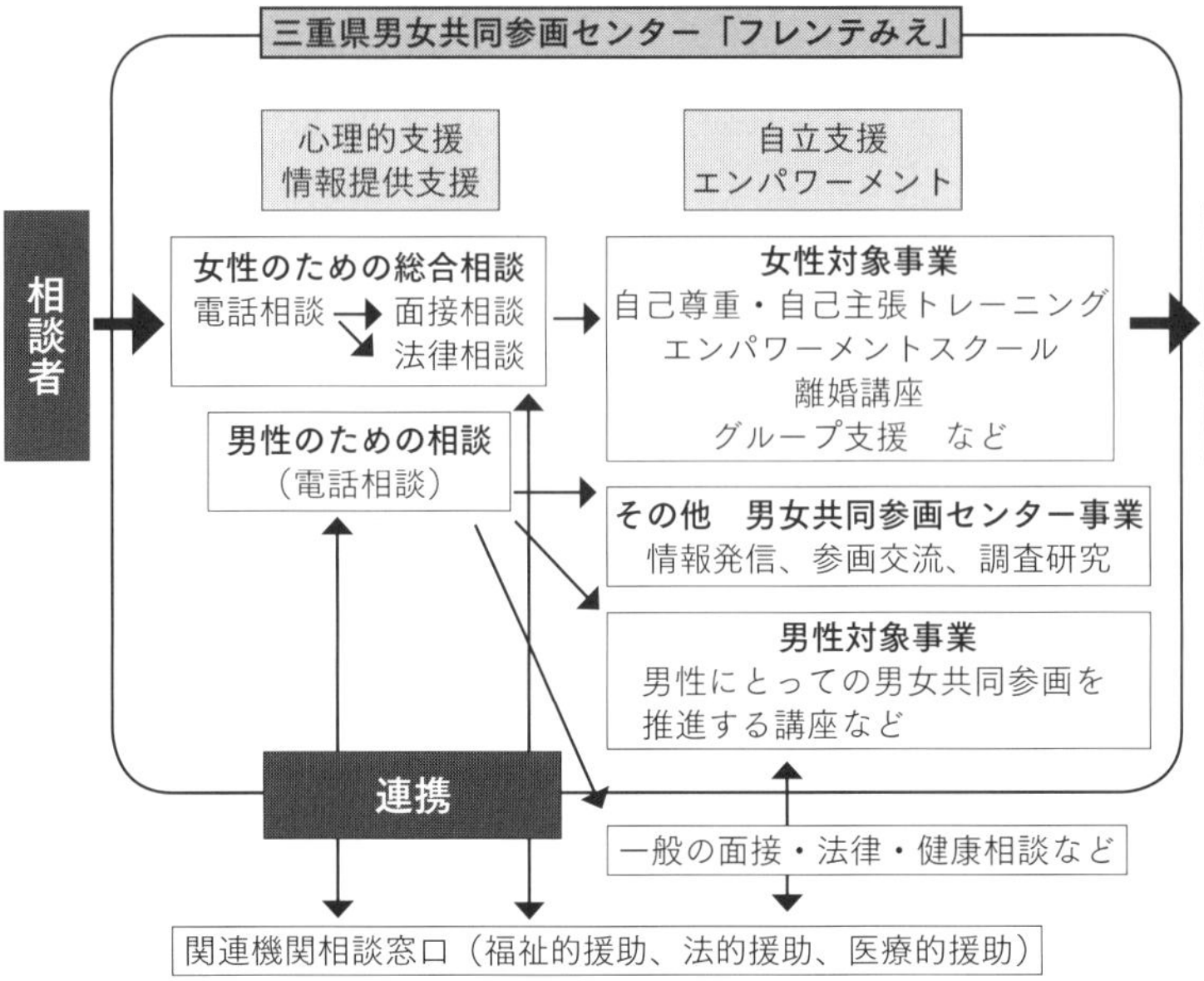


図1　相談事業　支援の流れ

二〇一六年度より、ジェンダー・性の多様性の観点から性的マイノリティに関する分野の相談事業も手掛け始めた。

## 5　市町・多様な主体と協働・連携した男女共同参画のムーブメントの拡大

市町、住民・NPO・企業等の多様な主体と協働・連携して取組の輪を広げ、実施する啓発事業は県域の拠点施設ならではの事業として重要な取組である。

その一つに『三重県内男女共同参画連携映画祭』がある。この事業は、男女共同参画の啓発を県内ほぼ全域の市町で開催期間も合わせて連携しておこなっているもので、今では、来場者七千人を超える定着した大型事業となっている。この連携手法は全国的にも高い評価を受けている。

具体的には、誰もが親しめるツールである「映画」からそのテーマに込められた男女共同参画の視点を通して広く啓発をおこなう事業である。二〇〇七年に三館（フレンテみえ、四日市・鈴鹿男女共同参画センター）の連携から始まり、十周年を迎える二〇一六年には五館と二十二市町までを拡大している。フレンテみえがコーディネーターの役割を担い、初参加の市町については映画の選定から事業運営のノウハウ、啓発方法等をアドバイスし、年々連携先を増やしてきた。この事業は男女共同参画を推進するために各市町が予算化し、自治体によっては男女共同参画を推進する活動団体とも協働して独自の啓発事業も併せた形で取り組んでいる。連携して取り組むことでこれまで各地域で実施してきた事業内容・実績・ノウハウが共有でき地域を超えた効率的な啓発が可能になっている。いま、新たに市町との連携事業として『女性に対する暴力をなくす運動』期間に連携した啓発活動の取組を始めた。今後、実施する市町を拡大し、大きな動きにしていきたい。

また、二〇〇九年に発刊した『三重の女性史』の編さんは研究に携わった県民との連携・協働による調査研究で県内初の女性の歩みを知る重要な啓発教材として活用されている。そして、研究会を立ち上げ、現在、新たな三重の女性史の発刊に向けて研究を重ねている。

他に、県民と協働して実施する事業として、県民が当事者の視点からニーズや課題をとらえ事業の企画運営をおこなう『企画・運営サポーター制度』、すべての事業で実施している託児サービスを担う『託児ボランティア制度』がある。また、フレンテみえの運営や事業に対する外部評価やニーズを聴き取る『運営協議会』からいただく意見も参考にし、事業の企画運営に活かしている。

二〇〇六年から始まった『男女共同参画の視点で進めるまちづくり支援事業』は市町の男女共同参画の取組の推進を図るため、予算的支援と地域でできるモデル事業のノウハウを支援する事業である。二〇一五年までに『三重県内男女共同参画連携映画祭』へのトライアルとして活用する市町など、さまざまな啓発事業で二十五市町が活用している。

## 6 「女性活躍」の追い風を受けて

働いている女性が主流になりつつある現代、女性が仕事を続ける中で、ライフステージごとにさまざまな課題に直面している。働く現場においても固定的性別役割分担意識がまだまだ根強い中で仕事と家事・育児・介護との両立、ロールモデル、メンターがいないことなど、女性が働き続ける上で壁となっている課題が多い。女性の活躍推進と男性を中心とした労働慣行を基本とした働き方を改革することと、ワーク・ライフバランスの推進を一体的にとらえ、男女共同参画の視点で女性活躍推進、働き方を考える啓発事業をおこなっている。

働く女性たちが抱える課題解決のためのスキルアップ講座と同時に、働く女性たちを対象にネットワークの構築を図っている。これは異業種交流をとおして、自分らしい生き方や働き方について考え、相互研鑽、情報交換・交流ができる場として輪を広げ、就業継続につなげていくものである。

## 7　これからの男女共同参画センター

フレンテみえでは新しい時代のニーズをいち早くとらえ、これまで培った専門性を活かし、社会を変革する事業を今後も継続して展開していきたい。また、県域の男女共同参画推進の拠点施設としてのコーディネート機能を活かし、職場、地域でエンパワメントしてきた方々と協働して、男女共同参画社会の実現に向け草の根的な広がりをもった取組を進めていく。

性別にとらわれず、人は一人ひとりが異なる存在として多様性を認め合い、それぞれの能力を活かしていけるように「人が集い、つながる男女共同参画センター」をめざしていきたい。

第7章

# 四日市公害に学び、活かす

図1　四日市公害（1968年7月25日）故澤井与志郎氏提供

# 29 四日市公害の教訓と「四日市学」

三重大学人文学部・地域イノベーション学研究科教授／
三重大学地域ECOシステム研究センター長
朴　恵淑

四日市公害から学ぶ「四日市学」は、一九七〇年代の日本の高度経済成長期を支えた一九六〇年代の経済優先の価値観の象徴である四日市コンビナートからの大気汚染によって生態系が破壊され、住民の命が軽視された四日市公害の過去を知り、現在を見直し、未来像を提案するための学問で、環境と経済とのバランスの取れた持続可能な社会を創る学問横断的総合環境学である（図1）。また、地域に根ざし、世界へ通用するグローバル人材育成のため、ユネスコが推進している持続可能な開発のための教育（ＥＳＤ）の有効なツールとなる環境教育学である。

三重県唯一の総合大学で、世界一の環境先進大学を目指す三重大学を中心に、四日市公害の発生要因を究明し、人間を含む生態系への影響を調べ、環境対策を探り、二十一世紀の環境問題が最も懸念される中国などの新興国や発展途上国との国際環境協力を図るため、アジアの日本、韓国、中国、モンゴル、極東アジアの研究者や行政、企業、ＮＰＯ・ＮＧＯなど、三十三の組織との連携による認識共同体として「東アジア大気／環境行動ネットワーク（AANEA／EANEA、代表：朴恵淑）」を一九九五年八月に創立し、各国の大気環境や水環境、地球温暖化問題、生物多様性保全など国際連携活動をおこなっている。また、法律、経済、社会、地理学分野などの人文社会科学、大気環境や水環境など理工学的自然科学、公衆衛生学分野の医学などを網羅する総合環境学「四日市学」を二〇〇一年四月に立ち上げ、さらに、大学の教養教育課程で四日市公害から学ぶ「四日市学」を二〇〇四年四月から開講している。三重大学のみならず、韓国の世宗大学、梨花女子大学、東国大学、中国の南京審計大学、同済大学、モンゴルのモンゴル国立大学、ECO ASIA大学、極東ロシアのハバロフスク科学アカデミーでの集中講義や国際環境インターンシップにおいて、大学の教員だけでなく、四日市ぜんそくの認定患者や語り部、企業、行政、NPO・NGOなど社会の各セクターからの講師および、韓国、中国、モンゴル、極東ロシアの大学や研究機関からの講師によるオムニバス形式の講義をおこなっている。毎年、国際環境シンポジウム「四日市学」を開催し、国内・国際学会での発表及び九冊の本を出版するまでに発展している。

一八七〇年代の足尾銅山の公害事件に端を発し、一九六〇年代の水俣病・イタイイタイ病・新潟水俣病・四日市ぜんそくの四大公害を経験しながら、二〇一一年には東日本大震災に伴う福島原子力発電所事故が起きた。安全神話はもろくも崩壊したのである。これら後を絶たない公害・事故には、共通の要因が挙げられる。科学技術への過信、国策と企業の利益追求優先、社会的に弱い立場の住民を守る意識の稀薄さなどである。環境正義に基づいた価値観の確立、そして持続可能な社会の創造が必要不可欠である。

足尾銅山の鉱毒事件を告発、追求した田中正造翁の「真の文明は　山を荒らさず　川を荒らさず　村を破らず　人を殺さざるべし」を真摯に受け止める時期に来ている。四日市ぜんそくの認定患者であり、四日市公害訴訟の原告側の唯一の生存者である野田之一氏は、二〇〇一年四月の「四日市学」の創設時から一貫して学生たちにこう語りかけてきた。「四日市市は、四日市コンビナートの誘致によって結局は損した。四日市公害判決が出た一九七二年七月二十四日には、皆さんにありがとう！　が言えなかった（図2）。四日市コンビナートに本来の自然が戻り、皆が環境の大切さに気づいてくれる時に本当にありがとう！　と言いたい」。ただ、こうも語られている。「四日市公害関係者が高齢となり、私も八十歳を超えたことから、そろそろ言わないといけないと思う。皆さんに聞きたい。私がありがとう！　と言える時はいつになるのでしょうか」（二〇一二年七月）。

四日市公害の写真や資料を記録していた故澤井余志郎氏も野田氏と同じく、学生たちに語り続けてこられた方である。「公害問題は科学と数字だけでは説明しきれない。四日市公害を簡単にいうと、臭い魚、ぜんそく、自然と環境の破壊の三つになります。四日市公害において、私は、語り部、生き証人、便利屋などと呼ばれている。なんで公害

図２　四日市公害訴訟判決（1972 年 7 月 24 日）
故澤井与志郎氏提供

図３　四日市公害訴訟判決 40 周年記念国際環境シンポジウム「四日市学」（2012 年 7 月 21 日）

にこだわってしんどい語り部を続けるかという問いに、かつて紡績工場で女子工員たちとやっていた生活記録運動がなかったら今の自分は存在しないと思うし、生活記録活動で私は人間として成長できた」（二〇一二年七月）（図3）。

二〇〇四年六月、四日市公害裁判を担当した三人の裁判官のうち、唯一の生存者である後藤一男元裁判官にインタビューをおこなった（仙台にて）。後藤一男元裁判官は「裁判官は判決文にてものを申す」と言いながらも「正直、四日市公害訴訟が一審で確定されるとは思えなく、あの裁判は最高裁までいくと思った。そのためにもしっかりした判決文を書かなければという信念があった。当時、私には三歳と五歳の子供がいて、これ以上汚れた環境を残したくないといった思いがありました」と振り返っていた。故米本清裁判長は、「四大公害裁判では、四日市は最初でなく、富山のイタイイタイ病の判決が先でした。半年遅れて判決の出た四日市公害は、大気汚染によって人体に被害が出る複数公害です。過失が複数で、しかも煙突から煙を出すのは必ずしもそのコンビナートの会社だけじゃない。他の例がなかったので、我々の頭ではなかなか判断できない難しい事件をやらされて弱ったのですが、それがよかったのか、悪かったのかは、判決した以上裁判官は弁解せずです（「天上大風」より、一九九一年八月二十五日）」。故米本清元裁判長の長女の乾てい子弁護士はインタビュー（二〇一二年三月、名古屋）で、「四日市公害裁判は、父が定年を前にして心血を注いだ裁判でありましたが、家に帰ってから沢山の書物に囲まれて勉強している姿を見守っている日々でした」と思い出を言及していた。

四日市公害の判決は、疫学的因果関係と共同不法行為論のような公害裁判の課題について、被害住民からの請求を受け入れ、企業の法的責任を認めた点において、画期的な判決であったと評価できる。まず、企業の加害行為と住民の被害因果関係を立証する手法として疫学的因果関係論を採用したことに大きな意義があった。次に、個々の企業ではなく、四日市コンビナートを形成する企業群に対して損害賠償の連帯責任を認めていること、つまり、結果に対して責任は免れないことを定着させた最も大きな成果をあげた裁判であった。その後、総量規制及び公害健康被害補償法も制定され、企業の責任が明確化されたこと及び厳格な公害対策がおこなわれるようになり、四日市公害の判決に

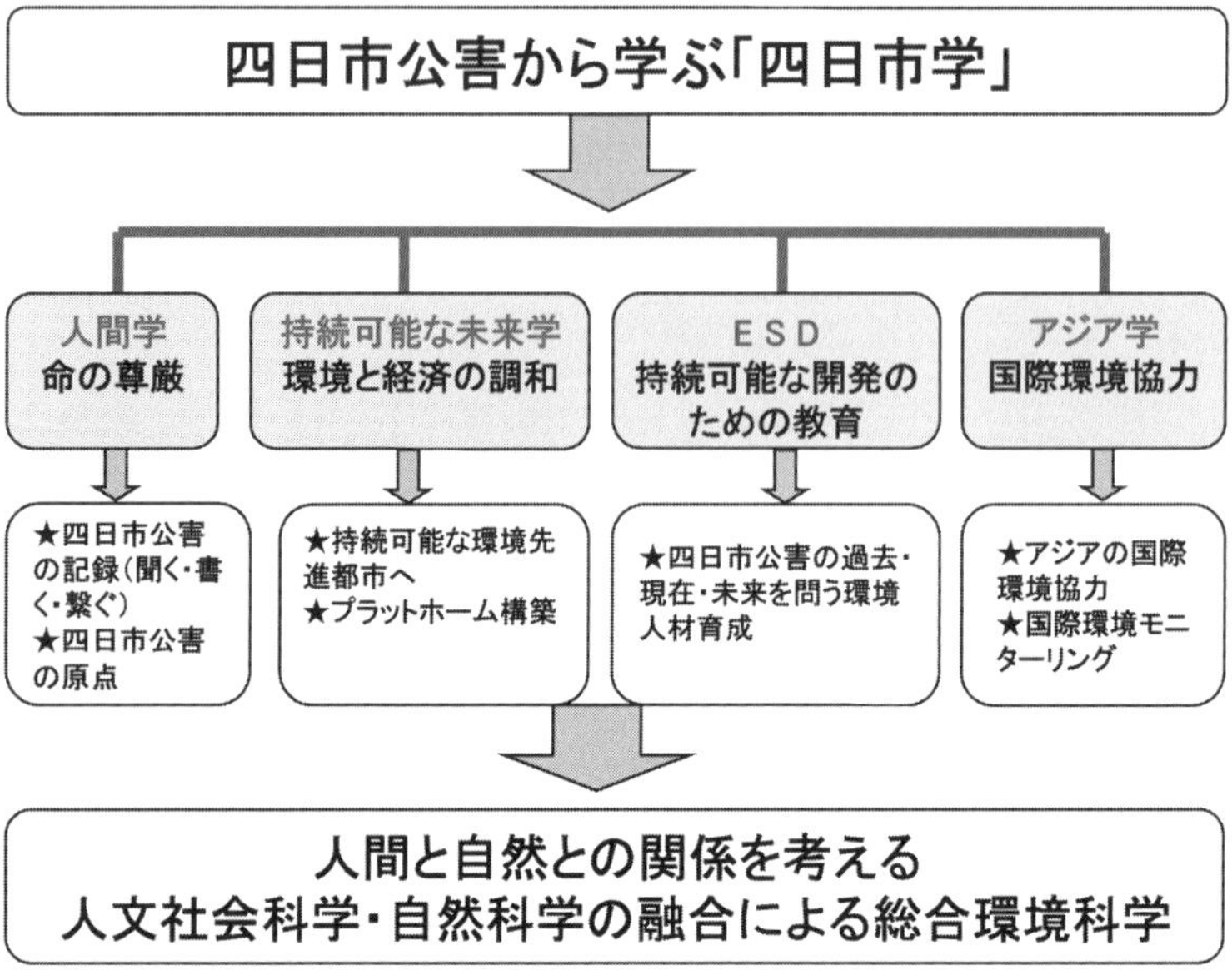


図４　四日市公害から学ぶ「四日市学」

よって、従来の曖昧であった日本の公害対策から脱却し、本格的に実施されるターニング・ポイントとなった。

熊本学園大学の故原田正純教授は、「水俣病は、一地方の気の毒な特異な事件ではなく、私たちのまわりにある事件で、それを見つけるのが水俣学である。地域の問題を地域の研究者と地域住民が共同して問題点を明らかにし、対策を模索することは地域の自立・自治の問題そのものである。全国的に地域に根ざした地域学が広がることを期待している。その意味では、「四日市学」が、地域に根ざし、負の遺産を世界に発信する重要な学となる」とエールを送っていた（二〇〇五年七月、熊本）。三重大学の前身である三重県立大学の公衆衛生学教授であった故吉田克己先生は、「四日市公害は、私にとって半生を捧げた事件で、数多くの思い出がございます。四日市公害の始まりからその最盛期、公害訴訟に原告側証人として出廷して数多くの被告側の反対尋問に答えたことなどよく覚えています。また勝訴判決をいただいたとき、皆様方とともに大喜びをした記憶は現在も強く思い起こすことができます。四日市公害のような悲惨な事件が起きないよう、これまでの経験が活かされますよう、関係の皆様に頑張っていただきたいと思います」と強い思いを寄せていた（二〇一二年七月、岐阜）。四日市公害の被害を直接受けた人や四日市公害に生涯を通じてかかわった人たちだからこそ、倫理観や信念に満ちた選択が後世に絶大的な影響を及ぼすことがわかる。

「四日市学（YOKKAICHI Studies）」は、次の四つの側面からアプローチできる学問である。①四日市公害は解決済みの過去の問題ではなく、現在進行型として存在している環境問題であり、命の尊厳や自然は誰のものかを問う「人間学」（Human Science）である、②過去の公害から未来の環境保全都市へ転換を図るため、環境と経済との調和を図る持続可能な社会システムを提案する「持続可能な未来学」（Sustainable Science）である、③四日市公害を経験していない次世代へ問題解決型、体験型教育のツールとなる「持続可能な開発のための教育」（ESD; Education for Sustainable Development）である、④環境の世紀・アジアの世紀といわれる二十一世紀において、東アジアの日本、韓国、中国、モンゴル、極東ロシアや東南アジアの大規模産業団地で見られる、かつて日本の四大公害の複合型ともいえる公害問題において、四日市公害の教訓を活かした国際環境協力をおこなう「アジア学」（Asian Science）として位置づけられる（図4）。

①人間学としての「四日市学」

公害の被害者が社会的に弱い立場にある場合は、全体的な公益性優先政策によりほとんど守られなく、公害問題は公共性（公益性）をめぐる国のあり方に大きく関係している。社会的弱者である被害者の地域住民と加害者である企業との不均衡、または不正義な社会システムから被害者の生存権を守る試みとして、四日市公害問題の環境倫理（正義）的考察をおこなう。成熟した市民社会による市民ガバナンスがおこなわれ、企業の社会的責任（CSR）が図られ、行政の適正な環境政策との三位一体の体制によって人間を含む生態系が守られ、四日市公害の教訓を活かした環境先進都市、四日市市が構築できる。

②持続可能な未来学としての「四日市学」

大気汚染のメカニズムを解明するための気象・気候学、地形学、GIS（地理情報システム）などの自然科学及び人間を含む生態系への大気汚染による影響を探る公衆衛生学、生物学、大気汚染規制の効果的な環境対策、環境と経済とのバランスの上に成り立つ産業や企業の取り組み、ライフ・スタイルの改善、環境教育の充実など、人文社会科学を横断的に繋ぐ、学際的・総合環境学的な取り組みがおこなわれている。また、四日市コンビナートの老朽化と共にコンビナート時代の終焉を告げる時に、四日市がどのように再生するのかを提案できる学問である。とくに、東日本大震災によって、災害の脅威、防災教育の必要性、命の尊厳、絆の大切さ、省エネと太陽光や風力などの再生可能エネルギーへの転換、グリーン産業の推進など、震災から学ぶことは多くある。埋め立て地の臨海部に立地する石油コンビナートにおいて、液状化、石油タンクの炎上やガス・石油の漏洩などへの防止策が急務となる。とくに、四日市コンビナートにおいて、東海・東南海・南海の三連動地震（南海トラフによる巨大地震）が発生する場合、東日本大震災に匹敵する、あるいはそれ以上の地震による四日市の沿岸部全域に甚大な被害が及ぼす可能性が極めて高いと予測されている。四日市コンビナートは、ソフト及びハード面での莫大な経費問題の難題を抱えながらも、事業者と行政との連携によって、持続可能な未来社会創りに真剣に取り組むことが求められている。

③持続可能な開発のための教育（ESD）としての「四日市学」

「四日市学」の講義が、二〇〇四年四月から三重大学の教養教育のカリキュラムとして開講されて以来、講師は三重大学及び国内外大学の教員、三重県や四日市市の行政、国際環境技術移転研究センター（ICETT）の関係者、元原告、公害問題の語り部、企業側、日本の四大公害の研究者など、さまざまな分野からの講師が担当している。

毎年、三重大学の新入生の約二〇％の学生が受講している、四日市公害から学ぶ「四日市学」は、持続可能な開発のための教育（ESD）の中心的な役割を担っており、産官学民の連携によって、四日市公害を過去の負の遺産ではなく、未来の正の資産として捉え、四日市（三重）からアジアへ、世界へ通用できるグローバル環境人材を育成し

図5　日本の総合大学初の三重大学ユネスコスクール登録（2009年8月21日）

ている。三重大学は、二〇〇九年八月に日本の総合大学初となるユネスコのユネスコスクール（ASP）に登録し、ESDを積極的におこなっている（図5）。

二〇一〇年十月に愛知・名古屋で開催された国連生物多様性条約第十回締約国会議（COP10）において、アジア・太平洋地域の九カ国から百八十名のユースや教職員を招聘し、四日市公害から学ぶ「四日市学」の一環として伊勢湾の洋上生物多様性教育をおこなった。二〇一四年十一月にユネスコ主催により愛知・名古屋で開催された、持続可能な開発のための教育（ESD）に関するユネスコ世界会議において、十九カ国、二百十名の小中高大学生を対象に、山―里―川―海を繋ぐ三重県の多様な自然環境について学ばせ、英語と日本語による、アジア・太平洋持続可能な開発のための教育（ESD）ユース宣言文を作成して世界へアピールした。二〇一六年四月に三重県桑名市で開催された「ジュニアサミットin桑名2016」および五月に開催された「伊勢志摩サミット」関連活動、八月の「ポストサミットin三重2016」を開催した。十カ国百名の中高大学生と共に環境とエネルギー、食と文化、男女共同参画、観光産業、国際ユースネットワークの構築と運営について討論をおこなった。また、四日市第一コンビナートの対岸である磯津において、四日市公害の語り部の野田之一氏との意見交換会を設け、四日市公害の教訓から学ぶ「四日市学」について学んだ。野田氏は、「四日市公害は過去の環境問題ではなく、昔の豊かな漁場だった伊勢湾が戻るまでは現在進行中である環境問題であることを語り、アジアの新興国や発展途上国の大気汚染や水質汚濁によって命が脅かされることが二度と繰り返さないように、若者の国際環境協力が大事である」と力説していた（図6）。

図6　四日市公害語り部の野田之一氏（右から5番目）から四日市公害について学ぶ（2016年4月24日）

④アジア学としての「四日市学」

韓国、中国、モンゴル、極東ロシアなど東アジア諸国において公害・環境問題は大変深刻である。

韓国は、一九七〇年代に経済開発計画によって石油化学工業を基盤とする国家産業団地を臨海部のウルサン・温山、麗水（川）に建設し、発展途上国から先進国へ発展してきたが、一九八〇年代に「温山病」に代表される、四大公害の複合型の公害が発生した。しかし、韓国政府は公害・環境問題を認定せず、国家産業団地での操業が継続され、二〇〇〇年代に入り、公害地域の住民の集団移住を進めることで問題解決を試みた。ウルサン・温山住民は次のような望郷碑を立て村を去っていた。

「遥か遠い昔から、この地に子々孫々皆仲良く暮らしていたこの地を離れる時がきた。この土地と海に背を向けて、我々は離れなければならない。ああ、どこに行っても、何をしていても、我々の故郷を忘れはしない。　いつかこの地を再び訪れる人々は、我々のこの深い思いをわかってくれて、この地を、この海を守ってくれるのだろうか。我々の先祖はこの地を離れる我々を許し、守ってくれるのだろうか。我々は、この切ない思いをこの望郷碑に託し、遠くに旅立とうとしている。我々は、国の発展を考える大きな意志があって、産業化の波に乗ることを決めた。これから、この地が祝福され、さらなる発展を遂げることを切実に願うだけである。二〇〇一年四月　龍淵郷友会一同」。

四日市コンビナート周辺の約千名の小学生と韓国のウルサン、温山、麗水（川）国家産業団地周辺の約二千名の小学生を対象とした、居住地域とぜんそくとの相関関係を調べた朴（二〇〇四）の研究によると、両国共に工業団地周辺の児童ほどぜんそくの割合が高い傾向を示していた。とくに、韓国の産業団地周辺の居住する児童のうち、約三〇％の児童がぜんそくの症状を示し、四日市ぜんそくの時と同様に、小児ぜんそくに対する対策が急務であることが明らかになった。

中国の北京や上海などの大都市及び工場地域での大気汚染、重金属による土壌汚染や地下水汚染は非常に深刻で、

図７　東アジアの中国・北朝鮮・極東ロシアの国境地域を流れる豆満江（2004 年 8 月 7 日）

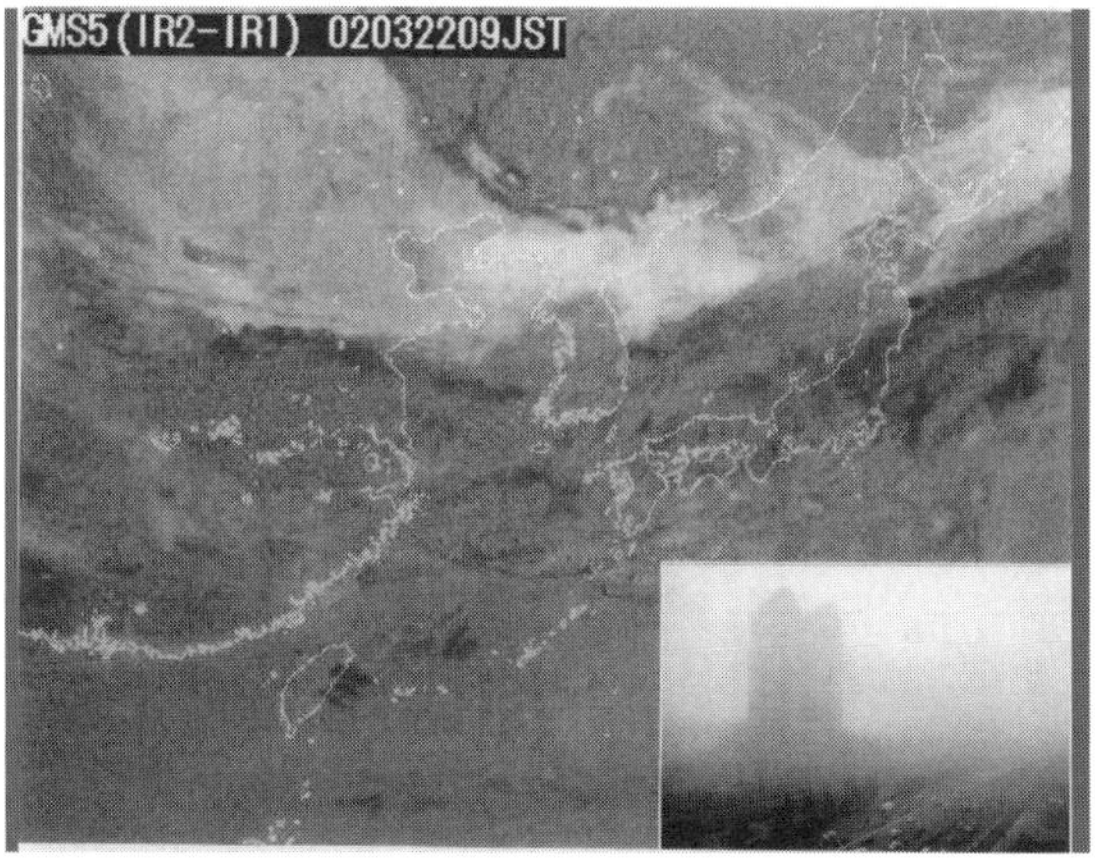

図８　東アジアの越境性大気汚染（黄砂・PM2.5）（2002 年 3 月 22 日午前 9 時）

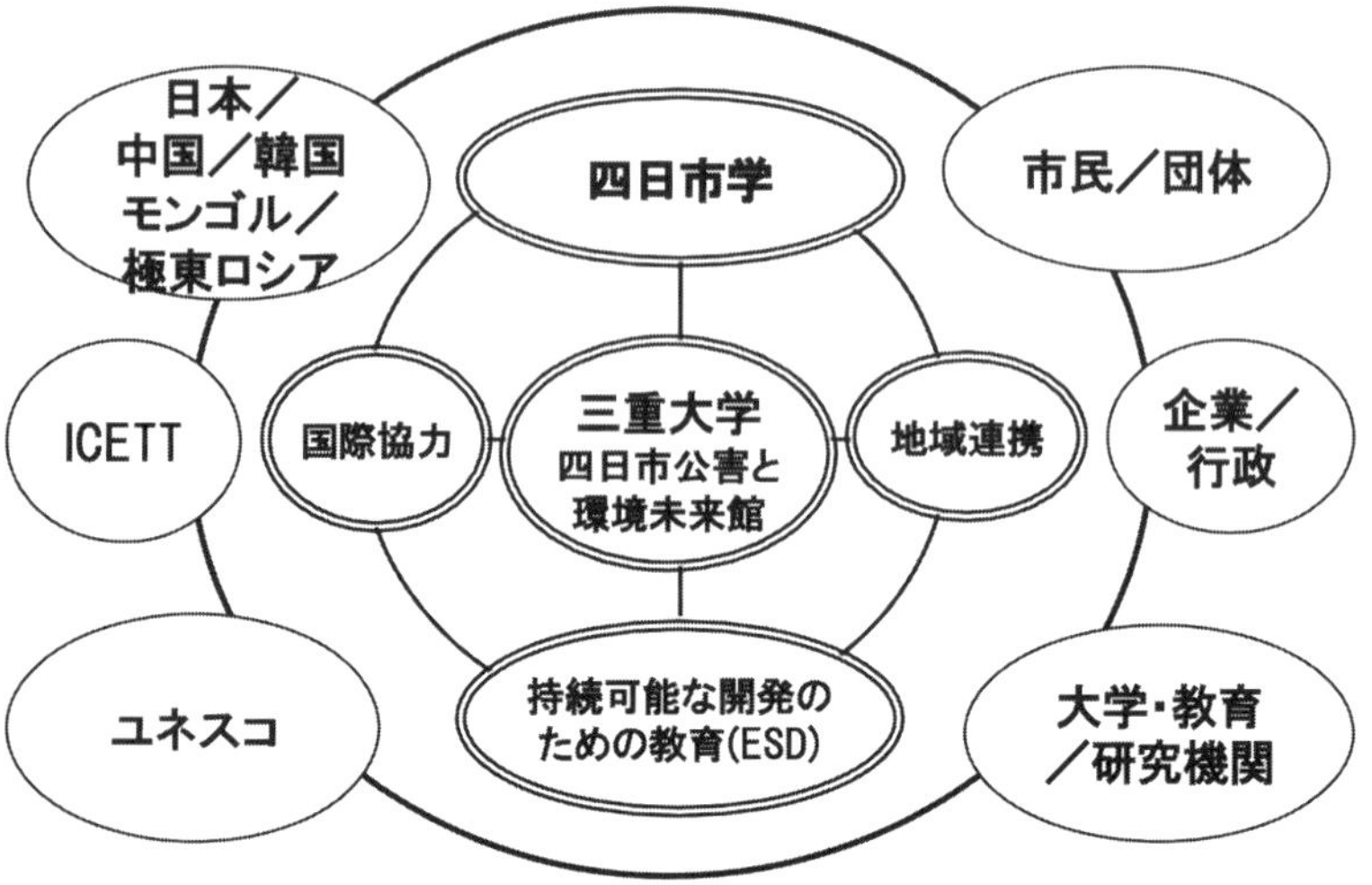

図９　「四日市学」と地域・世界のステークホルダーとの連携

住民の健康被害が懸念されている。湖南省、遼寧省、吉林省、内モンゴル自治区などには、四大公害の複合型の公害・環境問題が深刻で、とくに、中国、北朝鮮、極東ロシアとの国境地域を流れる豆満江は、戦前のパルプ工場からの工場排水や、北朝鮮の武山鉄鋼山からの重金属汚染によって、住民の半数以上に健康被害が及んでいるが、正確な状況は発表されていない（図7）。また、地球温暖化問題に伴う砂漠化による黄砂及び、産業活動や自動車の急増に伴うPM2.5など、越境性大気汚染による経済被害や健康被害は中国だけでなく、偏西風によって韓国や日本にまで影響が及ぶなど、国際環境問題が顕在化している（図8）。

モンゴルの首都ウランバートル周辺の大気汚染、土壌汚染、地下水汚染も深刻で、ウランバートルの中心を流れるツール川は、工業用水や生活排水などの影響によって重金属の値が非常に高く、例えば、亜鉛は日本の水道法で定められている値の二―七倍以上の値を示す場所が多くみられ、魚の大量死の要因となっている。旧ソ連時代の鉱山からの重金属による四大公害の複合型の公害・環境問題も深刻で、ウランバトル郊外のホンゴル村に対する環境調査がAANEA／EANEAの研究者によっておこなわれている。

極東ロシアのハバロフスクのアムール川は、発源地の中国の黄河上流から中国大陸を横断してハバロフスク、ウラジオストクを経由し、オホーツク海へ流れる国際河川であるが、中国の化学工場などからの水質汚濁によって上水道源としての役割を担えず、シベリアからの給水に頼るなど、国際水環境紛争が懸念されている。東アジアの国際環境問題の解決に、四日市公害の克服のノウハウや国際環境協力レジームの形成にリーダーシップの発揮が期待できる。

日本の四大公害の発生地において、最後に、四日市公害と環境未来館が二〇一五年三月に開館できた。四日市ぜんそくのような公害・環境問題が二度と繰り替えさないためにも、四日市公害と環境未来館は、四日市公害のプラットホームとして、過去の貴重な記録の保存や可視化の場であるのと同時に、ＥＳＤの実践の場や語り部の活動の場となる。また、四日市市のみならず、世界において経済成長の著しい新興国や発展途上国が同じ過ちを犯さないためにも情報発信の拠点や学びの場となる。四日市公害と環境未来館は、次のような役割と機能が期待される。①市民・学校・企業・行政との連携を図りながら、市民主導の施設で運営されること、②四日市公害を学び、そのノウハウを活かして世界一の環境先進都市形成に役立つ施設であること、③国際環境協力のメッカとなるべく、国内外へ情報を発信し、常に成長する施設であること。三重大学は、二〇一二年三月に環境研究や環境教育のプラットホームとして、環境・情報科学館（メープル館）を建設し、常に地域に開放していることから、四日市公害と環境未来館との連携により、Win-Win の関係が構築できる（図９）。


参考文献

米本ひさ『追憶米本清　天上大風』光出版印刷、一九九一年、一五九ページ

朴恵淑・長屋祐一『わたしたちの学校は「まちの大気環境測定局」』三重県人権問題研究所二〇〇八、八〇ページ

朴恵淑・野中健一『環境地理学の視座』昭和堂、二〇〇三年、二四四ページ

上野達彦・朴恵淑編著『環境快適都市をめざして――四日市公害からの提言』中央法規、二〇〇四年、三四二ページ

朴恵淑・歌川学著『地球を救う暮らし方』解放出版社、二〇〇五年、一二七ページ
朴恵淑・上野達彦・山本真吾・妹尾允史著『四日市学――未来をひらく環境学へ』風媒社、二〇〇五年、二三二ページ
朴恵淑編『四日市学講義』風媒社、二〇〇七年、三〇四ページ
COP10 in 三重 文部科学省 GP「三重大学ブランドの環境人材育成プログラム」アジア・太平洋大学環境コンソーシアム
　国際環境教育シンポジウム
Consortium of Asia-Pacific Universities Conference on International Environmental Education, 2010.10, 三重大学，
二〇七ページ
朴恵淑・吉野正敏分担著『エルニーニョ・ラニーニャ現象―地球環境と人間社会への影響―El Nino/ La Nina Event-Impact upon Global Environmental and Human Society』(2010) エルニーニョ現象と植物季節、気候影響・利用研究会
　編、成山堂書店、pp.156－171 (253ページ)
朴恵淑編『四日市公害の過去・現在・未来を問う――「四日市学」の挑戦』風媒社、二〇一二年、二七二ページ
ESD in 三重 2014 国際会議～ESD に関するユネスコ世界会議の成果・今後の展望、三重大学、二〇一四年、一一八
　ページ
朴恵淑編『亀山学』風媒社、二〇一六年、二三七ページ
ポストサミット in 三重 2016 ユース国際会議～サステイナブルキャンパスアジア国際会議サマーセミナー "Post Summit in Mie 2016" International Youth Conference - Asian Conference on Campus Sustainability (ACCS) Summer Seminar, 2016.8.6–7, 三重大学、一一七ページ

# 30 環境を誇りにする持続可能なまち四日市

前 四日市市長
田中俊行

## 1 はじめに

四日市市は、昔から天然の良港をもつ港町として発展し、江戸時代には東海道四十三番目の宿場町として栄え、四の付く日に市が開かれたことが四日市の名前の由来となっている。

戦後、臨海工業地帯を形成する石油化学コンビナートでは、産業の基礎素材となる汎用樹脂などを供給していたが、近年では、これらの従来製品から機能化学品などの高付加価値型製品への転換が進んでおり、一方で内陸部には、世界最先端・世界最大級の半導体工場をはじめ、自動車・電機・機械・食品など、多様な産業が集積し、人口三十一万二千人（二〇一五年七月末）を有する県下最大の都市として、また全国屈指の産業都市として発展を続けているところである。

さらに最近では、観光や文化にも力を入れ、コンビナートの工場夜景や投映できる星の数が世界一のプラネタリウム、「家族」と「絆」をテーマとした大変ユニークな『全国ファミリー音楽コンクール』などに代表される新たな魅力も生まれてきている。

## 2 四日市公害

そのような歴史の過程で、日本経済の高度成長が始まる昭和三十年代からは、その一翼を担う工業都市としての色彩が強くなるが、一方で、工場の煙突から排出されるばい煙などにより、「四日市公害」が発生し、多くの人が呼吸器系疾患に苦しんだ経緯がある。

当時の日本は、全国各地に大規模な工場が次々と建設されたが、経済優先の社会背景のもと、全国的にさまざまな公害に悩まされることとなった。

四日市市においても、川崎市や北九州市などと同様に、大気汚染による公害が発生するとともに、周辺の漁港では、異臭を放つ魚が水揚げされ、水質汚濁も深刻となっていた。

このような状況の中で、大気汚染による健康被害が拡大し、ついに一九六七年（昭和四十二）、公害病認定患者九名が原告となって、石油化学コンビナート六社を相手取り、損害賠償を請求する訴訟を起こした。

そして、一九七二年（昭和四十七）、原告側が主張してきた、工場から排出される硫黄酸化物とぜんそくの因果関係及び企業の共同不法行為が認められ、原告側の全面勝訴の判決が下された。

この裁判の特徴は、個々の企業は法に基づく排出基準を守っていたにもかかわらず、健康被害が発生したことから、排出者としての共同責任が認められた点である。

このことが大きなきっかけとなり、日本の大気汚染対策が大きく前進することとなった。

四日市公害は、工場からのばい煙に含まれる硫黄酸化物が主な原因とされ、その具体的対策として、四日市市では、行政や企業が一体となって次の取り組みを実施した。

まず、煙突を高くし（最高約二百m）、排煙の拡散希釈を促進強化するという対策をおこなった。

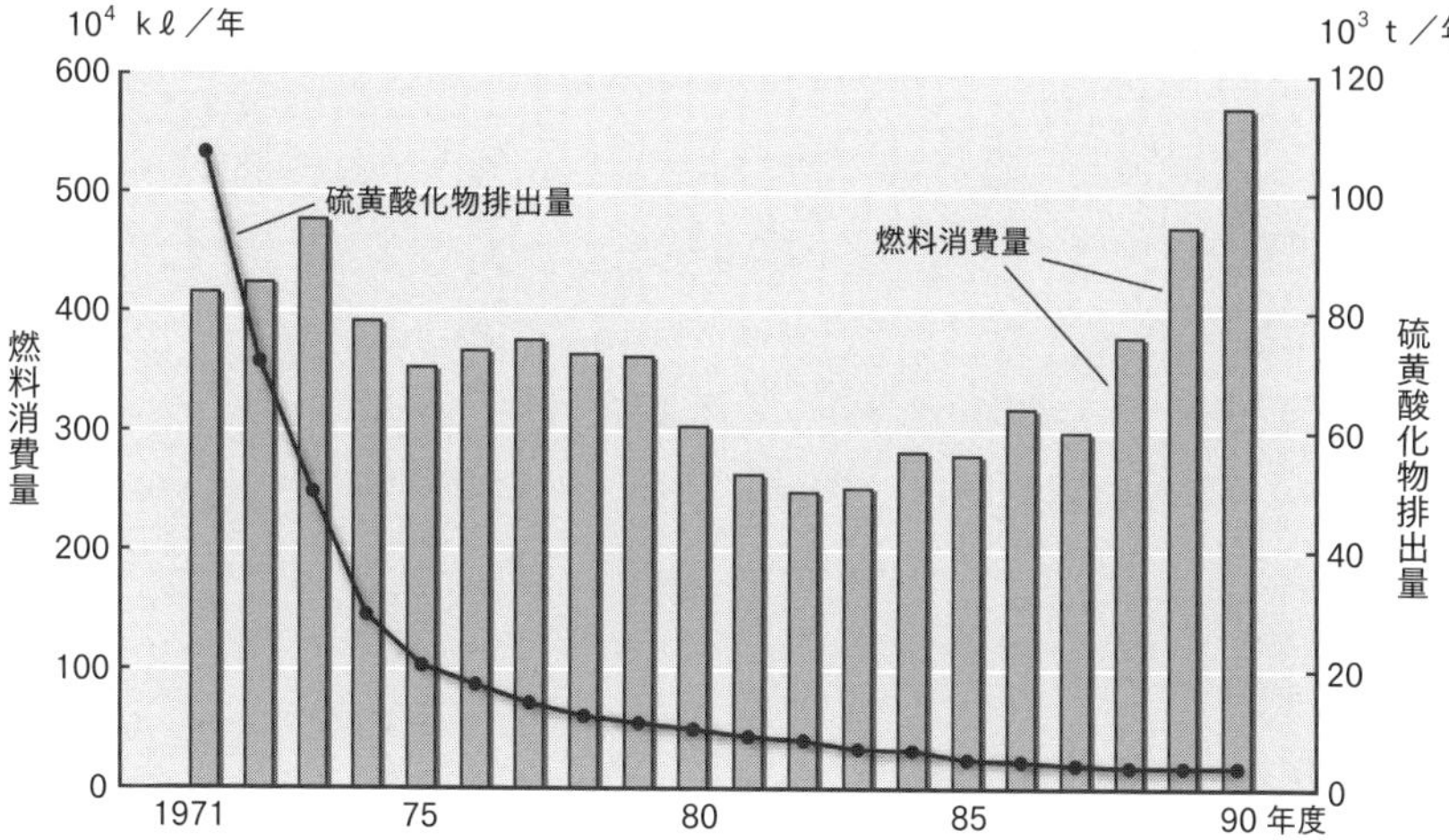


図1　硫黄酸化物の排出量と燃料消費量の推移

しかし、この高煙突化によって、以前よりは低濃度ではあるものの、汚染地域の拡大を引き起こしてしまうという副作用が発生することとなった。

そこで、この問題に取り組むため、一九七一年（昭和四十六）に三重県公害防止条例に基づき、全国に先駆けて硫黄酸化物の総量規制が実施され、また、一九七四年（昭和四十九）に入ると、実用化の目処がついた排煙脱硫装置が各工場に次々と設置されはじめ、大気環境は大幅に改善された。

こうした取り組みにより、一九七六年度（昭和五十一年度）には、環境基準を達成した。

また、当時三百人以上の方々を公害病認定患者に認定し、医療費を全額負担するという四日市市独自の医療費助成制度を設けた。その後、総量規制と医療費負担制度については、四日市市における取り組みがもととなり、国の制度に移行していった。

図1は、硫黄酸化物の排出量と燃料消費量の推移である。総量規制の始まった一九七二年から燃料消費量が減っていないにもかかわらず、硫黄酸化物の排出量が急激に下がっていることがわかる。

このことは、総量規制や排煙脱硫装置の設置効果が現れたことを意味する。

四日市市では、このような官民一体のさまざまな取り組みによって、きれいな空気や青空を取り戻し、現在に至っている。

言い換えれば、人の命や健康、暮らしに大きくかかわる環境を大切にしながら、同時に産業振興を図っていくという、環境と経済を両立する持続可能なまちづくりの取り組みが、その後の産業都市としての発展を支えてきたと言える。

## 3　環境計画

四日市市では、公害を防止し、今後の環境問題へ適切に対応するための具体的な取り組みとして、「四日市市環境計画」を策定している。

まず、一九九五年（平成七）に「四日市市環境基本条例」を制定し、それに基づき、「第一期環境計画」を策定した。

さらに、同年、四日市市としての決意を示す「四日市市快適環境都市宣言」をおこなった。

第一期環境計画（計画期間：一九九五年度〔平成七年度〕～二〇一〇年度〔平成二十二年度〕）では、長期目標を「地球的な視野に立ち、皆で取り組む、水と緑の豊かな、安らぎと潤いに満ちたまち」とし、これまでの規制を中心とした環境対策の枠を超え、地球的な視点から、市民や事業者、行政が協力し、総合的に進めていく環境施策の推進方策を示した。

また、経済活動の拡大や都市化の進行、生活スタイルの変化によって、新たに生じた都市生活型の環境問題や自然環境の保全など、幅広い課題にも対応するものとした。

続けて、第二期環境計画（計画期間：二〇〇一年度〔平成十三年度〕～二〇一〇年度〔平成二十二年度〕）では、長期目

標を「四日市からはじめる、持続可能な社会づくり」とし、環境負荷をかけてきたこれまでの社会・経済システム全体を持続可能なものに変えていくことを目標に、その実現に向けた実践の方向と取り組みを示すとともに、地球温暖化など地球規模の環境問題や有害物質など深刻化する新たな課題に対しても、市民や事業者、行政の参画と協働を基本に取り組んだ。

しかしながら、四日市市でも、他都市と同様に主要幹線道路沿いを中心とした自動車交通による大気汚染、あるいは生活排水による水路、河川等の水質汚濁、里山などの自然環境の喪失などの課題が残されており、地球温暖化対策

良好な環境の保全及び創造は、わたしたちの存在基盤であり、かつ有限である恵み豊かな自然環境を、現在及び将来の市民が享受できるよう、行わなければならない。

良好な環境の保全及び創造は、すべての者の積極的な取組と参加により、環境への負荷の低減並びに持続的発展が可能なまちづくりを目指して、行わなければならない。

良好な環境の保全及び創造は、本市の優れた環境保全技術の活用など地球的視野に立った取り組みにより、人類共通の課題である地球環境の保全に資するよう、行わなければならない。

図２　四日市市環境基本条例　第３条（基本理念）

さわやかな大気、清らかな水、緑豊かな自然の中で、安らぎと潤いに満ちた暮らしを営むことは、すべての人々の基本的な願いであります。

しかし、今日、人も自然の一員であることを深く意識し、自然と調和した街づくりを進め、良好な環境を将来市民へ引き継いでいかなければなりません。

市民、事業者、行政が一体となって、二度と公害を起こさないとの決意のもと、地球的な視野に立ち、良好な環境の保全と創造を図るため、私たちは、ここに四日市市を「快適環境都市」とすることを宣言します。

図３　四日市市快適環境都市宣言

や生物多様性保全、循環型社会の形成など地球規模の課題解決に向けても、さらなる取り組みが強く求められた。

こうした状況を踏まえ、これまでの取り組みや培ってきた経験を生かしながら、市民一人ひとりが環境への責務を果たし、自然・人・産業が共生できる未来を創造する基礎として、「第三期環境計画」を策定した。

現在は、この第三期環境計画（計画期間：二〇一一年度〔平成二十三年度〕～二〇二〇年度〔平成三十二年度〕）のもと、さまざまな環境施策を展開している。

この計画では、環境基本条例の基本理念（図2）や快適環境都市宣言（図3）を踏まえ、環境先進都市（環境を誇りにする持続可能なまち・四日市）を四日市市の目指す姿としている。

具体的には、五つの社会像をあげており、一つ目が「低炭素社会」、二つ目が「循環型社会」、三つ目が「自然共生社会」、四つ目めが「快適生活環境社会」、さらに、これらの社会像を築くために五つ目として「環境共創社会」、即ち、環境を共に学び、考え、行動する社会を挙げている。

## 4　市の取り組み例

こうした社会像の実現に向け、四日市市ではさまざまな取り組みをおこなっているが、その中のいくつかの例を挙げる。

まず、「低炭素社会」の取り組みの例の一つとして、省エネルギー、新エネルギーの利用の促進を図っている。

とくに、太陽光発電や燃料電池、コジェネレーション設備等、環境にやさしいといわれている設備について補助をおこなっている。

また、エコドライブ講習を実施し、$CO_2$や$NO_x$等の排出源の一つである自動車について、アクセルの踏み方をはじめ、運転の仕方を少し変えるだけで、これらの排出量を削減することができることなど、環境にやさしい運転方法を市民に学んでもらっている。

「循環型社会」に向けた取り組みとしては、リデュース（ごみの発生抑制）・リユース（再使用）・リサイクル（再生利用）、いわゆる3Rを実践している。

このうち、再生利用を効率的に進めるためには、排出時から分別することが必要であることから、市民は処理の分類ごとに排出し、行政はそれらを計画的に収集し、再生利用に繋げている。

この分別収集が成立している背景には、市民の協力と意識の高さがある。

例えば、ごみ出しの日には地域で当番制を敷き、集積場を清潔に保つとともに、分別の徹底に協力していただいている。

また、行政の収集とは別に、市民・事業者・行政の協働で資源物の拠点回収も実施している。現在、市内の二つのスーパーに拠点が設置されており、行政は運営主体のNPO法人等に奨励金を出すことで支援している。

また、こうした環境意識を高めていくためには、環境教育が重要と考えている。

したがって、小学校四年生の社会科授業に『環境』に関する内容を取り入れるとともに、子どもたちの関心を高められるように、ごみ処理施設の見学や職員による特別授業、体験学習もおこなっている。

さらに、二〇一六年（平成二十八）四月から、新しい総合ごみ処理施設「四日市市クリーンセンター」が稼働している。

この施設の焼却炉は、ガス化溶融炉（シャフト式）と呼ばれるもので、これまで埋立処理をしていた廃プラスチック類等も焼却・溶融することで、最終埋立処分量の大幅な削減が可能となった。

一方、発生する熱エネルギーを回収して発電をおこなうなど、サーマルリサイクル（リカバリー）を導入している。

次に、「低炭素社会」と「自然共生社会」に関する取り組みとして、グリーンカーテンについて紹介する。

グリーンカーテンとは、朝顔やゴーヤなどのつる性の植物を植え、日差しが照り込む窓などを、ひさしの代わりに植物の葉で覆うことを言うが、グリーンカーテンを設置することにより、日差しを遮って室内の気温を下げるだけでなく、緑が増えるという景観上の利点に加えて、植物に水分が含まれるため、ひさしよりも涼しく感じるという利点もある。

四日市市においては、市内二十四地区のそれぞれの地区市民センターにおいて、市民の方々にグリーンカーテンの設置の仕方を紹介する講座を実施するほか、市内の個人や団体が設置したグリーンカーテンの写真を募集し、優秀な作品について表彰し、市民の環境保全に関する意識の高揚を図っている。

「快適生活環境社会」の実現に向けた取り組みとしては、健康で安全な生活環境を確保するため、大気・水質・悪臭・騒音・振動などの環境に関する監視、また、事業者との公害防止協定の締結、指導をおこなうとともに、これまでの公害健康被害者の救済を継続している。さらには、ぜん息及びCOPD（慢性閉塞性肺疾患）に関心をもつ市民を対象に、成人期の疾病予防や治療に関する専門医による公演などを実施している。

二〇一五年度（平成二十七年度）の環境監視については、大気常時監視測定局十一カ所において、二酸化硫黄や二酸化窒素などの測定をおこなうとともに、有害大気汚染物質を三カ所、ダイオキシン類を二カ所で測定した。また、水質測定については、環境基準が設定されている河川でBOD（生物化学的酸素要求量）などの水質調査をおこなった。

その結果、大気に関しては、二酸化硫黄・二酸化窒素・浮遊粒子状物質について全ての測定局で環境基準を達成し、また、有害大気汚染物質及びダイオキシン類についても環境基準を達成している。水質に関しては、河川のBODについて全ての地点で環境基準を達成し、海域のCOD（化学的酸素要求量）については、四測定地点中の三地点で環境基準を達成している。

続いて、「環境共創社会」への取り組みとしては、次世代環境人材育成事業や国際環境協力を積極的に推進している。

半世紀ほど前に四日市公害を経験している四日市市としては、その経験を生かし、諸外国の環境改善を目指すことを目的として、産・官・学の協力によるICETT（公益財団法人　国際環境技術移転センター）を一九九〇年（平成二）に設立した。

このICETTでは、環境保全に関する技術や環境管理のノウハウを、研修生を通して発展途上国を中心とする諸外国に移転することにより、二十五年以上にわたって、地球環境の保全及び世界経済の持続的な発展に貢献している。

また、次世代環境人材育成事業として、四日市市並びに四日市市と友好都市である中国天津市、姉妹都市である米国ロングビーチ市の中高生による「地球環境塾」を開催し、国際的な視野から環境問題について考えてもらう交流・研修事業を実施している。

さらに、友好都市である中国天津市については、天津市の環境行政能力の向上を目的として、一九九三年（平成五）より、行政職員を研修生として受け入れ、市内の企業視察や講義を実施するなどの研修をおこなっている。二〇〇一年（平成十三）からは、天津市へ市職員や専門家を派遣し、研修セミナーも開催しているところである。

この事業は、環境省の「中国をはじめとしたアジア地域における対策推進に向けた能力構築・体制整備事業」も活用し、神戸市や北九州市とも連携を図っている。

## 5　おわりに

最後に、特筆すべきこととして、二〇一五年三月に、「四日市公害と環境未来館」を開設したことを紹介する。

この「四日市公害と環境未来館」は、四日市公害の発生から半世紀以上が経過した現在、四日市市が経験した公害の歴史と教訓を風化させることなく次世代に継承していくとともに、官民一体となった環境改善の成果や環境技術を生かした国際貢献など、公害の発生から現在に至るまでの四日市市の環境に関する取り組みを、一連のストーリーとして、広く国内外に情報発信する拠点となる施設である。

いわば、公害を乗り越えてきた「環境改善のモデル都市」・「環境と経済を両立するまち」として、環境を誇りにする持続可能なまち四日市を象徴するシンボル施設となっている。

四日市市として、これからも、環境先進都市を目指す取り組みを進めるとともに、この「四日市公害と環境未来館」を拠点として、環境を大切にする意識を世界へ、そして未来へと発信し続けていきたいと考えている。

column

## 四日市公害と環境未来館　未来へより良い環境を引き継ぐために

四日市公害と環境未来館 館長　生川貴司

わが国は、戦後復興から高度経済成長を成し遂げる過程で、さまざまな公害問題に直面しました。特に四日市市では、国の政策のもと、1960年代に石油化学コンビナートが本格的に稼働すると、大気汚染を原因とする呼吸器系疾患の急激な増加、四日市港地先海域でとれる魚が油くさいなどの四日市公害と言われる深刻な公害問題が発生しました。しかし、その後の市民、企業、行政が一体となった、努力の結果、現在の環境を取り戻すことができました。

四日市公害と環境未来館は、こうした四日市公害の歴史と教訓を次世代へ伝えていくとともに、環境改善の取り組みから得た知識や経験を広く国内外に情報発信していく役割を担うべく、2015年3月21日に市立博物館・プラネタリウムに併設される形で開館しました。これら全体を「そらんぽ四日市」と総称しています。

開館以来、公害学習で来館する小学生をはじめ多くの研修、視察を受け入れるとともに、一般市民の方々も多数来館しています。展示の中心には、「四日市公害裁判シアター」を設け、裁判の経過やその後の公害対策に与えた影響などについて、当時の関係者のインタビューなどを交えてわかりやすく解説した映像をご覧いただけます。また、「情報検索コーナー」を始めとして、随所に公害健康被害者の方々や、司法関係者、当時の企業・行政の担当者など50名以上の証言映像をご覧いただけ、さらに、子どもたちにも理解しやすいように絵本解説や映像などを設けるとともに、海外からの来館者に対応するため、英語、中国語に対応したタブレット端末による解説なども用意しています。そして、これらに加えて、ボランティア解説員をお願いして、来館者の皆様への展示内容のわかりやすい解説に努めています。

展示以外では、公害発生当時の四日市の様子を知る「語り部」による体験談を聞くことのできる場を提供するとともに、環境について、学び、体験するためのエリアとして、研修・実習室を設け、多くの環境・公害学習講座を開講し、次世代を担う人々への啓発を行っています。さらに、環境活動を行う市民や団体と協働するために、エコパートナー制度を創設するとともに、これらエコパートナーの活動や交流の場を提供しています。

環境改善に継続的に取り組んできた四日市市だからこそ伝えられることがあります。世界に、そして次の世代に向けて、その経験を発信していくことが、公害の被害に苦しんだ、また今なお苦しまれている方々への、私たちの責任であり使命でもあります。未来へより良い環境を引き継ぐために、ともに学び、考え、活動する拠点として、役割を果たしていきたいと考えています。

# 31 ICETTの活動と国際環境協力

公益財団法人国際環境技術移転センター専務理事
竹内 望

## 1 はじめに

環境問題は、地域に身近な問題から広域的な問題、さらには、国境を越えた地球温暖化問題などと多岐にわたり、地球規模で深刻な影響を及ぼしている。こうした背景の下、一九九七年の気候変動に係る国際連合枠組条約及び気候変動に関する国際連合枠組条約第三回締約国会議（COP3）の経過を踏まえ、一九九九年、わが国では、地球温暖化対策に関する基本方針を定める「地球温暖化対策推進法」が施行され、地球温暖化対策を進めるためには、国、地方自治体、企業及び住民等が、自主的かつ積極的に、地球環境問題に取り組むことが重要であると確認された(1)。

さらに、二〇一五年十一月から十二月にかけて、気候変動枠組条約（UNFCCC）の第二十一回締約国会議（COP21）が、フランス・パリで開催され、二〇二〇年以降、UNFCCCに加盟するすべての国が協調して、地球温暖化問題に取り組むための新たな国際的枠組みが議論され、パリ協定が採択された。それに関連して、七月には、わが国は、「日本の適応計画や基本的な考え方」を取りまとめ、UNFCCC—COP21の事務局に提出した。その中で、地域における普及啓発や広報活動をすすめるとともに、普及啓発や広報の人材を育成することが重要であると述べられている(2)。二〇一六年三月には、「地球温暖化対策推進法」が改正され、地球温暖化対策計画に定める事項に普及啓発の推進及び国

際協力に関する事項が追加され、地域における地球温暖化対策の推進に係る規定も整備された。(3)

このように、普及啓発に関して、地球温暖化問題における国民一人一人の自主的な行動の促進、小、中、高校等での環境教育の充実及び地方自治体、企業、メディア、NPO等と連携した活動の促進が挙げられている。また、社会を構成する国、地方自治体、企業、住民等の様々なステークホルダーが、環境問題への取り組みを自らの問題として捉え、お互いの活動を理解し立場を尊重し、普及啓発活動にも自発的に取り組み、持続可能な社会づくりに取り組んでいくことが求められている。

こうした背景の下、公益財団法人国際環境技術移転センター(ICETT)は、これまで以上に産業公害防止技術や地球温暖化防止に係る国際的な環境協力を進めることが求められ、研修・調査及び交流・連携活動に加え、普及啓発事業の重要度が増している。このような観点から、ICETTの活動と役割を述べるとともに、ICETTにおける普及啓発活動の事例を紹介する。

## 2 ICETTの活動と役割

わが国は、高度経済成長期に産業公害を経験し、この分野の知識、経験及び技術を活用し、開発途上国に協力することが、わが国の重要な国際協力の一つといえる。とりわけ、四日市地域は、過去の四日市公害を経験し、優れた環境保全産業技術や公害防止対策のノウハウ及び行政上の手法等を蓄積している。これらを生かし、開発途上国の地域環境保全に役立てる技術移転を推進することは、まさに、三重県や四日市に課せられた国際的な使命であるといえる。(4)

また、四日市市は過去の公害克服の過程で「公害被害者救済制度」を発足させ、三重県は、汚染物質の「総量規制」を実施する等、国に先駆けた施策を導入した先進的な実績を有している。(5) この先進的な取り組みを背景に、三重県と四日市市は、共同出捐により、三重県知事所管の財団法人環境技術移転センター(ETTC)を一九九〇年に発足させ、産業公害防止技術及び行政手法に関し、開発途上国の行政職員に対する国内での研修事業や、企業・大学の協力のもとで、現状把握調査や研究開発事業を開始した。

さらに、積極的な事業活動を展開するため、新たに産業界の支援を得て、所管を三重県から通商産業省（現経済産業省）に移管し、産・官・学の協力によって、財団法人国際環境技術移転研究センター（ＩＣＥＴＴ）として、一九九一年二月に再発足した[6]。また、公益法人制度改革のもとで、二〇一一年、公益財団法人国際環境技術移転センターとなり、現在に至っている。

ＩＣＥＴＴの活動理念は、わが国及び諸外国が有する環境保全に関する技術を他の地域に移転することにより、諸外国及びわが国における環境問題を改善し、もって、地球環境の保全及び世界経済の持続的な発展に資することを目的としており[7]、特に、経済界、行政、学会が持つ環境保全にかかる技術及びノウハウを国内外に移転する国際拠点として、環境保全に関する各種事業を実施し、諸外国の特性に応じた円滑な技術移転の推進を図っている。

現在、ＩＣＥＴＴの組織は、総務部（総務課、環境広報課）及び地球環境部（事業推進課、事業企画課、ＣＴＩ業務推進課）の二部五課制で構成され、ＩＣＥＴＴ職員のほか、行政及び企業の専門家の協力を得ながら、事業を展開している。ＩＣＥＴＴの活動内容としては、「研修・指導」、「調査・研究」、「交流・連携」、「情報提供・普及啓発」を活動の柱として、諸外国の特性に応じた各種事業を実施しており、詳細は次のとおりである。

研修・指導：諸外国の行政官、技術者、研究者等を対象に、日本国内で取り入れられている環境保全に関する行政の施策及び企業の技術を中心に、温室効果ガス削減、大気汚染防止、水質汚濁防止並びに廃棄物管理等をテーマとした研修・技術指導をおこなっている。

調査・研究：経済産業省や環境省等が公募する調査事業等の獲得を目指し、外国の環境保全の現状把握調査、対策の取りまとめ、意見交換会、環境ビジネスの橋渡しを実施する等コンサルティング活動も実施している。

交流・連携：国際機関と連携し地球温暖化防止に係るプロジェクトを実施し、また、環境分野での青少年の交流を推進し、住民や学生を対象とした交流事業も実施している。

情報提供・普及啓発：環境問題に係る施策や技術について出版物やホームページ等を通じて環境情報を提供し、地球環境保全に関する国際シンポジウム、セミナー、出前講座及び講演会を開催している。

特に、ＩＣＥＴＴの調査・研究分野の新しい取り組みとして、昨今の環境問題の多様化に伴い、新たに、中小企業の環境ビジネス支援としてビジネスマッチングに関する事業も展開している。優れた環境技術・製品・サービスを持ち、これらを諸外国へ移転、あるいは提供したいという意思や、ビジネスプランがあるものの、現地とのパイプがない、海外進出の経験がない等の理由により、実現に結び付けられない日本の中小企業に対し、海外への技術移転や事業化の実現に向けた支援を実施している。

さらに、ＩＣＥＴＴの普及啓発事業では、日本国内のみならず開発途上国の環境問題の解決に取り組む行政官、技術者、大学生、高校生、中学生及び児童を対象に、国際・環境講座を開催している。ここ数年、ＩＣＥＴＴの活動と役割の紹介のみならず、四日市公害、環境に優しい生産性向上（クリーナープロダクション、省資源・省エネルギー）、5Ｓ活動（職場の品質管理、環境管理の活動で、「整理」、「整頓」、「清掃」、「清潔」、「躾《しつけ》」の頭文字の五つの「Ｓ」をとったもの）など講演するテーマも多岐にわたり、開発途上国の環境保全の現状を把握する調査で培われたデータや写真を活用しながら、環境問題を分かりやすく説明している。

その中で、本稿では、ＩＣＥＴＴの普及啓発活動の事例として、ＡＳＥＡＮ環境フォーラムin三重、二〇一六年ジュニア・サミットin三重、四日市市の委託事業である地球環境塾を取り上げる。

## 3　ＩＣＥＴＴの普及啓発活動の事例紹介

### ①ＡＳＥＡＮ環境フォーラムin三重

二〇一六年五月二十六日、二十七日に、主要国首脳会議「G7伊勢志摩サミット」が開催され、地球温暖化に関するパリ協定について首脳宣言が採択された。また、その伊勢志摩サミットの関連公式行事として、「二〇一六年ジュニア・サミット in 三重」が「次世代につなぐ地球〜環境と持続可能な社会」をテーマに、桑名市を主会場として開催された。国外においても、国連気候変動枠組条約第21回締約国会議（COP21、フランス・パリ）が開催され、温室効果ガスの排出量削減の国際的枠組みについて議論され、パリ協定が採択されるなど、環境問題は世界が取り組むべき優先課題の一つになっている。

一方、アジアを中心とした新興国に目を向けると、急速な経済発展に伴い様々な環境問題が顕在化しつつあるが、十分な対策が取れていない状況が多く存在する。三重県と関係が深く、こうした課題を有するASEAN諸国においては、二〇一五年十二月三十一日にASEAN経済共同体（AEC）が発足するなど市場統合の動きが強まっている。

図1　駐日大使による視察（四日市公害と環境未来館）

こうした背景を踏まえ、ICETTは、三重県の委託事業として、四日市市・一般社団法人中部経済連合会・伊勢志摩サミット三重県民会議の支援のもと、伊勢志摩サミット開催記念イベントとして「ASEAN環境フォーラム in 三重」を開催することとなった。この事業は、ASEAN各国の駐日大使等を招き、同地域の環境保全と経済発展の両立等について、ASEAN諸国における環境保全と経済発展の調和を目指した「持続可能な経済発展」をテーマとして、意見交換や情報交換をおこなうものであった。

事業を進めるにあたって、ASEAN地域に対し県内企業が有する環境技術を活用し現地の課題解決につなげる、三重県とASEAN各国とのネットワークの構築・強化につなげる、ASEANをはじめ、県内外に伊勢志摩サミットの開催をアピールする等の各種プログラムを実施し、三重県の美しい自然や豊かな文化・伝統等三重県の魅力を知っていただくことも重視した。

二〇一六年二月十二日、十三日に開催されたフォーラムでは、四日市公害で培われた環境技術や長年にわたって産業公害防止技術の移転に取り組んできたICETTの活動と役割について紹介した後、ASEAN十カ国の駐日大使や代表者が、各国の経済発展と環境保全の現状と課題について発表し、討議をおこなった。討議の中では、特別経済区の新設、工業地帯における産業集積、鉄道や道路の建設といったインフラ整備、水産資源の保全、森林・野生生物の保護等といった具体的な政策テーマが出され、ASEAN各国の経済・環境施策について理解を深めることができた。

また、今回のフォーラムでは、三重県の豊かな自然や文化等各種プログラムを実施した。「四日市公害と環境未来館」の視察では、四日市公害の歴史的背景や環境改善の取り組みを紹介するとともに、環境に優しい技術を紹介した。駐日大使や代表者からは、四日市公害の発生に至る歴史的背景や経緯、環境改善に向けた取り組みについて、写真や資料等に大きな関心が寄せられた。

ICETTでは、フォーラムが開催された後も、当該国の駐日大使館や関係機関と密接にコミュニケーションを取っており、継続性を重視した活動をおこなっている。

②2016年ジュニア・サミットin三重

「G7伊勢志摩サミット」の関連行事として、四月二十二日～二十八日にかけて開催された「二〇一六年ジュニアサミットin三重」では、G7の高校生二十八名が、「次世代につなぐ地球～環境と持続可能な社会」をテーマに、桑名市をメイン会場に議論を交わし、「気候変動」「経済格差」「人材育成」「ジェンダー」の四つの分野で提言が取りまとめられた。その討議の参考とするため、参加者は、大気汚染公害の教訓を伝える「四日市公害と環境未来館」を視察し、四日市公害の歴史や対策を学んだ。その中で、ICETTは、環境移転技術に関するプレゼンテーションをおこない、G7の高校生に対して、環境保全に向けて人材育成の重要性等を改めて認識していただくことができたと考えている。

③地球環境塾（中国天津市・アメリカロングビーチ市、四日市市を対象とした普及啓発事業）

四日市市から受託した普及啓発活動の一つに、アメリカロングビーチ市、中国天津市、四日市市の高校生の環境交流を通じて、友好関係の推進を目的とする事業がある。この事業は、一九九六年度から実施され、海外招聘者との異文化交流を組み合わせた環境交流教室としておこなわれている。

二〇一五年度は、三重大学人文学部・地域イノベーション学部朴恵淑教授から、自然との共生及び持続可能な開発のための教育（ESD）について、講義がおこなわれ、自然との共生、及び持続可能な開発の大切さ等地球環境問題について学習した。また、「四日市公害と環境未来館」を訪問し、四日市公害の発生から克服までの歴史や、市民・企業・行政等が一体となって取り組んだ環境改善活動について学んだ。

図2　地球環境塾
四日市公害と環境未来館で見学

図3　地球環境塾
インターナショナルエコツアー

さらに、インターナショナルエコツアーとして、見学研修を伊勢志摩方面でおこなった。参加した高校生は、できるだけ英語でコミュニケーションを取り、訪問したミキモト真珠島では、世界で初めて真珠養殖に成功した開拓者魂や真珠の養殖技術を学んだ。また、海の博物館では、海女をはじめとした漁業の歴史や文化にも触れ、自然と共生しながら生きてきた日本の海女の文化を学習した。

## 4　まとめと展望

ＩＣＥＴＴの普及啓発の取り組みは、講義、質疑応答・討論及び見学研修を組み合わせ、テーマも四日市公害、環境に優しい生産性向上（クリーナープロダクション、省資源・省エネルギー）、５Ｓ活動等と多岐にわたり、「四日市公害と環境未来館」の見学研修も組み込むなど、この地域の特性や経緯、時代の変化等を踏まえたものへと充実を図ってきている。

今後、ＩＣＥＴＴでは、主要国首脳会議「Ｇ７伊勢志摩サミット」や「二〇一六年ジュニア・サミットin三重」の〝レガシー（遺産）〟を生かし、関係機関（国、三重県、四日市市、企業、大学、団体等）と連携して、環境保全技術の移転や事業の充実、強化に取り組んでいきたいと考えている。

注

（１）環境省ＨＰ　http://www.env.go.jp/earth/ondanka/keii.html（最終閲覧日：二〇一六年十月一日）
（２）平成二十七年における重要なエネルギー関係事項、日本エネルギー学会（二〇一六）、東京、八二五ページ
（３）環境省ＨＰ　http://www.env.go.jp/earth/ondanka/domestic.html（最終閲覧日：二〇一六年十月一日）
（４）四日市公害・環境改善の歩み（一九九二）、ＩＣＥＴＴ、三重県、一七二ページ
（５）同上、ＩＣＥＴＴ、一七三ページ
（６）同上、ＩＣＥＴＴ
（７）ＩＣＥＴＴホームページ　http://www.icett.or.jp/gaiyou/haikei.html（最終閲覧日：二〇一六年十月一日）

# 第8章
# 持続可能な社会に向けて

# 32 レジ袋削減及びマイバッグ持参運動と低炭素社会伊勢モデル

伊勢市長
鈴木健一

## 1 はじめに

「伊勢」は古来より「美《うま》し国」と呼ばれ、豊かな自然環境からもたらされる恵みを享受し、かつ伊勢神宮とともに悠久の歴史を育んできた。

伊勢神宮は千三百年以上にもわたり二十年に一度建物をそのままの形で新造し、さらに御装束や神宝もすべて新調する「式年遷宮」をおこなっている。遷宮は、神道の精神として常に新たに清浄である「常若《とこわか》」を体現しているが、すべての古いものを廃する〝新しさ〟ではなく、遷宮をおこなうことにより出される内宮・外宮の古殿の棟持柱を内宮宇治橋の鳥居に再利用し、さらに次の遷宮の際には桑名の七里の渡しの鳥居および関の東の追分の鳥居に再利用するなど、自然の恵みを最大限に生かして〝新しさ〟を守り続けている。

また、御用材の供給は「御杣山《みそまやま》」からおこなわれるが、式年遷宮の始まった頃は神宮林が御杣山だったものの、神宮林での材の窮乏から次第に近隣の山へと移り、江戸中期以降は木曽山（長野・岐阜県）が御杣山となってきた。しかし、神宮林において木を育て御用材を供給するという、森と御用材の関係性の復活をめざし、一九二三（大正十二）から神宮林内での御杣山づくりが「神宮森林経営計画」として取り組まれている。

このような伊勢神宮の取り組みは、二十一世紀の社会がめざすべき〝持続可能な発展〟を千年以上も昔から先んじて実践してきた取り組みであり、これらの取り組みをはじめ「伊勢」で培われてきた歴史や文化は、「伊勢」の人々の活動と地域環境が共生する思想として、長い時の流れの中で、すべての市民の心の中に根づき、受け継がれている。そして、そこからくる意識や心が、これまでの伊勢市の美しい環境を形づくってきた。

伊勢の先人たちが築き残してきた地域環境や培われてきた歴史・文化、環境と共生する意識・心を大切にし、守り生かしていくとともに、次代の「伊勢」の人々に引き継いでいくことが、現代に生きる伊勢の人々の使命であるとの考えのもと、環境施策に取り組んでいる。

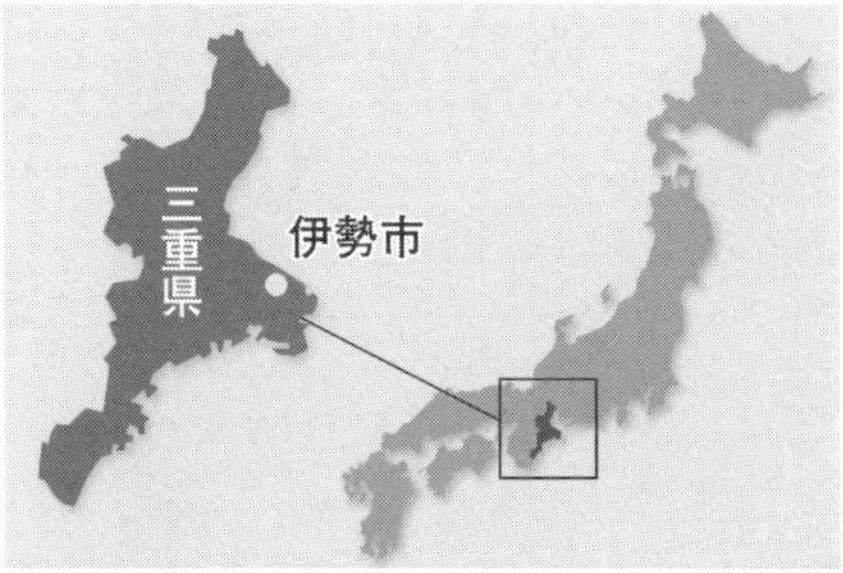

図１　伊勢市の位置

## 2　レジ袋削減及びマイバッグ持参運動

伊勢市では、「環境にやさしいまちづくり」をめざし、二〇〇一年に環境保護、省資源及びごみ減量のための身近な取り組みとして、マイバッグ持参運動を開始した。マイバッグ持参運動では、伊勢市オリジナルの二種類三色のマイバッグを作成し、希望する全世帯に無料配布した。オリジナルマイバッグの色や機能、大きさなどの決定にあたっては、アンケート及びワークショップを実施し、その結果をもとに県内外四十七業者による試作品の作成、「マイバッグ（試作品）の選挙」をおこない、市民ニーズを取り入れるよう努めた（図2、3）。

このマイバッグ持参運動の取り組みを強化し、さらなるレジ袋の大幅削減をめざすため、スーパーマーケット、市民団体、商工団体及び行政で構成する「ええやんか！マイバッグ（レジ袋有料化）検討会」（座長：朴恵淑）を設立し

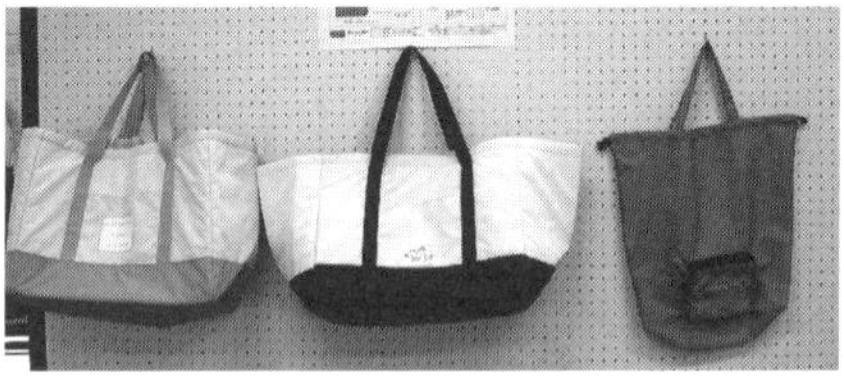

図２　オリジナルマイバッグ

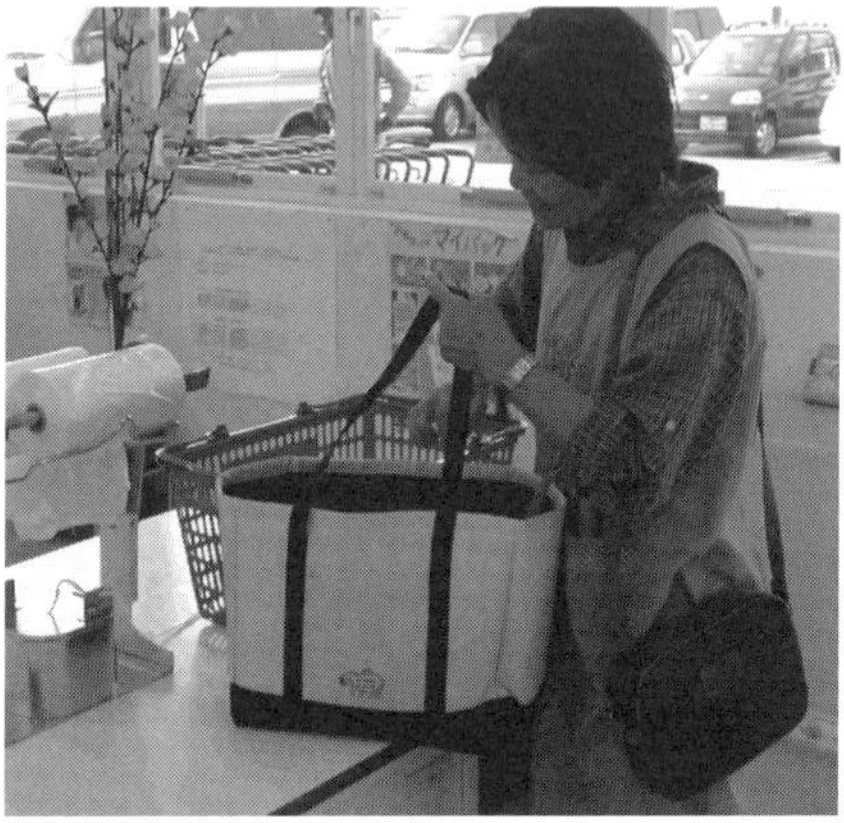

図３　利用状況

図４　レジ袋有料化ポスター

図５　キャンペーンの様子

図６　レジ袋表示

検討を進めた。二〇〇七年九月には、七事業者と市民団体、伊勢市などにより自主協定を締結した。

　協定では、事業者へのレジ袋有料化とレジ袋収益金（レジ袋販売代金から原価等を差し引いたもの）の環境保全活動への活用を求めるとともに、市民団体などには、市民の理解・協力を得るための呼びかけ等を求め、レジ袋大幅削減に事業者、市民団体、行政が協働で取り組むこととしている。

　レジ袋有料化の実施にあたっては、スーパーマーケット等における、レジ袋有料化のポスター

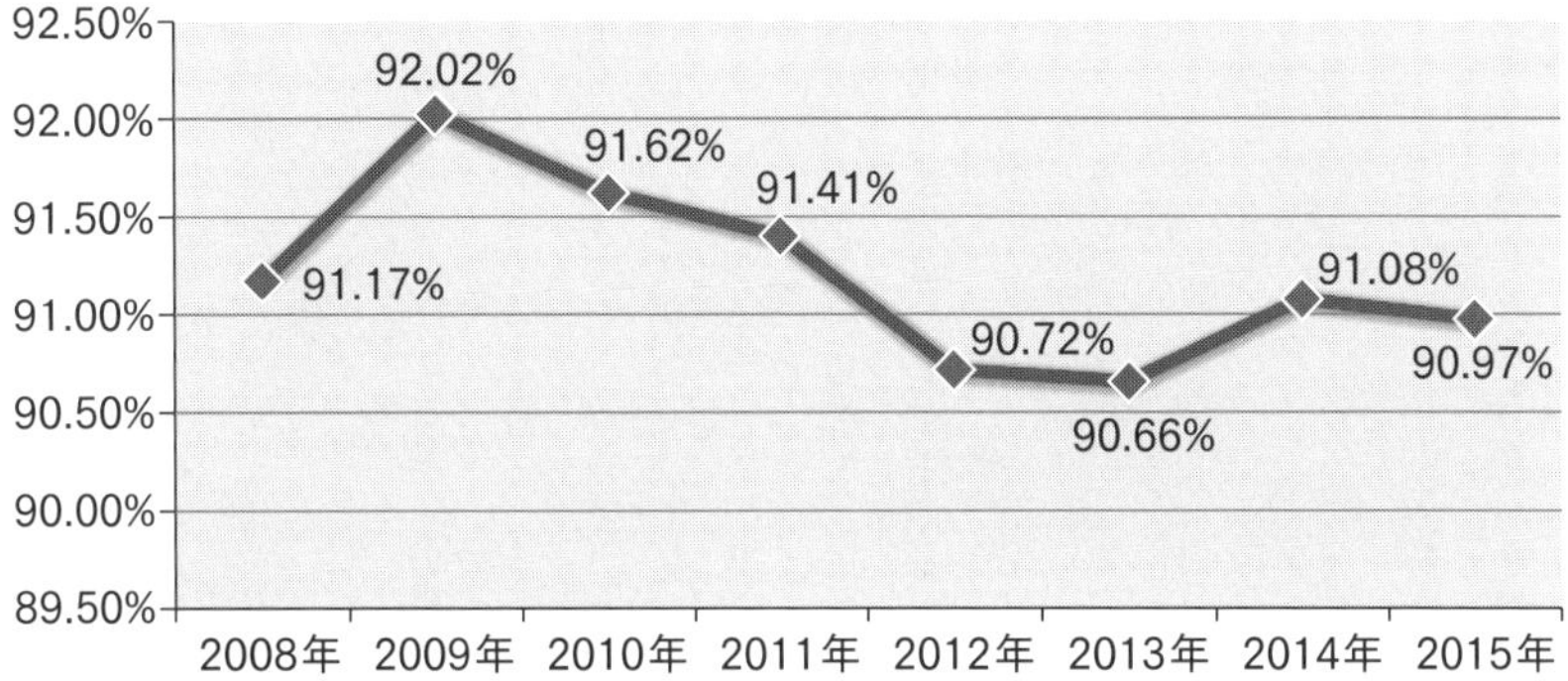

図7　レジ袋辞退率

掲示（図4）や開始の呼びかけのキャンペーン（図5）などさまざまな啓発活動が協働でおこなわれた。

また、多くの店舗でレジ袋購入の意思表示カードを導入するなど、制度の理解や意思表示がしやすい工夫をおこなっている（図6）。

レジ袋有料化開始後、マイバッグ持参率（レジ袋辞退率）は、九〇％を超える水準で推移している（図7）。レジ袋有料化の開始と同時に高い辞退率が実現し、現在まで高水準を維持しているのは、オリジナルマイバッグの作成・無料配布やレジ袋有料化のさまざまなキャンペーンなど、協働で取り組んだことによるものだろう。

また、レジ袋収益金については、市民環境活動への助成（計十四団体）や電気自動車等を活用した伊勢市低炭素社会創造協議会への超小型電気自動車コムスの寄贈（図8）をおこなうなど、環境保全活動のさらなる推進に寄与できるよう活用している。

図8　寄贈式の様子

レジ袋有料化の取り組みは、十万人都市としては全国で最初であり、伊勢モデルとして県内はもとより、全国へと広がっていった。

## 3　低炭素社会伊勢モデル（電気自動車等を活用した伊勢市低炭素社会創造協議会）

現在の暮らしは、石油や天然ガスなどの化石燃料から得られるエネルギーを利用することで、非常に便利で豊かなものとなっている。しかし、その豊かさと引き替えに、排出される温室効果ガスにより地球温暖化が進行しているといわれており、これからの暮らしにさまざまな影響が起こるのではないかと危惧されている。

伊勢市では、二〇一二年十二月に「伊勢市地球温暖化防止実行計画」（以下「実行計画」という。）を策定し、めざす将来像として「エネルギー地産地消のまち」、「歩くまち・クリーン自動車のまち」、「ごみゼロのまち」、「みどりのまち」、「環境意識の高いまち」の五つを定め、温室効果ガスの削減に取り組んでいる。

その実行計画の「歩くまち・クリーン自動車のまち」の取り組みを進めるため、三重県実施事業である「地域と共に創る電気自動車等を活用した低炭素社会モデル事業」の採択を受け、二〇一二年度に「電気自動車等を活用した伊勢市低炭素社会創造協議会（以下、協議会という。）」（会長：朴恵淑）を設立し、行動計画「おかげさまＡｃｔｉｏｎ！〜住むひとも、来たひとも〜」（以下「行動計画」という。）を策定した。

その行動計画では、次の五つの取り組みを掲げ、電気自動車、プラグインハイブリット自動車等のクリーンエネルギー自動車（以下「電気自動車等」という。）を活用した、市民だけでなく、観光者にとっても便利に移動できる低炭素社会の実現に向けて取り組みを進めている。

・具体的観光プランの作成
・ショーケース化の実施
・災害時の車両提供等の仕組みづくり
・充電施設等設置・運用指針の作成

・シンボルマーク・ピクトグラム等の作成

具体的観光プランの作成においては、自家用車で訪れる方を公共交通機関へシフトし、市内を不便なく、かつ、低炭素で観光できる環境を検討し、公共交通機関と市内で使用する電気自動車等を活用するための観光プラン等の作成をおこなっている。

取り組みとしては、前述のええやんかマイバッグ！（レジ袋有料化）検討会から寄贈された超小型電気自動車コムスやNTN株式会社から無償貸与された超小型モビリティNTNを活用した「小型電気自動車で周る観光ドライブコース」を作成し、ドライブコースを巡るモニターツアーを実施し、参加者のアンケートから観光プラン等の検討をおこなった。

また、観光者等が電気自動車等、電気バス及びレンタサイクルで市内を周遊するイベントとしてエコスタンプラリーを開催し、希望者には電気自動車の無料貸出をおこなった。

図9　ピカチュウ電気バス ©2017　Pokémon. ©1995-2017 Nintendo/Creatures Inc./GAME FREAK inc.

二〇一六年三月には、協議会参画者であるタイムズ24株式会社のグループサービスであるタイムズカーレンタルによる超小型電気自動車コムスのレンタル事業を開始している。

次に、ショーケース化の実施においては、電気自動車等の普及への取り組みとして、電気自動車等の活用シーンを見せていくことが重要であるため、伊勢市では公用車に率先して電気自動車を導入し業務に活用している。また、市内外のイベントにおいて、自動車メーカー等の協力により電気自動車等の展示や試乗会をおこない、市民や観光者が電気自動車等を身近に体感できる機会を創出している。

伊勢市におけるショーケース化の取り組みとしての目玉は、「ピカチュウ電気バス」（図9）である。この電気バスは三重交通株式会社が導入し、株式会社ポケモンが伊勢市の進める低炭素なまちづくりに賛同いただき、ポケットモンスター「ピカチュウ」のラッピングが施されている。市民や観光者にも「ピカチュウ電気バス」の愛称で親しまれ、視覚的にも伊勢市の低炭素社会の取り組みを訴求するツールとして活躍している。

次に、災害時の車両提供等の仕組みづくりにおいては、電気自動車等は一〇〇Vの電源を供給する機能を備え、移動式蓄電池として活用できるため、災害等の停電時に市民や事業者が所有する電気自動車等を避難所に提供し、電気自動車等の電源を避難所生活等に活用する仕組みづくりを検討している。

取り組みとしては、市民に電気自動車等が災害時に活用できるイメージを持っていただくため、市内の小学校単位で構成する「まちづくり協議会」が催す防災訓練等に市の電気自動車を出展し、電気自動車からの電力供給により家電製品等を稼動させるなど、災害時の活用例を実演している。

図10　シンボルマーク

図11　ピクトグラム

今後、市民や市内事業者の電気自動車等保有率が向上することにより、災害時の共助の対応による車両活用が期待される。

次に、充電施設等設置・運用指針の作成においては、市民や観光者が安心して電気自動車等を利用できる環境には、充電施設の普及は欠かせないものであるため、充電器設置を検討される方に参考となる情報をまとめた「充電器設置ガイドブック」を作成するとともに、市内事業者向けに充電器設置説明会を開催するなど、充電施設の普及促進をおこなっている。

市内の充電施設は、二〇一六年末時点で充電施設三十カ所（急速充電器十五基、普通充電器四十九基）となり、市内の充電環境は整備されてきている。

なお、伊勢市役所では、急速充電器二基、普通充電器六基を設置し、急速充電器は二〇一四年四月より一般利用に供し、普通充電器は公用車専用として活用している。

次に、シンボルマーク・ピクトグラム等の作成においては、協議会の活動を広く情報発信するため、協議会シンボルマーク（図10）と充電器の設置場所をわかりやすく表示するピクトグラム（図11）を作成し、電気自動車等の普及啓発をおこなっている。
また、電気自動車等のメリットや便利な使い方、協議会の取り組み等を市民にわかりやすくお伝えするため、ニュースレターを作成し、伊勢市ホームページへの掲載やイベントにおける配布等を実施している。

低炭素社会伊勢モデルの将来ビジョンとしては、伊勢市に住む人が電気自動車等を活用した暮らしにライフスタイルを変化させるとともに、伊勢市を訪れる人のために快適に市内を移動できる環境の実現に向けて取り組む、また、伊勢市を訪れる人は、伊勢市民の「訪れる方をあたたかく迎え、気持ち良くお帰りいただく『おもてなしの心』」で取り組んでいる低炭素社会、循環型社会創造への姿を感じていただき、住んでいる地域での取り組みにつながることを掲げている（図12）。

図12　将来ビジョンイメージ

## 4　むすびに

環境問題は、生活や経済活動等と直結した問題であり、問題の解決にあたっては、市民や事業者の理解と協力、また、主体的な取り組みが重要となる。前述の「レジ袋削減及びマイバッグ持参運動」及び「低炭素社会伊勢モデル

（電気自動車等を活用した伊勢市低炭素社会創造協議会）」については、いずれも行政単独の取り組みではなく、市民・事業者・行政等が連携し、それぞれの役割と責任を意識しながら主体的に取り組んだことで、成果・評価を得ることができたものである。

今後も、市民や事業者との情報・意識の共有に努め、連携して問題の解決にあたり、伊勢の環境文化を守り育てていきたい。

# 33 ユネスコスクールと持続可能な開発のための教育（ESD）

三重大学人文学部・地域イノベーション学研究科教授／三重大学地域ECOシステム研究センター長
朴 恵淑
三重大学学長顧問
内田淳正

三重県内のユネスコスクールは、二〇一四年に四市（津、鈴鹿、名張、熊野）の小学校八校（平成二十六年度に統廃合により一校減）、中学校五校、高等学校一校、大学一校（三重大学）の十五校が登録し、二〇一五年に七市（津、鈴鹿、名張、熊野、四日市、亀山、松阪）の二十一校に増加している。名張市の小中学校では、名張ユネスコ協会と韓国水原市のユネスコ協会が連携し、三十年以上継続している小中学校での絵の交換活動をし、毎年水原市で開催される青少年環境フォーラムに中高生が参加している。津市の三重大学教育学部附属中学校では、中国天津師範大学附属中学校との国際交流を毎年おこなっており、ブラジルなど外国人比率か高い鈴鹿市の小中学校では、市内の外国人との協働による祭りなどの文化活動、亀山市の小中学校では、江戸時代の東海道の代表的宿場である関宿の保全を図る文化活動、熊野市の高校では、ユネスコ世界遺産の熊野古道の文化遺産を世界にアピールするための英語によるガイドをつとめるなど、多様なユネスコ活動をおこなっている。四日市市の高校では、四日市公害の教訓を活かした環境教育、松阪市の中高校では、伊勢湾最大の干潟である松名瀬干潟をフィールドとした生物多様性教育を積極的に展開している。

三重大学は、二〇〇八年に、内田淳正学長の「世界一の環境先進大学」を目指す宣言に基づき、3R運動及びスマートキャンパス推進による低炭素社会の構築、地域に根ざし、世界へ通用する環境人材の育成、知の拠点として市民と共に成長する大学、三重大学経営の最優先事項としての環境の四つの柱による取り組みを積極的におこなってきた。その一環として、日本の総合大学初となるユネスコスクール登録（二〇〇九年八月二十一日）をおこない、地域ECOシステム研究センターを中心に、環境教育、エネルギー教育、生物多様性教育、気候変動（地球温暖化防止）教育、国際理解教育、文化財保全及び観光資源を活用した地域活性化教育、男女共同参画教育など、持続可能な開発のための教育（ESD）のトップランナーとして多様なESD活動をおこなっている。代表的なESDプログラムとして、日本の高度経済成長を支えた、四日市コンビナートからの大気汚染物質による四日市ぜんそくの発生メカニズム、人間への健康被害や生態系への影響の究明、持続可能な社会創造のための環境政策について学ぶ「四日市学」を中心とする環境教育を積極的におこなっている。「四日市学」は、人文社会科学、自然科学、工学、医学など学問横断的総合環境学として、命の尊厳を問う人間学、環境と経済とのバランスを図る持続可能な社会学、過去の負の遺産を未来の正の資産に替える実践環境教育学、二十一世紀の環境問題が最も懸念されるアジアの新興国や発展途上国への国際環境協力を図るアジア学を主な柱とし、三重大学のESDプログラムの根幹となる。また、南海トラフによる巨大地震が最も懸念される三重県において、防災教育は重要なESDの推進課題であるが、三重大学は三重県内の防災拠点として、二〇〇九年から三重さきもり塾を開設し、地域の防災リーダーの育成や命を守るための防災訓練などをおこなっている。さらに、再生可能エネルギーや熱効率向上による創エネと蓄エネ、環境意識改革による省エネを柱とするスマートキャンパス構想に基づくエネルギー教育を中部電力株式会社との連携によって積極的におこなっている。省エネ活動へインセンティブを与えるMIEUポイント制度（MIEUは、三重大学（MIE UNIVERSITY）及び主役はあなた（YOU）の意味）の創出によって、教職員と学生へ環境活動の活性化に成功し、「三重モデル」として国内外へ発信している。

伊勢湾に面する三重県は、伊勢湾最大の松名瀬干潟をはじめ、生物多様性の宝庫である里海を有し、海女文化が盛んな地域でもあり、韓国済洲島の海女との連携による海女文化のユネスコ世界遺産の登録に向けた取り組みをおこなっている。松名瀬干潟は、伊勢湾最大の規模だけでなく、前浜干潟、河口干潟、潟湖からなる典型的な干潟であり、ノリ養殖場など、自然と人間との良好な関係を図る湿地として、三重県初のラムサール条約登録に向けて、三重大学、三重県、松阪市、住民自治会、観光協会、漁業組合、三重中高との産官学民の連携によって推進している。

三重県の悠久な歴史、文化遺産、多様な自然環境を守るため、海の博物館、三重県立総合博物館、斎宮歴史博物館、地元のメディア、企業との連携だけでなく、アジア・太平洋諸国やアフリカ、ヨーロッパ、アメリカの学校や研究機関、行政との連携を図っている。

三重県のユネスコスクール活動と持続可能な開発のための教育（ESD）の代表的な活動として、次の三つの事業内容を挙げる。

（1）『COP10 in 三重～アジア・太平洋こども&ユース生物多様性伊勢湾環境学習』

二〇一〇年十月十一日～二十九日に、愛知・名古屋にて「国連生物多様性条約第十回締約国会議（COP10）」が開催されたが、三重大学は、その二年前からに文部科学省の質の高い大学教育推進プログラム（教育GP）に採択（実施責任者：朴恵淑学長補佐、二〇〇八年～二〇一〇年）され、「三重大ブランドの環境人材養成プログラム」を推進してきた。また、公益財団三重県環境保全事業団（三重県地球温暖化防止活動推進センター）からのファンドを獲得し、三重大学が主体となったパートナーシップ事業として『COP10 in 三重～アジア・太平洋こども&ユース生物多様性伊勢湾環境学習』を企画し、三重大学だけでなく、三重県及び自治体（亀山市・鳥羽市・四日市市）、企業（シャープ亀山工場・中部電力株式会社・ミキモト真珠島）、海の博物館、鳥羽水族館、四日市コンビナートとの産官学民との連携をおこなった。国際的にも、アジア・太平洋地域の九カ国（ロシア・モンゴル・中国・韓国・タイ・インドネシア・オーストラリア・アメリカ・日本）の三十三大学と連携し、三重県内外及びアジア・太平洋地域のユネスコスクールの一八〇名の小中高大学生を対象に実施した。

　中部地域諸大学の唯一の練習船である、三重大学の練習船「勢水丸（三一八トン）」による伊勢湾洋上生物多様性教育が実施された。過去、四日市公害に伴う伊勢湾の水質汚濁による四日市港や四日市コンビナート周辺の異臭魚問題や伊勢湾の水質改善等に関する説明、勢水丸のベントスネット（底生生物採集漁具）で採集した海洋生物の観察などがおこなわれた（図1）。また、亀山里山公園（みちくさ）での里山学習（図2）、関宿での文化財保全学習、シャープ亀山工場での環境配慮型液晶テレビ生産工程の見学などがおこなわれた。また、海の博物館、鳥羽水族館、ミキモト真珠島の見学をおこない、海の生物多様性教育及び海女との交流によって海と人との関わり、真珠など三重ブランドや世界に誇れるブランドの創出について学んだ。

　三重大学及び名古屋生物多様性交流フェア会場内の名古屋学院大学にて「アジア・太平洋大学環境コンソーシア

図1　三重大学の練習船「勢水丸」

図2　亀山里山公園みちくさでの里山学習

図3　COP10 生物多様性ユース宣言

ム国際環境教育フォーラム」を開催し、一八〇名の参加学生による日本語と英語の「COP10 in 三重アジア・太平洋ユース生物多様性宣言文」を採択した（図3）。また、アジア・太平洋地域の九カ国三十三大学からなる「アジア・太平洋大学環境コンソーシアム」を結成して、三重大学が事務局（事務局長：朴恵淑）を担い、国内外のユネスコスクール活動及びESDプログラムの国際協力について国内外へ受発信をおこなうこととなった（図4）。また、名古屋国際会議場生物多様性交流フェア会場内（白鳥公園）に三重大学ブースを設置し、三重県のユネスコスクール活動及び三重大学のESDプログラム、アジア・太平洋大学環境コンソーシアムについて積極的にアピールした。

アジア・太平洋地域の九カ国から参加した小中高大学生の一八〇名が国境や文化の壁を乗り越えて一丸となっておこなったユネスコスクール及びESDのさまざまな活動は、国内外のメディアを通じて世界に紹介された。とくに、NHKの生放送や国連関連のメディアの取材、韓国や中国、東南アジア各国のメディアに連日のように取り上げられ、社会的インパクトの高いイベントとして評価された。

図4　アジア・太平洋大学環境コンソーシアム

（2）『ESD in 三重 2014〜アジア・太平洋持続可能な開発のための教育（ESD）ユース世界会議』

二〇一四年年十一月十日〜十二日に、愛知・名古屋にて「持続可能な開発のための教育（ESD）に関するユネスコ世界会議」が開催されたが、一九九二年六月の「環境と開発に関する国連会議（UNCED：地球サミット）」及び二〇〇二年八月の「持続可能な開発に関する世界首脳会議（ヨハネスブルグ地球サミット）」を踏まえて、ユネスコがESDの主導機関として二〇〇五年からスタートした「国連持続可能な開発のための教育（ESD）の十年」の最終年として位置づけられた。国連ESDの十年の二〇一五年以降の後続プログラムとして、グローバル・アクション・プログラム（G

図５　伊勢湾最大の松名瀬干潟での清掃・生物多様性学習

AP）の五つの優先行動分野が策定され、政策的支援・機関包括型アプローチ・教育者・ユース・ローカルコミュニティが開始されることとなった。ESDの十年は、日本において教育基本法の改正（二〇〇五年）や環境教育推進法（二〇一一年に環境教育等推進法として名称変更）の制定などに影響を与え、世界では、二〇一二年の「国連持続可能な開発会議（リオ＋20）」において、二〇一五年以降も国連がESDに取り組むことが決議され、二〇一五年に最終年を迎える国連ミレニアム開発目標（MDGs）の後継となる国連持続可能な開発目標（SDGs）においても主要な指標として位置づけられ、ESDのさらなる推進に期待が高まっている。

三重大学は、文部科学省のユネスコ活動費補助金グローバル人材の育成に向けたESDの推進事業に採択（実施責任者：朴恵淑理事・副学長、二〇一四年～二〇一六年）され、「三重ブランドのユネスコスクールコンソーシアム」を推進していることから、三重大学が主体となったパートナーシップ事業として『ESD in 三重 2014～アジア・太平洋持続可能な開発のための教育（ESD）ユース世界会議』を企画、実施した。本会議開始前の十一月七日からスタートし、日本語と英語による「アジア・太平洋持続可能な開発のための教育（ESD）ユース宣言文」を作成して、本会議の最終日の十二日に名古屋の本会議場において発表し、国内外へアピールした。

三重大学だけでなく、三重県及び自治体（津市・松阪市・鳥羽市）、企業（中部電力株式会社・ミキモト真珠島）、海の博物館等の産官学民の連携によっておこなった。国際的には、二〇一〇年十月の『COP10 in 三重』において結成されたアジア・太平洋地域の九カ国三十三大学からなる「アジア・太平洋大学環境コンソーシアム」のメンバー大学やユネスコスクール及びベトナム・ラオス・ミャンマー・アフガニスタン・フィジーなどのアジア・太平洋諸国、アフリカ諸国（ケニア・モロッコ）やヨーロッパ諸国（ドイツ・フランス・スウェーデン）の十九カ国二一〇名の小中高大学生の参加によって実施された。三重大学の練習船「勢水丸」による伊勢湾縦断の生物多様性教育がおこなわれ、ラムサール条約の登録湿地である藤前干潟（二〇〇二年十一月十八日に登録）の見学、伊勢湾最大の干潟でラムサール条約登録を目指している松名瀬干潟において、三重県、松阪市、住民自治会、観光協会、漁業組合との協働による干潟の清掃活動や干潟に生息する水生生物調査、水質調査、海岸に分布する植物調査等をおこなった（図5）。また、映画WOOD JOBの舞台の一部となった三重大学演習林（津市美杉町）の企画展へ参加し、三重県の林業の人手不足や森林の荒廃、獣害などの課題を知り、同時に、森林の二酸化炭素削減の役割やグリーン（エコ）ツーリズム等森林の多様な価値の見直しについて学び、丸太切り体験などを通じて、山―里―川―海を繋ぐ三重県の多様な自然環境を理解できる工夫をおこなった。さらに、斎宮歴史博物館見学によって斎王（天皇に替わり伊勢神宮に仕えた皇女）について知り、三重の悠久な歴史や文化遺産の保全や継承に学ぶプログラムが実施された。

十二月六日には、ポストESDユネスコ世界会議として、『ESD in 三重国際会議～ESDに関するユネスコ世界会議の成果・今後の展望』を三重大学にて開催した。とくに、GAPの五つの優先行動分野の内、教育者・ユース・ローカルコミュニティの分野は地域に根ざし、世界へ通用するグローバル人材育成を教育理念とする三重大学において、ユネスコスクール活動の有効なツールとして捉え、三重県内の全ユネスコスクール研修会及びESD国際シンポジウムに位置づけ、小中高大学のユネスコスクール活動事例報告及び意見交換会をおこなった。また、毎年十二月に三重大学を会場に、三重県ユネスコスクール研修会／ESD国際シンポジウムを開催することで、地域の強みを活かし、弱みを補う有効なツールとしてユネスコ活動及びESDをさらに発展させることとなった。

（3）『ジュニアサミット in 桑名 2016』及び『ポストサミット in 三重 2016 ユース国際会議』

二〇一六年四月二十二日～二十八日に三重県桑名市で開催された「ジュニアサミット in 三重」及び四月二十四日の「ジュニアサミット in 桑名 2016」、五月二十六日～二十七日に開催された「伊勢志摩サミット」によって、国内外から三重の知名度が上がり、二〇一六年に訪ねるべき世界の場所五十選に三重が選ばれるほどであった（ニューヨークタイムズ紙）。桑名ジュニアサミット及び伊勢志摩サミットの共通のテーマとして、環境が取り上げられ、持続可能な社会を構築するためには、環境と経済の調和を図ることが再認識された。二〇一五年十二月にフランス・パリで開催された国連気候変動枠組条約第21回締約国会議（COP21）での「パリ協定書」において、先進国や新興国、発展途上国を含む世界各国の協力による地球温暖化防止活動が加速化されたことを踏まえ、ESDへの期待が一層高くなっている。

三重大学地域ECOシステム研究センターを中心に、COP21の動きを見据えながら、桑名ジュニアサミット及び伊勢志摩サミットを契機に世界的注目を浴びる三重県において、ユネスコスクール活動及びESDプログラムを国内外へアピールできる絶好の機会として捉え、二〇一六年一月と二月をプレサミット期間とし位置づけて活動をおこなった。三重大学生（留学生）による三重の魅力的環境の再発見ESDプロジェクトを立ち上げ、環境に配慮した乗り物（電気自動車、電気バス、自転車）や徒歩によって伊勢、志摩、鳥羽地域を回りながら三重県の魅力的環境（歴史、景観、食文化など）について調査し、国内外へ発信した（図6）。

図6　三重の魅力的環境再発見ESDプロジェクト

四月二十四日に、三重大学と桑名市との協働による「ジュニアサミット in 桑名　2016～桑名の魅力に気づき、地域に根ざし、世界へ通用するグローバル人材を育成する」を開催した。桑名市内の高校生四十名と三重大学生（留学生）二十八名は、桑名の水環境、桑名の食、桑名の文化、桑名の観光産業、桑名の国際化の五つのテーマに分けられ、英語によるワールドカフェ形式の分科会において活発な討論をおこなった。各分科会の成果に基づいた日本語と英語による「桑名ジュニアサミットユース宣言文」をまとめ、伊藤徳宇桑名市長へ提出し、伊藤市長からは、ユース宣言を桑名市の政策へしっかりと反映するとの約束を取り付けることができ、若者の政策提案が行政の政策立案に反映される画期的な成果を上げることができた（図7）。また、鈴木英敬三重県知事と参加者全員は、ナガシマリゾートにおいて平和の象徴であるオリーブの木の記念植樹をおこなった（図8）。

八月六日～七日に、ポストサミット活動として、桑名ジュニアサミット及び伊勢志摩サミットの成果を活かし、課題を解決するため、世界の10カ国一〇〇名の中高大学生が三重大学に集まって「ポストサミットin三重2016ユース国際会議 "Post Summit in Mie 2016 International Youth Conference"」を開催した。八月六日は、中部電力株式会社との連携によって、株式会社中部プラント多気バイオパワー発電所及び中部電力株式会社川越火力発電所の見学によるエネルギー教育をおこなった。また、四日市市との連携によって、四日市公害と環境未来館の見学をおこなった。八月七日は、五つのテーマからなる分科会が英語によるワールドカフェ形式で進行され、環境とエネルギー、食と文化、男女共同参画、観光産業、国際化とポストサミット三重国際ネットワークの構築について真剣な議論がおこなわれた。各分科会の成果発表を踏まえ、日本語と英語による「ポストサミット三重ユース宣言（Post Summit MIE Youth Declaration）」が発表された。とくに、三重大学地域ＥＣＯシステム研究センターには、世界十二カ国と同時に繋がるハードウェアがすでに完備されていることから、ポストサミット三重国際ネットワークは三重大学地域ＥＣＯシステム研究センター内に構築されることとなり、各国のユース代表がネットワークの運営を担うこととなった（図9）。

図7　ジュニアサミットin桑名政策提言

図8　ジュニアサミット記念植樹

「三重ブランド」としてのＥＳＤプログラムの構築や実践のため、三重県域の全行政及び教育委員会、企業、

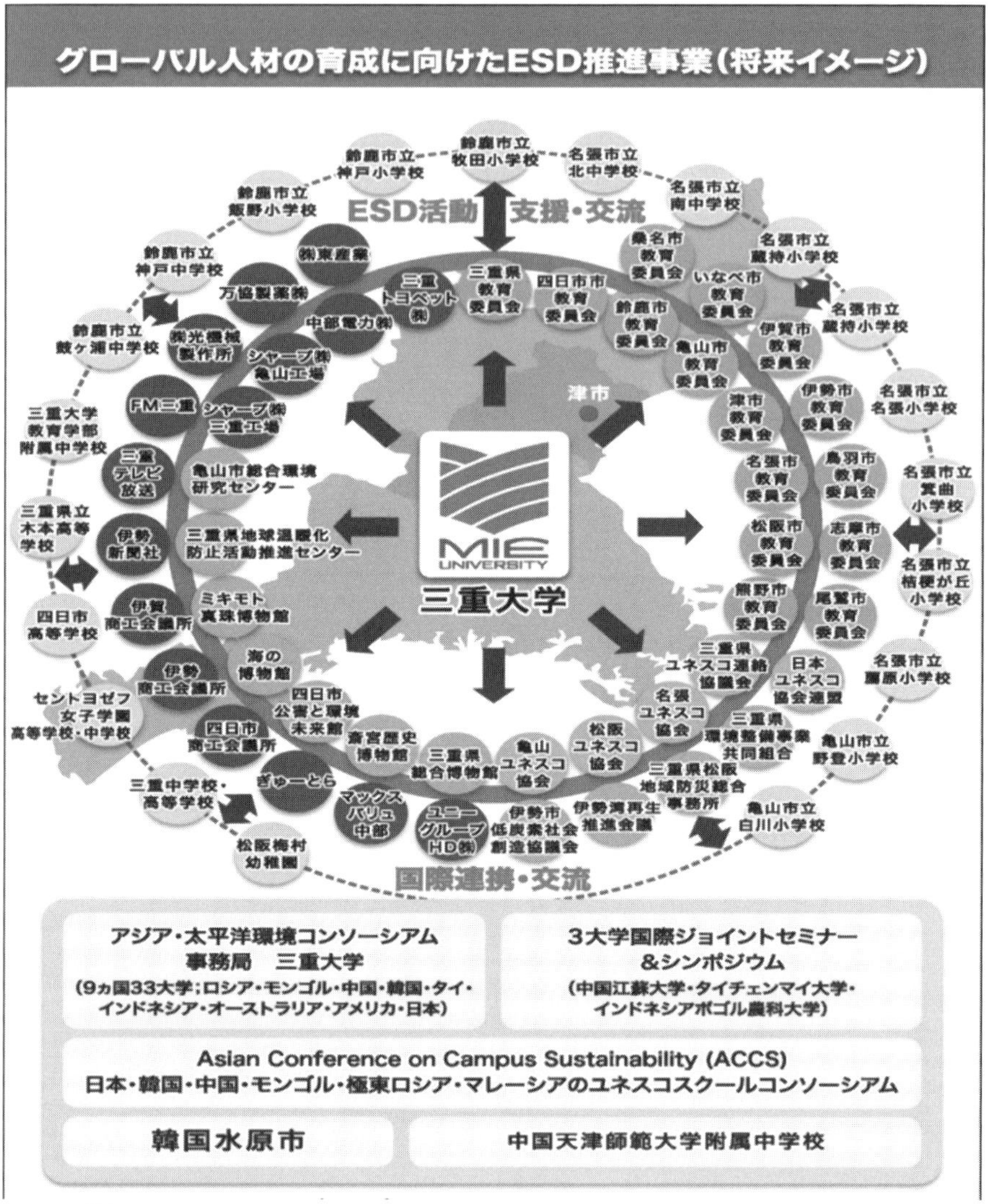

グローバル人材の育成に向けたESD推進事業（将来イメージ）
ESD活動 支援・交流
鈴鹿市立 神戸小学校
鈴鹿市立 牧田小学校
名張市立 北中学校
名張市立 南中学校
鈴鹿市立 飯野小学校
名張市立 蔵持小学校
鈴鹿市立 神戸中学校
名張市立 蔵持小学校
鈴鹿市立 鼓ヶ浦中学校
名張市立 名張小学校
三重大学 教育学部 附属中学校
名張市立 箕曲 小学校
三重県立 木本高等 学校
名張市立 桔梗が丘 小学校
四日市 高等学校
名張市立 薦原小学校
セントヨゼフ 女子学園 高等学校・中学校
亀山市立 野登小学校
三重中学校・高等学校
亀山市立 白川小学校
松阪梅村 幼稚園
㈱東産業
万協製薬㈱
三重 トヨペット ㈱
中部電力㈱
㈱光機械 製作所
シャープ㈱ 亀山工場
FM三重
シャープ㈱ 三重工場
三重 テレビ 放送
伊勢 新聞社
伊賀 商工会議所
伊勢 商工会議所
四日市 商工会議所
ぎゅーとら
マックス バリュ 中部
ユニー グループ HD㈱
三重県 教育 委員会
四日市市 教育 委員会
鈴鹿市 教育 委員会
桑名市 教育 委員会
いなべ市 教育 委員会
亀山市 教育 委員会
伊賀市 教育 委員会
津市
津市 教育 委員会
伊勢市 教育 委員会
名張市 教育 委員会
鳥羽市 教育 委員会
松阪市 教育 委員会
志摩市 教育 委員会
熊野市 教育 委員会
尾鷲市 教育 委員会
亀山市総合環境 研究センター
三重県地球温暖化 防止活動推進センター
ミキモト 真珠博物館
海の 博物館
四日市 公害と環境 未来館
斎宮歴史 博物館
三重県 総合博物館
亀山 ユネスコ 協会
松阪 ユネスコ 協会
名張 ユネスコ 協会
三重県 ユネスコ連絡 協議会
日本 ユネスコ 協会連盟
三重県 環境整備事業 共同組合
三重県松阪 地域防災総合 事務所
伊勢湾再生 推進会議
伊勢市 低炭素社会 創造協議会
MIE UNIVERSITY
三重大学
国際連携・交流
アジア・太平洋環境コンソーシアム 事務局 三重大学
（9ヵ国33大学；ロシア・モンゴル・中国・韓国・タイ・インドネシア・オーストラリア・アメリカ・日本）
3大学国際ジョイントセミナー ＆シンポジウム
（中国江蘇大学・タイチェンマイ大学・インドネシアボゴール農科大学）
Asian Conference on Campus Sustainability (ACCS)
日本・韓国・中国・モンゴル・極東ロシア・マレーシアのユネスコスクールコンソーシアム
韓国水原市
中国天津師範大学附属中学校

図９　概念図

ユネスコ協会関係者はもちろんのこと、アジア・太平洋諸国の研究者や行政、企業、ユネスコ関係者との国際ネットワークを構築し、国内外間のESDプログラムの相互交流、コンソーシアム連携の強化に向けて積極的に取り組む。このような活動によって、Think Globally! Act Locally! の見える化や多様な活動モデルの顕在化が多いに期待できる（図10）。

図10　ポストサミットin三重2016ユース国際会議


参考文献

環境報告書2009 Environmental Management Report 2009 MIE UNIVERSITY 2009.9, 三重大学、七八ページ

COP10 in 三重　文部科学省GP「三重大学ブランドの環境人材育成プログラム」アジア・太平洋大学環境コンソーシアム国際環境教育シンポジウム Consortium of Asia-Pacific Universities Conference on International Environmental Education, 2010.10、三重大学、二〇七ページ

「三重大ブランドの環境人材養成プログラム　文部科学省平成20年度質の高い大学教育推進プログラム平成22年度報告書 MEXT Good Practice (2008-2010) Environmental Education Program for Environmental Human Resource Development Program for MIE University Brand International Consortium for Environmental Education in Asia- Pacific Universities, 2010.12, 三重大学、二二二ページ

環境報告書2011 Environmental Management Report 2011 MIE UNIVERSITY 2011.9, 三重大学、八〇ページ

「ESD in 三重2014」国際会議～ESDに関するユネスコ世界会議の成果・今後の展望 ,2014.12, 三重大学、一一八ページ

文部科学省平成26年度ユネスコ活動費補助金　グローバル人材の育成に向けたESDの推進事業「みえブランドのユネ

スコスクールコンソーシアム事業」第三者評価報告書、二〇一五年三月、三重大学、七一ページ
環境報告書2014 Environmental Management Report 2014 MIE UNIVERSITY 2014.9, 三重大学、七九ページ
二〇一六年ジュニア・サミットin三重　KUWANA・s Memorial Book, 2016.2, ジュニア・サミット桑名市民会議、一七六ページ
「ポストサミットin三重2016」ユース国際会議～サステイナブルキャンパスアジア国際会議サマーセミナー“Post Summit in Mie 2016” International Youth Conference - Asian Conference on Campus Sustainability (ACCS) Summer Seminar, 2016.8.6–7, 三重大学、一一七ページ

# 34 名張市と韓国水原市との日韓青少年交流

名張市長
亀井利克

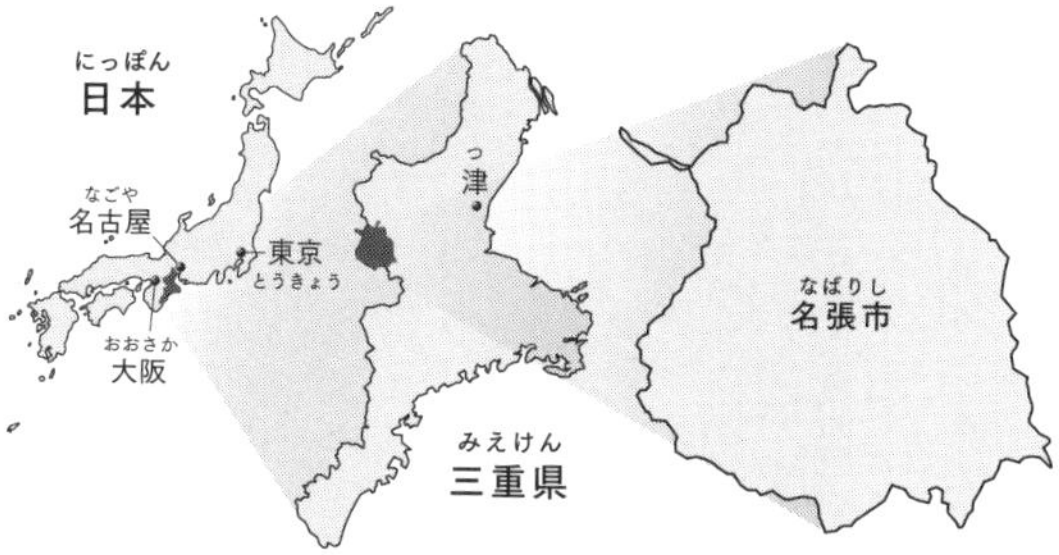


図1　名張市の位置

## 1　はじめに

名張市は、三重県の西部に位置し、関西・中部圏の接点にあることから、古くは万葉の時代から東西往来の要所、宿場として栄えてきた。江戸期から続く中心市街地の周辺に農山村地帯が広がり、平成の名水百選、日本の滝百選、森林浴の森百選に指定された赤目四十八滝や香落渓など、自然豊かな景勝地にも恵まれた山紫水明の地である。また、記紀に名の見える歴史と文化の薫り高いまちでもあり、中世に能楽を大成した観阿弥が初めて座をたてた地としても知られている。

昭和に入り、近畿日本鉄道大阪線（旧参宮急行電鉄）の開通した。桔梗が丘住宅地をはじめとする昭和四十年代の大規模な住宅開発に伴い、関西圏のベッドタウンとして急速に人口が増加し、暮らしのまちとして発展を続けてきた。一九五四年三月の市制発足当時三万人程度であった人口は、一九八一年にはその年の日本一の増加率（七・八％）を記録し、二〇〇〇年のピーク時には八万五千人を超えた。以降は微減傾向となり、現在はおよそ八万人である。

そのような中、名張市は『福祉の理想郷』をまちづくりの基本理念に掲げ、近年の人口減少や少子高齢化をはじめとするさまざまな社会環境の変化に対応するべく、市民との協働による共生社会の構築をめざす各種施策を推進している。「ゆめづくり地域予算制度」の創設による住民主体のまちづくりの推進や、近年では、医師会が運営する在宅医療支援センターと地域包括支援センターとの連携・協働による「名張版地域包括ケアシステム」の構築、さらに、妊娠・出産・育児までを切れ目なく相談・支援をおこなう「名張版ネウボラ」などが、先駆的な取り組みとして全国的に注目をいただいている。

図２　赤目四十八滝

また、三重大学の朴恵淑教授に指導いただいて策定した「名張快適環境プラン」に基づき、地球的規模の環境問題への認識を深め、資源やエネルギーを有効に活用する資源循環型社会の構築に向けた施策を展開している。

名張市では一九七八年に名張ユネスコ協会が発足している。一九八六年八月二十八日に韓国水原市で韓国ユネスコ京畿道協会との姉妹提携調印を実施し、交流を続けている。調印後三十年目を迎えてからは水原市と名張市の公立小中学校と公立幼稚園の子どもたちの絵画四十点ずつを交流し、絵画交流展示をおこなっている。

国の教育振興基本計画が二〇〇八年七月に策定されたが、その中にＥＳＤ教育の精神が盛り込まれている。名張市では二〇一〇年十月、名張市教育振興計画「名張市子ども教育ビジョン」を策定し、持続可能社会の実現に向けた学校教育の取り組みをスタートした。二〇一二年度には名張市内公立小中学校七校が、ユネスコスクールに認定されている。

各学校で進めている特色のある取り組みを、国内だけでなく世界に発信し、多くの地域と交流していこうという機運が全市的に高まっていく中で、二〇一三年度のアジア・太平洋青少年フォーラムへの参加は、そうした取り組みを進める良い機会となった。

一三〇〇年前、奈良に都が置かれていた当時、名張までが首都圏つまり畿内であった。名張では、その当時から多くの農産物が生産されており、黒田荘という東大寺領の荘園が置かれていた。

なぜそのように多くの農産物が生産される地となったのか。それは六世紀に入り、韓半島より夏見氏の一団が渡来したことに始まる。夏見氏は、豊かな文化とともに優れた土木技術と農産物の生産技術を持つ民族であり、その一団が名張の優れた水利に目をつけ、この地で農業を始めたという。名張が水源都市と言われる所以である。水の都と言われる「水原市」と、水源都市と言われる「名張市」は、深い縁により結ばれているように思う。

そして、その水原市で開催されたこのフォーラムで水と環境をテーマに交流を深められたことは、実に有意義であった。今後、行政レベルでの交流を深めていけることも願っている。

図3　アジア・太平洋青少年フォーラム

## 2　アジア・太平洋青少年フォーラム

「二〇一三年アジア・太平洋青少年フォーラム」は、二〇一三年八月四日から六日間開催された。名張市は、朴教授からこのフォーラムを紹介いただき、ユネスコスクールに認定された北中学校と南中学校から四名の中学生と一名の中学校教員が参加した。

このフォーラムは、持続可能な環境を意識し、文化の壁を越えて、異なる国の間に協働する意識を育むことを目的とし、自動車公害やエコカーのためにアイデアを共有するというテーマでおこなわれた。アジア太平洋諸国から六十名の青少年と、韓国内から百名の青少年が韓国の京畿道へ集い、文化の交流・環境分野の研究訪問・グループ討議や行動計画の作成をおこなった。名張市の発表は、自動車公害についての問題意識と自分たちが工夫していること・将来どのような社会を実現できるかということについてのアイデアの提示であった。班活動により討議を重ね、班ごとにプレゼンテーションをおこなった。また、世界遺産である華城見学や各国の文化の交流ブース の運営等多彩な活動が計画されており、充実した六日間を過ごした。

このフォーラムは、名張市の中学生が国際会議に初めて公式に参加する機会となった。アジア太平洋諸国の青少年と英語を使ってコミュニケーションする貴重な機会を得て、参加者は将来に向けての大きな自信をもつことができた。帰国後には各校で還流報告をおこなっている。

## 3 日・韓青少年ウォーターフォーラム二〇一四

「日・韓青少年ウォーターフォーラム二〇一四」へは、日本から三重県、岡山県、奈良県、東京都からの中・高生と引率教師、環境ジャーナリスト、大学関係者が参加した。名張市からは、七名の中学生と二名の学校教育関係職員が参加した。

水の都である「水原市」に、韓国と日本の中・高生が集まり、水資源の持続可能な管理、水質改善、水生態系の保全のため、共に学び、共に活動する「日・韓青少年水フォーラム」は、地域に根ざし、世界に通用するエコリーダー育成の大変重要な機会となった。

それぞれの環境活動を報告し、水原市の水環境施設を見学した。コミュニケーションを図り、成果を認め合い、課題を探る貴重な体験を通じて、韓国と日本、水の都「水原市」と水源都市「名張市」の持続可能な社会形成の基盤を参加者の中に築くことができた。

三日間の開催期間で、一日目には、水環境に係る各地からの発表がおこなわれた。名張市の発表は、豊かな水源と美しい水に恵まれた名張市の紹介と水質保全に関しての問題提起であった。この提案は、二日目以降の班活動に大いに役立ち、三日目に自分たちが水環境を保全するために何をすべきかについて考えるための糸口を提供した。

水環境保全のための公式をつくるという明確なテーマのもと、大学生の隊長を中心におこなわれた班別活動は見事であった。進め方を熟知しているリーダーのもと、夜中を徹しておこなわれる活動は、子どもたちに大きな印象を残した。日本では消極的だった子どもが「班討議が本当に楽しかった」と語り、自分たちで作り上げたプレゼンテーションを堂々と発表した姿の裏には、スタッフや班リーダーの支援があったことを忘れてはならない。

三日目にすべての班の発表があり、その発表に対して大学の教授や専門家から、質問とともに温かい評価を受け、その発表に対して、閉会式で、すべての子どもに表彰状が渡されるなど、きめ細やかで充実感の味わえる構成であった。参加者の誰もが、他の班の発表に温かく反応する姿も大変印象的で、閉会式後別れる際に、どの子も、目に涙をうかべ、同じ班のメンバーにすがりついて別れを惜しんだと聞いている。

図４　日・韓青少年ウォーターフォーラム 2014 にて、朴教授

図５　韓国料理

図６　グループ発表

日本では、子どもに活動のすべてを任せ、やり遂げさせるという体験は稀である。今回、子どもの力を信じて、子どもたちに任せることによって、子どもはそれぞれの役割を認識し、自分のもつ力を発揮した。

日本から外に出て、外国の同年代の仲間とともに学習する機会を得た経験は、子どもたちにとってかけがえのないものであった。また、韓国の学生をはじめ、関係者の温かいもてなしの心に接し、国境を越えたつながりを得ることができたことは、子どもたちにとっても引率者にとっても大きな糧となった。

## 4　日韓青少年ウォーターフォーラム二〇一六

二年ぶりとなる「日韓青少年ウォーターフォーラム」が二〇一六年七月二十六日から四日間おこなわれ、名張市からは、中学生四名と学校教育関係職員に加えて、初めて市内にある近畿大学工業高等専門学校生四名と教授一名も参加した。毎回、言葉の違いによるコミュニケーションを心配するが、今回は日本語の勉強をしている韓国の学生が集ってくれた。

名張市では六月から七月にかけて、庁内で四回の事前学習会をおこなった。そこで、自分たちが現地で発表する『水環境に関わるプレゼンテーション』の内容を考え練習を重ねることを通して、環境への関心・意欲、そして名張市や三重県、ひいては日本を代表してこのフォーラムに参加するという目的意識をさらに高めていった。また、前回のフォーラムで好評であった『エイサー（沖縄の伝統舞踊）』も合わせて練習し、〝みんなで盛り上がることが好き〟という韓国の学生への「お土産」も準備した。

今回のフォーラムは期間が一日増えた分、日程にゆとりがあり、その中で日韓の交流を深めるためのさまざまなプログラムが計画されていた。

四日間の活動プログラムのほとんどがグループ単位での活動である。そこに集った日韓の学生約百人が九グループに分かれ、十～十一人の中に日本からの参加者が二人ずつ入るという編成であった。各グループには、担任、通訳と呼ばれる二人の学生スタッフ（大学生）がつき、抜群のリーダーシップのもとで活動が進められた。日本語の通訳ができる学生は、レシーバーによる同時通訳が聞けないときも、日本人の隣に自分が座り、身振り手振りで日本語訳をするなど、日本からの参加者に対して温かい配慮があった。

毎日かなりの時間を費やされるグループ討論では、次の中から一つのテーマについて話し合いを重ねながら、自分たちの考えを深め、まとめるという課題が用意されていた。

①水に溺れる携帯電話（電子製品、人工知能と水）
②コーラで満ちているプール（飲み物と水）
③隠れ水探し（日常の中の製品と水）

最終日のグループ発表（各七分）に向けて、大人（スタッフや引率者）が見守っているだけで、リーダーを中心に活動が進められた。どんなことをどんな方法で発表するのか、メンバー全員でアイデアを出し合い、発表を形にしなければならない。グループ討論の時間だけでは間に合わず、宿舎で自主的に集まり、小道具を作ったり、練習をしたりと、時間外の活動にも多くの時間が費やされた。

図７　仁川空港

　このような努力もあり、最終日に締めくくりのプログラムとしておこなわれたグループ発表は本当に質の高いものであった。そこには限られた時間内で作り上げ、日本と韓国の生徒が協力して伝えようとする姿があった。発表の仕方やパワーポイントで映し出される画面には、日韓両方の学生に伝わるようにさまざまな工夫がされていた。七分という制限時間を守れずに発表が途中で打ち切られるグループもいくつかあり、そのグループにとっては今までの成果をすべて発表することができず残念であった。ただ、ほんの数日前に出会ったばかりのメンバーが四日間で一つのものを作り上げ、やり遂げたという達成感を感じることができたのではないだろうか。

このグループ単位での活動の意義はとても大きく、市内名所見学、お楽しみイベントなどのプログラムやバス移動、宿舎での食事などの機会を重ねるにつれて、日本と韓国の生徒が言葉の壁を越えて仲良くなり、心を通わせていくことができた。これらの活動を支えていたのは、学生ボランティアの面倒見の良さ、語学力の高さであった。

図８　グループ討論

図９　グループ発表

日本と韓国からの事例発表は、二日目の午後におこなわれた。名張市は一番目であったが、数回の事前学習会の中で内容を考え、練習を重ねてきたプレゼンテーション発表を堂々とやり遂げた。日本語での発表であったため、セリフの間に通訳が入ったが、朴教授の通訳のタイミングも直前の打ち合わせだけで制限時間内にスムーズに終えることができた。水源都市・名張の水環境や取り組みのことはもちろん、『3R（Reduce, Reuse, Recycle）』というキーワードを提示して自分たちの決意をしっかりと発信することができた。発表を無事に終えた安心感でホッとした様子の生徒たちは、会場から大きな拍手をもらい、満面の笑顔になった。

日本の他団体（埼玉県・早稲田本庄高校、亀山高校、愛知県・桜丘高校生物部）の発表は、参加者自らが水環境に関する調査研究や保全活動をして実証した内容で、より具体的かつ専門的であった。また、韓国三グループの発表は、寸劇やダンスなどを取り入れたり、日本語訳を入れて発表したりと、随所に工夫されていた。レシーバーを使って同時通訳も聞きながら、水環境に関する理解を深めることができた。

三日目の夕方から夜にかけて、屋外音楽堂で『楽しい祭り』と称するお楽しみイベントがおこなわれた。大声大会や風船を使ったゲームなどいろいろなレクリエーションで盛り上がる中、名張市から『エイサー』を披露する場面が終盤に用意されていた。日本から持っていったハッピに身をまとい、パーランクーの音を鳴らして、練習の成果を発表することができた。お決まりの「アンコール」の声が上がり、二回目は、会場からの飛び入り参加も募り、ステージ上では日韓入り混じって楽しく踊り、会場の手拍子とともに会場が一つになり、韓国で過ごす最後の夜の楽しいひとときであった。

四日間を振り返ると、最終日に雨に降られた以外は天候に恵まれ、また体調を崩す生徒もなく過ごすことができた。今回のウォーターフォーラムは名張市として二年ぶりの参加になるが、朴教授曰く、プログラムや活動場所、食べ物など、とくに日本からの参加者が心地よく過ごせるよう、前回よりかなり改善されているということであった。水原市の水環境に対する理解と経済的なバックアップのもと、このフォーラムにかかわり尽力いただいた人たちに心から

図 10　事例発表

図 11　楽しい祭り

図 12　閉会式

感謝申し上げたい。

閉会式では、水原市の副市長より一人ひとり修了証書を受け取り、ツーショットで記念撮影をするという場面があった。その後、グループ解散のために時間が確保され、グループごとに写真を撮ったり、お互いに声をかけ合ったりして、四日間一緒に過ごした仲間と名残りを惜しむ姿は感動的であった。今回の交流がきっかけで、「韓国語の勉強をしたい」という思いをもった日本の生徒もおり、この国際交流の意義を改めて確認することができた。

名張市から参加した生徒は、本当に貴重な経験ができたと確信している。この経験や水環境のことで学んだことを、今後の学校生活や家庭生活の中で生かしてほしいと願っている。

## 5　おわりに

二〇一三年度から三回にわたって韓国水原市で開催されたフォーラムで、異なる国の生徒が英語、日本語、韓国語を駆使し、一つのテーマをもとにグループ活動をおこない、仲間の輪を広げていく過程で、生徒たちの成長ぶりは目を見張るものがあった。また、生徒たちに、改めて自国やふるさとを知る機会を与えるだけでなく、世界に発信するツールの一つとして、国際語としての英語の重要性に気づく機会となった。

名張市では、二〇一六年三月に策定した総合計画「新・理想郷プラン」に、新しい取り組みである小中一貫教育の推進を掲げ、さらにその具現化のため、教育振興計画「第二次名張市子ども教育ビジョン」に基づき、【名張市の自然や歴史、伝統・文化、産業、人等について九年間を通して学ぶ「ふるさと学習『なばり学』」を創設し、「名張を大切に思い、自然を守り、伝統や文化を引き継いでいく一人である」という意識と実践力を育てる】【二〇一五年度末に作成した「小中一貫英語教育カリキュラム」を、まず、研究推進校において実践・検証しながら、海外の小中学生との交流を積極的に進めることで、英語で名張市を世界に発信できる子どもの育成をめざす】取り組みを始めている。

本ウォーターフォーラムを機に、市で作成した「小中一貫英語カリキュラム」に、具体的に、国際交流の機会を位置づけ、小中一貫教育研究推進校を中心に、昨年度より、オーストラリアなど、世界の小中学校の児童生徒との交流を始めている。

名張市は自分たちのふるさと名張を大切に思い、英語で名張市を世界に発信できる子どもたちの育成をめざしていく。朴教授のご提案をきっかけに、意義深い本フォーラムへの参加を通じ、世界とつながる機会を与えていただいたことに改めて感謝申し上げたい。

伊藤正明（三重大学医学部附属病院病 院長／
　　　　三重大学大学院医学系研究科 循環器・腎臓内科学 教授）
櫻井義之（亀山市長）
末松則子（鈴鹿市長）
石垣弘美（三重県男女共同参画センター「フレンテみえ」所長）
西口昌利（亀山市環境産業部長）
田中俊行（前 四日市市長）
竹内 望（公益財団法人国際環境技術移転センター専務理事）
生川貴司（四日市公害と環境未来館 館長）
鈴木健一（伊勢市長）
内田淳正（三重大学学長顧問）
亀井利克（名張市長）

［本書の執筆者］（執筆順）

朴 恵淑（三重大学人文学部・地域イノベーション学研究科教授／
三重大学地域 ECO システム研究センター長）
鈴木英敬（三重県知事）
伊藤徳宇（桑名市長）
荒木康行（株式会社百五総合研究所代表取締役社長）
宮岡邦任（三重大学教育学部教授）
三重県環境生活部大気・水環境課
小西伴尚（梅村学園 三重中学校・高等学校）
中川和也（三重県環境生活部次長）
太田 覚（三重県環境生活部地球温暖化対策課）
川口 淳（三重大学工学部准教授）
水木千春（三重県・三重大学 みえ防災・減災センター特任助教）
榎村寛之（斎宮歴史博物館課長）
伊藤文彦（筑波大学大学院世界文化遺産学専攻博士後期課程）
朴 貞淑（岡山県立大学デザイン学部講師）
山田雄司（三重大学人文学部教授）
石原義剛（海の博物館 館長）
中部電力株式会社三重支店総務部地域・広報グループ
先浦宏紀（株式会社三重銀総研主席研究員）
西浦尚夫（公益財団法人三重北勢地域地場産業振興センター主幹）
後藤 基（三重大学人文学部教授・副学長）
速水 亨（速水林業代表）
松月清郎（ミキモト真珠島 真珠博物館長）
竹上真人（松阪市長）
浅田剛夫（井村屋グループ 代表取締役会長）
前葉泰幸（津市長）
澤井 尚（津市都市計画部交通政策担当参事〔交通政策課長〕）
伊藤達雄（三重大学名誉教授・名古屋産業大学名誉学長）
中嶋 弘（国土交通省中部地方整備局北勢国土事務所長）
辻 日出夫（三重県地域連携部副部長）
岩佐憲治（亀山商工会議所会頭）
長江 正（三重テレビ放送 代表取締役社長）

三重学

2017年3月30日　第1刷発行　（定価はカバーに表示してあります）

編著者　朴　恵淑

発行者　山口　章

発行所　名古屋市中区大須1丁目16番29号
電話 052-218-7808　FAX052-218-7709
http://www.fubaisha.com/
風媒社

乱丁・落丁本はお取り替えいたします。　＊印刷・製本／シナノパブリッシングプレス
ISBN978-4-8331-1118-8